CAD工程制图

主　审　曹华祝

主　编　白建华　李　辰　张迎春

副主编　刘秋丽　钟建敏　杨方兴　杨　岚

参　编　许　宁　刘　燕　王艳杰

電子工業出版社

Publishing House of Electronics Industry

北京・BEIJING

内 容 简 介

本书主要讲解AutoCAD 2014的使用、工程制图的一般规定及应用、平面图形的绘制及尺寸标注、表达机件的常用方法、机械工程图样的绘制、三维实体的构建、图样的打印。本书每单元有明确的学习目标，将目标要求融于相关任务，还设计了适当的拓展任务，帮助读者举一反三，熟练掌握绘图技能。本书可作为职业院校计算机绘图课程教材，也可作为机械制图及工程制图等课程配套教材，还可作为AutoCAD技术培训教材或相关工程技术人员的重要参考书。

图书在版编目（CIP）数据

CAD工程制图 / 白建华，李辰，张迎春主编. —北京：电子工业出版社，2017.8

ISBN 978-7-121-28530-1

Ⅰ. ①C… Ⅱ. ①白… ②李… ③张… Ⅲ. ①工程制图—AutoCAD软件—高等学校—教材 Ⅳ. ①TB237

中国版本图书馆CIP数据核字（2016）第069508号

策划编辑：施玉新
责任编辑：裴 杰
印 刷：北京盛通商印快线网络科技有限公司
装 订：北京盛通商印快线网络科技有限公司
出版发行：电子工业出版社
北京市海淀区万寿路173信箱 邮编 100036
开 本：787×1 092 1/16 印张：16 字数：409.6千字
版 次：2017年8月第1版
印 次：2022年7月第3次印刷
定 价：38.00元

凡所购买电子工业出版社图书有缺损问题，请向购买书店调换。若书店售缺，请与本社发行部联系，联系及邮购电话：（010）88254888，88258888。

质量投诉请发邮件至zlts@phei.com.cn，盗版侵权举报请发邮件至dbqq@phei.com.cn。

本书咨询联系方式：（010）88254598，syx@phei.com.cn。

前　言

本书作为“全国职业院校示范校课程数字化资源建设”项目的成果之一，是按照职业院校教育的培养目标和特点，结合多位全国优秀教师的经验编写而成。本书以培养技术应用型人才为目标，注重工程图纸的绘制和阅读的基本能力训练；理论联系实际，重视解决实际问题能力的培养。通过教学实施，学生可以具备对一般工程图样的绘图和读图能力。

本书主要讲解 AutoCAD 2014 使用、工程制图的一般规定及应用、平面图形的绘制及尺寸标注、表达机件的常用方法、机械工程图样的绘制、三维实体的构建、图样的打印。本书的每单元有明确的学习目标，将目标要求融于相关任务，还设计了适当的拓展任务，帮助读者举一反三，熟练掌握绘图技能。本书可作为职业院校计算机绘图课程教材，也可作为机械制图及工程制图等课程配套教材，还可作为 AutoCAD 技术培训教材或相关工程技术人员的重要参考书。

以综合任务驱动作为本教材的写作基础，编写思路是以生产中常见的零部件为主线，从实例中引出基本知识。结合每一个教学任务的实施，通过逐步解决任务中相应的问题，使读者能够完成综合任务中整套技术图样的绘制。

教材内容的选取和任务设置，以必需和够用为准，兼顾内容的系统性和教学的需要。从软件的使用开始，到工程图样的绘制，由浅入深循序渐进。全书内容编排合理，符合工程制图的学习规律。

强化实践能力的培养。每个单元选取典型工程图样绘制任务重点讲解。在每个单元讲解之后都配有难度适当的拓展任务，强化技能的活学活用，便于教师在教学中实施分层教学。

全书文字力求精练，语言通俗，图例详实，适当配置三维图示，增强了直观性，所选图例紧密结合专业生产实践，同时兼顾教学案例的典型性。

教材在编写过程中受全国示范校课程资源数字化共建共享课题组的指导，得到了课题组专家的诸多帮助。借教材出版之际对专家表示感谢。

本书由白建华、李辰、张迎春担任主编，刘秋丽、钟建敏、杨方兴、杨岚担任副主编，许宁、刘燕、王艳杰担任参编。

教材配有同步的讲义 PPT，另外配备习题、视频等丰富教学资源，请与全国示范校课程资源数字化共建共享项目计算机网络项目组联系。

编　者

目录

单元 1　初识 AutoCAD

【学习目标】

◎ 1. 了解 AutoCAD 的作用及使用范围。
◎ 2. 掌握 AutoCAD 的启动及退出方法。
◎ 3. 熟悉 AutoCAD 的界面。
◎ 4. 掌握图形文件的管理。
◎ 5. 掌握 AutoCAD 中有关启动命令、响应命令的方法。
◎ 6. 掌握图层的设置。

【实例任务】

◎ 任务 1　了解 AutoCAD
◎ 任务 2　AutoCAD 有关命令的操作
◎ 任务 3　设置图层

任务 1　了解 AutoCAD

AutoCAD（Auto Computer Aided Design）是由美国 Autodesk 公司开发的通用计算机辅助设计软件，经过不断完善，现已成为国际上最为流行的绘图工具。自 1982 年 12 月推出初始的 R1.0 版本至今，经过三十多年的不断发展和完善，其操作更加方便，功能更加齐全。随着时间的推移和软件的不断完善，AutoCAD 已由原先的侧重于二维绘图技术为主，发展到二维、三维绘图技术兼备、且具有网上设计的多功能 CAD 软件系统。与传统的手工绘图相比，使用 AutoCAD 绘图速度更快、精确度更高。AutoCAD 已在航天、机械、造船、建筑、电子、化工等领域得到了广泛的应用。目前，其最新的版本为 AutoCAD 2014。

本书以 AutoCAD 2014 为例进行介绍，绝大部分内容适用于 AutoCAD 2000 以后的各个版本，同时兼顾软件的新增功能，将各版本的经典特性与新功能有机地融为一体。

【任务描述】

本任务要求启动 AutoCAD 2014，进入其默认工作界面将绘图区背景颜色更改为白色，然后在其各个工作空间切换，最后回到“草图与注释”工作空间，并退出 AutoCAD 2014。主要涉及 AutoCAD 2014 的启动、工作空间的切换、AutoCAD 2014 的退出等操作。

【任务实施】

第一步，启动 AutoCAD 2014。

双击桌面上 AutoCAD 2014 的快捷方式图标，启动 AutoCAD 2014，进入其默认工作界面，如图 1-1 所示。

图 1-1 AutoCAD 2014 默认工作界面

从图 1-1 所示的工作界面中可以看出，AutoCAD 2014 默认绘图区的背景颜色为黑色。

第二步，将绘图区背景颜色更改为白色。

（1）单击工作界面左上角“应用程序”按钮，在出现的菜单中选择“选项”命令，弹出“选项”对话框。

（2）在“选项”对话框中选择“显示”选项卡，如图 1-2 所示，单击“颜色”按钮 颜色(C)... ，打开“图形窗口颜色”对话框，如图 1-3 所示。

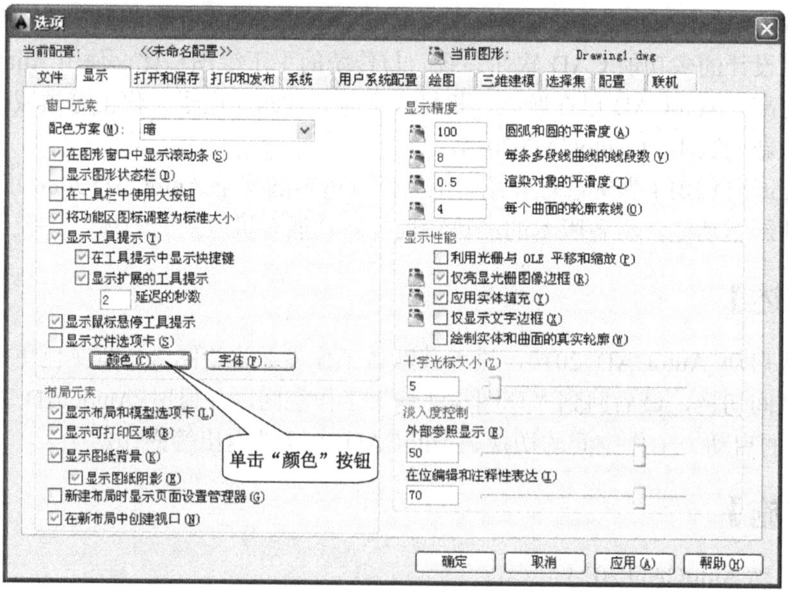

图 1-2 “选项”对话框中的“显示”选项卡

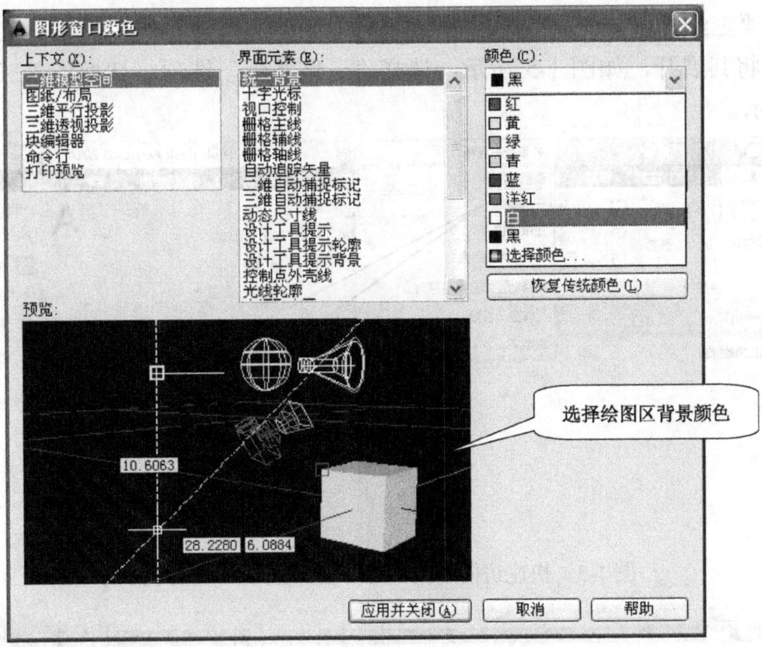

图 1-3 “图形窗口颜色”对话框

（3）在“上下文”列表框中选择“二维模型空间”选项，在“界面元素”列表框中选择“统一背景”选项，在“颜色”下拉列表中选择“白”选项，如图 1-3 所示。

（4）单击“应用并关闭”按钮 应用并关闭(A)，返回“选项”对话框，单击“确定”按钮，完成设置。

完成以上操作后，绘图区的颜色变成了白色。

第三步，切换工作空间。

AutoCAD 2014 有多个工作空间，默认状态下打开“草图与注释”工作空间，如图 1-4 所示。

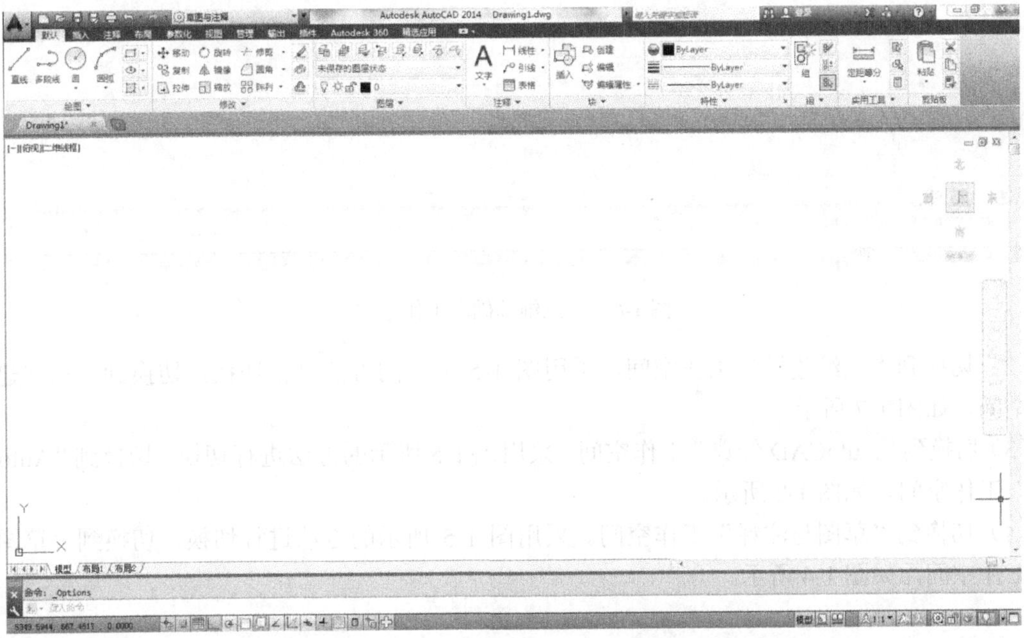

图 1-4 “草图与注释”工作空间

（1）切换到“三维基础”工作空间。在标题栏左侧单击快速访问工具栏“工作空间”右侧的下三角按钮▼，将其展开，如图 1-5 所示，选择“三维基础”选项，切换到“三维基础”工作空间，如图 1-6 所示。

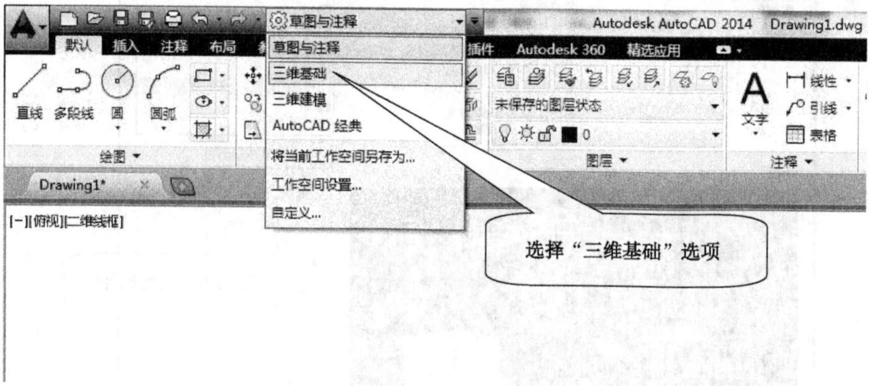

图 1-5 快速访问工具栏上“工作空间”下拉列表

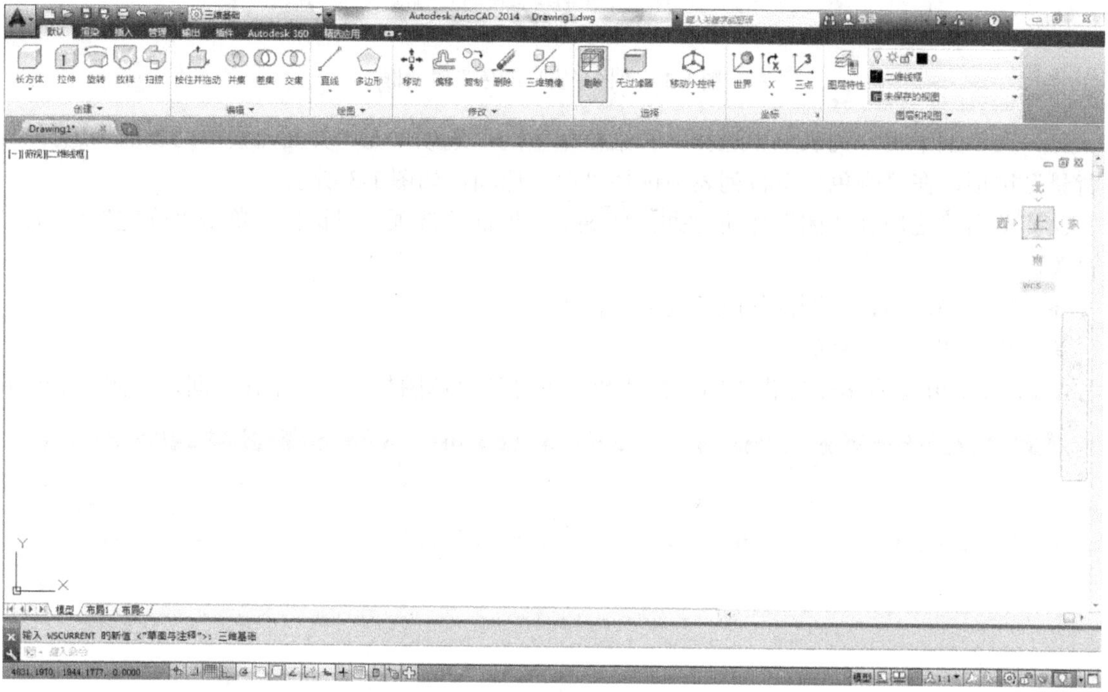

图 1-6 “三维基础”工作空间

（2）切换到“三维建模”工作空间。采用图 1-5 所示的方法进行切换，切换到“三维建模”工作空间，如图 1-7 所示。

（3）切换到“AutoCAD 经典”工作空间。采用图 1-5 所示的方法进行切换，切换到“AutoCAD 经典”工作空间，如图 1-8 所示。

（4）切换到“草图与注释”工作空间。采用图 1-5 所示的方法进行切换，切换到“草图与注释”工作空间，如图 1-4 所示。

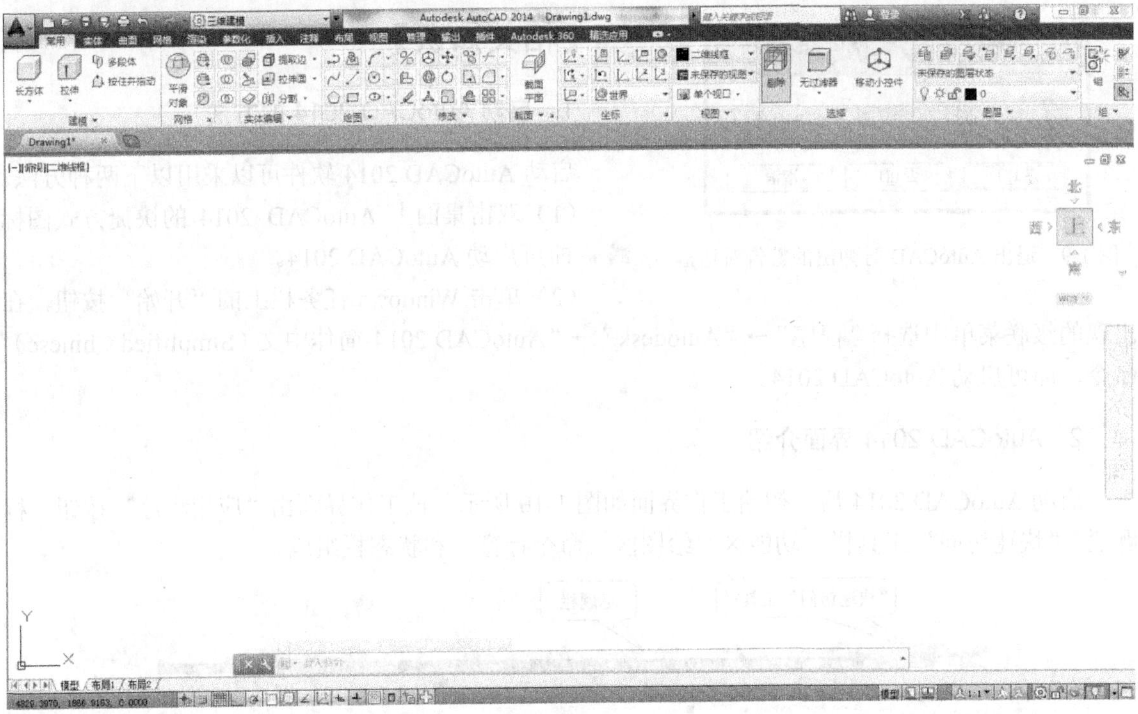

图 1-7　“三维建模”工作空间

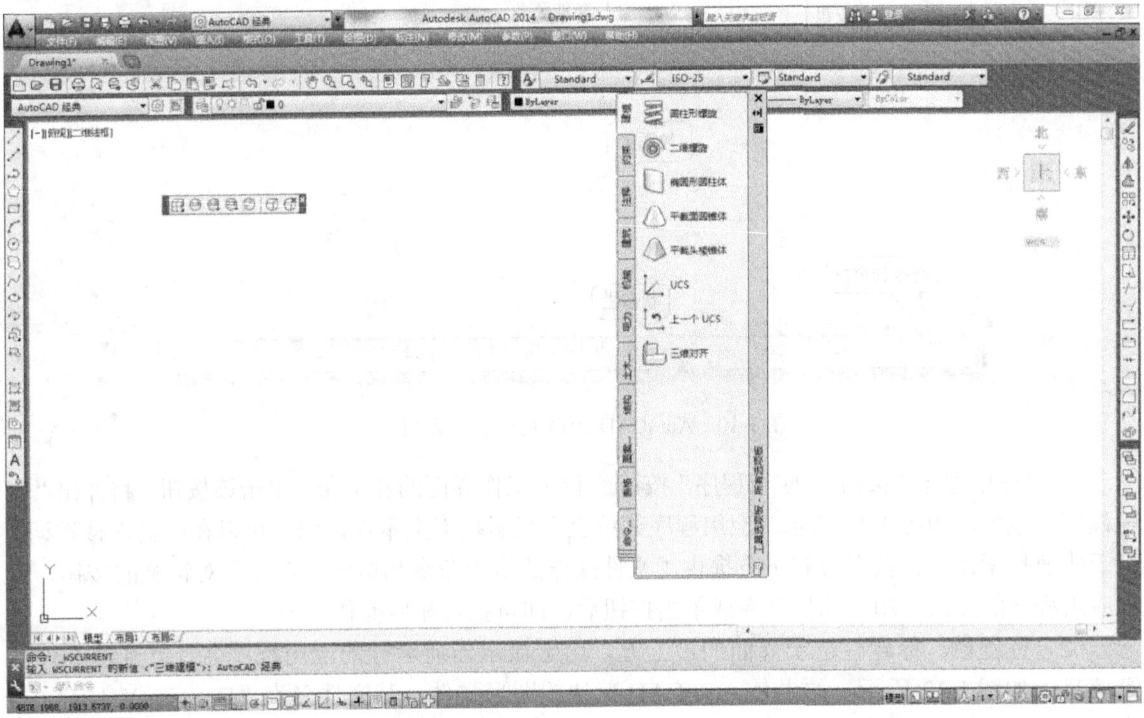

图 1-8　“AutoCAD 经典”工作空间

第四步，退出 AutoCAD 2014。

单击标题栏上“关闭”按钮，弹出如图 1-9 所示的警告对话框，单击“是”按钮，保存修改后的设置，在指定保存位置后退出 AutoCAD 2014。

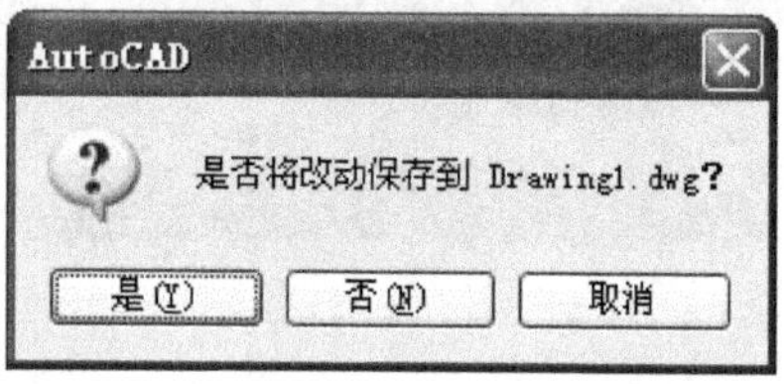

图 1-9　退出 AutoCAD 时弹出的警告对话框

【相关知识】

1．启动 AutoCAD 2014 的方法

启动 AutoCAD 2014 软件可以采用以下两种方法。

（1）双击桌面上 AutoCAD 2014 的快捷方式图标，即可启动 AutoCAD 2014。

（2）单击 Windows 任务栏上的“开始”按钮，在出现的级联菜单中选择“程序”→“Autodesk”→“AutoCAD 2014-简体中文（Simplified Chinese）”命令，即可启动 AutoCAD 2014。

2．AutoCAD 2014 界面介绍

启动 AutoCAD 2014 后，初始工作界面如图 1-10 所示。该工作界面由“应用程序”按钮、标题栏、“快速访问”工具栏、功能区、绘图区、命令行窗口和状态栏组成。

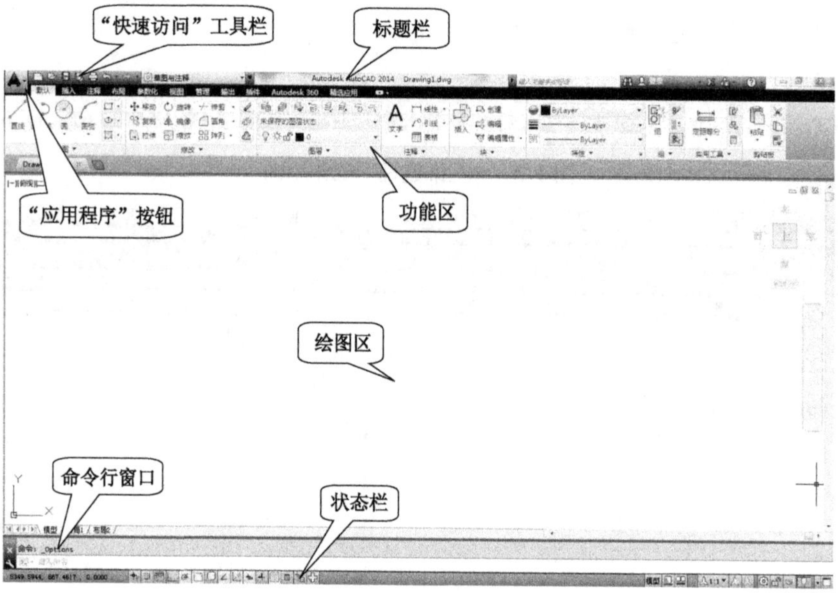

图 1-10　AutoCAD 2014 初始工作界面

（1）“应用程序”按钮。“应用程序”按钮位于工作界面的左上角，单击该按钮，将弹出“应用程序”菜单，如图 1-11 所示。应用程序菜单上方显示搜索文本框，用户可以在此输入搜索词，用于快速搜索命令；其左方和下方提供了文件操作的常用命令和访问“选项”对话框的按钮、退出应用程序的按钮，用户选择命令或单击按钮后，即可执行相应操作。

（2）标题栏。标题栏位于界面的最上方，用于显示当前运行的应用程序名及打开的文件名等信息，如图 1-12 所示，如果是 AutoCAD 默认的图形文件，其文件名为“DrawingX.dwg”（X 为数字）。

在标题栏搜索文本框中输入需要搜索的问题，单击“搜索”按钮，就可以获取相关信息；单击“登录”按钮，能够登录到 Autodesk 360 以访问与桌面软件集成的服务；单击“程序”按钮，可以访问 Autodesk Exchange 应用程序网站；单击“链接”按钮，能够获取软件最新的更新信息；单击“帮助”按钮，可以获取相关帮助信息。

图 1-11 “应用程序”菜单

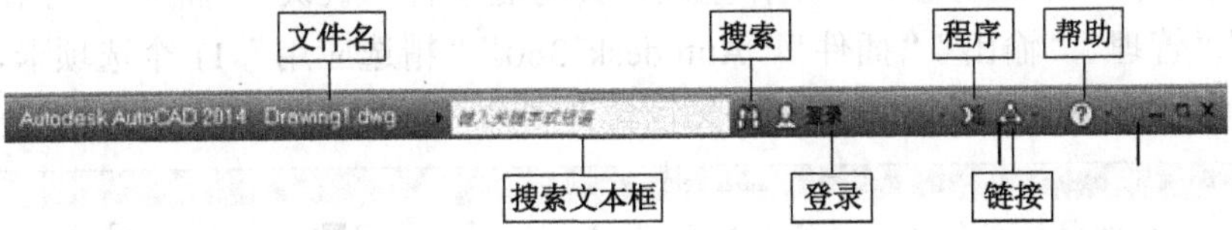

图 1-12 标题栏

分别单击标题栏右侧的按钮，可以最小化、最大化和关闭应用程序。

(3)“快速访问”工具栏。“快速访问”工具栏如图 1-13 所示，默认情况下其位于功能区上方，并占用标题栏左侧一部分位置。“快速访问”工具栏用于存储经常访问的命令，默认命令按钮有新建、打开、保存、另存为、打印、放弃、重做和工作空间，单击各按钮即可快速调用相应命令。

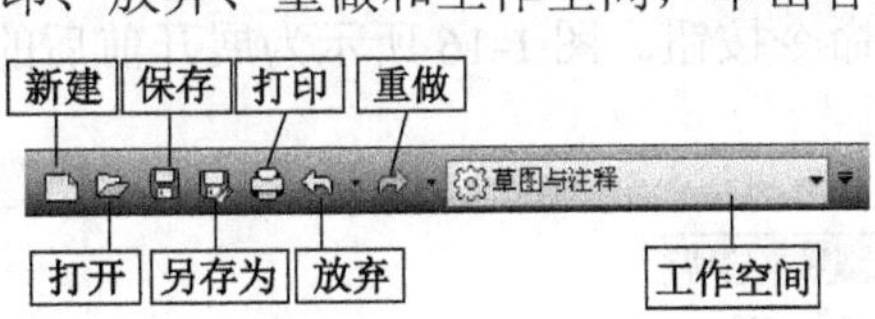

图 1-13 “快速访问”工具栏

单击“快速访问”工具栏上的下三角按钮，弹出其快捷菜单，如图 1-14 所示，选择菜单中的相应选项即可将其添加到“快速访问”工具栏上。

若选择“显示菜单栏”命令，则可在标题栏下显示菜单栏。

(4) 功能区。默认情况下，在创建或打开文件时，AutoCAD 2014 工作界面上会自动显示功能区。功能区位于绘图区的上方，由选项卡和面板组成。在不同的工作空间，功能区内的选项卡和面板不尽相同。

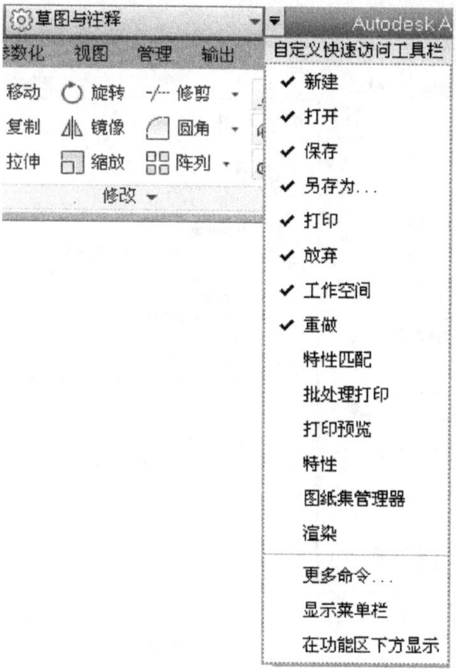

图 1-14 “快速访问”工具栏的快捷菜单

默认状态下，在“草图与注释”工作空间，其功能区有“默认”“插入”“注释”“布局”“参数化”“视图”“管理”“输出”“插件”“Autodesk 360”“精选应用”11 个选项卡，如图 1-15 所示。每个选项卡包含一组面板，每个面板又包含许多命令按钮。

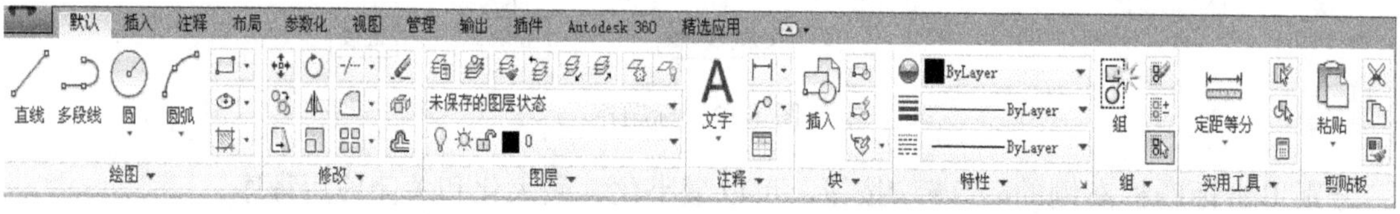

图 1-15 “草图与注释”工作空间的功能区

如果面板中没有足够的空间显示所有的命令按钮，可以单击面板名称右方的下三角按钮▾，将其展开，以显示其他相关的命令按钮。图 1-16 所示为展开前后的“绘图”面板。

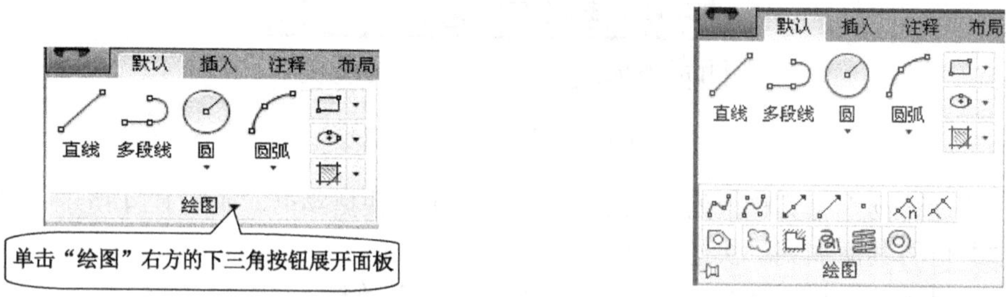

（a）展开前 （b）展开后

图 1-16 “绘图”面板展开前后

如果面板上某个按钮的下方或后面有下三角按钮▾，则表示该按钮下面还有其他的命令按钮，单击下三角按钮，弹出下拉列表，显示其他命令按钮。图 1-17 所示为“圆”按钮的下拉列表。

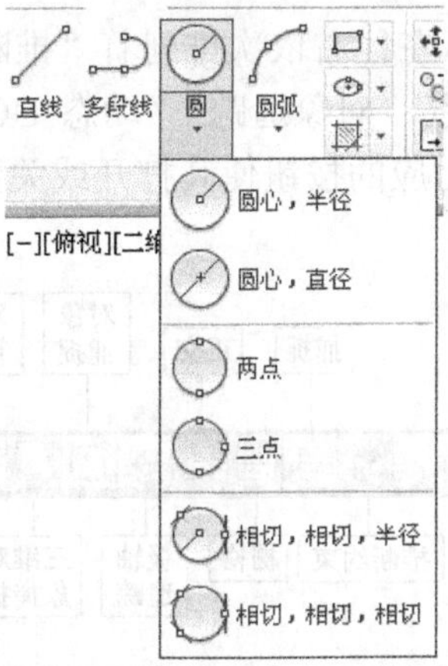

图 1-17　“圆”按钮下拉列表

（5）绘图区。绘图区类似于手工绘图时的图纸，是用户使用 AutoCAD 进行绘图并显示所绘图形的区域，如图 1-18 所示。绘图区实际上是无限大的，可以通过缩放、平移等命令来观察绘图区的图形。

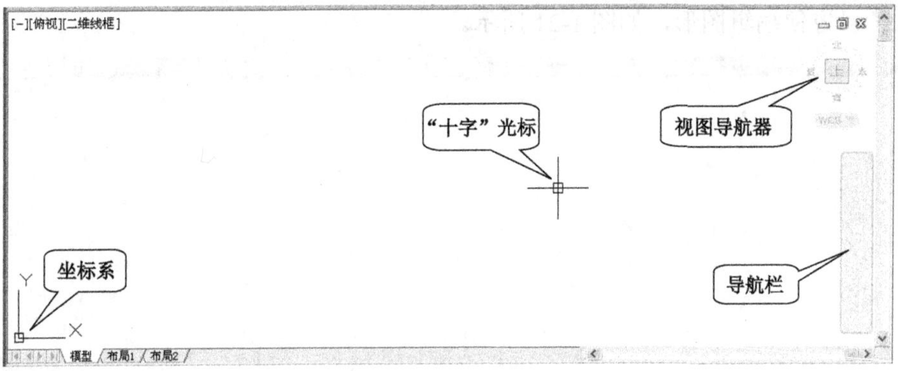

图 1-18　绘图区

绘图区中包括“十字”光标、坐标系、视图导航器和导航栏。“十字”光标的交点为当前光标的位置。默认情况下，左下角的坐标系为世界坐标系（WCS）。

单击导航栏上的相应按钮，可以平移、缩放或动态观察图形。通过视图导航器，可以在标准视图和等轴测视图间切换，但对于二维绘图此功能作用不大。

（6）命令行窗口。命令行窗口如图 1-19 所示，其位于绘图区的下方，是 AutoCAD 进行人机交互、输入命令和显示相关信息与提示的区域。用户可以像改变 Windows 窗口那样来改变命令行窗口的大小，也可以拖动到屏幕的其他地方。

图 1-19　命令行窗口

单击命令行窗口左侧的“关闭”按钮，可以关闭命令行窗口，按 Ctrl+9 组合键可将其重新打开。

（7）状态栏。状态栏位于工作界面的最底端，用于显示或设置当前的绘图状态。其左侧显示当前光标在绘图区位置的坐标值，从左往右依次排列着“推断约束”“捕捉”“栅格”“正交”“极轴追踪”“对象捕捉”“三维对象捕捉”“对象追踪”“动态 UCS”“动态输入”“线宽”等 15 个开关按钮，如图 1-20 所示，可以单击对应的按钮使其打开或关闭。有关这些按钮的功能将在后续的模块中介绍。

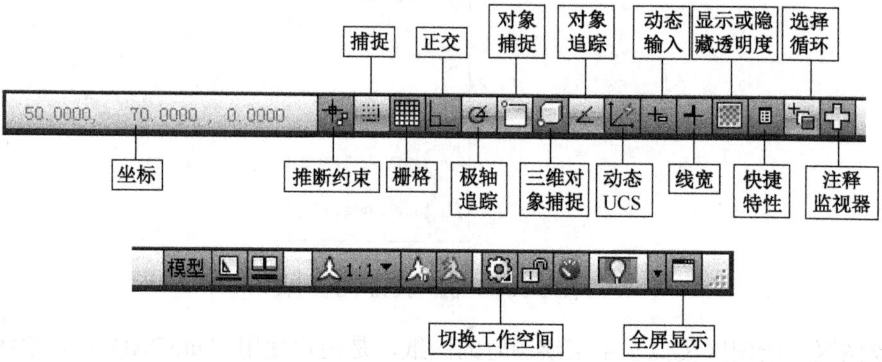

图 1-20　状态栏

单击状态栏上的“全屏显示”按钮，可以将功能区隐藏，仅显示标题栏和命令行窗口，使绘图区扩大，以方便编辑图形，如图 1-21 所示。

图 1-21　“全屏显示”后的工作界面

3. AutoCAD 2014 工作空间

工作空间是经过分组和组织的菜单、工具栏、选项卡和面板的集合，用于创建基于任务的绘图环境。AutoCAD 2014 提供有“草图与注释”“三维基础”“三维建模”和“AutoCAD 经典”4 种工作空间，以满足用户的不同需要。切换工作空间可以采用以下两种方法。

（1）在“快速访问”工具栏上，单击“工作空间”右侧的下三角按钮，展开其下拉列表，然后选择一个工作空间。本任务操作实例中便采用了此法。

（2）在如图 1-20 所示的应用程序状态栏上，单击“切换工作空间”按钮，然后选择一个工作空间。

AutoCAD 2014 的 4 种工作空间简介如下。

① “草图与注释”工作空间。启动 AutoCAD 2014，在默认状态下打开“草图与注释”工作空间，如图 1-4 所示。该工作空间显示二维绘图特有的工具，可以使用“绘图”“修改”“图层”“注释”“块”“特性”等面板快捷方便地绘制二维图形。

② “三维基础”工作空间。“三维基础”工作空间，如图 1-6 所示。该工作空间显示三维建模特有的基础工具，可以使用“创建”“编辑”“修改”等面板创建三维实体或三维网格。

③ “三维建模”工作空间。“三维建模”工作空间用于显示三维建模特有的工具，可以更加方便地进行三维建模和渲染。在功能区中集中了“三维建模”“视觉样式”“光源”“材质”“渲染”和“导航”等面板，从而为绘制三维图形、观察图形、创建动画、设置光源、为三维对象附加材质等操作提供了非常便利的操作环境，如图 1-7 所示。

④ “AutoCAD 经典”工作空间。对于习惯于 AutoCAD 传统界面的用户来说，可以使用“AutoCAD 经典”工作空间，如图 1-8 所示。为了使用户能够快速适应 AutoCAD 的使用，本书以“AutoCAD 经典”工作空间为基础进行讲解。

4．退出 AutoCAD 2014 的方法

在 AutoCAD 2014 中可以采用以下方法退出程序。

（1）菜单：在如图 1-11 所示的“应用程序”菜单中，单击“退出”按钮 退出 Autodesk AutoCAD 2014 。

（2）标题栏：单击标题栏上“关闭”按钮 ☒ 。

（3）键盘命令：在命令行输入“QUIT”命令。

执行上述操作后，如果用户对图形所做的修改尚未保存，则弹出如图 1-9 所示的警告对话框，提示用户保存文件。如果文件已命名，单击“是”按钮，AutoCAD 将以原名保存文件，然后退出；单击“否”按钮，则不保存文件，直接退出；单击“取消”按钮，则取消该操作，重新回到 AutoCAD。如果当前文件没有命名，系统会弹出“图形另存为”对话框。

任务 2 AutoCAD 有关命令的操作

【任务描述】

本任务要求采用 4 种方式启动“直线”命令，绘制任意 4 条线段，如图 1-22 所示；采用 2 种响应命令的方法绘制同一尺寸的矩形，如图 1-23 所示。主要涉及命令的启动方法、响应方法及命令的重复等操作。

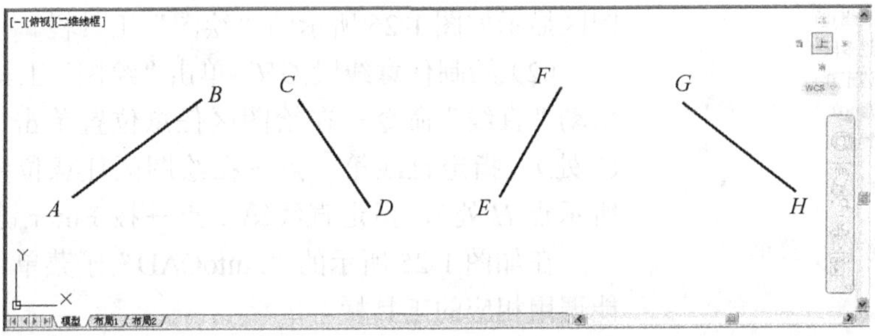

图 1-22 采用 4 种方法启动“直线”命令绘制线段

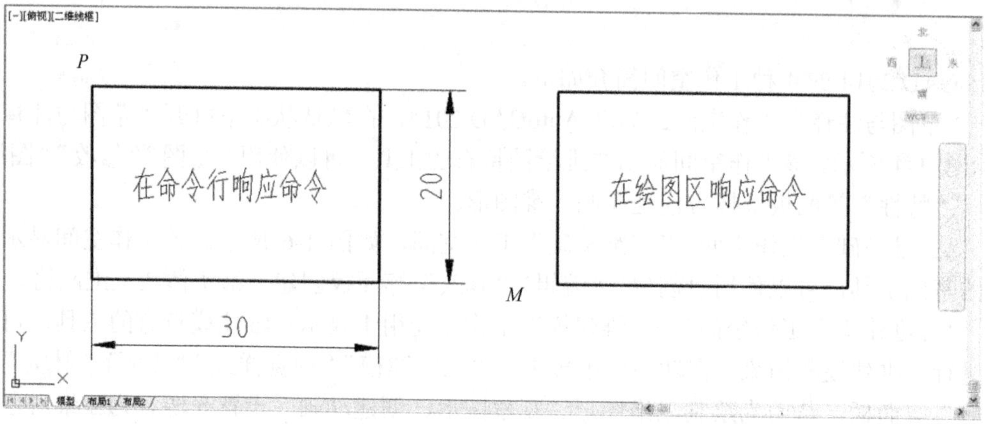

图 1-23　采用两种方法响应“矩形”命令绘制矩形

【任务实施】

第一步，启动 AutoCAD 2014 软件进入其默认的“草图与注释”工作空间。

第二步，在功能区启动“直线”命令，绘制任意线段 *AB*。

在功能区“默认”选项卡中的“绘图”面板上单击按钮，启动“直线”命令→在绘图区任意位置单击（图 1-22 所示点 *A* 处），指定直线第一点→在绘图区任意位置单击（图 1-22 所示点 *B* 处），指定直线第二点→按 Enter 键结束命令。

第三步，在命令行启动“直线”命令，绘制任意线段 *CD*。

在命令行输入“LINE”，启动“直线”命令→在绘图区任意位置单击（图 1-22 所示点 *C* 处），指定直线第一点→在绘图区任意位置单击（图 1-22 所示点 *D* 处），指定直线第二点→按 Enter 键结束命令。

第四步，在菜单栏启动“直线”命令，绘制任意线段 *EF*。

（1）显示菜单栏。单击“快速访问”工具栏上的下三角按钮，弹出如图 1-14 所示的快捷菜单，选择“显示菜单栏”命令，在标题栏下方显示菜单栏。

（2）绘制线段 *EF*。选择“绘图”→“直线”命令，如图 1-24 所示，启动“直线”命令→在绘图区任意位置单击（图 1-22 所示点 *E* 处），指定直线第一点→在绘图区任意位置单击（图 1-22 所示点 *F* 处），指定直线第二点→按 Enter 键结束命令。

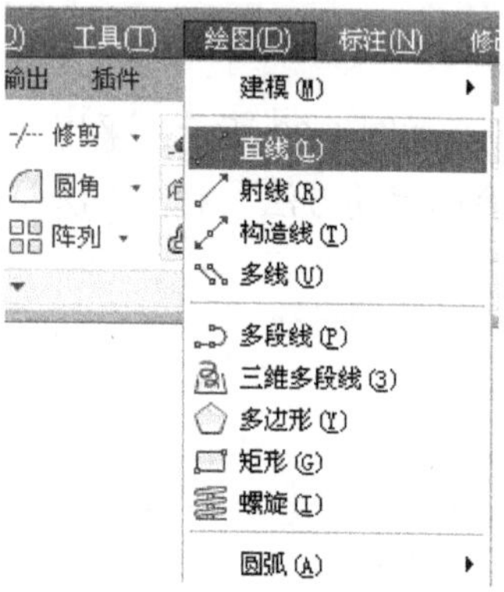

图 1-24　“绘图”菜单

第五步，在工具栏启动“直线”命令，绘制任意线段 *GH*。

（1）调用“绘图”工具栏。在“工具”菜单中选择“工具栏”→“AutoCAD”→“绘图”命令，如图 1-25 所示，在绘图区显示如图 1-26 所示的“绘图”工具栏。

（2）绘制任意线段 *GH*。单击“绘图”工具栏中的按钮，启动“直线”命令→在绘图区任意位置单击（图 1-22 所示点 *G* 处），指定直线第一点→在绘图区任意位置单击（图 1-22 所示点 *H* 处），指定直线第二点→按 Enter 键结束命令。

在如图 1-25 所示的“AutoCAD”子菜单中选择某个选项，能调用相应的工具栏。

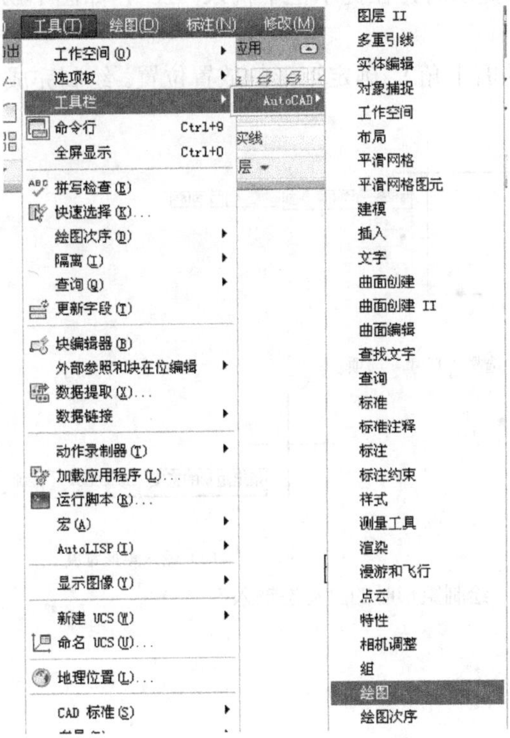

图 1-25　调用“绘图”工具栏

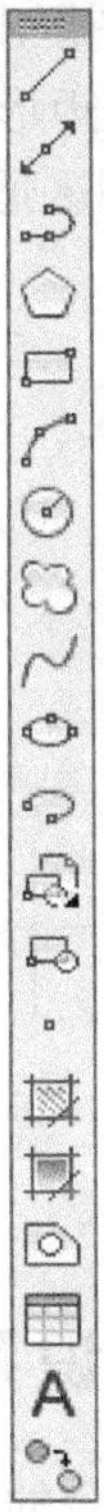

图 1-26　“绘图”工具栏

第六步，采用在命令行操作响应命令的方法绘制一个 30×20 的矩形。

（1）在功能区“默认”选项卡的“绘图”面板上单击□按钮，启动“矩形”命令。

（2）在绘图区任意位置单击（图 1-23 所示点 *P* 处），确定矩形的第一个角点。

（3）移动鼠标，当命令行出现“指定另一个角点或 [面积(A)/尺寸(D)/旋转(R)]:”时，输入“d”，按 Enter 键选择“尺寸(D)”选项，确定采用“尺寸”方式绘制矩形。

（4）当命令行出现“指定矩形的长度<50.0000>:”时，输入“30”，按 Enter 键确定矩形的长度。

（5）当命令行出现“指定矩形的宽度<30.0000>:”时，输入“20”，按 Enter 键确定矩形的宽度。

（6）当命令行出现“指定另一个角点或 [面积(A)/尺寸(D)/旋转(R)]:”时，在绘图区适当位置单击（如点 *P* 的右下角），确定矩形的放置位置。绘制完成后如图 1-23 所示。

第七步，采用在绘图区操作响应命令（动态输入方式）的方法绘制一个 30×20 的矩形。

（1）在状态栏单击按钮，打开“动态输入”功能。

（2）在功能区“默认”选项卡中的“绘图”面板上单击□按钮，启动“矩形”命令。

（3）移动鼠标到绘图区，光标旁出现动态提示，在绘图区任意位置单击（图 1-23 所示点 *M* 处），确定矩形的第一个角点。

（4）移动鼠标，按下键盘上“↓”键，出现动态提示，选择“• 尺寸(D)”选项，如图 1-27（a）所示，按 Enter 键确定采用“尺寸”方式绘制矩形。

（5）当绘图区出现“指定矩形的长度 <50.0000>:”提示时，在提示框中输入“30”，如图 1-27（b）所示，按 Enter 键确定矩形的长度。

（6）当绘图区出现指定矩形的宽度 <30.0000>: 提示时，在提示框中输入“20”，如图1-27（c）所示，按Enter键确定矩形的宽度。

（7）在绘图区适当位置单击（如点*M*的右上角），确定矩形的放置位置。绘制完成后如图1-23所示。

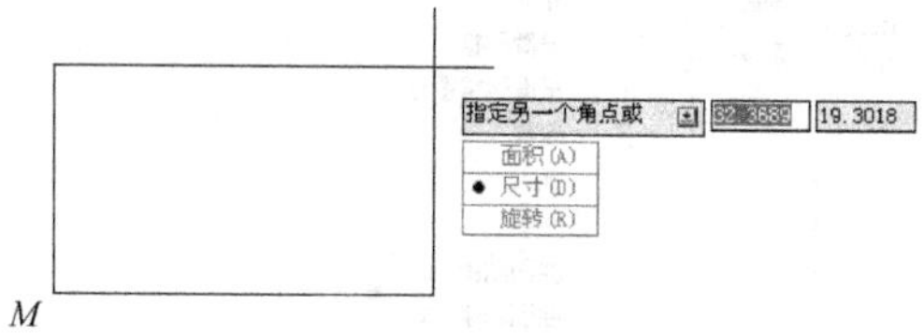

（a）选择“尺寸”选项

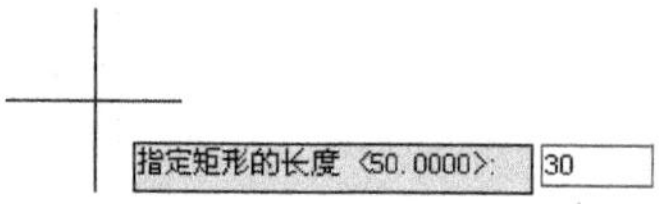

（b）输入矩形长度

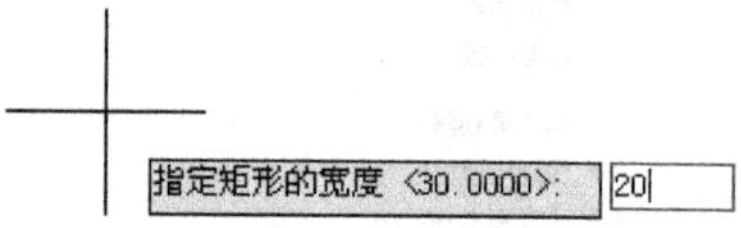

（c）输入矩形宽度

图1-27　绘制矩形时的“动态输入”

【相关知识】

1. 启动命令的方法

为满足不同用户的需要，使操作更加灵活方便，AutoCAD 2014提供了多种方法来启动同一命令。下面介绍常用的4种方法。

（1）功能区启动命令。功能区是选项卡和面板的集合，提供了几乎所有的命令，单击面板上的按钮，即可启动相应命令。如图1-28所示，单击“绘图”面板上的按钮，即可启动“直线”命令。

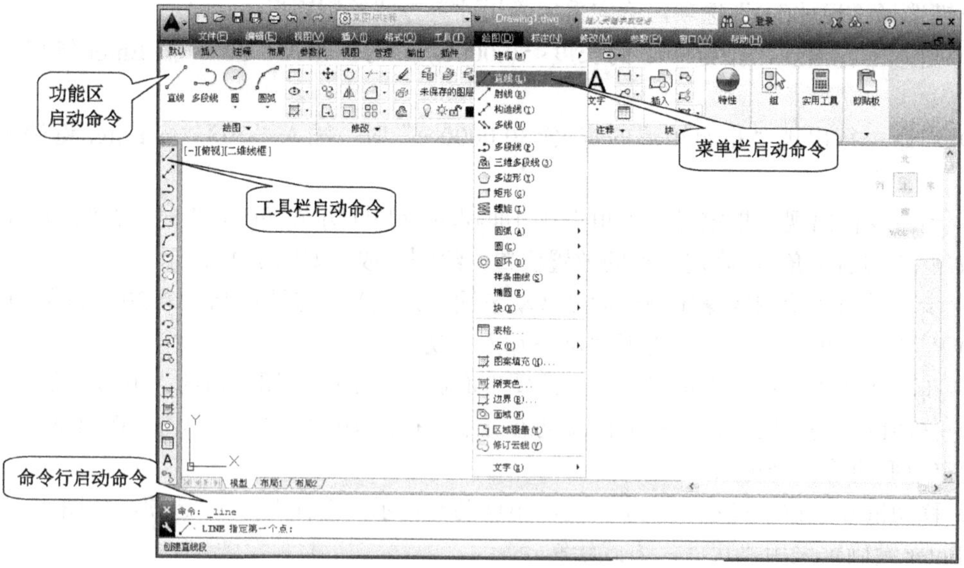

图1-28　启动命令的4种方法

（2）命令行启动命令。在AutoCAD命令行命令提示符“命令:”后，输入命令名（或命令别名）并按 Enter 键或 Space 键，即可启动相应命令。如在命令行中输入命令名“LINE”或命令别名“L”，按 Enter 键即可启动“直线”命令。

AutoCAD 2014 命令行具有自动搜索、自动更正及同义词搜索功能。当用户输入某个命令名的首字母后，系统会自动搜索以此字母开头的命令或同义词，并显示在命令行上方，用户可通过选择键盘上的“↓”或“↑”键来选择命令，也可以将光标移到相应命令上直接单击来选择。

（3）菜单栏启动命令。单击某个菜单，在下拉菜单中单击所需的菜单命令，则启动相应命令。如图 1-28 所示，在“绘图”菜单栏中选择“直线”选项，即可启动“直线”命令。

（4）工具栏启动命令。在工具栏中单击相应按钮，即可启动相应命令。如图 1-28 所示，单击“绘图”工具栏中的图标，即可启动“直线”命令。

采用菜单栏、工具栏启动命令，需先在用户界面中显示菜单栏、调用相应工具栏，其方法在本任务操作实例中第四步、第五步已详述。

2. 响应命令的方法

AutoCAD 2014 提供了“在命令行操作”和“在绘图区操作”两种响应命令的方法。

（1）在命令行操作。在启动命令后，用户需要输入点的坐标值、选择对象及选择相关的选项来响应命令。在 AutoCAD 中，一类命令是通过对话框来执行的，另一类命令则是根据命令行提示来执行的。

在命令行操作是 AutoCAD 最传统的方法。如图 1-29 所示，在启动命令后，根据命令行的提示，输入坐标值或相关参数后，再按 Enter 键或 Space 键即可执行相关操作。本任务操作实例中第六步即采用了此方法。

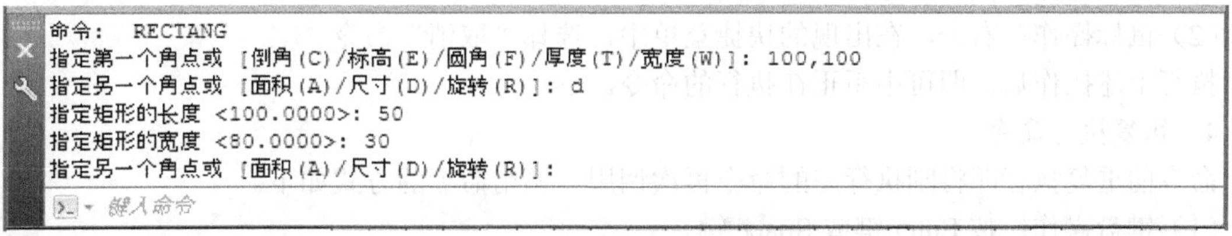

图 1-29 在命令行操作（绘制矩形）

命令行提示中“[ ]”内的选项表示可选项，“( )”内的选项为可选项的标识字符，“〈 〉”内的数值为缺省值。

（2）在绘图区操作。从 AutoCAD 2006 开始新增加了动态输入功能，可以实现在绘图区操作，完全可以取代传统的命令行。在动态输入被激活时，在光标附近将显示动态输入工具栏，如图 1-30 所示。用户可以在提示框中输入坐标，按 Tab 键在几个工具栏中切换，按键盘上的“↓”键，显示和选择各相关的选项响应命令。本任务操作实例中第七步即采用了此方法。

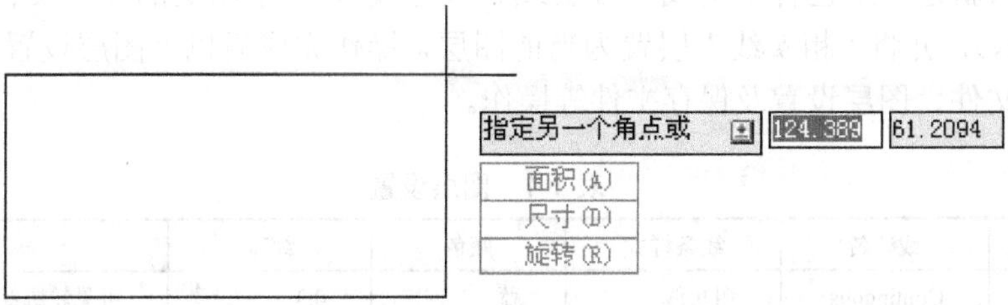

图 1-30 动态输入工具栏（绘制矩形）

3. 命令的放弃、重做、中止与重复执行

1）放弃命令

“放弃”命令可以实现从最后一个命令开始，逐一取消前面已经执行的命令。调用命令的方式如下。

（1）快速访问工具栏：单击“放弃”按钮。

（2）菜单栏：选择“编辑”→“放弃”命令。

（3）工具栏：在“标准”工具栏中单击“放弃”按钮。

（4）键盘命令：在命令行输入“UNDO”或“U”命令。

（5）快捷键：按 Ctrl+Z 组合键。

执行上述操作后，即可实现从最后一个命令开始，逐一取消前面已经执行的命令。

2）重做命令

“重做”命令可以恢复刚执行“放弃”命令所放弃的操作。调用命令的方式如下。

（1）快速访问工具栏：单击“重做”按钮。

（2）菜单栏：选择“编辑”→“重做”命令。

（3）工具栏：在“标准”工具栏中单击“重做”按钮。

（4）键盘命令：在命令行输入“REDO”命令。

执行上述操作后，即可恢复刚放弃的操作。

3）中止命令

命令的中止即中断正在执行的命令，回到等待命令状态。调用命令的方式如下。

（1）快捷操作：按 Esc 键。

（2）鼠标操作：右击，在出现的快捷菜单中，选择“取消”命令。

执行上述操作后，即可中断正在执行的命令。

4）重复执行命令

命令的重复执行即将刚执行完的命令再次调用。调用命令的方式如下。

（1）键盘操作：按 Enter 键或 Space 键。

（2）鼠标操作：右击，在出现的快捷菜单中，选择“重复×××”（×××表示命令名）命令。

执行上述操作后，即可调用刚执行的命令。

任务 3　设置图层

【任务描述】

本任务要求新建一个包含粗实线、细实线、尺寸线等 7 个图层的图形文件（各图层设置要求如表 1-1 所示），并将“粗实线”层置为当前图层，操作完成后以“图层设置”命名保存文件。主要涉及新建文件、图层设置及保存文件等操作。

表 1-1　图层设置

层名	线型名	线条样式	颜色	线宽	用途
粗实线	Continuous	粗实线	蓝	0.3	可见轮廓线、可见过渡线
点画线	Center	点画线	红	默认	对称中心线、轴线
细实线	Continuous	细实线	黄	默认	波浪线、剖面线等

续表

层名	线型名	线条样式	颜色	线宽	用途
尺寸线	Continuous	细实线	洋红	默认	尺寸线和尺寸界线
文字	Continuous	细实线	黑	默认	文字
虚线	Hidden	虚线	绿	默认	不可见轮廓线、不可见过渡线
双点画线	Phantom	双点画线	黑	默认	假想线

【任务实施】

第一步，启动 AutoCAD 2014 软件进入其默认的“草图与注释”工作空间。

第二步，新建一个图形文件。

（1）单击快速访问工具栏上的“新建”按钮，弹出“选择样板”对话框，如图 1-31 所示。

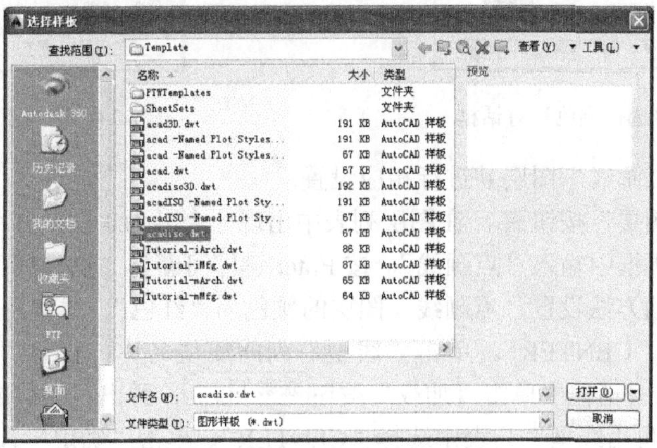

图 1-31　“选择样板”对话框

（2）在文件名称列表框中选择“acadiso.dwt”样板文件，单击“打开”按钮，即新建一个名为“DrawingX.dwg”（X 是数字）的图形文件。

第三步，新建“粗实线”图层并进行相应设置。

（1）在功能区“默认”选项卡中的“图层”面板上单击“图层特性”按钮，弹出“图层特性管理器”对话框，如图 1-32 所示。

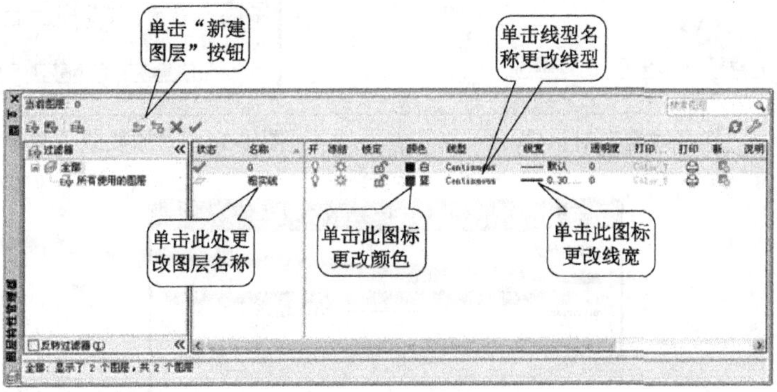

图 1-32　新建“粗实线”图层

（2）单击“新建图层”按钮，在图层列表中出现一个名为“图层 1”的新图层，单击该图层名，在“名称”文本框中输入“粗实线”，按 Enter 键即可新建“粗实线”图层，如图 1-32 所示。

（3）单击“颜色”列的色块图标，打开“选择颜色”对话框，如图 1-33 所示，在标准颜色区中单击“蓝色”色块，单击“确定”按钮，完成颜色设置。

（4）单击“线宽”列的线宽图标，打开“线宽”对话框，如图 1-34 所示，在线宽列表中选择“0.30mm”，单击“确定”按钮，完成线宽设置。

图 1-33　“选择颜色”对话框

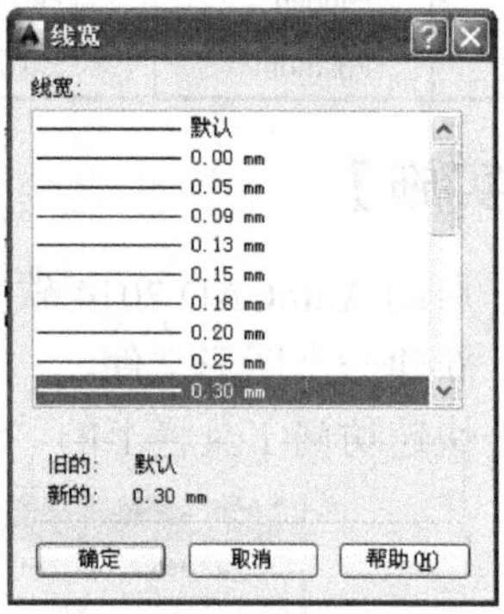

图 1-34　“线宽”对话框

第四步，新建“点画线”图层并进行相应设置。

（1）单击“新建图层”按钮，在图层列表中出现一个名为“图层 1”的新图层，单击该图层名，在“名称”文本框中输入“点画线”，按 Enter 键即可新建“点画线”图层。

（2）采用第三步的方法设置“点画线”图层的颜色为“红色”、线宽为“默认”。

（3）设置线型为“CENTER”。单击“线型”列的线型名称，打开“选择线型”对话框，如图 1-35 所示。在该对话框中单击“加载”按钮 加载(L)...，弹出“加载或重载线型”对话框，如图 1-36 所示。在“可用线型”列表中选择“CENTER”，单击“确定”按钮，返回如图 1-37 所示的“选择线型”对话框中，在“已加载的线型”列表中选择“CENTER”线型，单击“确定”按钮完成线型的设置。

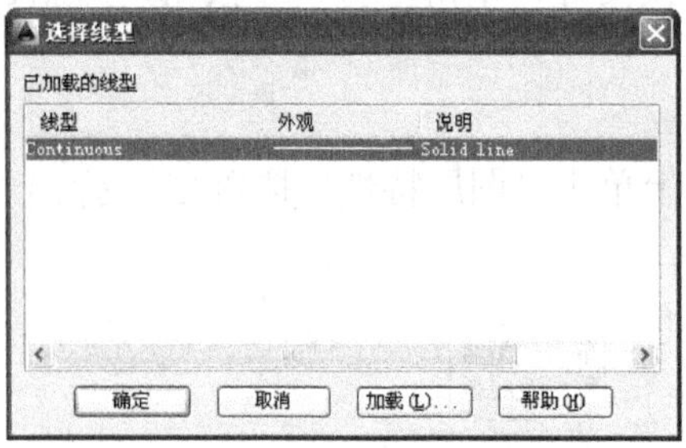

图 1-35　“选择线型”对话框

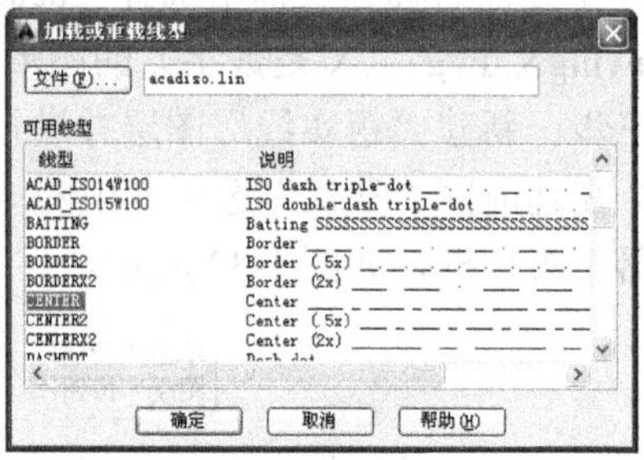

图 1-36　“加载或重载线型”对话框

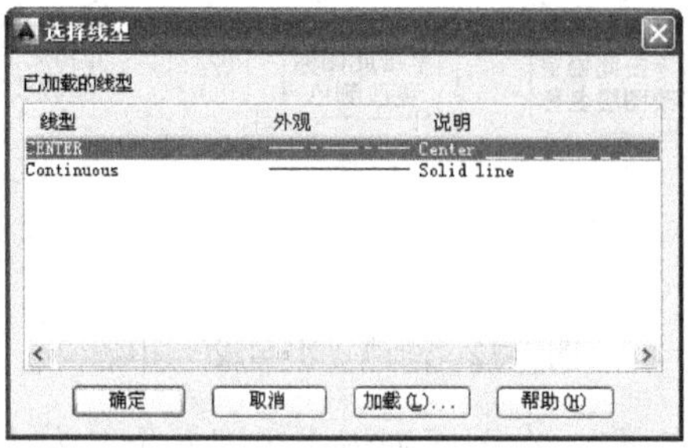

图 1-37　加载并显示“CENTER”线型

注意，在加载了所需的线型并返回到“选择线型”对话框时，系统不会直接选中刚加载的线型，需用户自行选择后单击“确定”按钮，如图 1-37 所示，才能将加载的线型设置到图层中。

第五步，采用第三步、第四步的方法，新建“细实线”“尺寸线”“文字”“虚线”“双点画线”5 个图层，并按表 1-1 所示的参数进行相应设置，设置完成后的面板如图 1-38 所示。

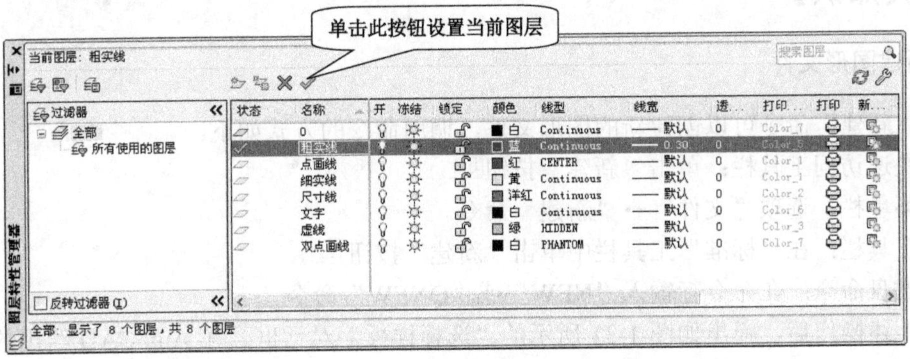

图 1-38　完成的图层设置

第六步，将“粗实线”图层设置为当前图层。

（1）选中“粗实线”图层，使其亮显，单击“置为当前”按钮，使“粗实线”图层前出现，即将该图层置为当前层。

（2）单击左上角“关闭”按钮，退出“图层特性管理器”面板。

第七步，将文件命名为“图层设置”并保存。

（1）单击快速访问工具栏上的“保存”按钮，弹出“图形另存为”对话框，如图 1-39 所示。

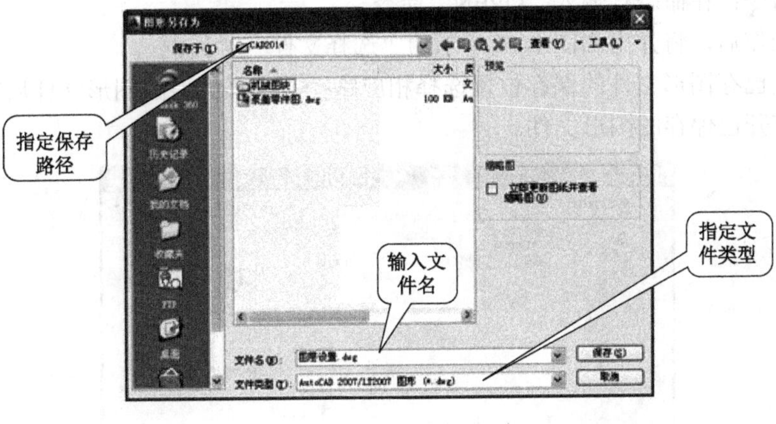

图 1-39　“图形另存为”对话框

（2）在“保存于”下拉列表中指定保存路径；在“文件类型”下拉列表中选择“AutoCAD 2007/LT2007 图形(*.dwg)”，如图 1-40 所示；在“文件名”文本框中输入文字“图层设置”。

（3）单击“保存”按钮，完成保存操作。

用户可以在各图层任意绘制几条线段，观察效果。如果要显示线宽效果，只需单击状态栏上按钮，打开“线宽”功能。

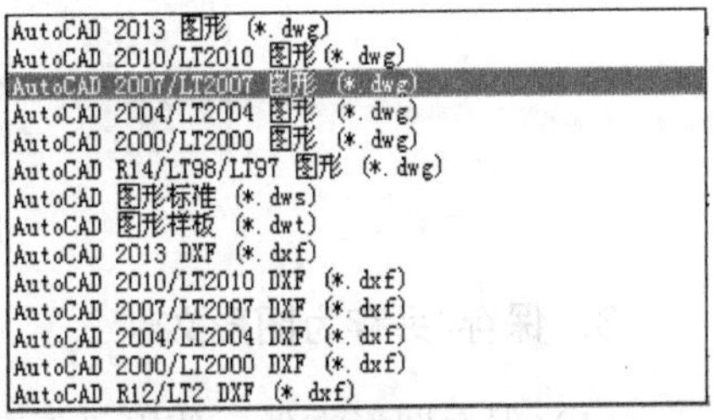

图 1-40　“文件类型”下拉列表

保存文件时，如果在“文件类型”下拉列表中选择“AutoCAD 图形样板（*.dwt）”选项，则文件将被保存为样板文件，以后选择该样板文件开始新建文件就可直接进行图形的绘制而不必每次重复进行图层的设置。

【相关知识】

1. 新建图形文件

使用“新建”命令可以创建新的图形文件，调用命令的方式如下。

（1）快速访问工具栏：单击“新建”按钮。

（2）菜单栏：选项“文件”→“新建”命令。

（3）工具栏：在“标准”工具栏中单击“新建”按钮。

（4）键盘命令：在命令行输入“NEW”或“QNEW”命令。

执行上述操作后，弹出如图 1-31 所示的“选择样板”对话框。在 AutoCAD 给出的样板文件名称列表框中，选择某个样板文件后双击或单击“打开”按钮，即可创建新的图形文件。

本书中的实例，如无特别说明均选择“acadiso.dwt”样板文件。

2. 打开图形文件

使用“打开”命令可以打开已保存的图形文件，调用命令的方式如下。

（1）快速访问工具栏：单击“打开”按钮。

（2）菜单栏：选择“文件”→“打开”命令。

（3）工具栏：在“标准”工具栏中单击“打开”按钮。

（4）键盘命令：在命令行输入“OPEN”命令。

执行上述操作后，将弹出如图 1-41 所示的“选择文件”对话框。

用户可根据已存图形文件的保存位置选择相应路径，选择需要的图形文件后双击或单击“打开”按钮即可打开已保存的图形文件。

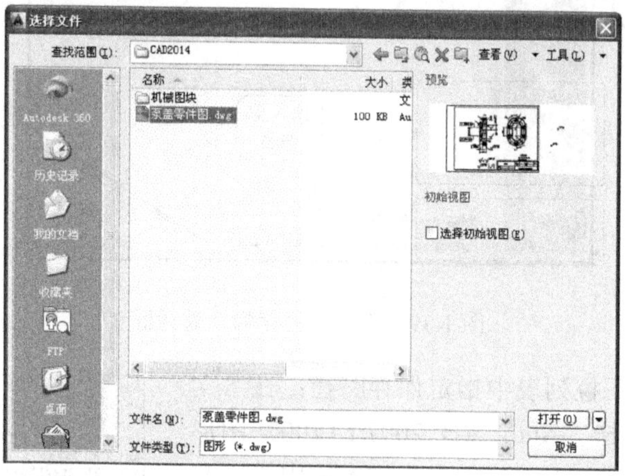

图 1-41 “选择文件”对话框

3. 保存/另存为图形文件

（1）保存图形文件。使用“保存”命令可以保存当前图形文件，调用命令的方式如下。

① 快速访问工具栏：单击“保存”按钮。

② 菜单栏：选择“文件”→“保存”命令。

③ 工具栏：在“标准”工具栏中单击“保存”按钮。

④ 键盘命令：在命令行输入“QSAVE”命令。

⑤ 快捷键：按 Ctrl+S 组合键。

执行上述操作后，如果当前图形文件曾经保存过，则系统将直接使用当前图形文件名称保存在原路径下，无须再进行其他操作；如果当前图形文件从未保存过，则弹出如图 1-39 所示的“图形另存为”对话框。在“保存于”下拉列表框中可以指定文件保存的路径；在“文件类型”下拉列表框中选择文件的保存格式或不同版本；在“文件名”文本框中输入文件名。

虽然在本书后述的各模块中，只在最后的步骤列出了“保存图形文件”，但用户应养成随时保存的习惯。特别是在绘制大型图形时，应及时保存数据，避免因意外而造成不必要的损失。

（2）另存为图形文件。使用“另存为”命令可以用新文件名保存当前图形，调用命令的方式如下。

① 快速访问工具栏：单击“另存为”按钮。

② 菜单栏：选择“文件”→“另存为”命令。

③ 键盘命令：在命令行输入“SAVE AS”或“SAVE”命令。

执行上述操作后，则弹出如图 1-39 所示“图形另存为”对话框，操作方法同保存图形文件。

4．图层的设置

1）图层的概念

AutoCAD 的图层相当于完全重叠在一起的透明纸，一层挨着一层，每层都可有任意的颜色、线型、线宽等属性。用户可以任意选择其中一个图层进行绘制，而不受其他图层的影响。

绘制各种工程图样时，为了便于修改、操作，通常把同一张图样中相同属性的内容放在同一个图层中，不同的内容放在不同的图层中。例如，在机械制图中，可以将粗实线、细实线、点画线、中心线、虚线、尺寸线等放在不同的图层中绘制，用不同的颜色来表示。

2）图层操作

利用“图层特性管理器”面板可以进行创建新图层、设置当前层、重命名或删除选定图层，设置或更改选定图层的特性（颜色、线型、线宽等）和状态（开/关、锁定/解锁等）等操作。调用命令的方式如下。

① 功能区：在“默认”选项卡下的“图层”面板中单击“图层特性”按钮。

② 菜单栏：选择“格式”→“图层”命令。

③ 工具栏：在“图层”工具栏中单击“图层特性”按钮。

④ 键盘命令：在命令行输入“LAYER”或“LA”命令。

执行上述操作后，将弹出如图 1-42 所示的“图层特性管理器”面板，系统默认创建有“0”层。

（1）创建新图层、重命名图层、设置当前层、删除图层。在“图层特性管理器”面板中单击“新建图层”按钮，图层列表中将显示名为“图层 1”的新图层，且处于被选中状态，即已创建一个新图层；单击新图层的名称，在其“名称”文本框中输入图层的名称，即可为新图层重命名。

在“图层特性管理器”面板中，选中一个图层后，单击“置为当前”按钮，可将选定图层设置为当前层；单击“删除”按钮，即可将选定图层删除。

在一个图形文件中，用户可以根据需要创建许多图层，但当前层（即当前作图所使用的图层）只有一个，用户只能在当前层上绘制图形对象。

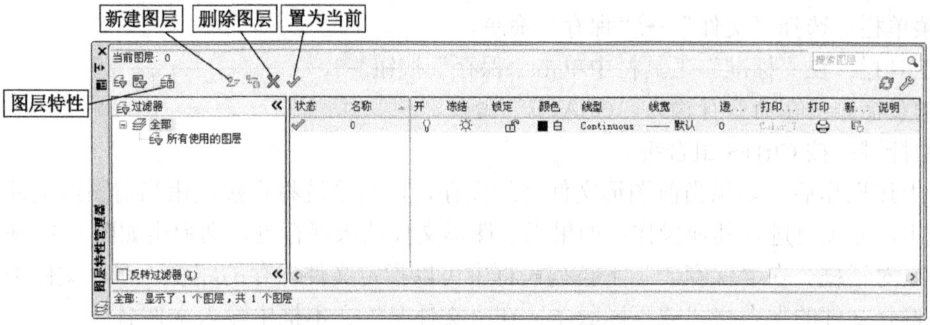

图 1-42 “图层特性管理器”面板

系统默认创建的 0 层、包含对象的图层及当前层均不能删除。

（2）设置图层的特性。图层的特性包括颜色、线型、线宽等，AutoCAD 系统提供了丰富的颜色、线型和线宽。用户可以在如图 1-42 所示的“图层特性管理器”面板中，单击相应图标为选定的图层设置以上特性。

（3）图层状态。每个图层都包含有开/关、冻结/解冻、锁定/解锁、打印/不打印等状态。用户可以在如图 1-42 所示的“图层特性管理器”面板中，单击某一图层上状态列表中的相应图标，改变所选图层相应的状态。

① 开/关状态：单击“开”列对应的“小灯泡”图标，可以打开或关闭图层，以控制图层上图形对象的可见性。在“开”状态下，灯泡的颜色为黄色，图层上的对象可以显示，也可以在输出设备打印。在“关”状态下，灯泡的颜色为蓝色，此时图层上的对象不能显示，也不能打印输出；图形重新生成时，关闭图层上的图形对象仍参加计算。在关闭当前层时，系统将弹出一个消息对话框，警告正在关闭当前层。

② 冻结/解冻状态：单击“冻结”列对应的图标，可以冻结或解冻图层。图层被冻结时显示“雪花”图标，此时图层上的对象不能被显示、打印输出和编辑修改；图形重新生成时，冻结图层上的对象不参加计算。图层被解冻时显示“太阳”图标，此时图层上的对象能被显示、打印输出和编辑修改。

③ 锁定/解锁状态：单击“锁定”列对应的图标，可以锁定或解锁图层，以控制图层上的图形对象能否被编辑修改。当图层被锁定时显示图标，此时图层上的图形对象仍能显示，但不能被编辑修改；当图层解锁时显示图标，此时图层上的对象能被编辑修改。

④ 打印/不打印状态：单击“打印”列对应的图标，可以设置图层是否能够被打印，在保持图形可见性不变的前提下控制图形的打印特性。此打印设置只对打开和解冻的可见图层有效。

3）图层管理工具

在 AutoCAD 2014 中，使用系统在功能区“默认”选项卡下的“图层”面板，如图 1-43 所示，可以方便快捷地设置图层状态和管理图层。

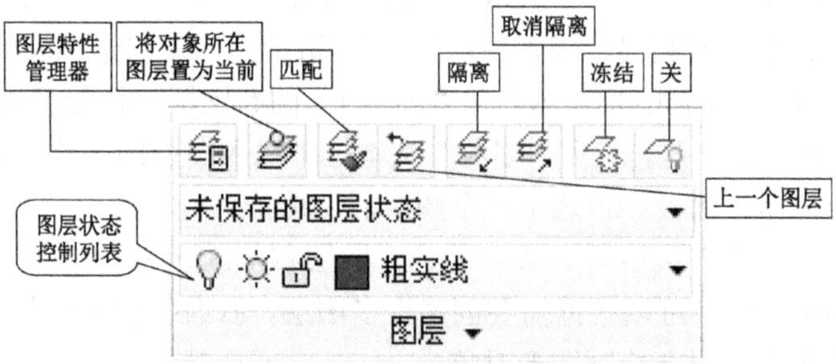

图 1-43 “图层”面板

“图层”面板上各主要按钮功能如下。

① 图层状态控制列表：显示了当前图层的状态及特性，如［粗实线］。单击该下拉列表右侧的▾按钮，可显示当前图形文件中的所有图层及其状态。用户可在下拉列表中单击某一图层的状态图标按钮，控制图层状态；单击色块按钮，更改图层的颜色。用户也可以在下拉列表中选择某一图层的名称，将该图层设置为当前层。

② “将对象所在图层置为当前”按钮：将选定对象所在的图层置为当前层。

③ “匹配”按钮：将选定对象更改到目标图层上。

④ “上一个图层”按钮：恢复上一个图层为当前层。

⑤ “隔离”按钮：隐藏或锁定除选定对象所在图层外的所有图层。

⑥ “取消隔离”按钮：恢复使用“隔离”命令隐藏或锁定的所有图层。

⑦ “冻结”按钮：冻结选定对象所在的图层。

⑧ “关”按钮：关闭选定对象所在的图层。

拓展任务

按表 1-1 所示新建一个含有“粗实线”“细实线”“点画线”3 个图层的图形文件，并通过在“图层”面板上操作将“粗实线”图层置为当前层，将“细实线”图层冻结，将“点画线”图层关闭，最后以“图层拓展任务”命名，将其保存在“E:\AutoCAD 2014 任务\单元 1 任务”中。

单元 2　简单二维图形的绘制

【学习目标】

◎ 1. 掌握图形界限的概念。
◎ 2. 掌握图层的使用。
◎ 3. 掌握直角坐标与极坐标、绝对坐标与相对坐标的概念及应用。
◎ 4. 掌握图形缩放和平移的相关概念及应用。
◎ 5. 掌握二维图形的基本绘制和编辑方法。
◎ 6. 掌握对象捕捉、对象追踪和极轴追踪的有关内容。
◎ 7. 掌握栅格的概念和操作。

【实例任务】

◎ 任务 1　简单直线图形的绘制
◎ 任务 2　复杂直线图形的绘制
◎ 任务 3　规则图形的快速绘制
◎ 任务 4　吊钩的绘制
◎ 任务 5　扳手的绘制
◎ 任务 6　组合图形的绘制

任务 1　简单直线图形的绘制

【任务描述】

本任务介绍如图 2-1 所示图形的绘制方法和步骤，主要涉及“点的输入”“对象捕捉”“修剪”等命令。

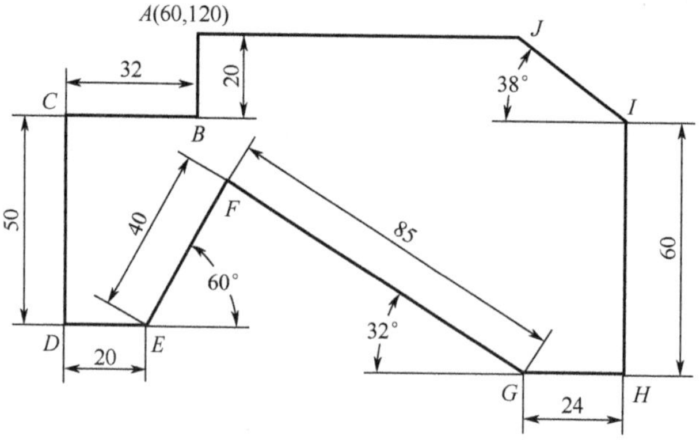

图 2-1　简单直线图形的绘制（输入点坐标绘图）

【任务实施】

第一步，分析图形，确定绘图方法及关键点。

通过对图 2-1 所示图形的分析可将左上角的点 *A* 定为关键点，且该点坐标为（60，120）。确定点 *A* 后，可沿逆时针方向依次输入各点坐标来绘制图形中各直线。

第二步，设置图形界限并缩放。

根据图形尺寸，将图形界限的两个角点分别设为（0，0）和（200，150）。在命令行输入“ZOOM”命令，按 Enter 键，在出现的菜单中，选择“全部(A)”选项，使图形界限充满显示区。

第三步，打开“对象捕捉”功能。

（1）设置“端点”捕捉方式。在状态栏的“对象捕捉”按钮上右击，弹出“对象捕捉”快捷菜单，选择“端点”选项使其呈下凹状态，如图 2-2 所示。

（2）打开“对象捕捉”功能。在状态栏上单击“对象捕捉”按钮，使其呈下凹状态即可。

图 2-2 设置“端点”捕捉方式

第四步，使用绝对直角坐标绘制直线 *AB*。

在功能区默认选项卡下的“绘图”面板上，单击“直线”按钮，在命令行输入绝对坐标值“60,120”，按 Enter 键，确定点 *A*→输入“60,100”，按 Enter 键，确定点 *B*（因点 *B* 在点 *A* 的正下方“20”，不难计算得出点 *B* 的坐标为“60,100”）。

第五步，打开“正交”模式，绘制直线 *BC*、*CD*、*DE*。

单击状态栏上的“正交”按钮，启动“正交”命令→向左移动鼠标，输入“32”，按 Enter 键，确定点 *C*→向下移动鼠标，输入“50”，按 Enter 键，确定点 *D*→向右移动鼠标，输入“20”，按 Enter 键，确定点 *E*。

第六步，采用相对极坐标方式绘制直线 *EF*、*FG*。

单击状态栏上的“正交”按钮，关闭“正交”命令→输入“@40<60”，按 Enter 键，确定点 *F*→输入“@85<-32”，按 Enter 键，确定点 *G*。

相对极坐标“@40<60”，表示待确定的点（本例中的点 *F*）相对上一点（本例中的点 *E*）的距离为 40，待确定点与上一点的连线与 *X* 轴正方向间的夹角为 60°。

第七步，采用相对直角坐标方式绘制直线 *GH*、*HI*。

输入“@24,0”，按 Enter 键，确定点 *H*→输入“@0,60”，按 Enter 键，确定点 *I*。

相对直角坐标“@24,0”，表示待确定的点（本例中的点 *H*）相对上一点（本例中的点 *G*）的 *X* 坐标增量为 24，*Y* 坐标增量为 0。

用户可以发现，直线 *GH*、*HI* 采用打开“正交”模式绘制更快，此处采用了相对“麻烦”的方法，目的是让用户通过实例掌握多种不同绘制方法。

第八步，采用相对极坐标方式绘制倾斜直线 *IP*。

直线 *IJ* 与 *X* 轴正方向夹角为 142°（$180^{\circ}-38^{\circ}$），但长度未知，不过从图中可以看出，点 *J* 是过点 *A* 的水平线与过点 *I* 且与 *X* 轴正方向成 142° 的倾斜线的交点。

输入“<142”，按 Enter 键，移动光标到适当位置单击，确定点 *P*，得到直线 *IP*，如图 2-3 所示。

相对极坐标“<142”，表示待确定点（本例中的点 *P*）与上一点的连线与 *X* 轴正方向间的夹角

为 142°，待确定点相对上一点的距离需在绘图区通过移动鼠标指定。

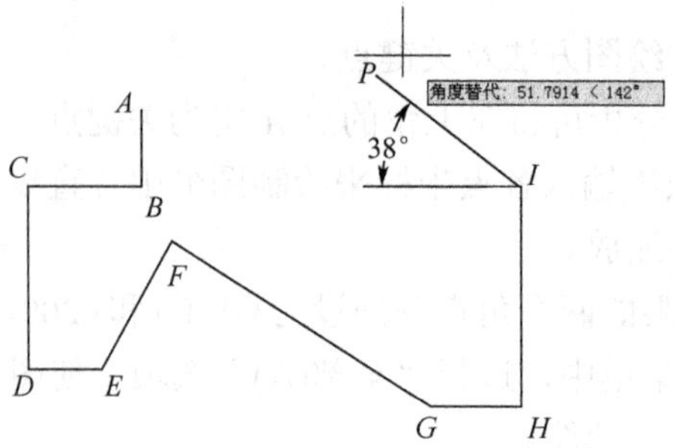

图 2-3 绘制倾斜直线 *IP*

第九步，绘制水平直线 *AL*。

单击状态栏上的“正交”按钮，打开“正交”模式→单击“直线”按钮→移动光标至点 *A* 附近，在出现一个矩形框（称为拾取框）后单击，捕捉点 *A*，如图 2-4 所示。向右移动光标到适当位置单击，确定点 *L*，得到直线 *AL*，如图 2-5 所示。

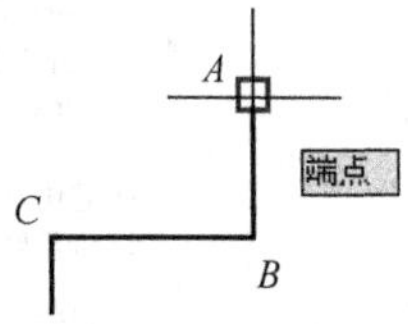

图 2-4 捕捉点 A

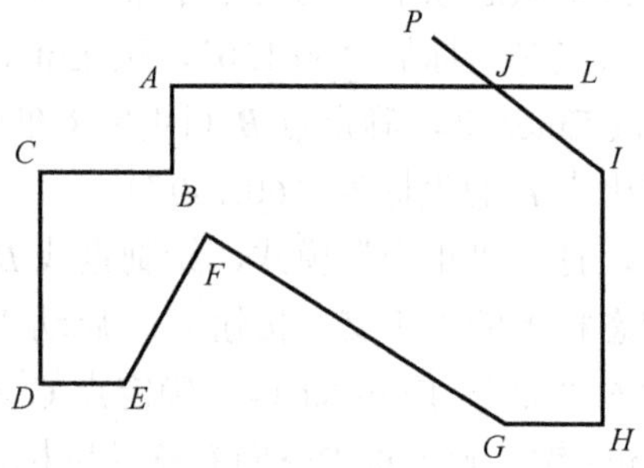

图 2-5 绘制水平直线 *AL*

第十步，修剪线段 *IP*、*AL* 多余图线。

在功能区单击“默认”选项卡下“修改”面板中的“修剪”按钮，操作步骤如下。

```
命令：_trim                    //启动“修剪”命令
当前设置:投影=UCS，边=无
选择剪切边...                  //系统提示
选择对象或<全部选择>:          //按Enter键，选择默认选项，进入互剪方式
选择要修剪的对象，或按住 Shift 键选择要延伸的对象，或[栏选(F)/窗交(C)/投影(P)/边(E)/删除(R)/放弃(U)]:                  //单击直线IP、AL多余图线，进行修剪
选择要修剪的对象，或按住 Shift 键选择要延伸的对象，或[栏选(F)/窗交(C)/投影(P)/边(E)/删除(R)/放弃(U)]:                  //按Enter键，结束命令
```

第十一步，保存图形文件。

【相关知识】

1. 点的输入方法

在 AutoCAD 中，点的输入可使用鼠标拾取，也可通过键盘输入。

（1）鼠标直接拾取点。此种方法通过移动鼠标在屏幕上直接单击拾取点。这种定点方法非常

方便快捷，但不能用来精确定点。在实际绘图过程中一般通过借助“对象捕捉”功能来拾取特殊点（如本任务操作实例中的第九步即是用此种方法捕捉到直线的端点）。

（2）键盘输入点坐标。用键盘输入点的坐标可以精确定点，有绝对直角坐标、相对直角坐标、绝对极坐标、相对极坐标 4 种。

① 绝对直角坐标：相对于当前坐标原点的坐标，表达方式为“*X*，*Y*，*Z*”，即通过直接输入 *X*，*Y*，*Z* 坐标值来表示（如果是绘制平面图形，*Z* 坐标默认为 0，可以不输入）。如图 2-6 所示，点 *A* 的坐标为（15，10），点 *B* 的坐标为（32，30）。

② 相对直角坐标：用相对于上一已知点之间的绝对直角坐标值的增量来确定输入点的位置，表达方式为“@*X*，*Y*”。如图 2-6 所示，点 *B* 相对于点 *A* 的相对直角坐标为“@17，20”；点 *A* 相对于点 *B* 的相对直角坐标为“@−17，−20”。

③ 绝对极坐标：使用“长度<角度”的方式表示输入点的位置。长度是指该点与坐标原点之间的距离；角度是指该点与坐标原点的连线与 *X* 轴正方向之间的夹角，逆时针方向为正，顺时针方向为负。如图 2-7 所示，点 *C* 的绝对极坐标为“35<30”。

④ 相对极坐标：用相对于上一已知点之间的距离和与上一已知点的连线与 *X* 轴正方向之间的夹角来确定输入点的位置，表达方式为“@长度<角度”。如图 2-7 所示，点 *D* 相对于点 *C* 的相对极坐标为“@25<60”，点 *C* 相对于点 *D* 的相对极坐标为“@25<240”。

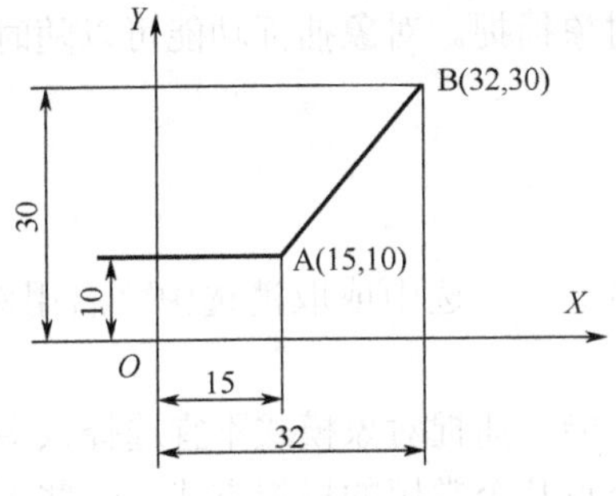

图 2-6　直角坐标

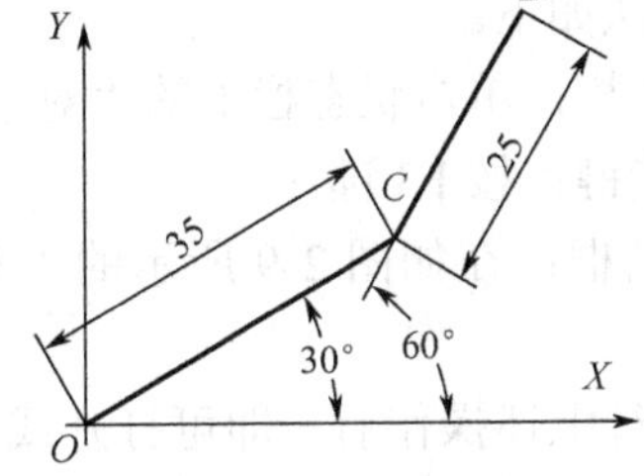

图 2-7　极坐标

2. 对象捕捉

在绘图过程中，经常要指定图形中已存在的特殊点，如直线的中点、圆或圆弧的圆心、交点等。如果用户只凭目测来拾取，无论怎样拾取，都不可能精确地找到这些点。因此，AutoCAD 提供了对象捕捉功能，帮助用户迅速、准确地捕捉到某些特殊点，从而能够精确绘图。

在 AutoCAD 中，用户可以通过自动对象捕捉或临时对象捕捉来捕捉对象的特殊点。

（1）自动对象捕捉。所谓自动对象捕捉，是指当用户把光标移动到某一对象附近时，系统自动捕捉到该对象上符合条件的特征点，并显示出相应标记。如果将光标放在捕捉点稍作停留，系统将显示该捕捉点的名称提示。

进行对象捕捉前要设置对象捕捉方式（即设置系统可以捕捉哪些点），常用方法有 3 种。

① 状态栏：在状态栏的“对象捕捉”按钮上右击，弹出“对象捕捉”快捷菜单，单击快捷菜单上相应选项，如图 2-8 所示。本任务操作实例中便采用了此法。

② 菜单栏：选择“工具”→“绘图设置”命令，弹出“草图设置”对话框，选中“启用对象捕捉”复选框。在“对象捕捉”选项卡中的“对象捕捉模式”选项组下选择相应选项，如图 2-9 所示。

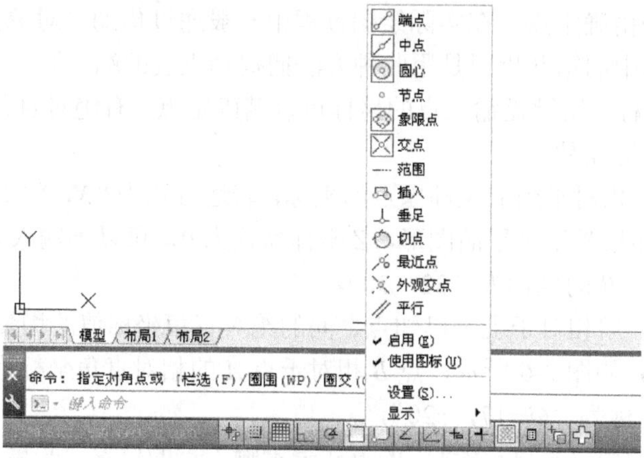

图 2-8　右击弹出的“对象捕捉”快捷菜单

③ 键盘命令：在命令行输入“OSNAP”，按 Enter 键即可打开如图 2-9 所示“草图设置”对话框，在“对象捕捉”选项卡中的“对象捕捉模式”选项组下选择相应选项。

在状态栏的“对象捕捉”按钮上右击，弹出“对象捕捉”快捷菜单，选择“设置”选项，能快速打开“草图设置”对话框。

设置完成后，打开对象捕捉功能，即可进行自动对象捕捉。对象捕捉功能可以随时打开或关闭，常用方法如下。

① 状态栏：单击状态栏上的“对象捕捉”按钮。

② 功能键：按 F3 键。

③ 对话框：在如图 2-9 所示的“对象捕捉”选项卡中，选中或取消选中“启用对象捕捉”复选框。

自动执行上述操作后，即可打开或关闭对象捕捉功能。捕捉对象模式不宜选择太多，以避免互相干扰，一般只选中端点、中点、圆心、象限点、交点几个常用的捕捉方式。一些不常用的对象捕捉方式可以使用临时对象捕捉。

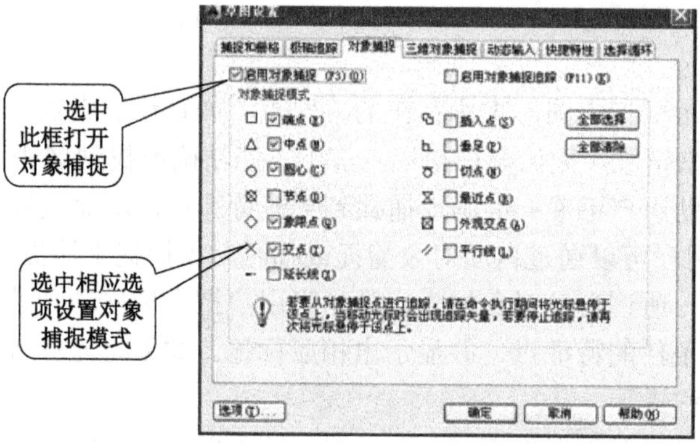

图 2-9　“草图设置”对话框中的“对象捕捉”选项卡

（2）临时对象捕捉。在绘制和编辑图形时，除了要应用自动对象捕捉外，对于一些不常用对象捕捉方式，可以临时进行指定，常用方法如下。

① 单击如图 2-10 所示的“对象捕捉”工具栏中相应按钮。

② 在命令要求输入点时，按 Shift 键或 Ctrl 键的同时右击，弹出如图 2-11 所示“对象捕捉”

快捷菜单，选择相应选项。

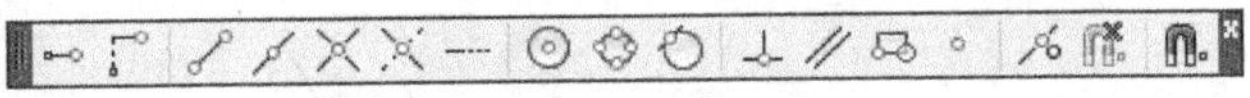

图 2-10　“对象捕捉”工具栏

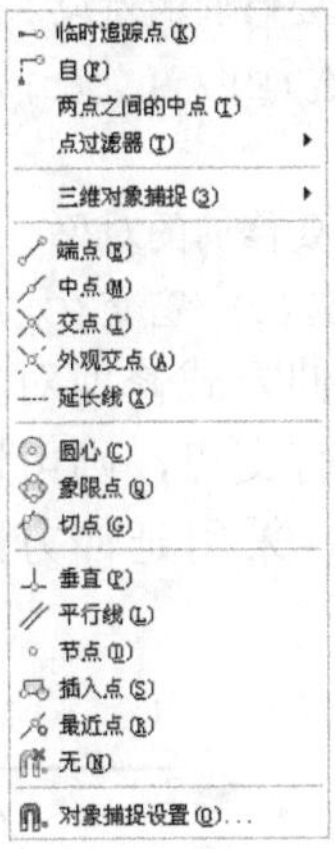

图 2-11　“对象捕捉”快捷菜单

自动对象捕捉一旦设置后长期有效，直到用户重新设置对象捕捉方式；临时对象捕捉只对当前点有效，但具有优先权。

3. 修剪

使用“修剪”命令能以选定的对象为边界来删除指定对象的一部分。调用命令的方式如下。

① 功能区：在“默认”选项卡下单击“修改”面板中的“修剪”按钮。

② 菜单栏：选择“修改”→“修剪”命令。

③ 工具栏：在“修改”工具栏中单击“修剪”按钮。

④ 键盘命令：在命令行输入“TRIM”或“TR”命令。

执行上述操作后，即可以选定的对象为边界来删除指定对象的一部分。执行修剪命令有普通方式、延伸方式及互剪方式 3 种模式。

（1）普通方式修剪对象。普通方式修剪对象，必须先选择剪切边界，再选择被修剪的对象，而且两者必须相交。

例 2-1　采用普通方式修剪对象，将如图 2-12（a）所示的图形修剪完成后如图 2-12（c）所示。

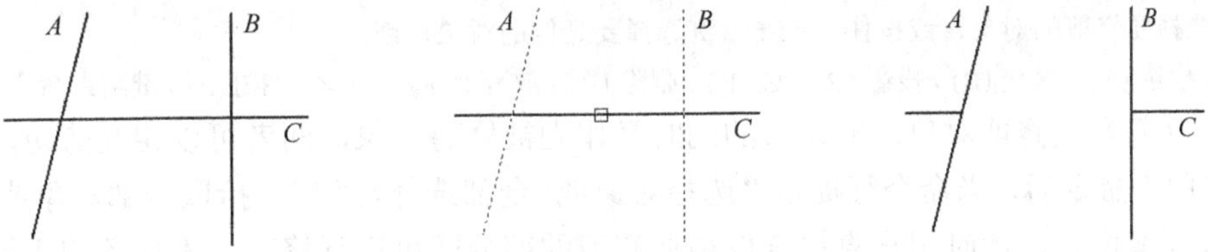

（a）原图　（b）选择修剪边、修剪对象　（c）修剪后

图 2-12　普通方式修剪对象

在功能区单击“修改”面板中的“修剪”按钮，操作步骤如下。

```
命令: TRIM                                   //启动“修剪”命令
当前设置:投影=UCS，边=无                      //系统提示，为普通方式
选择剪切边...
选择对象或<全部选择>: 找到 1 个               //拾取直线A
选择对象: 找到 1 个，总计 2 个                //拾取直线B
```

```
选择对象: ↙                                                  //按Enter键结束对象选择
选择要修剪的对象，或按住 Shift 键选择要延伸的对象，或
[栏选(F)/窗交(C)/投影(P)/边(E)/删除(R)/放弃(U)]:            //选择直线C中间段，如图2-12（b）
                                                              所示
选择要修剪的对象，或按住 Shift 键选择要延伸的对象，或
[栏选(F)/窗交(C)/投影(P)/边(E)/删除(R)/放弃(U)]: ↙ //按Enter键结束命令
```

（2）延伸方式修剪对象。如果剪切边界与被修剪的对象实际不相交，但剪切边界延长之后与被修剪对象有交点，则可以采用延伸方式修剪对象到隐含交点。

例 2-2 采用延伸方式修剪对象，将如图 2-13（a）所示的图形修剪完成后如图 2-13（c）所示。

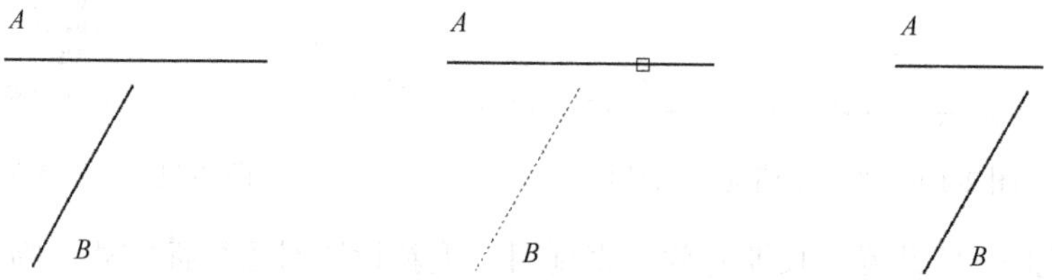

（a）原图　　（b）选择修剪边、修剪对象　　（c）修剪后

图 2-13　延伸方式修剪对象

在功能区单击“修改”面板中的“修剪”按钮 修剪，操作步骤如下。

```
命令: _trim                                                  //启动“修剪”命令
当前设置:投影=UCS，边=无                                     //系统提示，为普通方式
选择剪切边...
选择对象或<全部选择>: 找到 1 个                              //拾取直线B
选择对象:  ↙                                                 //按Enter键结束对象选择
选择要修剪的对象，或按住 Shift 键选择要延伸的对象，或
[栏选(F)/窗交(C)/投影(P)/边(E)/删除(R)/放弃(U)]: e↙ //选择“边”选项
输入隐含边延伸模式 [延伸(E)/不延伸(N)] <不延伸>: e↙ //选择“延伸”选项，进入延伸模式
选择要修剪的对象，或按住 Shift 键选择要延伸的对象，或
[栏选(F)/窗交(C)/投影(P)/边(E)/删除(R)/放弃(U)]:            //选取直线A右段，如图2-13（b）
                                                              所示
选择要修剪的对象，或按住 Shift 键选择要延伸的对象，或
[栏选(F)/窗交(C)/投影(P)/边(E)/删除(R)/放弃(U)]:  ↙ //按Enter键结束命令
```

（3）互剪方式修剪对象。剪切边的同时又作为被修剪对象，两者可以相互剪切，称为互剪。启动“修剪”命令后，当命令行提示“选择对象或<全部选择>:”时，拾取全部对象或直接按 Enter 键便进入互剪模式，此时用户直接选取需要修剪的部分即可进行修剪。本任务的实例中便采用了此种方式。

任务 2　复杂直线图形的绘制

【任务描述】

本任务介绍如图 2-14 所示的图形的绘制方法和步骤，主要涉及“极轴追踪”“对象捕捉追踪”

及“捕捉自”等命令。

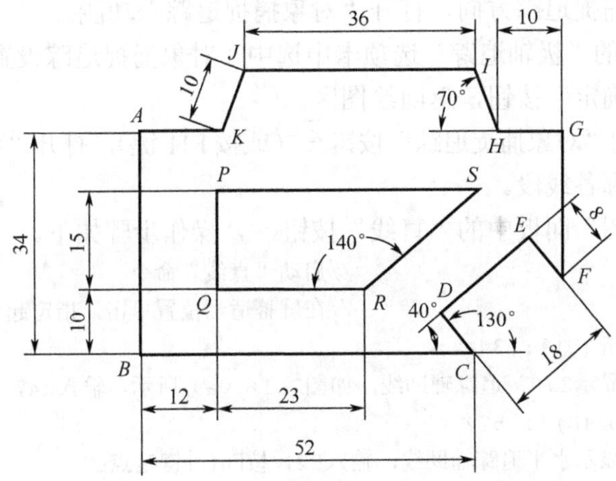

图 2-14　复杂直线图形的绘制（使用极轴追踪、对象捕捉追踪绘图）

【任务实施】

第一步，分析图形，确定绘图方法及关键点。

通过对图 2-14 所示图形的分析，外轮廓可将左上角的点 *A* 定为关键点，内轮廓可将左上角的点 *P* 定为关键点，图中各倾斜直线与 *X* 轴间的夹角均为“10”的倍数。确定关键点后，可打开“极轴追踪”“对象捕捉追踪”功能，使用“直线”命令沿逆时针方向绘制各条直线。

第二步，设置图形界限并缩放。

根据图形尺寸，将图形界限的两个角点分别设为（0，0）和（120，100）。在命令行输入“ZOOM”命令，在出现的菜单中选择“全部(A)”选项，使图形界限充满显示区。

第三步，设置极轴追踪方向，打开“极轴追踪”功能。

（1）在状态栏的“极轴追踪”按钮上右击，在弹出的快捷菜单中选择“设置”选项，打开如图 2-15 所示的“草图设置”对话框，在对话框中选择“极轴追踪”选项卡，在“增量角”下拉列表中选择“10”，将极轴追踪增量角设为“10”，系统将沿 10° 及其整数倍角度方向进行追踪。

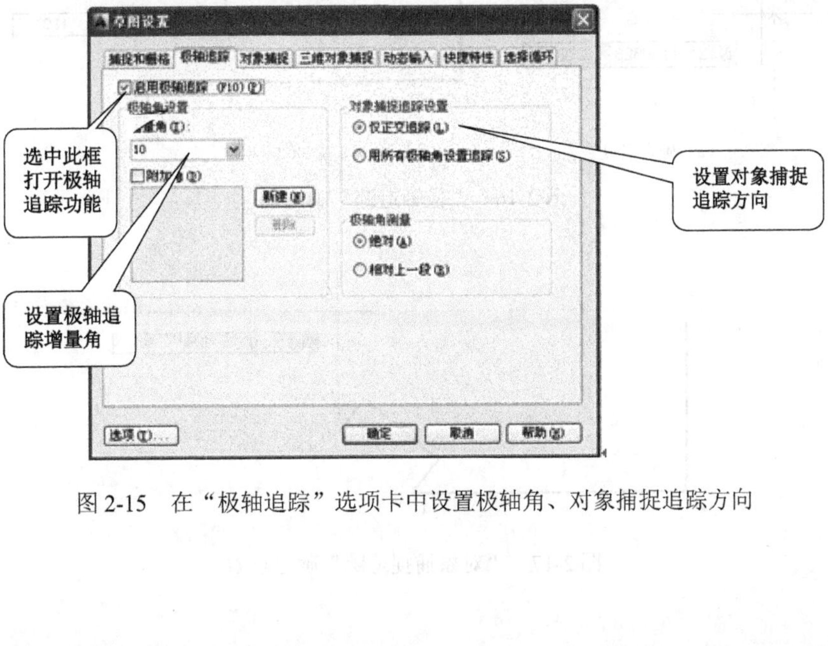

图 2-15　在“极轴追踪”选项卡中设置极轴角、对象捕捉追踪方向

（2）选中“启用极轴追踪”复选框（或按 F10 键），打开“极轴追踪”功能。

第四步，设置对象捕捉追踪方向，打开“对象捕捉追踪”功能。

（1）在图 2-15 所示的“极轴追踪”选项卡中选中“对象捕捉追踪设置”选项组的“仅正交追踪”单选按钮，单击“确定”按钮，返回绘图区。

（2）单击状态栏上的“对象捕捉追踪”按钮（或按 F11 键），打开“对象捕捉追踪”功能。

第五步，绘制外轮廓各线段。

在功能区单击“绘图”面板中的“直线”按钮，操作步骤如下。

```
命令: _line                              //启动“直线”命令
指定第一个点:                            //在屏幕适当位置单击，指定起点A
指定下一点或 [放弃(U)]: 34↙
//向下移动光标，显示270° 追踪辅助线，如图2-16（a）所示，输入34，按Enter键确定点B
指定下一点或 [放弃(U)]: 52↙
//向右移动光标，显示水平追踪辅助线，输入52，按Enter键定点C
指定下一点或 [闭合(C)/放弃(U)]:8↙
//移动光标，显示130° 追踪辅助线，如图2-16（b）所示，输入8，按Enter键确定点D
指定下一点或 [闭合(C)/放弃(U)]:18↙
//移动光标，显示40° 追踪辅助线，输入18，按Enter键确定点E
指定下一点或 [闭合(C)/放弃(U)]:8↙
//移动光标，显示310° 追踪辅助线，输入8，按Enter键确定点F
指定下一点或 [闭合(C)/放弃(U)]:
//移动光标至点A附近，出现端点标记及提示，向右移动光标，出现水平和垂直追踪辅助线及相应提示时
单击，如图2-17所示，确定点G
指定下一点或 [闭合(C)/放弃(U)]:        //采用同样方法，依次确定点H、I、J、K
指定下一点或 [闭合(C)/放弃(U)]:        //捕捉端点A
指定下一点或 [闭合(C)/放弃(U)]: ↙      //按Enter键结束“直线”命令
```

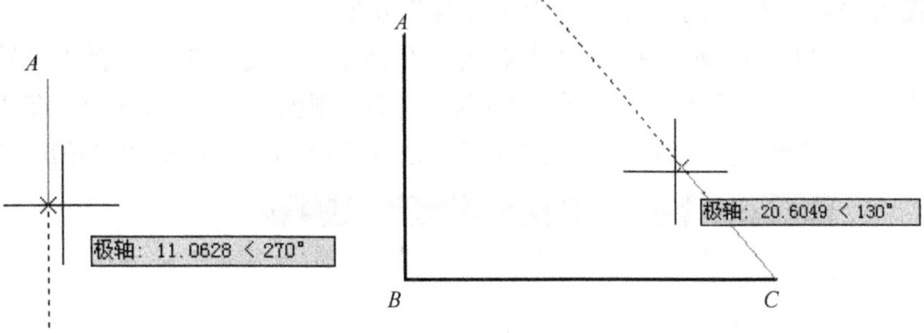

（a）确定点 *B*　　　　（b）确定点 *D*

图 2-16 “极轴追踪”确定点

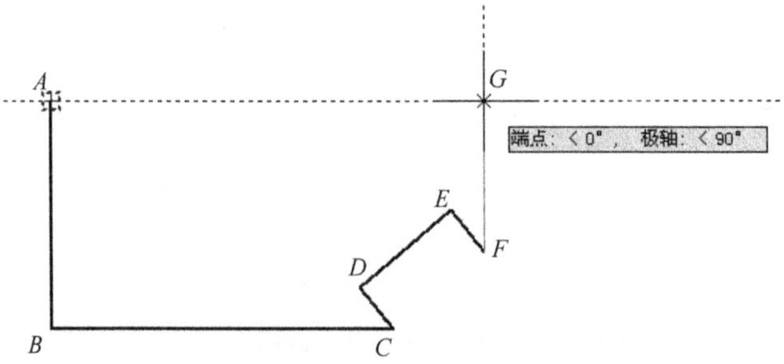

图 2-17 “对象捕捉追踪”确定点 *G*

第六步，使用“捕捉自”命令，确定点 P，绘制内轮廓各线段。

单击“直线”按钮，在绘图区按 Shift 键的同时右击，在出现的快捷菜单中选择“捕捉自”命令，操作步骤如下。

```
命令: _line                                  //启动“直线”命令
指定第一个点: _from 基点: <偏移>: @12,25↙     //拾取点B作为参考点，输入点P相对点B的
                                              偏移量，确定点P
指定下一点或 [放弃(U)]: 15↙                   //垂直向下移动光标，输入15，按Enter键确定点Q
指定下一点或 [放弃(U)]: 23↙                   //水平向右移动光标，输入23，按Enter键确定点R
指定下一点或 [闭合(C)/放弃(U)]:               //移动光标至点P附近，出现端点标记及提示，
                                              向右移动光标，出现水平追踪辅助线和40°追踪辅助
                                              线及相应提示，如图2-18所示，单击，确定点S
指定下一点或 [闭合(C)/放弃(U)]:               //捕捉端点P
指定下一点或 [闭合(C)/放弃(U)]:               //按Enter键结束“直线”命令
```

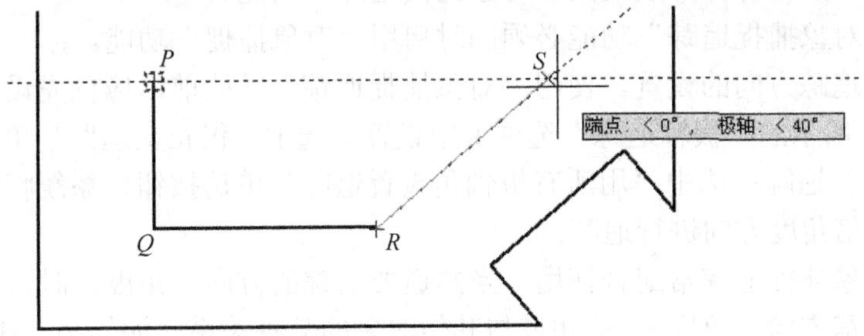

图 2-18 “对象捕捉追踪”确定点 S

【相关知识】

1. 极轴追踪

利用“极轴追踪”功能可以沿预先指定的角度增量方向追踪定点，是精确绘图非常有效的辅助工具。

（1）极轴追踪功能的打开或关闭。在绘图过程中，可以随时打开或关闭“极轴追踪”功能，常用方法如下。

① 状态栏：单击状态栏上“极轴追踪”按钮。

② 功能键：按 F10 键。

③ 对话框：在状态栏上的“极轴追踪”按钮上右击，在弹出的快捷菜单中选择“设置”选项，打开如图 2-15 所示的“草图设置”对话框，在“极轴追踪”选项卡中，选中“启用极轴追踪”复选框。

执行上述操作后，即可打开或关闭“极轴追踪”功能。

注意，“极轴追踪”与“正交”不能同时打开，打开其中一个，系统会自动关闭另一个。

（2）极轴追踪方向的设置。使用“极轴追踪”功能前，应预先设置极轴追踪方向。可在如图 2-15 所示的“极轴追踪”选项卡中，通过设置极轴角度增量和极轴角测量方式来确定。

（3）极轴角度增量的设置。“极轴角设置”选项区中的增量角用于设置极轴角度。可在“增量角”下拉列表中选择预设角度，如列表中的角度不能满足要求，可选中“附加角”复选框，单击“新建”按钮，增加新的角度。

（4）极轴角测量方式的设置。“极轴角测量”选项区中的极轴角测量用于设置极轴追踪角度的

测量基准。选中“绝对”单选按钮，极轴追踪角度是相对于当前用户坐标系（UCS）*X* 方向的绝对极轴；选中“相对上一段”单选按钮，极轴追踪角度是相对于最后绘制线段的相对极轴。

2. 对象捕捉追踪

使用“对象捕捉追踪”可以相对于对象捕捉点沿指定的方向追踪定点，也是非常有效的绘图辅助工具。

（1）对象捕捉追踪功能的打开或关闭。在绘图过程中，可以随时打开或关闭“对象捕捉追踪”功能，常用方法如下。

① 状态栏：单击状态栏上“对象捕捉追踪”按钮。

② 功能键：按 F11 键。

③ 对话框：在图 2-9 所示的“对象捕捉”选项卡中，选中“启用对象捕捉追踪”复选框。

执行上述操作后，即可打开或关闭“对象捕捉追踪”功能。

注意，使用“对象捕捉追踪”功能必须同时启用“对象捕捉”功能。

（2）对象捕捉追踪方向的设置。使用“对象捕捉追踪”功能前，应预先设置对象捕捉追踪方向，同样在图 2-15 所示的“极轴追踪”选项卡中设置。选中“仅正交追踪”单选按钮，系统将沿 *X* 轴和 *Y* 轴方向进行追踪；选中“用所有极轴角设置追踪”单选按钮，系统将沿极轴追踪所设置的极轴角及其整数倍角度方向进行追踪。

极轴追踪和对象捕捉追踪常配合使用。当知道要追踪的方向（角度）时，使用极轴追踪；如果无法确定具体追踪方向（角度），但知道与其他对象的某种关系（如等高、相交等），则使用对象捕捉追踪（如本任务操作实例中点 *G*、点 *S* 的确定）。

3. 参考点捕捉追踪

参考点捕捉追踪是根据已知点，捕捉到一个（或一个以上）参考点，再追踪到所需要的点。有“临时追踪点”和“捕捉自”两种方式，可在图 2-10 所示的“对象捕捉”工具栏或图 2-11 所示的“对象捕捉”快捷菜单中选择。

（1）“临时追踪点”方式。该方式可以在一次操作中创建一条（或多条）通过一个（或多个）临时参考点的追踪线，并根据这些追踪线确定要定位的点。

（2）“捕捉自”方式。该方式需指定一基点作为临时参考点，通过输入要定位的点与基点间的相对坐标来确定点。如本任务实例中点 *P* 的定位便采用了此法。

例 2-3 利用“参考点捕捉追踪”方式绘制如图 2-19 所示的图形。

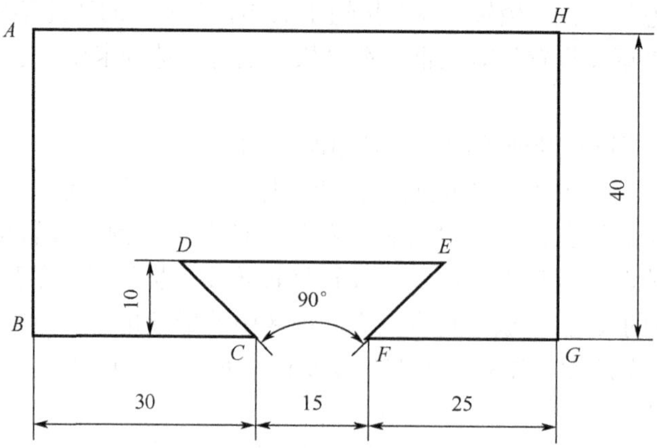

图 2-19 采用“参考点捕捉追踪”方式绘图

1）绘图环境设置。

（1）设置“自动对象捕捉”模式为“端点”“交点”，并设置极轴增量角为 45°。

（2）启用“极轴追踪”“对象捕捉”和“对象捕捉追踪”功能。

2）利用“自动追踪”功能绘图。

（1）单击“直线”按钮，在屏幕适当位置单击，指定起点 *A*→向下移动光标，显示 270°追踪辅助线，输入“40”，按 Enter 键，确定点 *B*→向右移动光标，显示水平追踪辅助线，输入“30”，按 Enter 键，确定点 *C*。

（2）按住 Shift 键的同时在绘图区右击，在弹出的快捷菜单中选择“临时追踪点”命令，向上移动光标，显示垂直追踪辅助线及相应提示，如图 2-20（a）所示，输入“10”，按 Enter 键确定临时追踪点（“+”标记处即为临时追踪点）→向左移动光标，显示水平追踪辅助线和 135°追踪辅助线及相应提示时单击，如图 2-20（b）所示，确定点 *D*。

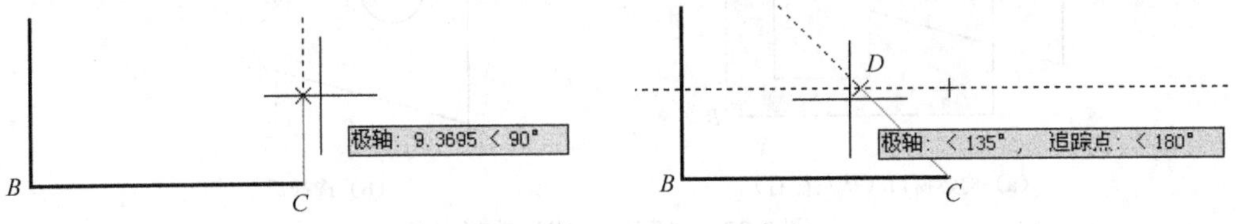

（a）确定点 *D* 的临时追踪点　　（b）确定点 *D*

图 2-20　利用“临时追踪点”功能确定点

（3）按住 Shift 键的同时在绘图区右击，在弹出的快捷菜单中选择“捕捉自”命令，移动光标至点 *C* 附近，出现端点标记，向右移动光标，显示水平追踪辅助线及相应提示，如图 2-21（a）所示，输入“15”，按 Enter 键确定临时参考点→向右上方移动光标，显示水平追踪辅助线和 45°追踪辅助线及相应提示时单击，如图 2-21（b）所示，确定点 *E*。

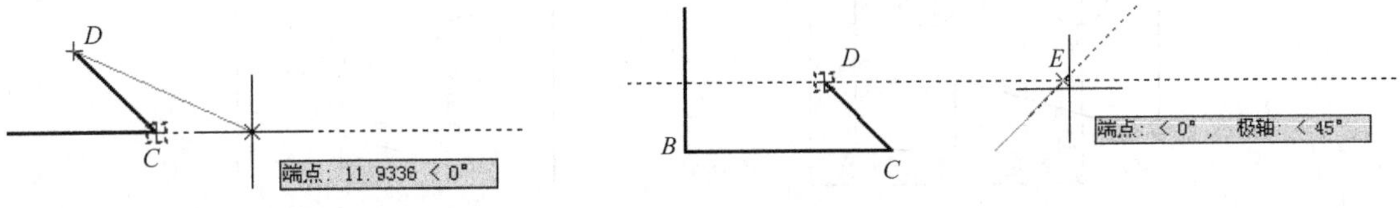

（a）确定点 *E* 的临时追踪点　　（b）确定点 *E*

图 2-21　利用“捕捉自”功能确定点

（4）移动光标至点 *C* 附近，出现端点标记，向右移动光标，显示水平追踪辅助线和 225°追踪辅助线及相应提示时单击，如图 2-22 所示，确定点 *F*。

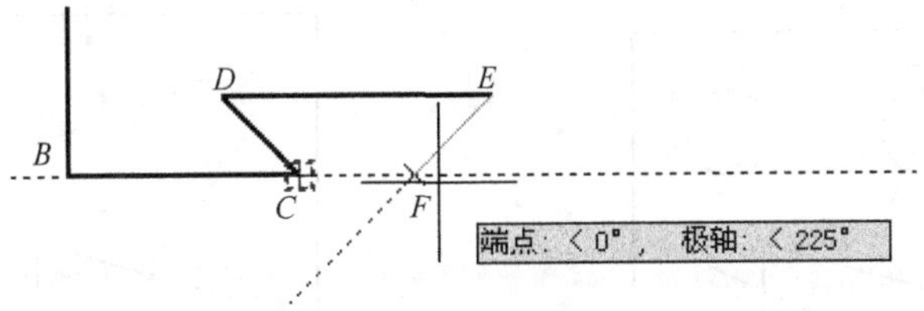

图 2-22　利用“对象捕捉追踪”功能确定点 *F*

（5）采用极轴追踪功能，确定点 *G*、*H*→最后捕捉端点 *A*，按 Enter 键完成绘制。

4. 对象的选择

在编辑图形时，需要选择被编辑的对象。当命令提示为“选择对象：”时，光标变成正方形拾取框，即可进行对象的选择。系统提供了多种选择对象的方法，用户可以在不同的场合灵活使用这些方法。

（1）选取方式。直接移动拾取框到被选对象上单击，可逐个地拾取所需的对象，而被选择的对象将亮显，按 Enter 键可结束对象的选择。这是系统默认选择对象的方法。

（2）窗口方式。该方式通过指定两个角点确定一矩形窗口，完全包含在窗口内的所有对象将被选中，与窗口相交的对象不在选中之列，如图 2-23 所示。操作时应先拾取左上（或左下）角点，后拾取右下（或右上）角点，即应从左往右构建窗口。

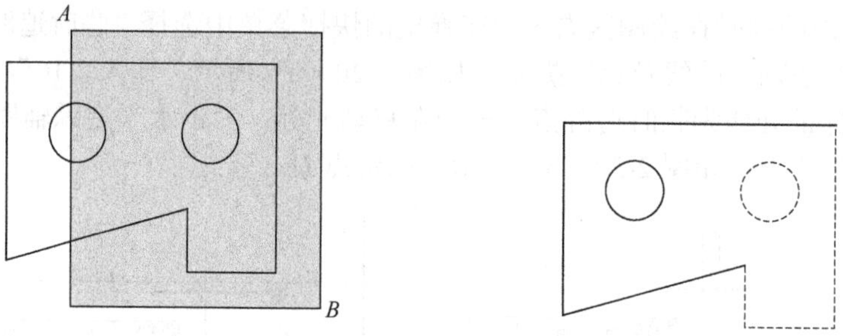

（a）构建窗口（从左往右）　　（b）选择后

图 2-23　“窗口方式”选择对象

（3）窗交方式。操作方式类似于窗口方式。不同之处是在窗交方式下，与窗口相交的对象和窗口内的所有对象都在选中之列，如图 2-24 所示。操作时应先拾取右下（或右上）角点，后拾取左上（或左下）角点，即应从右往左构建窗口。

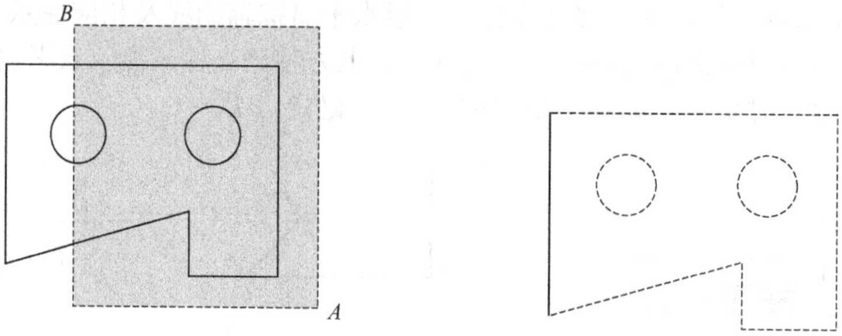

（a）构建窗口（从右往左）　　（b）选择后

图 2-24　窗交方式选择对象

（4）栏选方式。该方式通过绘制一条穿过被选对象的折线（称为栅栏）来选择对象，凡与该折线相交的对象均被选中，如图 2-25 所示。

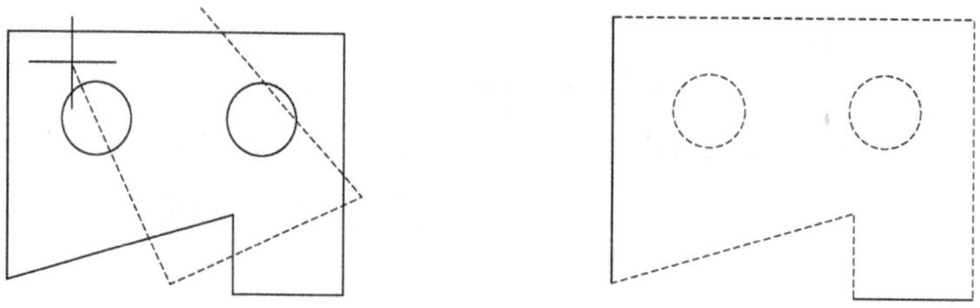

（a）构建栅栏　　（b）选择后

图 2-25　“栏选方式”选择对象

当命令行提示为“选择对象：”时，输入“F”，按 Enter 键，根据提示用鼠标拾取点创建折线。可以拾取多个点，最后按 Enter 键结束。

（5）全部方式。该方式可以将图形中除冻结、锁定图层上以外的所有对象选中。当命令行提示为“选择对象：”时，输入“ALL”，按 Enter 键即可。

（6）上一个方式。该方式可以将图形窗口内可见的元素中最后一个创建的对象选中。当命令行提示为“选择对象：”时，输入“L”，按 Enter 键即可。

5. 对象的删除

在绘图过程中，经常需要对绘制错误的或多余的对象删除，调用命令的方式如下。

① 功能区：在“默认”选项卡下单击“修改”面板中的“删除”按钮。

② 菜单栏：选择“编辑”→“删除”命令，或选择“修改”→“删除”命令。

③ 工具栏：在“修改”工具栏中单击“删除”按钮。

④ 键盘命令：在命令行输入“ERASE”命令。

⑤ 快捷键：按 Delete 键。

执行上述操作后，即可将绘制错误的或多余的对象删除。在删除对象时，既可以先执行命令再选择对象，也可以先选择对象再执行命令。

任务 3　规则图形的快速绘制

【任务描述】

本任务介绍如图 2-26 所示规则图形的绘制方法和步骤，主要涉及“图形界限”“栅格”“捕捉”“缩放”“正交”“直线”等命令。

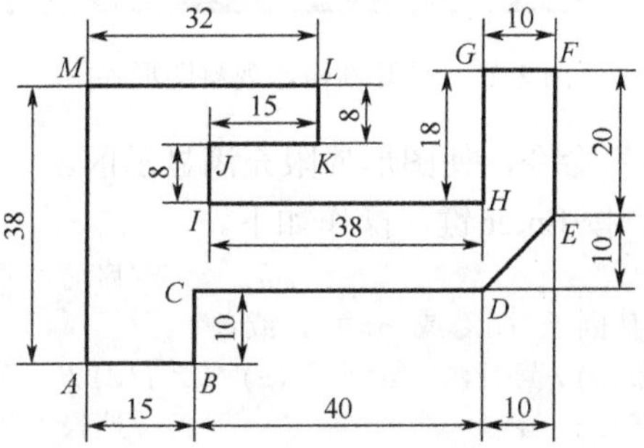

图 2-26　规则图形的绘制（使用捕捉、栅格、正交功能绘图）

【任务实施】

第一步，分析图形，确定绘制方法。

从图 2-26 所示的规则图形中可以看出，该图形非常简单，由水平线、垂直线和一段斜线组成，各线段长度或位置均已知，且从点 *A* 沿逆时针至点 *G* 之间各线段长度或确定位置的尺寸都是“5”的倍数，可使用“直线”命令结合“捕捉”和“栅格”功能进行绘图；从点 *G* 沿逆时针至点 *A* 之间都是水平线或垂直线，且长度没有规律性，可使用“直线”命令结合“正交”功能进行绘制。

绘制图形前，应先对图形进行分析，了解各部分之间的关系，确定各部分的绘制方法与步骤，是非常必要的。

第二步，设置图形界限。

在命令行输入“LIMITS”，（或选择“格式”菜单中的“图形界限”命令），按 Enter 键，操作步骤如下：

```
命令: LIMITS                                                    //启动"图形界限"命令
重新设置模型空间界限:                                            //系统提示
指定左下角点或 [开(ON)/关(OFF)] <0.0000,0.0000>:↙              //按Enter键确定默认的左下角点坐标
指定右上角点<420.0000,297.0000>: 100,80↙                        //指定右上角点坐标
```

利用 AutoCAD 绘制图形时，一般需根据图形的大小设置图形界限（相当于选择合适大小的图纸），控制绘图的范围。图 2-26 所示的图形总长为 65（15+40+10），总宽为 38，此处设置的图形界限左下角点坐标为"0,0"，右上角点坐标为"100,80"，即所设置的绘图范围是一个 100×80 的矩形区域。

第三步，打开栅格显示，观察图形界限。

单击状态栏上"栅格"按钮（或按 F7 键），即可打开栅格，屏幕显示如图 2-27 所示，图中方格部分即为所设置的图形界限。

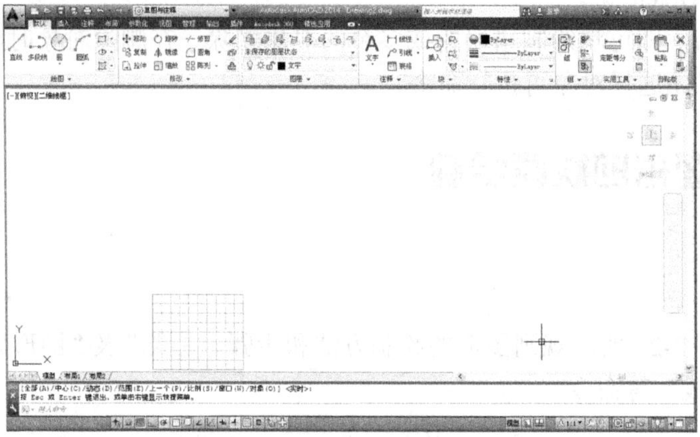

图 2-27　打开栅格，观察图形界限

第四步，执行"全部缩放"命令，使图形界限充满显示区。

在命令行输入"ZOOM"，按 Enter 键，操作如下。

```
命令: ZOOM                                                      //启动"缩放"命令
指定窗口的角点，输入比例因子 (nX 或 nXP)，或者
[全部(A)/中心(C)/动态(D)/范围(E)/上一个(P)/比例(S)/
窗口(W)/对象(O)] <实时>: a↙                                    //选择"全部"选项，使图形界限充满显示区
```

操作完成后，屏幕显示如图 2-28 所示。

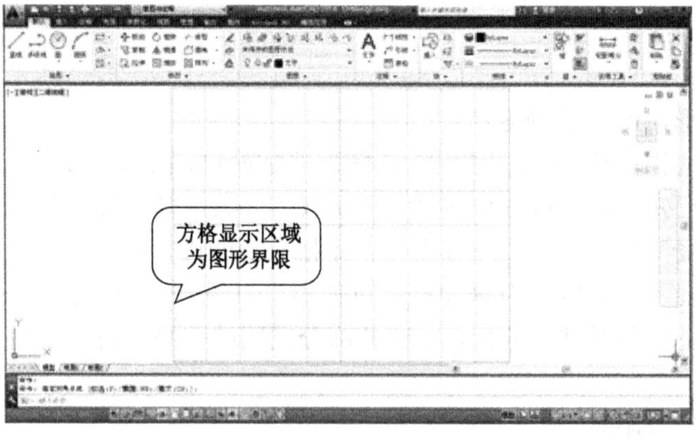

图 2-28　执行"全部缩放"命令后的屏幕显示

AutoCAD 的绘图区是无限大的，利用“ZOOM”命令的“全部（A）”选项，可使屏幕上显示的绘图区域与所设置的图形界限相适应。

第五步，设置捕捉间距、栅格间距，并启用“捕捉”功能。

（1）在状态栏的“捕捉”按钮上右击，在弹出的快捷菜单中选择“设置”选项，打开如图 2-29 所示的“草图设置”对话框中的“捕捉和栅格”选项卡，在“捕捉间距”“栅格间距”选项组下设置 X 轴和 Y 轴间距均为“5”，单击“确定”按钮，返回绘图区。

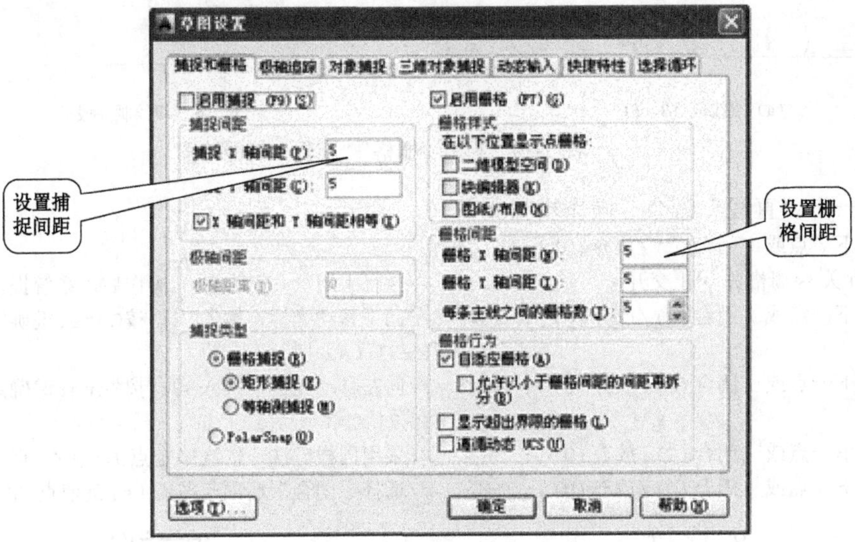

图 2-29　在“捕捉和栅格”选项卡中设置捕捉间距、栅格间距

（2）在状态栏上单击“捕捉”按钮（或按 F9 键），打开“捕捉”功能。

完成上述操作后，可以发现屏幕上栅格线多了，这是因为系统默认的栅格间距为“10”，在上述操作中栅格间距设置为“5”，间距减小一半，栅格线则增加一倍。同时还会发现光标的移动变成了跳跃式的，这是由于打开的“捕捉”功能，控制光标只能沿捕捉间距设定的值进行移动。

第六步，使用“直线”命令，结合“捕捉”“栅格”功能，绘制线段 AB、BC、CD、DE、EF、FG。

在功能区单击“默认”选项卡下“绘图”面板中的“直线”按钮，操作步骤如下。

```
命令: _line                          //启动“直线”命令
指定第一个点:                         //利用栅格捕捉，拾取某一栅格点，确定起点A，
                                      如图2-30（a）所示
指定下一点或 [放弃(U)]:               //移动光标向右3个栅格点时单击，确定点B，
                                      如图 2-30（a）所示
指定下一点或 [放弃(U)]:               //移动光标向上2个栅格点时单击，确定点C，
                                      如图2-30（a）所示
指定下一点或 [闭合(C)/放弃(U)]:       //采用同样方法，依次确定点D、点E、点F、点G，
                                      如图2-30（b）所示
```

第七步，利用“正交”功能，绘制线段 GH、HI、IJ、JK、KL、LM、MA。

（1）在状态栏上单击“捕捉”“栅格”按钮，关闭“捕捉”“栅格”功能。

（2）在状态栏上单击“正交”按钮（或按 F8 键），打开“正交”模式。

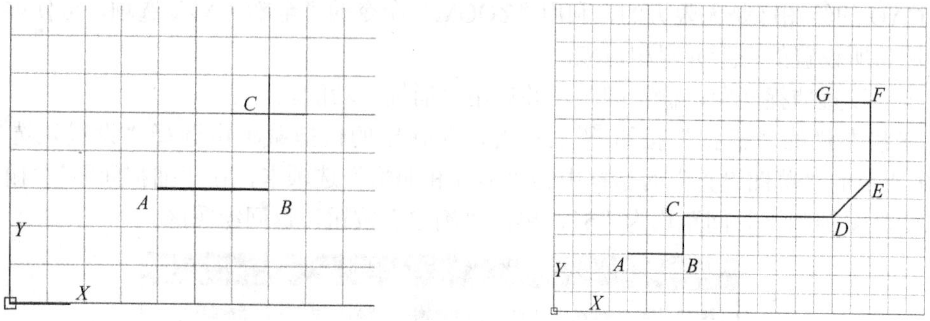

（a）绘线段 *AB*、*BC*　　　　（b）各线段绘制完成后

图 2-30　利用“栅格”“捕捉”功能绘图

继续上一步“直线”命令，操作步骤如下。

```
指定下一点或 [闭合(C)/放弃(U)]:
<捕捉关><栅格关><正交开>                //执行上述（1）、（2）操作后，系统提示
指定下一点或 [闭合(C)/放弃(U)]: 18↙     //向下移动光标，输入18，按Enter键确定点H，如图
                                        2-31（a）所示
指定下一点或 [闭合(C)/放弃(U)]: 38↙     //向左移动光标，输入38，按Enter键确定点I，如图
                                        2-31（b）所示
指定下一点或 [闭合(C)/放弃(U)]:         //采用同样方法，依次确定点J、点K、点L、点M
指定下一点或 [闭合(C)/放弃(U)]: c↙      //选择“闭合”选项，按Enter键使点M和点A自动相连
```

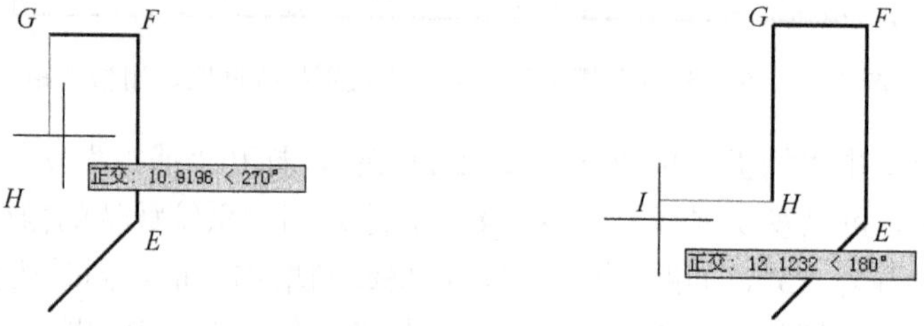

（a）绘垂直线段 *GH*　　　　（b）绘水平线段 *HI*

图 2-31　利用“正交”功能绘图

第八步，保存图形文件。

AutoCAD 不能识别全角的字母、数字和符号，在通过键盘输入命令和参数时，需使用英文输入状态或将输入法设置为半角方式。

【相关知识】

1．图形界限的设置

图形界限，也称图限，相当于图纸的大小。设置图形界限就是在绘图区域中设置图形边界，相当于选择合适大小的图纸。调用命令的方式如下。

① 菜单栏：选择“格式”→“图形界限”命令。

② 键盘命令：在命令行输入“LIMITS”命令。

执行上述命令后，系统将提示用户指定左下角点和右上角点以确定图形边界。该图形边界是以所指定的两点为对角点所限定的矩形区域，系统默认的图形界限为 420×297，即 A3 图纸的大小。

执行上述命令，当命令行出现“指定左下角点或 [开(ON）/关(OFF）]”时，输入“ON”或“OFF”，即可打开或关闭图限检查。若打开图限检查，则无法输入图形界限以外的点，系统在命令行会出现“**超出图形界限”的提示。

2. 捕捉和栅格

“捕捉”用来控制光标移动的最小步距，以便精确定点；“栅格”相当于坐标纸上的方格，可以直观地显示对象之间的距离，便于用户定位对象。“捕捉”和“栅格”两者通常配合使用，以便快速、精确地绘制图形。

（1）捕捉和栅格功能的打开或关闭。在绘图过程中，可以随时打开或关闭“捕捉”功能和“栅格”显示，常用方法如下。

① 状态栏：在状态栏上单击“捕捉”按钮和“栅格”按钮。

② 功能键：按 F7（栅格）键或 F9（捕捉）键。

③ 对话框：在状态栏上的“捕捉”按钮或“栅格”按钮上右击，在弹出的快捷菜单中选择“设置”选项，打开如图 2-29 所示的“草图设置”对话框中的“捕捉和栅格”选项卡，选中“启用捕捉”复选框和“启用栅格”复选框。

在执行上述操作后，即可打开或关闭“捕捉”功能和“栅格”显示。

（2）捕捉和栅格间距的设置。在图 2-29 所示对话框中的“捕捉间距”和“栅格间距”选项组中可以设置捕捉和栅格的间距。其余各选项简介如下。

① “捕捉类型”选项组：“矩形捕捉”是指捕捉方向与当前用户坐标系的 *X* 轴、*Y* 轴方向平行，为默认选项，用于画一般的平面图形。“等轴测捕捉”是等轴测方向捕捉，用于画等轴测图。“○PolarSnap(Q)”（即极轴捕捉）单选按钮用于设置沿“极轴追踪”方向的捕捉间距，并沿极轴方向捕捉。

② “栅格行为”选项组：用于设置“视觉样式”下栅格线的显示样式。系统默认选中“显示超出界限的栅格”复选框，即栅格显示范围可以超出图形界限范围；当取消选中该复选框时，栅格显示范围即为“LIMITS”命令指定的图形界限范围。本任务操作实例中，便采用了取消选中“显示超出界限的栅格”复选框。

3. 正交

当打开正交模式后，系统将控制光标只沿当前坐标系的 *X* 轴、*Y* 轴平行方向上移动，以便在水平或垂直方向上绘制和编辑图形。在绘图和编辑过程中，可以随时打开或关闭“正交”模式，常用方法如下。

① 状态栏：在状态栏上单击“正交”按钮。

② 功能键：按 F8 键。

执行上述操作后，即可打开或关闭“正交”模式。

4. 图形的缩放

使用 AutoCAD 绘图时，用户看到的图形均处于视窗中，利用“缩放”命令可以增大或减小图形对象在视窗中的显示比例，从而满足用户既能观察局部细节，又能预览全图的需求。该命令就像照相机的镜头一样，可以放大或缩小观察的区域，但不会改变图形中对象的位置或大小。调用命令的方式如下。

① 功能区：在“视图”选项卡下“二维导航”面板中单击相应按钮，如图 2-32 所示。

② 菜单栏：选择“视图”→“缩放”选项，然后在出现的子菜单中选择相应命令，如图 2-33 所示。

③ 工具栏：在“标准”工具栏中单击相应按钮，或在“缩放”工具栏单击相应按钮，如图 2-34 所示。

④ 键盘命令：在命令行输入“ZOOM”或“Z”命令。

执行上述操作后，即可放大或缩小观察区域。

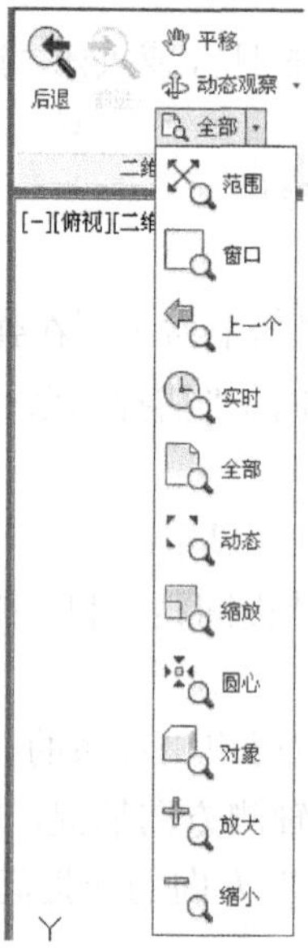

图 2-32 “二维导航”面板

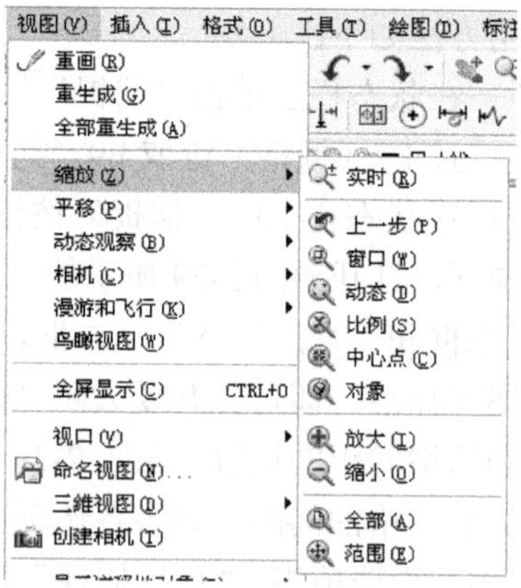

图 2-33 “缩放”子菜单

图 2-34 “缩放”工具栏

“缩放”图形有多种方式，分别介绍如下。

（1）全部缩放。该方式根据由“Limits”命令设定的图形界限或图形所占实际范围，在绘图区域内显示全部图形。选择该方式时，用户看到的图形范围由图形界限和图形所占实际范围尺寸较大者决定，即图形文件中如有图形处在图形界限以外，则图形范围由图形所占实际范围尺寸决定。

（2）范围缩放。该方式将所绘全部图形尽可能大地显示在视窗中。

（3）实时缩放。选择该方式光标将变为带有加号（+）或减号（-）的放大镜，按住鼠标左键向上，放大图形显示；按住鼠标左键向下，则缩小图形显示。

滚动鼠标中间的滚轮也可以实现“实时缩放”。向上滚动，放大图形显示；向下滚动，则缩小图形显示。

（4）窗口缩放。该方式通过定义两个对角点来确定一个矩形窗口，把窗口内的图形放大到整个视窗范围。

（5）对象缩放。该方式将选定的一个或多个对象尽可能大地显示在视窗中，并使其位于视窗的中心。

（6）比例缩放。该方式通过输入缩放比例系数对图形进行缩放。系统提供了两种比例系数的输入方式：一种是在数字后加字母“X”，表示相对当前视图的缩放；另一种是在数字后加字母“XP”，表示相对图纸空间的缩放。

（7）中心缩放。该方式需用户指定一点作为新视图的中心点，通过输入比例值或视图高度缩放图形。如果输入的数值后加上字母“X”，表示放大系数；如果未加“X”，则表示新视图的高度。

（8）动态缩放。选择该方式系统将临时显示整个图形，同时自动创建一个矩形视窗，通过移动视窗和调整视窗大小控制图形的缩放位置和大小。

（9）放大或缩小。选择一次“放大”，将以 2 倍比例放大图形；选择一次“缩小”，将以 0.5 倍比例缩小图形。

（10）上一个。该方式缩放显示上一个视图，最多可恢复此前的 10 个视图。

5．图形的平移

使用“平移”命令可以在绘图窗口中移动图形（类似于在桌面上移动图纸），而不改变图形的显示大小。调用命令的方式如下。

① 功能区：在“视图”选项卡下“二维导航”面板中单击“平移”按钮，如图 2-32 所示。

② 菜单栏：选择“视图”→“平移”命令。

③ 工具栏：在“标准”工具栏中单击“实时平移”按钮。

④ 键盘命令：在命令行输入“PAN”命令。

执行上述命令后，光标转化为小手形状，按住鼠标左键，拖动鼠标，即可平移图形。按 Esc 键或 Enter 键即可退出平移模式。

按住鼠标中间的滚动轮并移动鼠标也可以实现“平移”。

“实时缩放”和“实时平移”两个命令经常结合起来用，观察图形非常方便。

6．直线的绘制

使用“直线”命令可以绘制出任意多条首尾相连的直线段，调用命令的方式如下。

① 功能区：在“默认”选项卡下“绘图”面板中单击“直线”按钮。

② 菜单栏：选择“绘图”→“直线”命令。

③ 工具栏：在“绘图”工具栏中单击“直线”按钮。

④ 键盘命令：在命令行输入“LINE”或“L”命令。

执行上述命令后，用鼠标在屏幕上直接单击或从直接输入点的坐标确定各点，即可绘制直线。

绘制直线过程中，当命令行提示为“指定下一点或 [闭合(C)/放弃(U)]:”时，选择“U”选项，可以删除绘制过程最后一条直线；选择“C”选项，能将首点和末点自动连接起来，从而使图形闭合。

任务 4　吊钩的绘制

【任务描述】

本任务介绍如图 2-35 所示吊钩的绘制方法和步骤，主要涉及“圆”“偏移”“圆角”“打断”等命令。

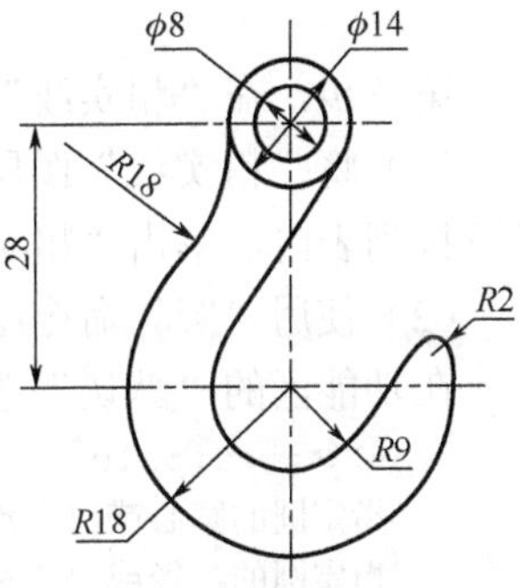

图 2-35　吊钩

【任务实施】

第一步，绘图环境设置。

（1）设置图形界限并缩放。根据图形尺寸，将图形界限的两个角点分别设置为（0，0）、（80，70），输入“ZOOM”命令，选择“全部（A）”选项，使图形界限充满显示区。

（2）新建“粗实线”“点画线”两个图层将“点画线”图层置为当前层。

（3）设置对象捕捉模式。在状态栏的“对象捕捉”按钮上右击，在弹出的“对象捕捉”快捷菜单中选择“圆心”“端点”“交点”和“切点”选项。

（4）启用相应功能。单击任务栏上的“极轴追踪”“对象捕捉”按钮。

第二步，绘制中心线。

（1）调用“直线”命令，绘制如图 2-36（a）所示的水平和垂直中心线。

（2）偏移中心线。

在功能区的“默认”选项卡下“修改”面板中单击“偏移”按钮，操作步骤如下。

```
命令: _offset                                                          //启动“偏移”命令
当前设置: 删除源=否图层=源  OFFSETGAPTYPE=0                              //系统提示
指定偏移距离或 [通过(T)/删除(E)/图层(L)] <通过>: 28↙                      //输入偏移距离
选择要偏移的对象，或 [退出(E)/放弃(U)] <退出>:                              //选择水平中心线
指定要偏移的那一侧上的点，或 [退出(E)/多个(M)/放弃(U)] <退出>:               //在水平中心线下方单击
选择要偏移的对象，或 [退出(E)/放弃(U)] <退出>:↙                             //按Enter键结束命令
```

操作完成后如图 2-36（b）所示。

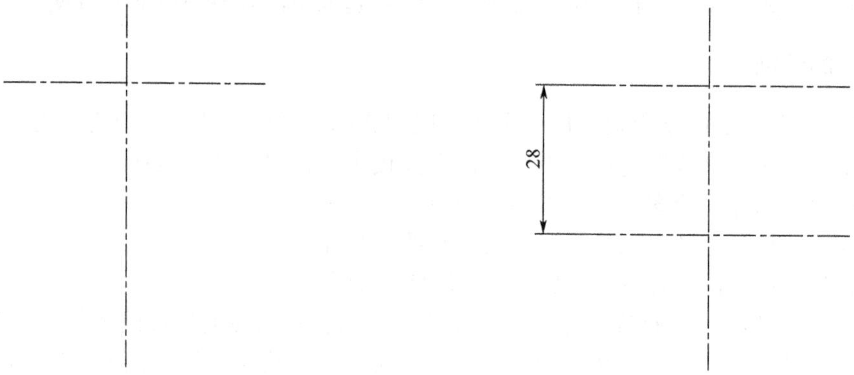

（a）绘制水平和垂直中心线　　　　（b）偏移中心线

图 2-36　绘制中心线

第三步，在“粗实线”图层绘制$\phi 8$、$\phi 14$、$R9$ 和 $R18$ 四个圆。

（1）将“粗实线”图层设置为当前图层。在功能区的“默认”选项卡下“图层”面板中的图层下拉列表内，单击“粗实线”图层，如图 2-37 所示。

（2）使用“圆”命令绘制 4 个圆，如图 2-38 所示。

在功能区的“默认”选项卡下“绘图”面板中单击“圆”按钮，操作步骤如下。

```
命令: _circle                                                   //启动“圆”命令
指定圆的圆心或 [三点(3P)/两点(2P)/切点、切点、半径(T)]:             //捕捉交点A，如图2-38所示
指定圆的半径或 [直径(D)]: 4↙                                     //输入半径“4”，按Enter键确定
命令: CIRCLE                                                    //按Enter键，重复调用“圆”命令
指定圆的圆心或 [三点(3P)/两点(2P)/切点、切点、半径(T)]:             //捕捉交点A
指定圆的半径或 [直径(D)] <4.0000>: 7↙                            //输入半径“7”，按Enter键确定
```

```
命令: CIRCLE                                                //按Enter键，重复调用“圆”命令
指定圆的圆心或 [三点(3P)/两点(2P)/切点、切点、半径(T)]:      //捕捉交点B，如图2-38所示
指定圆的半径或 [直径(D)] <7.0000>: 9↙                       //输入半径“9”，按Enter键确定
命令: CIRCLE                                                //按Enter键，重复调用“圆”命令
指定圆的圆心或 [三点(3P)/两点(2P)/切点、切点、半径(T)]:      //捕捉交点B
指定圆的半径或 [直径(D)] <9.0000>: 18↙                      //输入半径“18”，按Enter键确定
```

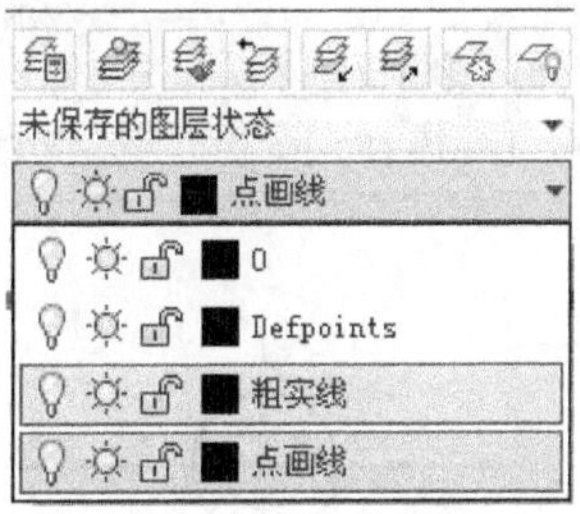

图 2-37　更改当前图层

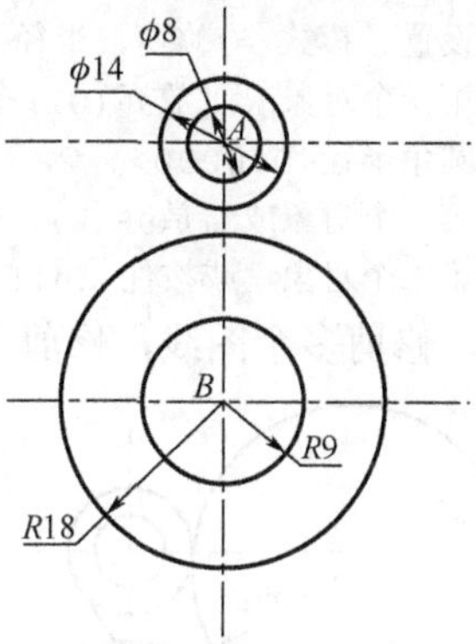

图 2-38　绘制 4 个圆

第四步，绘制ϕ14 圆与 R9 圆的公切线。

单击“直线”按钮，移动光标至ϕ14 圆右下角圆弧处，出现切点标记及相应提示时单击，如图 2-39（a）所示，确定第一个切点；移动光标至 R9 圆左上角圆弧处，当出现切点标记及相应提示时单击，确定第二个切点。绘制完成后如图 2-39（b）所示。

注意，因“圆心”捕捉模式对“切点”捕捉模式有干扰，可将“圆心”捕捉模式暂时取消。

第五步，偏移公切线，如图 2-40 所示。

使用“偏移”命令偏移复制刚绘制的公切线，偏移距离为圆的直径“18”。其操作方法与第二步中“偏移中心线”方法相同。

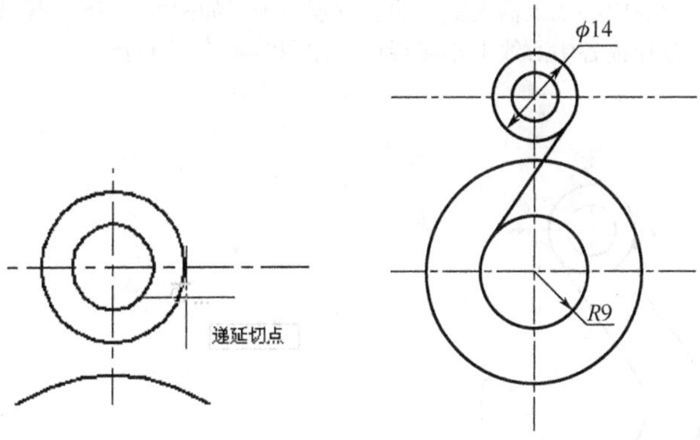

（a）捕捉切点　　（b）绘制完成后

图 2-39　绘制公切线

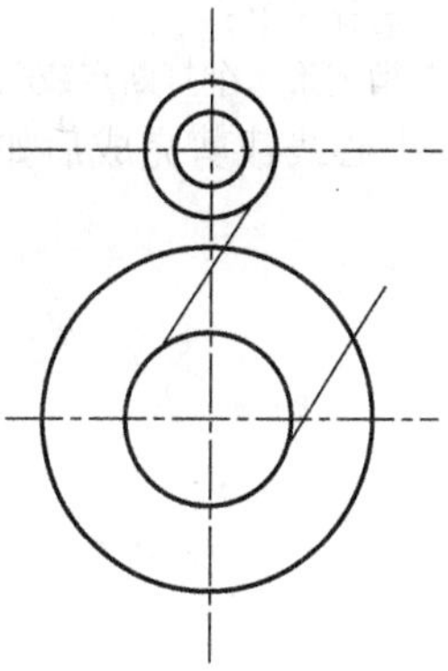

图 2-40　偏移公切线

第六步，绘制左上角 R18 的圆，如图 2-41 所示。

在功能区的“默认”选项卡下“绘图”面板中单击“圆”按钮下拉列表中的“相切、相切、半径”按钮，操作步骤如下。

```
命令: _circle                                      //启动“圆”命令
指定圆的圆心或 [三点(3P)/两点(2P)/切点、切点、半径(T)]: _ttr   //系统提示
```

```
指定对象与圆的第一个切点:                          //在φ14圆弧上单击，指定切点
指定对象与圆的第二个切点:                          //在R18圆弧上单击，指定切点
指定圆的半径: 18↙                                  //输入相切圆的半径为“18”
```

第七步，采用“圆角”命令绘制右方 *R*2 的圆，如图 2-41 所示。

在功能区的“默认”选项卡下“修改”面板中单击“圆角”按钮，操作步骤如下。

```
命令: _fillet                                                           //启动“圆角”命令
当前设置: 模式 = 修剪，半径 = 0.0000                                    //系统提示
选择第一个对象或 [放弃(U)/多段线(P)/半径(R)/修剪(T)/多个(M)]: r↙        //选择“半径”选项
指定圆角半径<0.0000>: 2↙                                                //输入圆角半径为2
选择第一个对象或 [放弃(U)/多段线(P)/半径(R)/修剪(T)/多个(M)]:           //点选直线
选择第二个对象，或按住 Shift 键选择对象以应用角点或 [半径(R)]:          //点选R18的圆
```

第八步，修剪多余图线，修剪完成后如图 2-42 所示。

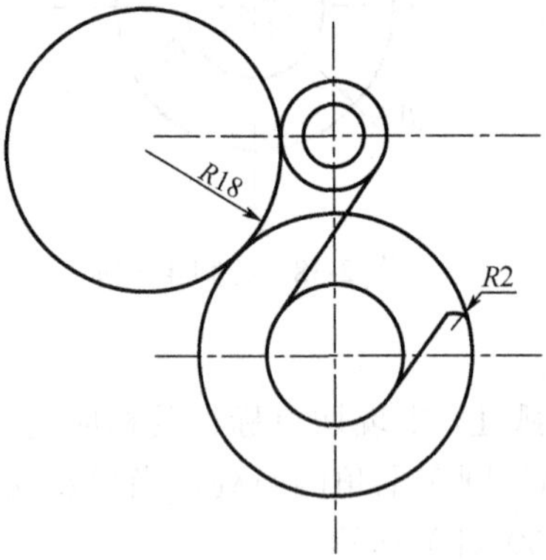

图 2-41　绘制 *R*18、*R*2 的圆

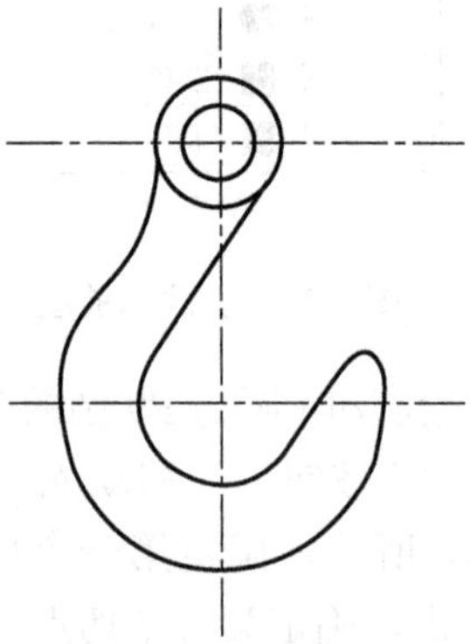

图 2-42　修剪多余图线后

第九步，利用“打断”命令裁剪中心线。

在功能区的“默认”选项卡下“修改”面板中单击“打断”按钮，操作步骤如下。

```
命令: _break                          //启动“打断”命令
选择对象:                             //在中心线上需要裁剪的各位置单击，如图2-43所示点C处
指定第二个打断点或 [第一点(F)]:       //捕捉各中心线上相应端点，如图2-43所示点D
```

各中心线裁剪完成后如图 2-35 所示。

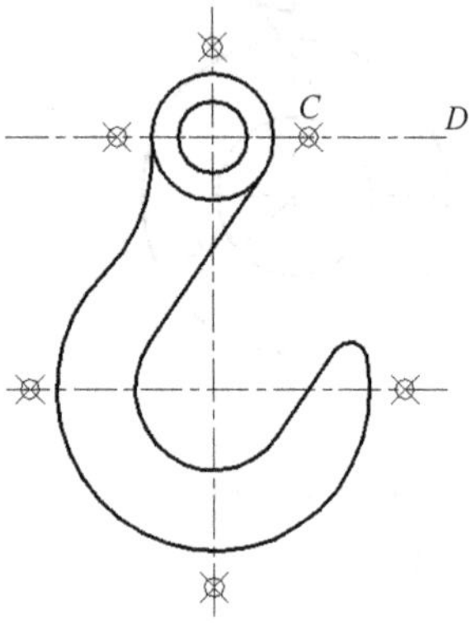

图 2-43　中心线上各打断点的位置

第十步，保存图形文件。

【相关知识】

1. 圆的绘制

AutoCAD 中提供了 6 种绘制圆的方法，调用命令的方式如下。

① 功能区：在“默认”选项卡下“绘图”面板中单击“圆”按钮的下拉列表，选择圆绘制方式，如图 2-44（a）所示。

② 菜单栏：选择“绘图”→“圆”选项，然后在出现的子菜单中选择圆绘制方式，如图 2-44（b）所示。

③ 工具栏：在“绘图”工具栏中单击“圆”按钮。

④ 键盘命令：在命令行输入“ARC”或“A”命令。

执行上述操作后，即可绘制圆。

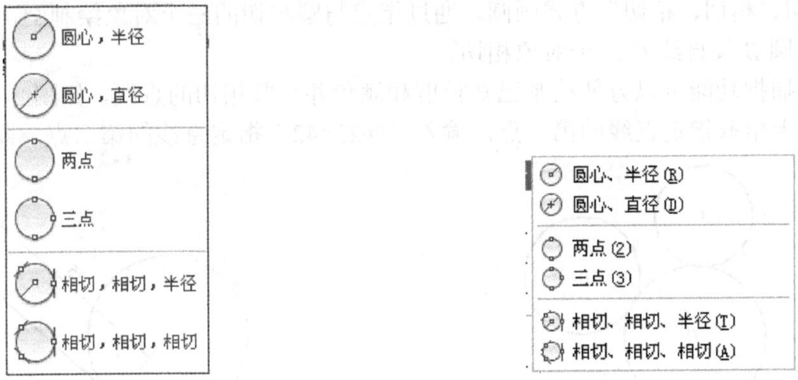

（a）“绘图”面板中“圆”下拉列表　　（b）“绘图”菜单下“圆”子菜单

图 2-44　“圆”命令的调用方式

（1）“圆心、半径”方式画圆。通过指定圆心位置和圆的半径绘制圆。本任务操作实例中$\phi 8$、$\phi 14$、$R9$ 和 $R18$ 四个圆的绘制便采用了此法。

（2）“圆心、直径”方式画圆。通过指定圆心位置和圆的直径绘制圆。绘制方法与“圆心、半径”方式相似，不同之处在于输入的数字为圆的直径。

（3）“两点”方式画圆。通过指定圆周上的两点绘制圆，所指定两点间距离即为该圆的直径，如图 2-45 所示。

（4）“三点”方式画圆。通过指定圆周上任意三点绘制圆，如图 2-46 所示。

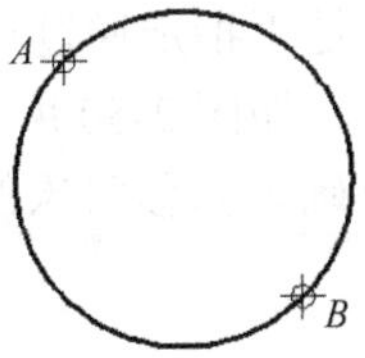

图 2-45　“两点”方式画圆

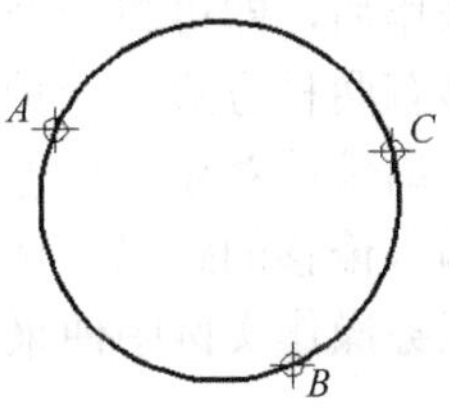

图 2-46　“三点”方式画圆

（5）“相切、相切、半径”方式画圆。通过指定两相切对象及圆的半径绘制圆，如图 2-47 所示。本任务操作实例中第六步即采用了此法。

由于相同对象、相同半径下有多个相切圆，系统会根据所指定切点的位置来判断做哪个相切圆，因此采用此法绘制圆时要特别注意切点的捕捉位置。如图 2-47 所示，在圆 *A*、圆 *B* 不同位置捕捉切点，使用相同半径绘制相切圆，得到两种不同结果。当然，如果在其他位置捕捉切点，还可以得到其他的相切圆。

（a）结果 1　　（b）结果 2

图 2-47　“相切、相切、半径”方式画圆

（6）“相切、相切、相切”方式画圆。通过指定与圆相切的三个对象绘制圆，如图 2-48 所示，圆 *D* 与圆 *A*、圆 *B* 及直线 *C* 三个对象相切。

使用切点捕捉功能可以方便绘制已知长度和倾角并与圆相切的直线，如图 2-49 所示，用切点捕捉功能在圆上拾取指定直线的第一点，输入“@25<42”指定直线的第二点，即可完成绘制。

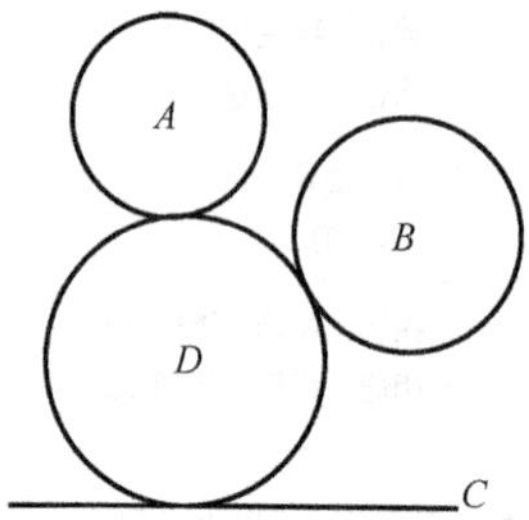

图 2-48　“相切、相切、相切”方式画圆

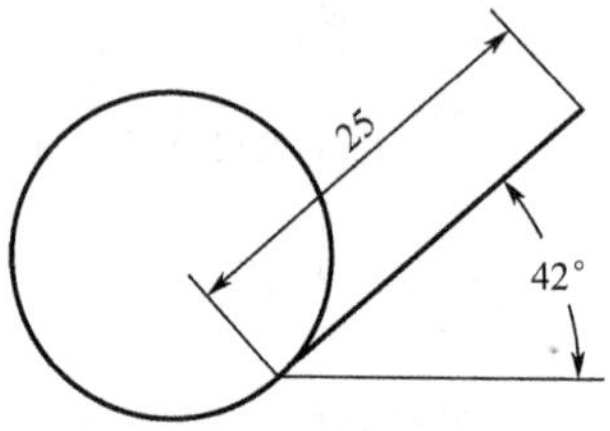

图 2-49　已知长度和倾角绘制圆的切线

2. 对象的偏移

利用“偏移”命令可以将一个图形对象在其一侧作等距离复制。调用命令的方式如下。

① 功能区：在“默认”选项卡下“修改”面板中单击“偏移”按钮。

② 菜单栏：选择“修改”→“偏移”命令。

③ 工具栏：在“修改”工具栏中单击“偏移”按钮。

④ 键盘命令：在命令行输入“OFFSET”或“O”。

执行上述操作后，即可将一个图形对象在其一侧作等距离复制。

对象的偏移有两种方式：一种是“指定距离”方式；另一种是“指定通过点”方式。

（1）指定距离偏移对象。该方式通过输入偏移距离复制对象，如图 2-50 所示。调用“偏移”命令后，直接输入偏移的距离，选择要偏移的对象，再拾取一点确定偏移对象的位置，即可完成偏移操作。本任务操作实例中便采用了此法。

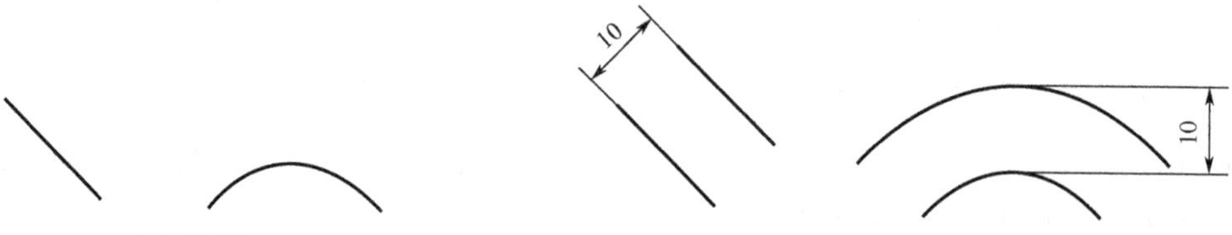

（a）偏移前　　（b）偏移后

图 2-50　“指定距离”偏移对象

（2）指定通过点偏移对象。如果不知道具体的偏移距离，但知道偏移对象通过的点，可以采用“指定通过点”方式来偏移对象。调用“偏移”命令后，选择“通过（T）”选项，再选择要偏移的对象，拾取一点确定偏移对象的位置，即可完成偏移操作，如图2-51所示。

例2-4　将图2-51（a）所示的直线偏移复制如图2-51（b）所示的直线。

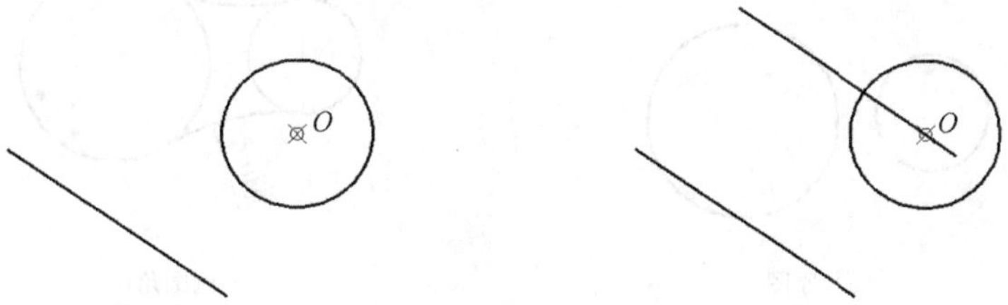

（a）偏移前　　（b）偏移后

图2-51　“指定通过点”偏移对象

在功能区单击“修改”面板中的“偏移”按钮，操作步骤如下。

```
命令: _offset                                                     //启动“偏移”命令
当前设置: 删除源=否  图层=源  OFFSETGAPTYPE=0                        //系统提示
指定偏移距离或 [通过(T)/删除(E)/图层(L)] <通过>: t↙                  //选择“通过”选项
选择要偏移的对象，或 [退出(E)/放弃(U)] <退出>:                        //选择直线
指定通过点或 [退出(E)/多个(M)/放弃(U)] <退出>:                        //拾取圆心点O
选择要偏移的对象，或 [退出(E)/放弃(U)] <退出>: ↙                      //按Enter键结束命令
```

3. 圆角

使用“圆角”命令可以用指定半径的圆弧将两对象光滑地连接起来。调用命令的方式如下。

① 功能区：在“默认”选项卡下“修改”面板中单击“圆角”按钮。

② 菜单栏：选择“修改”→“圆角”命令。

③ 工具栏：在“修改”工具栏中单击“圆角”按钮。

④ 键盘命令：在命令行输入“FILLET”或“F”命令。

执行上述操作后，即可用指定半径的圆弧将两对象光滑地连接起来。

“圆角”命令有“修剪”与“不修剪”两种方式。

（1）“修剪”方式倒圆角。采用该方式倒圆角时，除了在两对象之间增加圆弧外，原对象还将自动修剪或延伸，如图2-52（b）所示。本任务操作实例中*R*2圆弧的绘制便采用了此法。

（2）“不修剪”方式倒圆角。采用该方式倒圆角时，仅在两对象之间增加圆弧，原对象将保持不变，如图2-52（c）所示。

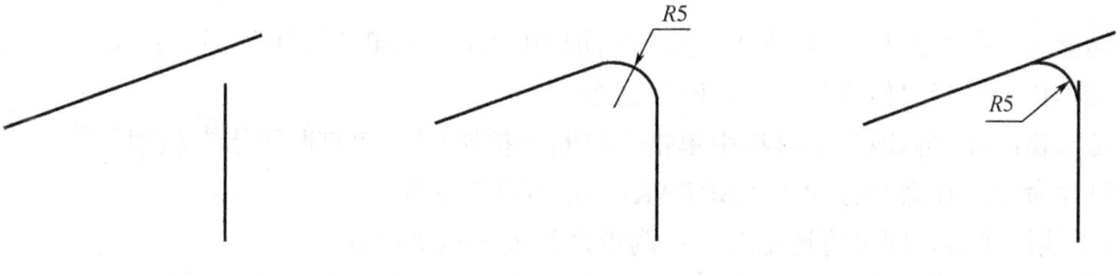

（a）原图　　（b）“修剪”方式倒圆角　　（c）“不修剪”方式倒圆角

图2-52　倒圆角

倒圆角时采用“修剪”或“不修剪”方式可由选择“修剪（T）”命令进行设置。

在绘图过程中，“圆角”命令应用较多，常用于两圆（或圆弧）间或圆与直线间的圆弧连接，如图 2-53、图 2-54 所示。

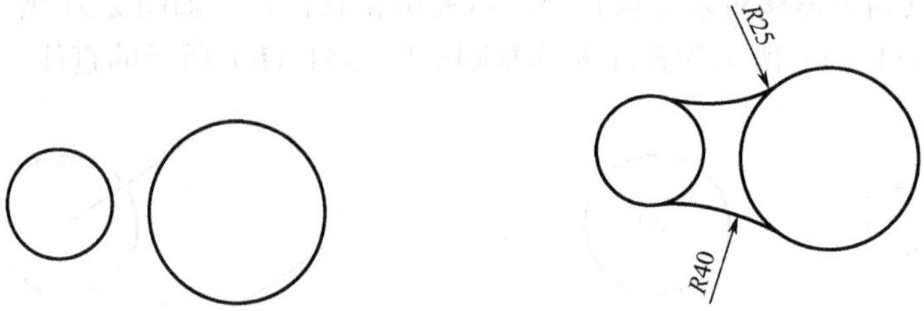

（a）原图　　（b）倒圆角后

图 2-53　两圆间倒圆角

（a）原图　　（b）倒圆角后

图 2-54　圆与直线间倒圆角

在对两条不平行直线倒圆角时，如在选择直线时同时按下 Shift 键，可创建 0 半径圆角（即系统将自动延伸或修剪两条直线，使两者相交），如图 2-55 所示。

在对两平行直线倒圆角时，圆角半径由系统自动计算设置为平行直线距离的一半，如图 2-56 所示。

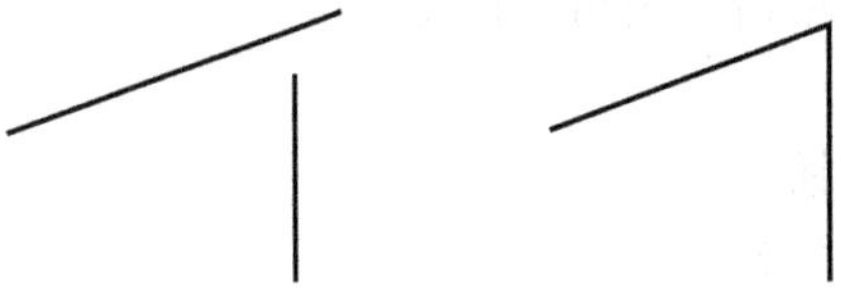

（a）原图　　（b）圆角半径为 0

图 2-55　创建 0 半径圆角

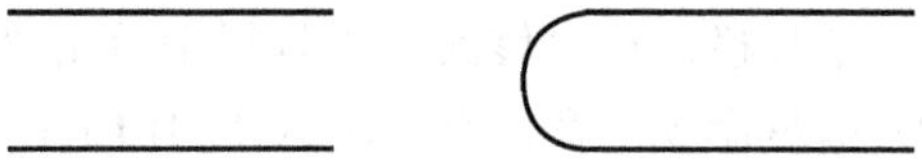

（a）原图　　（b）系统自动计算圆角半径

图 2-56　两平行直线间倒圆角

4. 打断对象

利用“打断”命令可以将选定对象在两点之间打断，也可以在一点处打断。调用命令的方式如下。

① 功能区：在“默认”选项卡下“修改”面板中单击“打断”按钮或“打断于点”按钮。

② 菜单栏：选择“修改”→“打断”命令。

③ 工具栏：在“修改”工具栏中单击“打断”按钮或“打断于点”按钮。

④ 键盘命令：在命令行输入“BREAK”或“BR”命令。

执行上述操作后，即可将选定对象在两点之间或一点处打断。

（1）指定两点打断对象。该方式将选定对象两点间打断的部分删除。如图 2-57 所示，采用该方式可将中心线在 *A*、*B* 两点间打断。

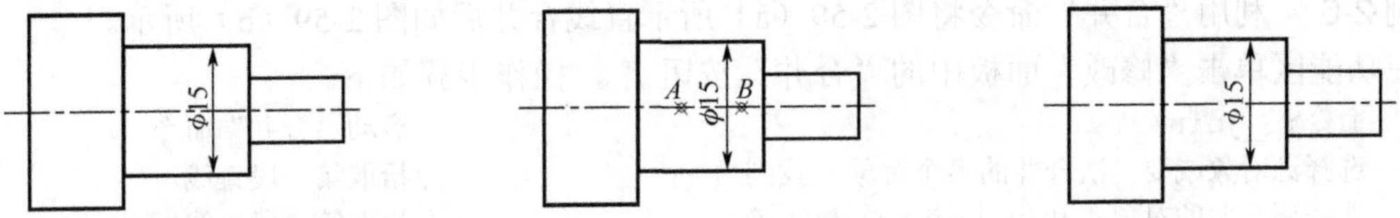

（a）原图　（b）指定打断点 A、点 B　（c）打断后

图 2-57 指定两点打断对象

（2）指定一点打断对象（打断于点）。该方式将选定对象在指定点处切断为两个对象，如图 2-58 所示。

例 2-5 利用“打断”命令将如图 2-58（a）所示的直线在点 A 处打断后如图 2-58（b）所示。在功能区单击“修改”面板中的“打断于点”按钮，操作步骤如下。

```
命令：_break                                    //启动“打断”命令
选择对象：                                      //选择直线
指定第二个打断点或 [第一点(F)]：_f              //系统提示
指定第一个打断点：                              //在点A处单击
指定第二个打断点：@                             //系统提示
```

（a）直线原图　（b）直线打断后　（c）圆弧原图　（d）圆弧打断后

图 2-58 指定一点打断对象

打断圆弧的操作与打断直线的操作相同，在此不再赘述。

注意，打断于点不能用于将圆在某点处打断。

5. 合并对象

利用“合并”命令可以将多个选定对象连接成一个完整的对象，也可以将某段圆弧闭合成整圆，如图 2-59 所示。调用命令的方式如下：

① 功能区：在“默认”选项卡下“修改”面板中单击“合并”按钮。

② 菜单栏：选择“修改”→“合并”命令。

③ 工具栏：在“修改”工具栏中单击“合并”按钮。

④ 键盘命令：在命令行输入“JOIN”或“J”命令。

在执行上述操作后，即可将多个选定对象连接成一个完整的对象。该命令能合并直线、圆弧、椭圆弧、多段线和样条曲线。

（a）直线原图　（b）直线合并后　（c）圆弧原图　（d）圆弧闭合后

图 2-59 合并对象

例 2-6 利用“合并”命令将图 2-59（a）所示直线合并后如图 2-59（b）所示。

在功能区单击“修改”面板中的“合并”按钮，操作步骤如下。

```
命令: _join                                        //启动“合并”命令
选择源对象或要一次合并的多个对象: 找到 1 个          //拾取第一段直线
选择要合并的对象: 找到 1 个, 总计 2 个                //拾取第二段直线
选择要合并的对象: 找到 1 个, 总计 3 个                //拾取第三段直线
选择要合并的对象: ✓                                  //按Enter键结束选择
3 条直线已合并为 1 条直线                             //系统提示
```

合并圆弧时，系统将所选圆弧沿逆时针方向连接起来。如图 2-60（a）所示的两段圆弧，如先选择圆弧 *A*，再选择圆弧 *B*，其合并结果如图 2-60（b）所示；如先选择圆弧 *B*，再选择圆弧 *A*，其合并结果如图 2-60（c）所示。

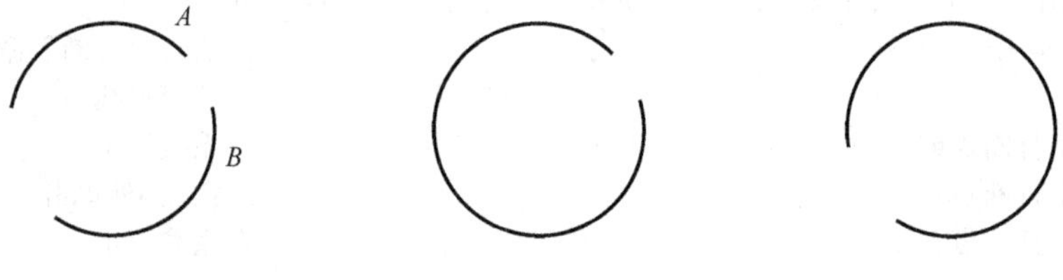

（a）圆弧原图　　（b）合并结果 1　　（c）合并结果 2

图 2-60　合并圆弧

如要将某段圆弧闭合成整圆（如图 2-59（c）、2-59（d）所示），可在选择圆弧后按 Enter 键，选择“闭合（L）”选项，按 Enter 键即可。

对于源对象和要合并的对象，如果是直线，则必须共线；如果是圆弧，则必须位于同一假想的圆上；如果是椭圆弧，则必须位于同一椭圆上，且两对象之间可以有间隙也可以没有间隙。

任务 5　扳手的绘制

【任务描述】

本任务介绍如图 2-61 所示的简易扳手的绘制方法和步骤，主要涉及“正多边形”“分解”等命令。

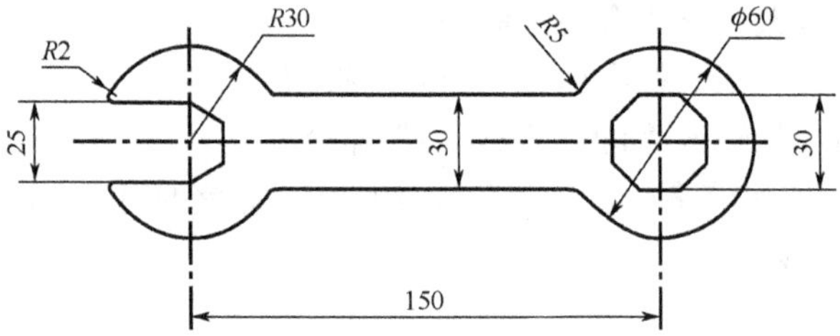

图 2-61　简易扳手

【任务实施】

第一步，设置绘图环境。

（1）设置图形界限并缩放。根据图形尺寸，将图形界限的两个角点分别设为（0，0）、（300，150），输入“ZOOM”命令，选择“全部（A）”选项，使图形界限充满显示区。

（2）新建“粗实线”和“点画线”两个图层并将“点画线”图层置为当前层。

（3）设置对象捕捉模式。设置捕捉“圆心”“端点”“交点”。

（4）启用相应功能。单击任务栏中的“极轴追踪”和“对象捕捉”按钮。

第二步，绘制中心线，如图 2-62 所示。

第三步，在“粗实线”图层绘制扳手的外轮廓并修剪，如图 2-63 所示。

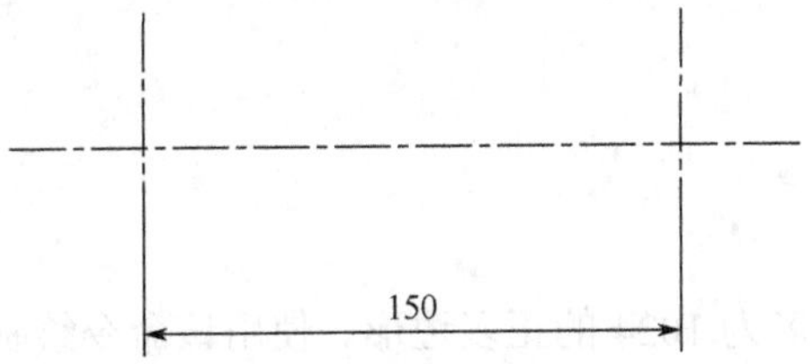

图 2-62　绘中心线

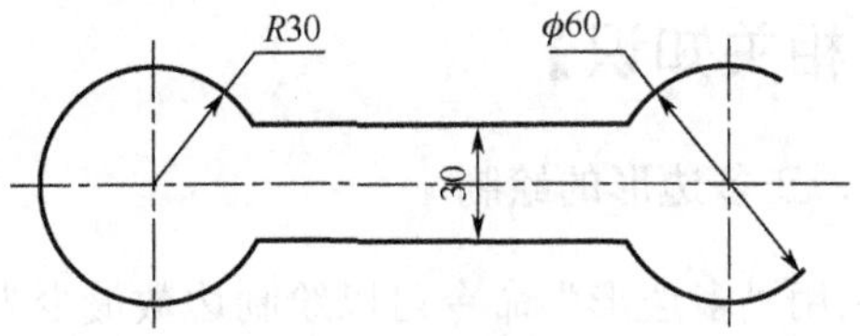

图 2-63　绘扳手的外轮廓

第四步，绘制正六边形和正八边形。

由图 2-61 所示可知，左侧正六边形的对角距为“25”，即正六边形内接于一个ϕ25 的圆；右侧正八边形的对边距为“30”，即正八边形外切于一个ϕ30 的圆。

在功能区单击“默认”选项卡下“绘图”面板中的“多边形”按钮，操作步骤如下。

```
命令: _polygon 输入侧面数<4>: 6↙                    //输入多边形的边数为6
指定正多边形的中心点或 [边(E)]:                      //捕捉交点A，如图2-64所示
输入选项 [内接于圆(I)/外切于圆(C)] <I>: ↙            //按Enter键接受默认的“内接于圆”选项
指定圆的半径: @12.5<90↙                             //指定正六边形外接圆半径为12.5，方向为90°
命令: ↙                                             //按Enter键重复调用命令
POLYGON输入侧面数<6>: 8↙                             //输入多边形的边数为8
指定正多边形的中心点或 [边(E)]:                      //捕捉交点B，如图2-64所示
输入选项 [内接于圆(I)/外切于圆(C)] <I>: c↙           //选择“外切于圆”选项
指定圆的半径: 15↙                                   //指定正八边形内切圆半径为15
```

绘制完成后，如图 2-64 所示。

第五步，分解正六边形，删除多余的边并绘制直线，如图 2-65 所示。

（1）分解正六边形。在功能区单击“默认”选项卡下“修改”面板中的“分解”按钮，操作步骤如下。

```
命令: _explode                                      //启动“分解”命令
选择对象: 找到 1 个                                  //选取正六边形
选择对象: ↙                                          //按Enter键结束对象选择
```

执行上述操作后，正六边形由原来的 1 个对象分解为 6 个对象（6 条直线）。

（2）删除多余的 3 条边绘制两条直线，如图 2-65 所示。

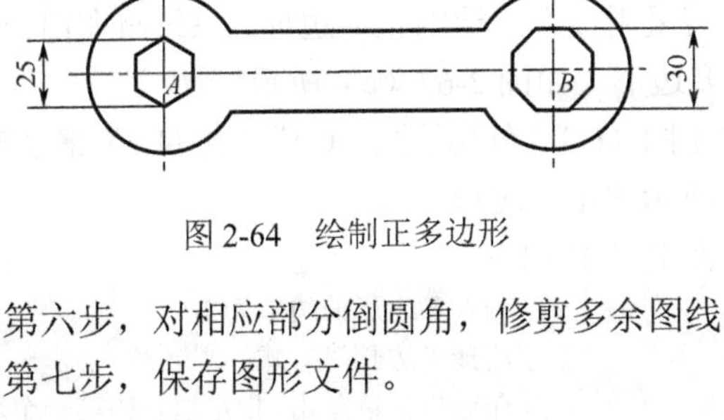

图 2-64　绘制正多边形

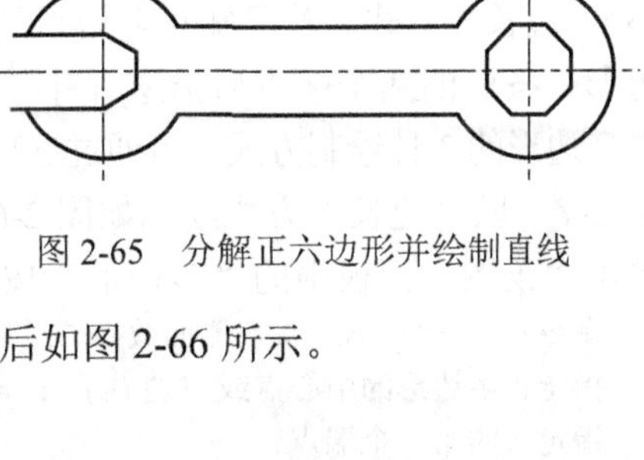

图 2-65　分解正六边形并绘制直线

第六步，对相应部分倒圆角，修剪多余图线，完成后如图 2-66 所示。

第七步，保存图形文件。

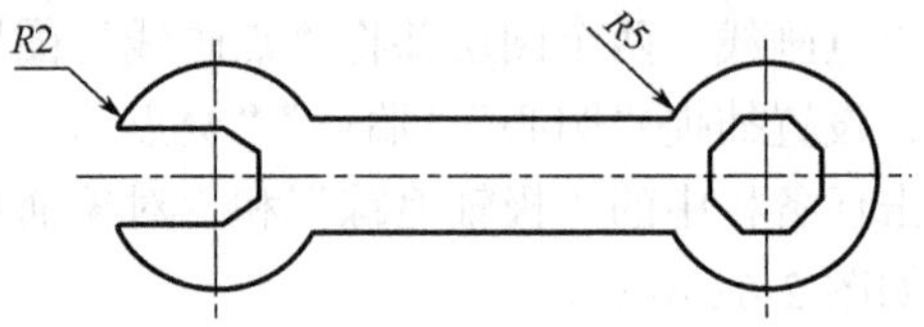

图 2-66 倒圆角，修剪多余图线

【相关知识】

1. 正多边形的绘制

利用“多边形”命令可以绘制边数最少为 3，最多为 1024 的正多边形。使用该命令绘制的正多边形，系统会将其作为 1 个对象来处理。调用命令的方式如下。

① 功能区：在“默认”选项卡下“绘图”面板中单击“多边形”按钮。

② 菜单栏：选择“绘图”→“多边形”命令。

③ 工具栏：在“绘图”工具栏中单击“多边形”按钮。

④ 键盘命令：在命令行输入“POLYGON”或“POL”命令。

执行上述操作后，即可绘制正多边形。

AutoCAD 中提供了“内接于圆”“外切于圆”及“边长”3 种方式绘制正多边形，如图 2-67 所示。

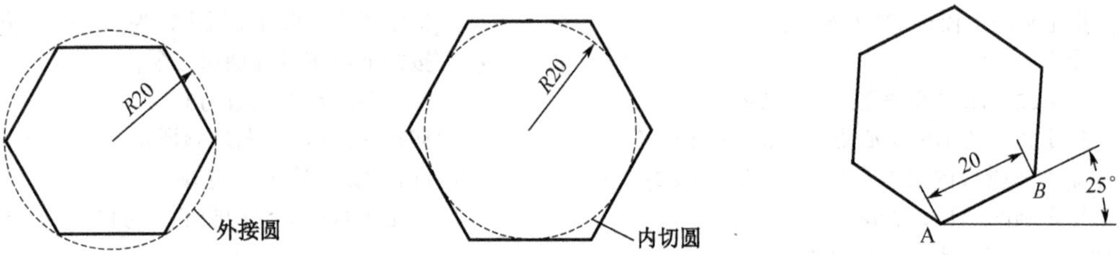

（a）“内接于圆”方式　（b）“外切于圆”方式　（c）“边长”方式

图 2-67 正多边形的 3 种绘制方式

（1）“内接于圆”方式。若已知正多边形的边数、其外接圆的圆心位置和半径，可采用该方式绘制正多边形，如图 2-67（a）所示。采用此方式绘制的正多边形将内接于假想的圆。本任务操作实例中正六边形的绘制便采用了此方式。

（2）“外切于圆”方式。若已知正多边形的边数、其内切圆的圆心位置和半径，可采用该方式绘制正多边形，如图 2-67（b）所示。采用此方式绘制的正多边形将外切于假想的圆。本任务操作实例中正八边形的绘制便采用了此方式。

（3）“边长”方式。若已知正多边形的边长，可采用该方式绘制正多边形。系统将在用户指定正多边形一条边的两个端点后沿逆时针方向创建多边形，如图 2-67（c）所示。

正多边形的 3 种绘制方式，可通过选项“内接于圆（I）”“外切于圆（C）”“边（E）”来设置。

例 2-7 以“边长”方式绘制如图 2-67（c）所示的正六边形。

单击“绘图”面板中的“多边形”按钮，操作步骤如下。

```
命令: _polygon 输入侧面数<5>: 6↙              //输入多边形的边数为6
指定正多边形的中心点或 [边(E)]: e↙             //选择“边长”方式
指定边的第一个端点:                            //在适当位置单击，指定边长的第一个端点A
指定边的第二个端点: @20<25↙                    //指定边长的第二个端点B
```

由图 2-67（c）所示正六边形可以看出，*AB* 的长度决定了正多边形的边长，点 *A*、点 *B* 的相对方向决定了正多边形的放置角度。

采用“内接于圆（I）”和“外切于圆（C）”两种方式绘制的正多边形，默认情况下是将底边沿水平方向放置，如图 2-67（a）、2-67（b）所示。

对于不按默认位置放置的正多边形，如图 2-68 所示，其放置位置可在系统提示“指定圆的半径:”时，输入“@半径<角度”来确定。其中的“角度”决定了正多边形的放置角度。

如绘制图 2-68（a）所示的正多边形应输入“@20<132”，绘制图 2-68（b）所示的正多边形应输入“@20<142”。当然，用户也可以先按默认位置绘制正多边形，然后再用模块 3 中介绍的“旋转”命令进行旋转。

（a）内接于圆方式（半径：@20<132）　　（b）外切于圆方式（半径：@20<142）

图 2-68　正多边形（非默认放置位置）

2．分解对象

利用“分解”命令可以将组合对象（如正多边形、尺寸、填充对象等）分解为单个元素，如图 2-69 所示。调用命令的方式如下。

① 功能区：在“默认”选项卡下“修改”面板中单击“分解”按钮。

② 菜单栏：选择“修改”→“分解”命令。

③ 工具栏：在“修改”工具栏中单击“分解”按钮。

④ 键盘命令：在命令行输入“EXPLODE”命令。

执行上述命令后，选择需要分解的对象，按 Enter 键即可完成分解。

（a）分解前为 1 个对象　　（b）分解后为 5 个对象

图 2-69　分解正五边形

任务 6　组合图形的绘制

【任务描述】

本任务介绍如图 2-70 所示的组合图形的绘制方法和步骤，主要涉及“矩形”“椭圆”“圆环”等命令。

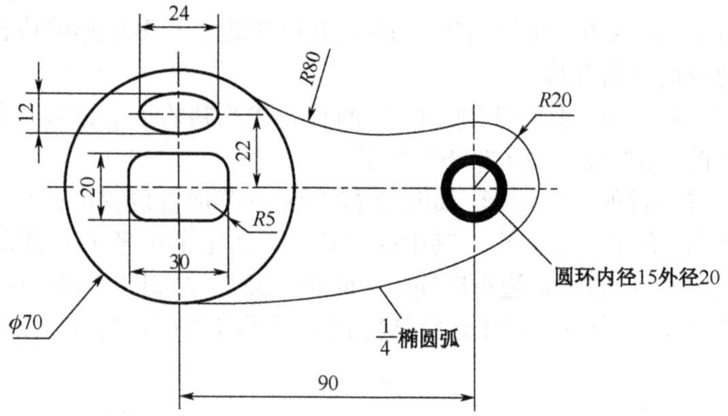

图 2-70 组合图形的绘制

【任务实施】

第一步，设置绘图环境，具体要求及操作过程参见本单元任务 4 或任务 5，在此不再赘述。

第二步，绘中心线，如图 2-71 所示。

第三步，绘制圆角矩形。

在功能区单击“默认”选项卡下“绘图”面板中的“矩形”按钮，操作步骤如下。

```
命令: _rectang                                            //启动“矩形”命令
指定第一个角点或 [倒角(C)/标高(E)/圆角(F)/
厚度(T)/宽度(W)]: f↙                                      //选择“圆角”选项
指定矩形的圆角半径<0.0000>: 5↙                            //指定圆角半径
指定第一个角点或 [倒角(C)/标高(E)/圆角(F)/厚度(T)/
宽度(W)]: _from 基点: <偏移>: @-15,-10↙                   //按Shift键的同时右击，选择“捕捉
                                                          自”选项，拾取图2-72所示交点A
                                                          作为基点，输入左下角点M相对于点A
                                                          的坐标
指定另一个角点或 [面积(A)/尺寸(D)/旋转(R)]: @30,20↙      //确定矩形的右上角点N
```

绘制完成后如图 2-72 所示。

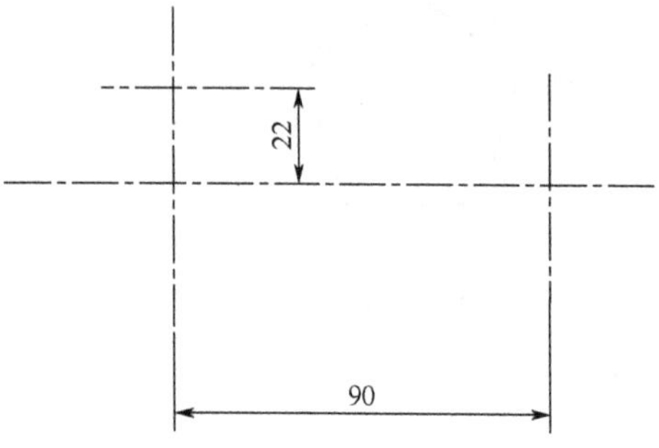

图 2-71 绘中心线

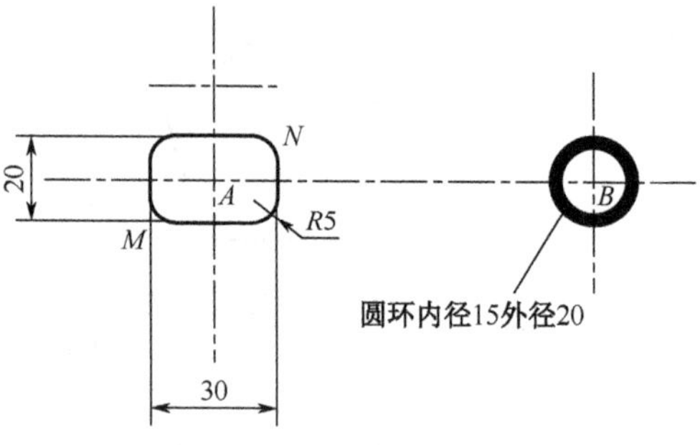

图 2-72 绘矩形和圆环

第四步，绘制圆环。

在功能区单击“默认”选项卡下“绘图”面板中的“圆环”按钮，操作步骤如下。

```
命令: _donut                                 //启动“圆环”命令
指定圆环的内径<0.5000>: 15↙                  //输入圆环内径
指定圆环的外径<1.0000>: 20↙                  //输入圆环外径
指定圆环的中心点或<退出>:                     //拾取图2-72所示交点B
```

```
指定圆环的中心点或<退出>: ↙                                  //按Enter键结束命令
```

绘制完成后如图 2-72 所示。

第五步，绘制ϕ70 和 R20 两个圆，如图 2-73 所示。

第六步，绘制椭圆及椭圆弧。

（1）绘制椭圆在功能区“默认”选项卡下“绘图”面板中“椭圆”列表中单击“圆心”方式按钮，操作步骤如下。

```
命令: _ellipse                                              //启动“椭圆”命令
指定椭圆的轴端点或 [圆弧(A)/中心点(C)]: _c                   //系统提示
指定椭圆的中心点:                                            //拾取图2-74所示交点C
指定轴的端点: 12↙                                           //水平向右追踪，输入长半轴长度12
指定另一条半轴长度或 [旋转(R)]: 6↙                           //垂直向上追踪，输入短半轴长度6
```

绘制完成后如图 2-74 所示。

（2）绘制椭圆弧。在功能区“默认”选项卡下“绘图”面板中单击“椭圆弧”按钮，操作步骤如下。

```
命令: _ellipse                                              //启动“椭圆”命令
指定椭圆的轴端点或 [圆弧(A)/中心点(C)]: _a                   //系统提示
指定椭圆弧的轴端点或 [中心点(C)]: c↙                         //选择“中心点”选项
指定椭圆弧的中心点:                                          //拾取图2-74所示交点A
指定轴的端点:                                                //拾取图2-74所示象限点D
指定另一条半轴长度或 [旋转(R)]:                              //拾取图2-74所示象限点E
指定起点角度或 [参数(P)]:270↙                               //输入起始角度
指定端点角度或 [参数(P)/包含角度(I)]:360↙                    //输入终止角度
```

绘制完成后如图 2-74 所示。

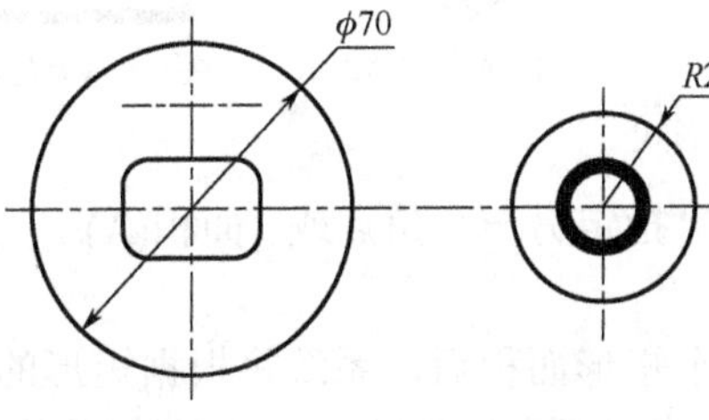

图 2-73　绘制ϕ70 和 R20 两个圆

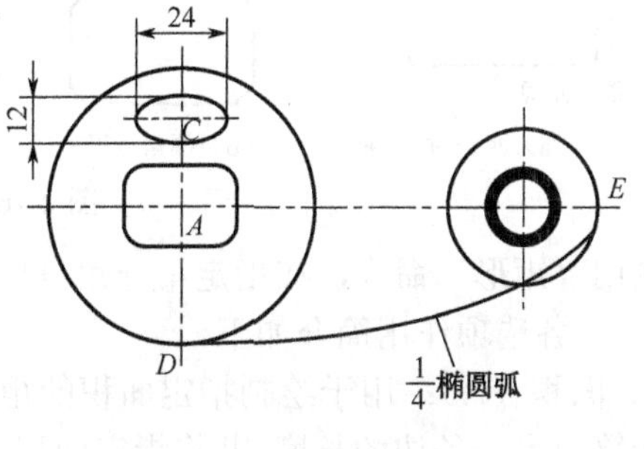

图 2-74　绘椭圆和椭圆弧

第七步，采用“圆角”命令绘制圆弧 R80，修剪多余图线，如图 2-75 所示。

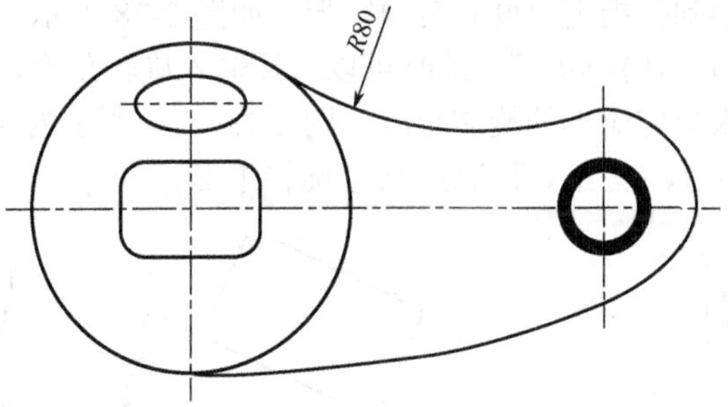

图 2-75　绘 R80 圆弧，修剪多余图线

第八步，保存图形文件。

【相关知识】

1. 矩形的绘制

利用“矩形”命令，可以绘制不同形式的矩形。使用该命令绘制的矩形，系统会将其作为 1 个对象来处理。调用命令的方式如下。

① 功能区：在“默认”选项卡下“绘图”面板中单击“矩形”按钮。

② 菜单栏：选择“绘图”→“矩形”命令。

③ 工具栏：在“绘图”工具栏中单击“矩形”按钮。

④ 键盘命令：在命令行输入“RECTANG”或“REC”命令。

执行上述命令后，系统提示“指定第一个角点或 [倒角(C)/标高(E)/圆角(F)/厚度(T)/宽度(W)]:”，各选项作用简介如下。

① 指定第一个角点：这是默认绘制矩形的方法，通过指定两个对角点来确定矩形的大小和位置，如图 2-76（a）所示。在指定第一角点后，系统会提示指定另一角点。

② 倒角（C）：用于指定两个倒角距离，绘制带倒角的矩形，如图 2-76（b）所示。

③ 标高（E）：用于指定矩形所在平面的高度（即 *Z* 坐标），默认情况下，矩形在 *X*、*Y* 平面上（*Z* 坐标为 0），该选项一般用于三维绘图。

④ 圆角（F）：用于指定圆角半径，绘制带圆角的矩形，如图 2-76（c）所示。本任务操作实例中绘制的矩形即为圆角矩形。

⑤ 厚度（T）：用于绘制带厚度的矩形，如图 2-76（d）所示，该选项一般用于三维绘图。

⑥ 宽度（W）：用于绘制指定线宽的矩形，如图 2-76（e）所示。

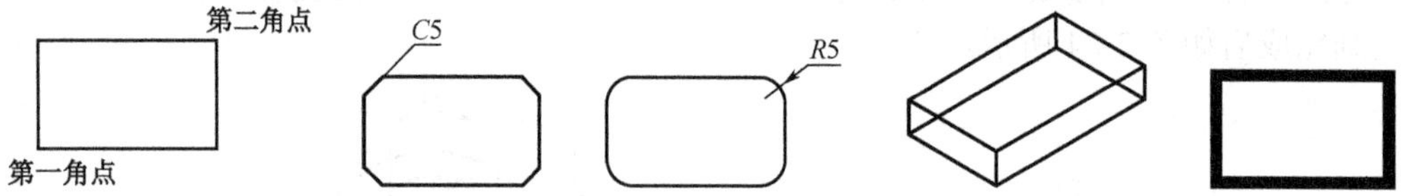

（a）两个对角点　（b）倒角矩形　（c）圆角矩形　（d）有厚度的矩形　（e）有线宽的矩形

图 2-76　矩形的不同形式

调用“矩形”命令，在指定第一角点后，系统提示“指定另一个角点或 [面积(A)/尺寸(D)/旋转(R)]:”，各选项作用简介如下。

① 面积（A）：用于绘制指定面积的矩形。在给定了矩形面积后，系统将根据矩形的长度或宽度计算出另一条边的长度，并将指定面积的矩形绘制出来。如图 2-77 所示，给定了矩形面积 1200 和长度 50，宽度 24 由系统自动计算得出。

② 尺寸（D）：用于绘制指定长度、宽度的矩形，根据系统提示操作即可。

③ 旋转（R）：用于绘制按指定角度旋转的矩形，如图 2-78 所示。在选择该选项后，系统提示“指定旋转角度或 [拾取点(P)] <0>:”，此时可以直接输入旋转角度，也可以选择选项“拾取点(P)”，根据拾取的两个点来指定矩形的旋转角度。图 2-78（a）所示为直接输入“25”旋转矩形；图 2-78（b）所示为根据点 *A*、点 *B*（即直线 *AB*）旋转矩形。

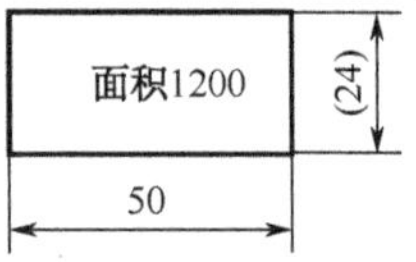

图 2-77　根据面积绘制矩形

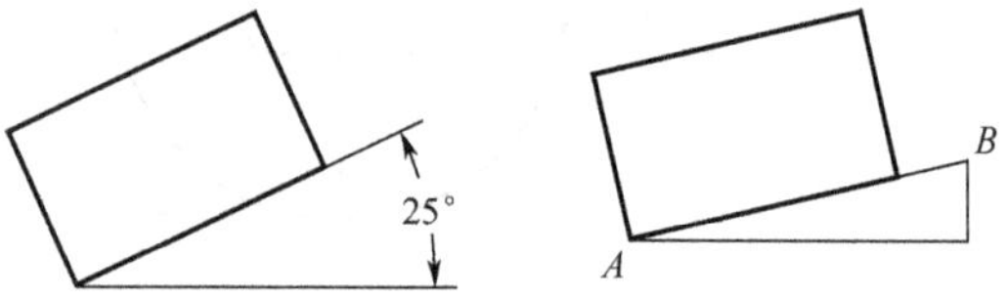

（a）指定角度旋转　（b）根据已有直线旋转

图 2-78　旋转矩形

2．椭圆和椭圆弧的绘制

利用椭圆命令可以绘制椭圆和椭圆弧。调用命令的方式如下。

① 功能区：在“默认”选项卡下“绘图”面板中的“椭圆”下拉列表中，选择相应选项，如图 2-79（a）所示。

② 菜单栏：选择“绘图”→“椭圆”命令，在出现的子菜单中选择相应选项，如图 2-79（b）所示。

③ 工具栏：在“绘图”工具栏中单击“椭圆”按钮、“椭圆弧”按钮。

④ 键盘命令：在命令行输入“ELLIPSE”或“EL”命令。

执行上述操作后，即可绘制椭圆和椭圆弧。

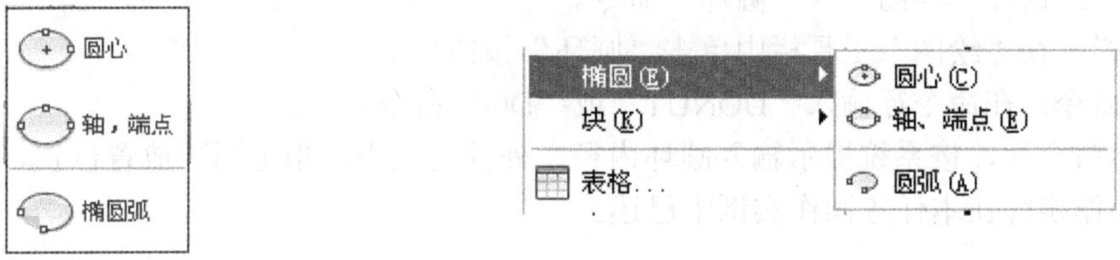

（a）“绘图”面板椭圆下拉列表　　（b）“椭圆”子菜单

图 2-79　“椭圆”命令的调用方式

系统提供了 3 种绘制“椭圆”的方法（如图 2-80 所示），1 种绘制“椭圆弧”的方法。

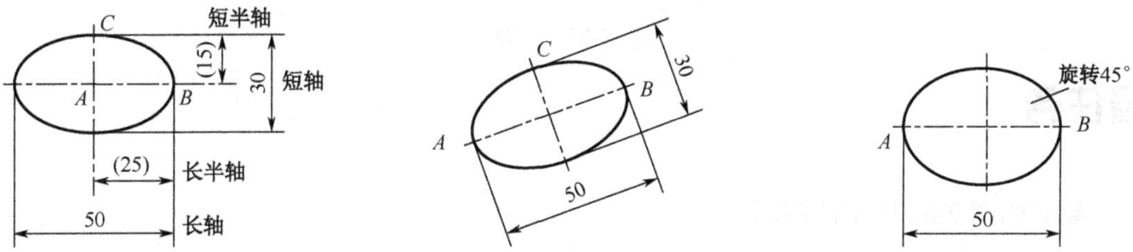

（a）指定中心点和半轴长　　（b）指定两端点和半轴长　　（c）指定两端点和旋转角度

图 2-80　绘制“椭圆”的 3 种方式

（1）指定椭圆中心、端点和半轴长度绘制椭圆。如采用该方式绘制图 2-80（a）所示椭圆，可单击“绘图”面板中“椭圆”下拉列表中的“圆心”按钮，操作步骤如下。

```
命令: _ellipse                                   //启动“椭圆”命令
指定椭圆的轴端点或 [圆弧(A)/中心点(C)]: _c         //系统提示
指定椭圆的中心点:                                 //拾取一点作为椭圆的中心点A
指定轴的端点: 25↙                                //水平向右追踪，输入25，确定端点B
指定另一条半轴长度或 [旋转(R)]: 15↙               //输入椭圆另一条半轴长度为15
```

（2）指定两端点和另一半轴长度绘制椭圆。如采用该方式绘制图 2-80（b）所示椭圆，可单击“绘图”面板中“椭圆”下拉列表中的“轴，端点”按钮，操作步骤如下。

```
命令: _ellipse                                   //启动“椭圆”命令
指定椭圆的轴端点或 [圆弧(A)/中心点(C)]:            // 拾取一点，指定椭圆轴的一个端点A
指定轴的另一个端点: @50<20↙                       //输入另一端点B的相对坐标
指定另一条半轴长度或 [旋转(R)]: 15↙               //输入椭圆另一条半轴长度为15
```

（3）指定两端点和旋转角绘制椭圆。如采用该方式绘制图 2-80（b）所示椭圆，可在命令行提示“指定另一条半轴长度或[旋转(R)]:”时，选择“旋转(R)”选项，输入旋转角度“45”，按系统提示操作即可。

该方式绘制椭圆，相当于是将一个圆在三维空间绕其直径旋转指定角度后投影至二维平面上，旋转角度范围为 0～89.4° 。

（4）绘制椭圆弧。椭圆弧是椭圆上的一部分，在功能区单击“绘图”面板中的“椭圆弧”按钮，可直接调用“椭圆弧”命令，其绘制方法与绘制椭圆类似，只是在最后需要指定椭圆弧的起始角度与终止角度。其具体操作步骤在本任务操作实例中已讲述。

3．圆环的绘制

利用“圆环”命令可绘制圆环或实心圆，如图 2-81 所示。调用命令的方式如下。

① 功能区：在“默认”选项卡下“绘图”面板中单击“圆环”按钮。

② 菜单栏：选择“绘图”→“圆环”命令。

③ 工具栏：在“绘图”工具栏中单击“圆环”按钮。

④ 键盘命令：在命令行输入“DONUT”或“DO”命令。

执行上述命令后，按系统提示输入圆环内径、外径的大小，指定圆环放置位置，即可完成绘制。其具体操作步骤在本任务操作实例中已述。

（a）内径=15，外径=20　　（b）内径=0，外径=20

图 2-81　圆环

拓展任务

1．绘制如图 2-82 所示的图形。

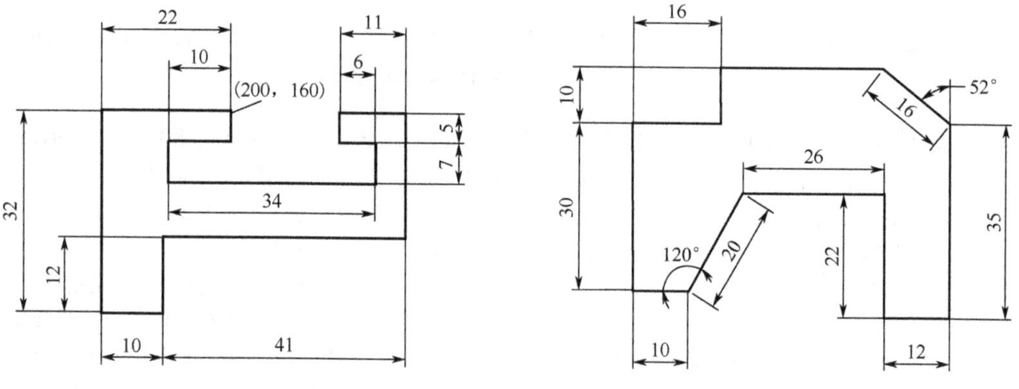

（a）　　（b）

图 2-82　任务图 2-1

2．绘制如图 2-83 所示的图形。

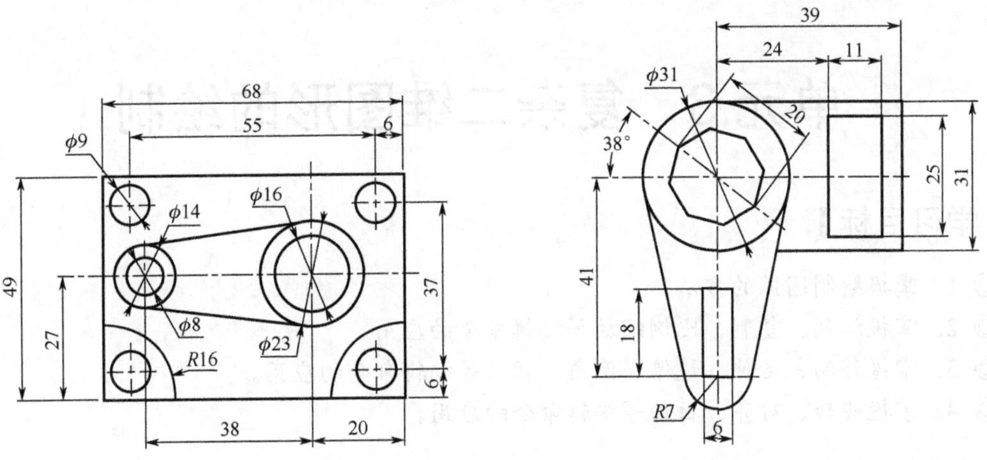

（a）　　　　　　　　　　　　　　　　　　（b）

图 2-83　任务图 2-2

3．绘制如图 2-84 所示的图形。

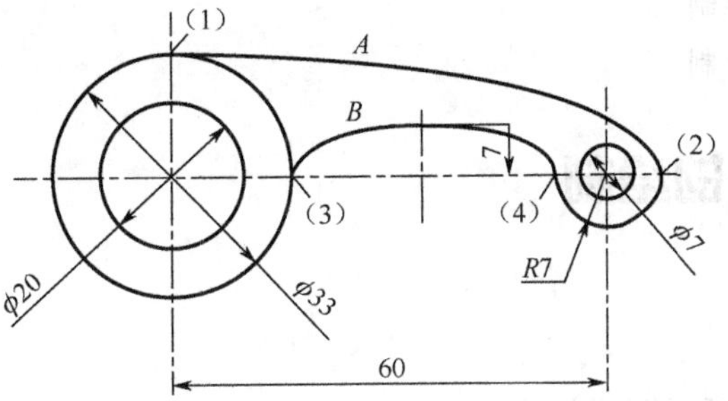

曲线 *A* 是椭圆弧，点（1）、（2）分别是短轴、长轴的端点

曲线 *B* 是椭圆弧，点（3）、（4）是长轴的端点

图 2-84　任务图 2-3

单元 3　复杂二维图形的绘制

【学习目标】

◎ 1. 掌握绘制圆弧的方法。
◎ 2. 掌握阵列、复制、比例缩放等编辑命令的应用。
◎ 3. 掌握移动、延伸、镜像、倒角、拉长等编辑命令的应用。
◎ 4. 掌握旋转、对齐、拉伸等编辑命令的应用。

【实例任务】

◎ 任务 1　圆弧图形的绘制
◎ 任务 2　底板的绘制
◎ 任务 3　斜板的绘制
◎ 任务 4　手柄的绘制

任务 1　圆弧图形的绘制

【任务描述】

本任务介绍如图 3-1 所示图形的绘制方法和步骤，主要涉及“点”“圆弧”命令。

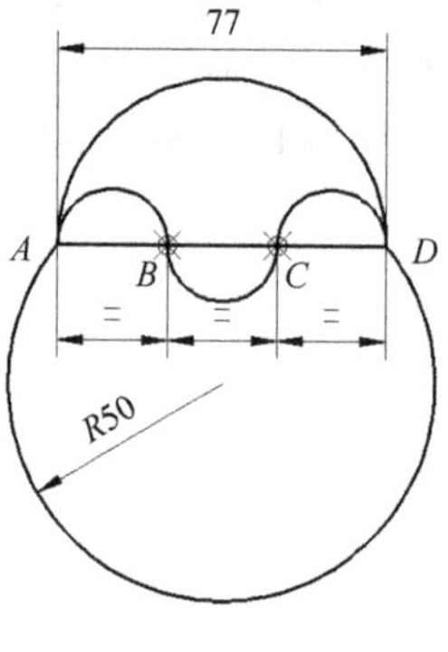

图 3-1　圆弧图形的绘制

【任务实施】

第一步，设置绘图环境，操作过程略。

第二步，绘制线段 *AD*，并定数等分。

（1）使用“直线”命令绘制水平线段 *AD*，长度为 77。

（2）采用“点”命令，定数等分直线，等分数量为 3，如图 3-2 所示。

在功能区中单击“默认”选项卡下“绘图”面板中的“定数等分”按钮，操作步骤如下。

```
命令：_divide                        //启动“定数等分”命令
选择要定数等分的对象：               //选择线段AD
```

```
输入线段数目或 [块(B)]: 3↙                                  //输入等分数目
```

系统默认的点的显示方式为“·”，当其位于直线上时用户是看不到的，此时可单击“实用工具”面板中的“点样式”按钮，在打开的“点样式”对话框（图 3-8）中选择一种点样式即可更改点的显示方式，图 3-2 所示为选择了“⊠”点样式的图形。

第三步，绘制圆弧 *AB*。

使用“圆弧”命令中的“起点、端点、方向”方式绘制圆弧，起点为 *A*，端点为 *B*，圆弧起点的切线方向为 90°，如图 3-3 所示。

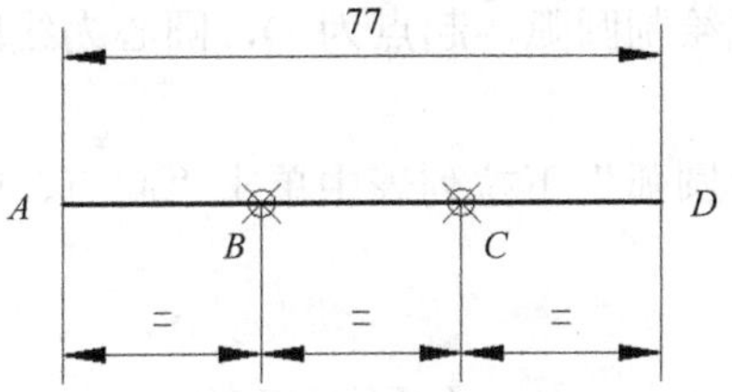

图 3-2　绘制线段 *AD*，并定数等分

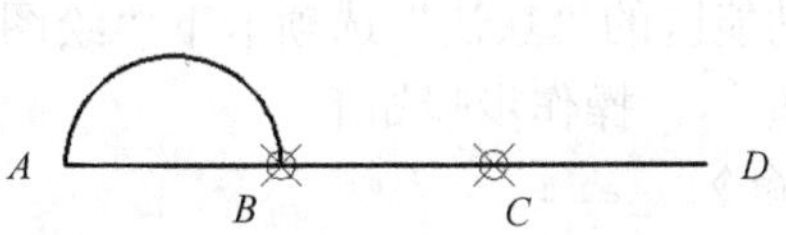

图 3-3　“起点、端点、方向”方式绘圆弧 *AB*

在功能区的“默认”选项卡下“绘图”面板内的“圆弧”下拉列表中单击“起点、端点、方向”按钮，操作步骤如下。

```
命令: _arc
圆弧创建方向: 逆时针(按住 Ctrl 键可切换方向)            //系统提示
指定圆弧的起点或 [圆心(C)]:                           //捕捉A点
指定圆弧的第二个点或 [圆心(C)/端点(E)]: _e            //系统提示
指定圆弧的端点:                                        //捕捉B点
指定圆弧的圆心或 [角度(A)/方向(D)/半径(R)]: _d
指定圆弧的起点切向: 90↙                               //指定圆弧的起点切线方向为90°
```

为能捕捉到等分点 *B* 需在“对象捕捉”中将“对象捕捉模式”下的“节点”（即孤立点）选中。

第四步，绘制圆弧 *BC*。

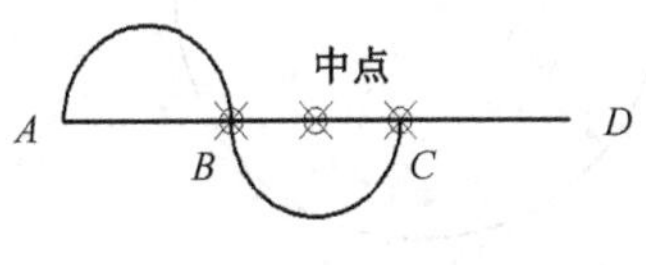

图 3-4　“起点、圆心、端点”方式绘圆弧 *BC*

使用“圆弧”命令中的“起点、圆心、端点”方式绘制圆弧，起点为 *B*，圆心为线段 *AD* 的中点，端点为 *C*，如图 3-4 所示。

在功能区的“默认”选项卡下“绘图”面板内的“圆弧”下拉列表中单击“起点、圆心、端点”按钮，操作步骤如下。

```
命令: _arc
圆弧创建方向: 逆时针(按住 Ctrl 键可切换方向)                    //系统提示
指定圆弧的起点或 [圆心(C)]:                                   //捕捉B点
指定圆弧的第二个点或 [圆心(C)/端点(E)]: _c
指定圆弧的圆心:                                                //捕捉线段AD的中点
指定圆弧的端点或 [角度(A)/弦长(L)]:                           //捕捉C点
```

第五步，绘制圆弧 *CD*。

使用“圆弧”命令中的“起点、端点、角度”方式绘制圆弧，起点为 *D*，端点为 *C*，圆弧包含的角度为 180°，如图 3-5 所示。

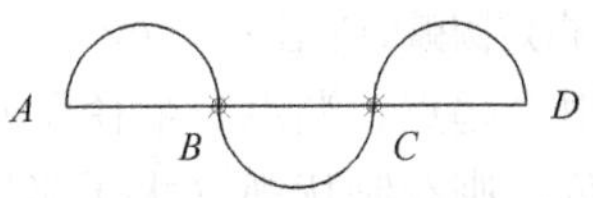

图 3-5　“起点、端点、角度”方式绘制圆弧 *CD*

在功能区的“默认”选项卡下“绘图”面板内的“圆弧”下拉列表中单击“起点、端点、角度”按钮，操作步骤如下。

```
命令: _arc
圆弧创建方向: 逆时针(按住 Ctrl 键可切换方向)                //系统提示
指定圆弧的起点或 [圆心(C)]:                                //捕捉D点
指定圆弧的第二个点或 [圆心(C)/端点(E)]: _e
指定圆弧的端点:                                            //捕捉C点
指定圆弧的端点或 [角度(A)/方向(D)/半径(R)]: _a
指定包含角: 180↙                                           //指定圆弧包含角度为180°
```

第六步，绘制半圆弧 *AD*。

使用“圆弧”命令中的“起点、圆心、长度”方式绘制圆弧，起点为 *D*，圆心为线段 *AD* 的中点，圆弧弦长为 77，如图 3-6 所示。

在功能区的“默认”选项卡下“绘图”面板内的“圆弧”下拉列表中单击“起点、圆心、长度”按钮，操作步骤如下。

```
命令: _arc
圆弧创建方向: 逆时针(按住 Ctrl 键可切换方向)                //系统提示
指定圆弧的起点或 [圆心(C)]:                                //捕捉D点
指定圆弧的第二个点或 [圆心(C)/端点(E)]: _c
指定圆弧的圆心:                                            //捕捉线段AD的中点
指定圆弧的端点或 [角度(A)/ 弦长(L)]: _l 指定弦长: 77↙      //指定圆弧的弦长为77
```

第七步，绘制优弧 *AD*。

使用“圆弧”命令中的“起点、端点、半径”方式绘制圆弧，起点为 *A*，端点为 *D*，半径为-50（绘制优弧），如图 3-7 所示。

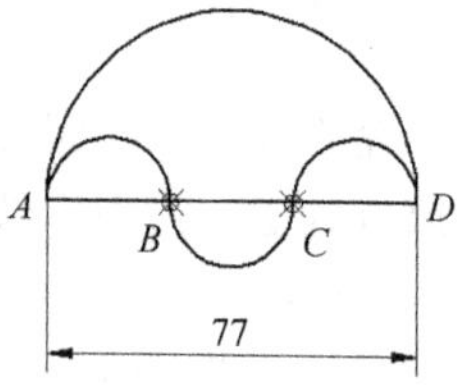

图 3-6 “起点、圆心、长度”方式绘制半圆弧 *AD*

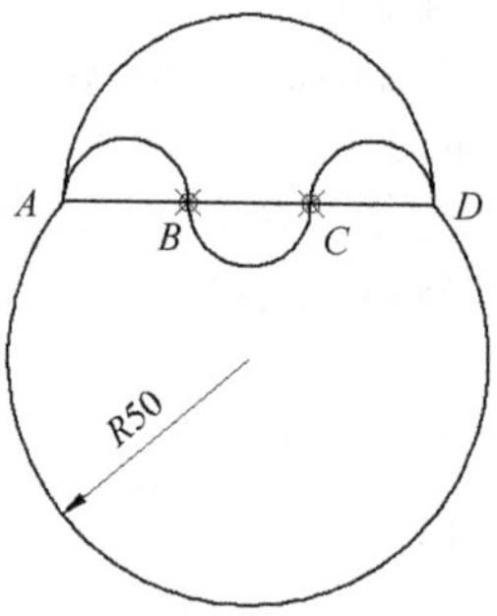

图 3-7 “起点、端点、半径”方式绘制优弧 *AD*

在功能区的“默认”选项卡下“绘图”面板内的“圆弧”下拉列表中单击“起点、端点、半径”按钮，操作步骤如下。

```
命令: _arc
圆弧创建方向: 逆时针(按住 Ctrl 键可切换方向)                //系统提示
指定圆弧的起点或 [圆心(C)]:                                //捕捉A点
指定圆弧的第二个点或 [圆心(C)/端点(E)]: _e                 //系统提示
指定圆弧的端点:                                            //捕捉D点
指定圆弧的圆心或 [角度(A)/方向(D)/半径(R)]: _r
指定圆弧的半径: -50↙                                       //输入半径，半径为负绘制优弧
```

使用“起点、端点、半径”方式绘制圆弧时，若半径为正，则绘制劣弧（小于半圆的弧）；若半径为负，则绘制优弧（大于半圆的弧）。

第八步，保存图形文件。

【相关知识】

1. 点的绘制

（1）设置点样式。在 AutoCAD 中可根据需要设置点的形状和大小，即设置点样式。调用命令的方式如下。

① 功能区：在“默认”选项卡下“实用工具”面板中单击“点样式”按钮。

② 菜单栏：选择“格式”→“点样式”命令。

③ 键盘命令：在命令行输入“DDPTYPE”命令。

启动命令后，弹出如图 3-8 所示的“点样式”对话框。在该对话框中，共有 20 种不同类型的点样式，用户可根据需要选择点的类型，设定点的大小。

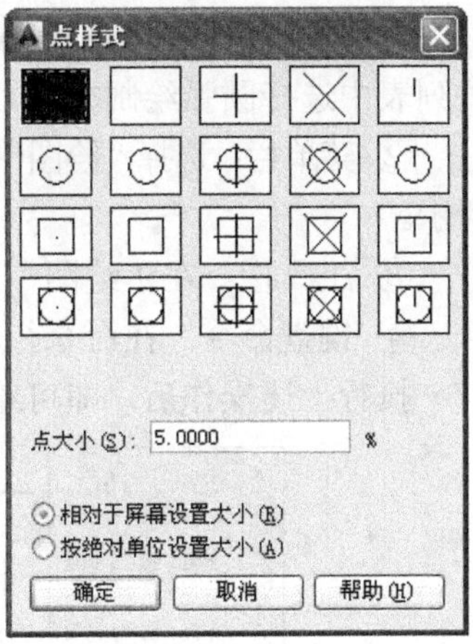

图 3-8 “点样式”对话框

（2）画点。利用画点命令可以在指定位置绘制一个或多个点。调用命令的方式如下。

① 功能区：在“默认”选项卡下“绘图”面板中单击“多点”按钮。

② 菜单栏：选择“绘图”→“点”→“单点”或“多点”命令。

③ 工具栏：在“绘图”工具栏中单击“点”按钮。

④ 键盘命令：在命令行输入“POINT”或“PO”命令。

执行上述操作后，即可在指定位置绘制一个或多个点。

（3）“定数等分”对象（绘制等分点）。“定数等分”命令可用于将选定的对象等分成指定的段数。调用命令的方式如下。

① 功能区：在“默认”选项卡下“绘图”面板中单击“定数等分”按钮。

② 菜单栏：选择“绘图”→“点”→“定数等分”命令。

③ 键盘命令：在命令行输入“DIVIDE”或“DIV”命令。

执行上述操作后，即可将选定的对象等分成指定的段数。在本任务操作实例中便采用此方法将线段 *AD* 等分为 3 段。

（4）“定距等分”对象（绘制等距点）。“定距等分”命令可用于将选定的对象按指定距离进行等分，直到余下部分不足一个间距为止。调用命令的方式如下。

① 功能区：在“默认”选项卡下“绘图”面板中单击“定距等分”按钮。

② 菜单栏：选择“绘图”→“点”→“定距等分”命令。

③ 键盘命令：在命令行输入“MEASURE”或“ME”命令。

执行上述操作后，即可将选定的对象按指定距离进行等分。

例 3-1 在已知直线上每隔 20 设置一个点，如图 3-9 所示。

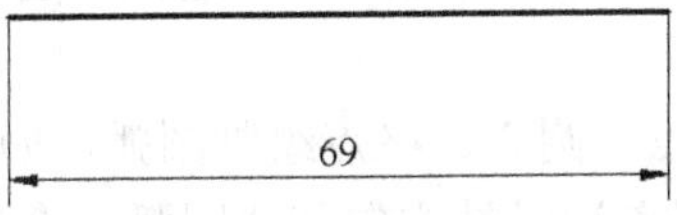

（a）原图

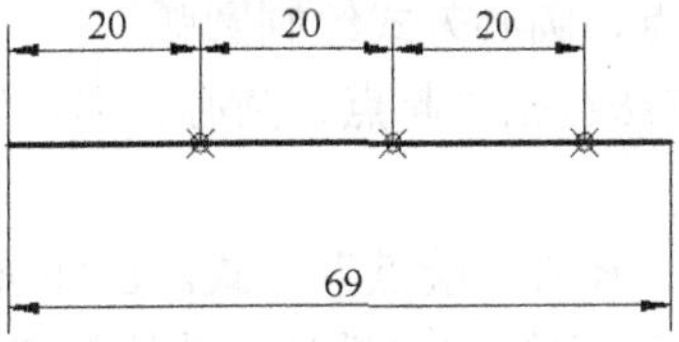

（b）等分后

图 3-9 定距等分线段

在功能区单击“默认”选项卡下“绘图”面板中的“定距等分”按钮，操作步骤如下。

```
命令: _measure                              //启动“定距等分”命令
选择要定距等分的对象:                          //选择线段
指定线段长度或 [块(B)]:20↙                    //输入等分距离
```

2. 圆弧的绘制

利用“圆弧”命令可以绘制圆弧，系统提供了 5 种类型共 11 种不同的绘制方法。调用命令的方式如下。

① 功能区：在“默认”选项卡下“绘图”面板中单击“圆弧”按钮的下三角按钮，在下拉列表中选择圆弧绘制方式，如图 3-10（a）所示。

② 菜单栏：选择“绘图”→“圆弧”命令，在出现的子菜单中选择圆弧绘制方式，如图 3-10（b）所示。

③ 工具栏：在“绘图”工具栏中单击“圆弧”按钮。

④ 键盘命令：在命令行输入“ARC”或“A”命令。

执行上述操作后，即可绘制圆弧。

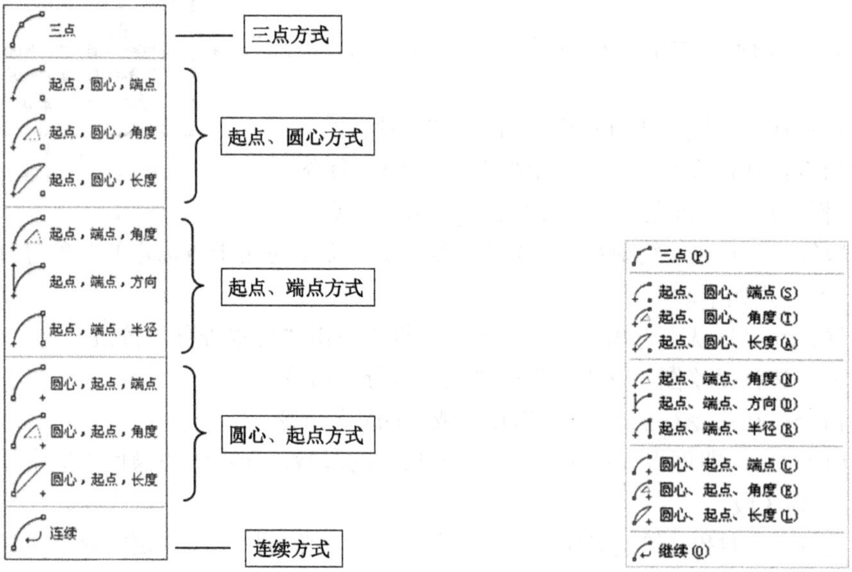

（a）“绘图”面板上各圆弧按钮　　（b）绘图菜单下“圆弧”子菜单

图 3-10　“圆弧”命令的调用方式

1）指定三点方式绘制圆弧

该方式通过指定圆弧的起点、圆弧上的一点、端点（即终点）绘制圆弧。如图 3-11 所示，首先指定起点，接着指定圆弧上的第二点，最后指定终点。

2）指定起点、圆心方式绘制圆弧

此种绘制方法包括“起点、圆心、端点”“起点、圆心、角度”和“起点、圆心、长度”三种方式。

(1)“起点、圆心、端点”方式。已知圆弧的起点、圆心、终点绘制圆弧，如图 3-12 所示。

在 AutoCAD 中绘制圆弧时，是从起点开始，沿着逆时针方向创建圆弧，直到端点结束。起点、端点的不同位置，决定了圆弧的不同形状。如图 3-12 所示，两段圆弧经过同样的三个点，但起点、端点位置不同，得到的两段圆弧形状不同。

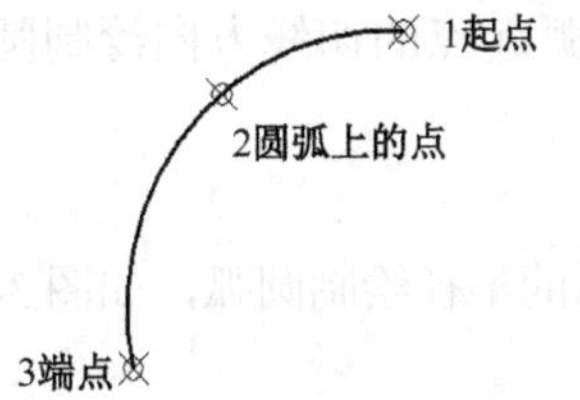

图 3-11　三点方式绘制圆弧

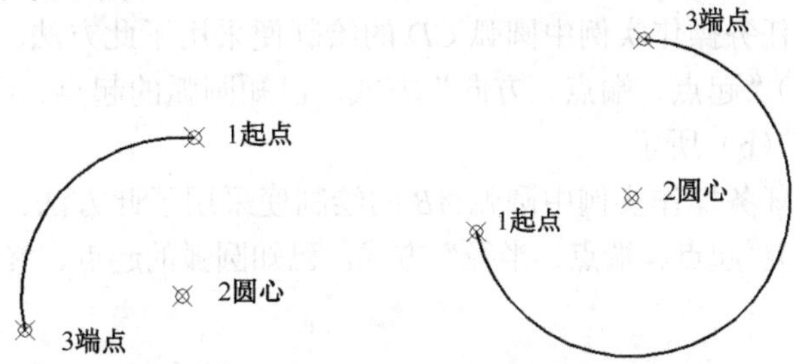

（a）起点在端点的右方　（b）起点在端点的左方

图 3-12　起点、圆心、端点方式绘制圆弧

本任务操作实例中圆弧 *BC* 便是采用该方式绘制的。

（2）“起点、圆心、角度”方式。已知圆弧的起点、圆心和圆弧所包含的圆心角绘制圆弧，如图 3-13 所示。

采用此方式绘制圆弧时，如角度为正，从起点开始沿逆时针创建圆弧，如图 3-13（b）所示；如角度为负，则从起点开始沿顺时针创建圆弧，如图 3-13（c）所示。

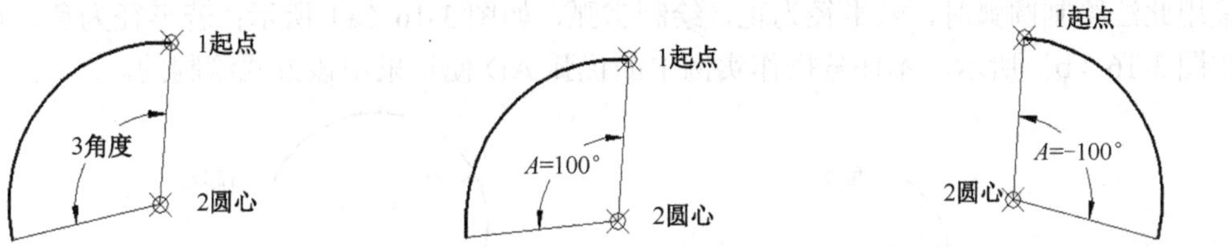

（a）指定起点、圆心、角度　（b）角度为正，逆时针绘制圆弧　（c）角度为负，顺时针绘制圆弧

图 3-13　起点、圆心、角度方式绘制圆弧

（3）“起点、圆心、长度”方式。已知圆弧的起点、圆心和圆弧的弦长绘制圆弧，如图 3-14 所示。

采用此方式绘制圆弧时，若弦长为正，绘制劣弧（小于半圆），如图 3-14（b）所示；若弦长为负，则绘制优弧（大于半圆），如图 3-14（c）所示。

本任务操作实例中半圆弧 *AD* 的绘制便采用了此方法。

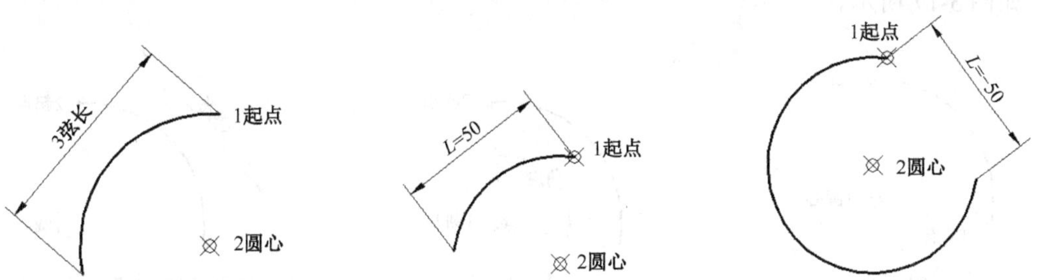

（a）指定起点、圆心、长度　（b）弦长为正绘制劣弧　（c）弦长为负绘制优弧

图 3-14　起点、圆心、长度方式绘制弧

3）指定起点、端点方式绘制圆弧

此种绘制方法包括“起点、端点、角度”“起点、端点、方向”和“起点、端点、半径”三种方式。

（1）“起点、端点、角度”方式。已知圆弧的起点、终点和圆弧所包含的圆心角绘制圆弧，如

图 3-15（a）所示。

本任务操作实例中圆弧 *CD* 的绘制便采用了此方法。

（2）“起点、端点、方向”方式。已知圆弧的起点、终点和圆弧起点的切线方向绘制圆弧，如图 3-15（b）所示。

本任务操作实例中圆弧 *AB* 的绘制便采用了此方法。

（3）“起点、端点、半径”方式。已知圆弧的起点、终点和圆弧的半径绘制圆弧，如图 3-15（c）所示。

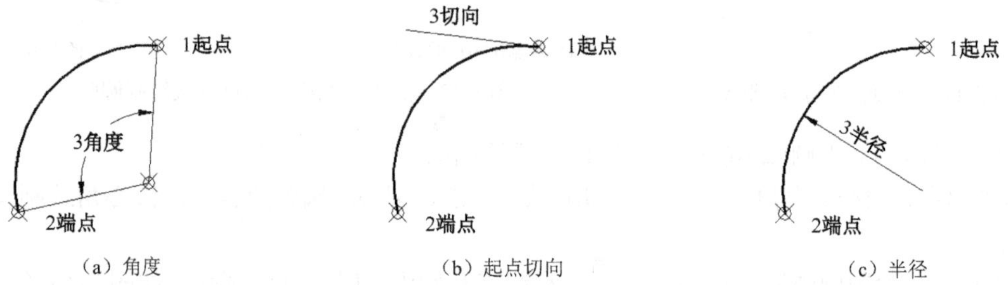

图 3-15　起点、端点方式画弧

采用此法绘制圆弧时，若半径为正，绘制劣弧，如图 3-16（a）所示；若半径为负，则绘制优弧，如图 3-16（b）所示。本任务操作实例中的优弧 AD 便是采用该方式绘制的。

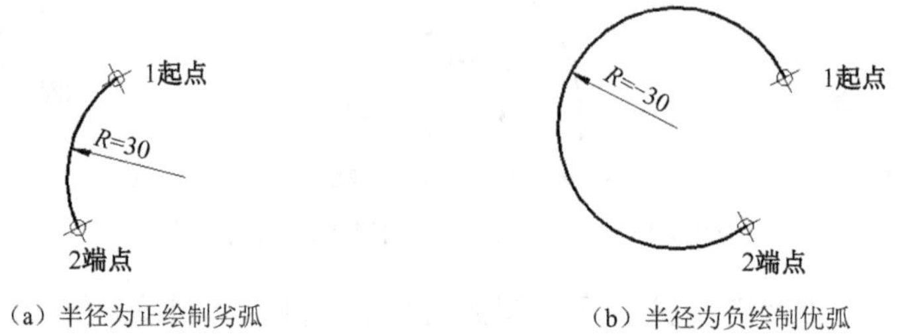

图 3-16　“起点、端点、半径”方式绘制圆弧

4）指定圆心、起点方式绘制圆弧

此种绘制方法下有“圆心、起点、端点”“圆心、起点、角度”和“圆心、起点、长度”三种方式，如图 3-17 所示。

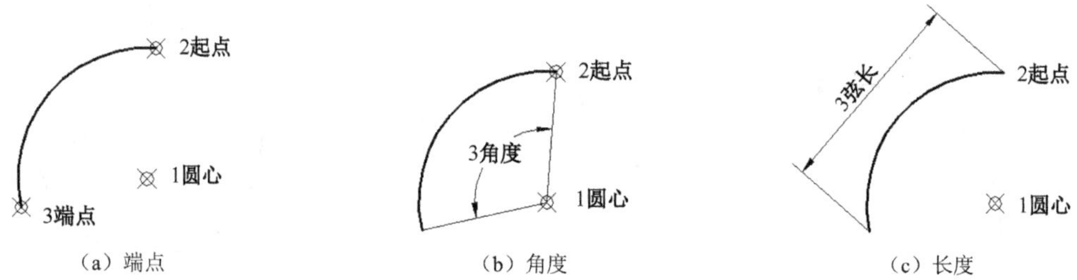

图 3-17　圆心、起点方式绘制圆弧

指定圆心、起点方式绘制圆弧与前述绘制圆弧方法大致相同。

5）连续方式绘制圆弧

该方式以刚绘制好的直线或圆弧的终点为起点，绘制与该直线或圆弧相切的圆弧，如图 3-18 所示。

例 3-2　采用简化画法绘制如图 3-19（a）所示的两正交圆柱的相贯线。

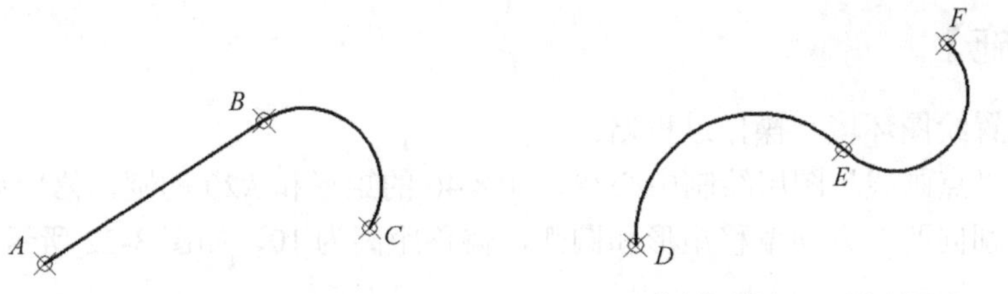

（a）绘制好线段 *AB* 后绘制圆弧 *BC*　　（b）绘制好圆弧 *DE* 后绘制圆弧 *EF*

图 3-18　“连续”方式绘制圆弧

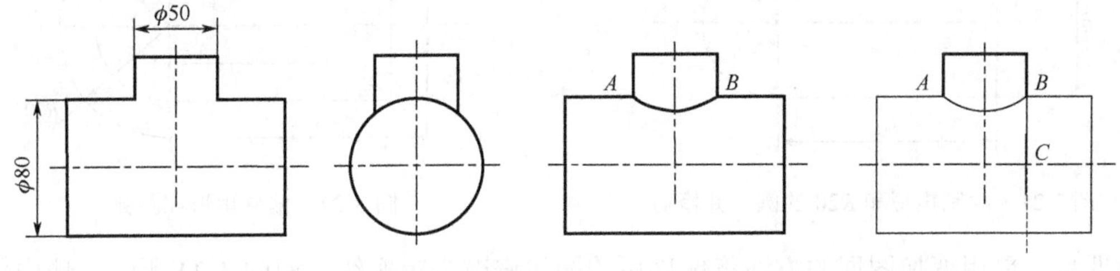

（a）原图　　（b）直接输入半径　　（c）“极轴追踪”方式指定半径

图 3-19　采用简化画法绘制两正交圆柱的相贯线

在功能区中单击“默认”选项卡下“绘图”面板中的“圆弧”下三角按钮，然后在出现的下拉列表中选择“起点、端点、半径”选项，操作步骤如下。

```
命令: _arc
圆弧创建方向: 逆时针(按住 Ctrl 键可切换方向)            //系统提示
指定圆弧的起点或 [圆心(C)]:                              //捕捉A点
指定圆弧的第二个点或 [圆心(C)/端点(E)]: _e               //系统提示
指定圆弧的端点:                                          //捕捉B点
指定圆弧的圆心或 [角度(A)/方向(D)/半径(R)]: _r           //系统提示
指定圆弧的半径: 40↙                                      //输入半径
```

绘制图 3-19 中的相贯线时，在选择了点 *A*、点 *B* 后，利用“极轴追踪”和“对象捕捉”功能，用选取方式选择点 *C*（即以“极轴追踪”方式指定半径）能提高绘图速度，如图 3-19（c）所示。

任务 2　底板的绘制

【任务描述】

本任务介绍如图 3-20 所示底板的绘制方法和步骤，主要涉及“复制”“缩放”“阵列”命令。

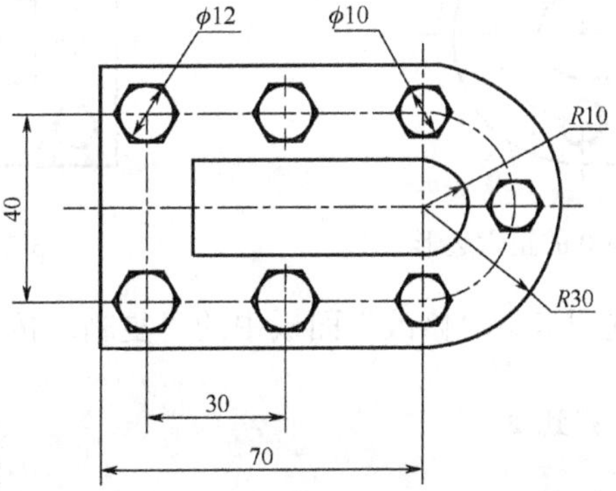

图 3-20　底板

【任务实施】

第一步，设置绘图环境，操作过程略。

第二步，在“点画线”图层绘制中心线、60×40 的矩形和 $R20$ 的圆，修剪后如图 3-21 所示。

第三步，分别向两个方向偏移矩形和圆弧，偏移距离为 10，如图 3-22 所示。

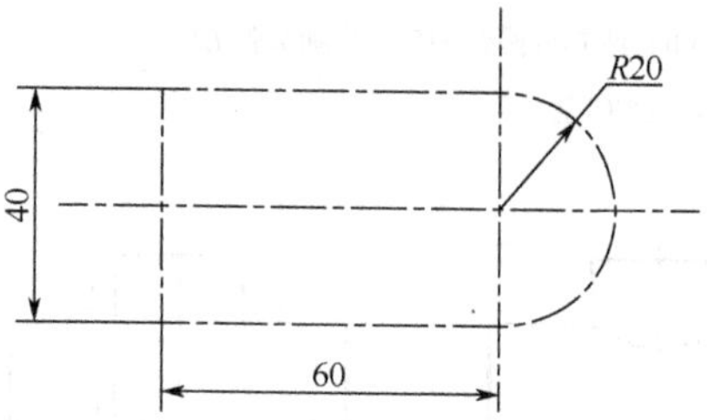

图 3-21 绘制矩形和 $R20$ 的圆，并修剪

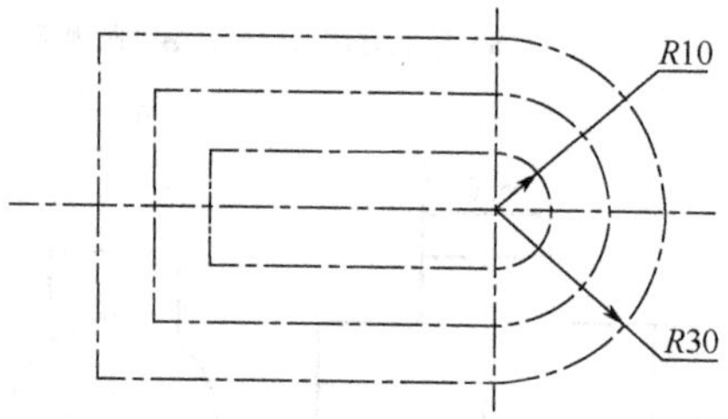

图 3-22 偏移矩形和圆弧

第四步，采用变换图层的方法将偏移后的图线修改为粗实线，如图 3-23 所示。选中偏移后的图线，单击“图层”面板中图层的下三角按钮，在出现的下拉列表中选择要变换的图层“粗实线”即可，如图 3-24 所示。

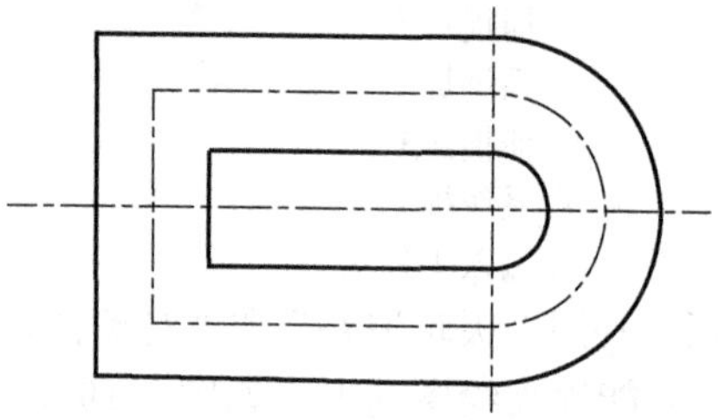

图 3-23 将偏移后的图线修改为粗实线

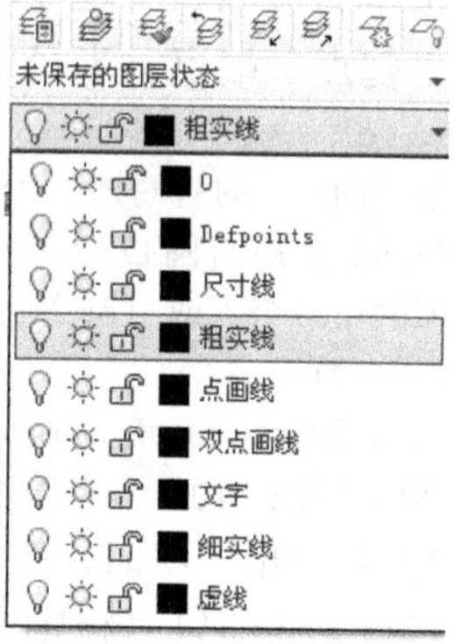

图 3-24 图层下拉列表

第五步，绘制内接圆为 $\phi10$ 的正六边形，如图 3-25 所示。

第六步，用“复制”命令向左复制一个正六边形，如图 3-26 所示。

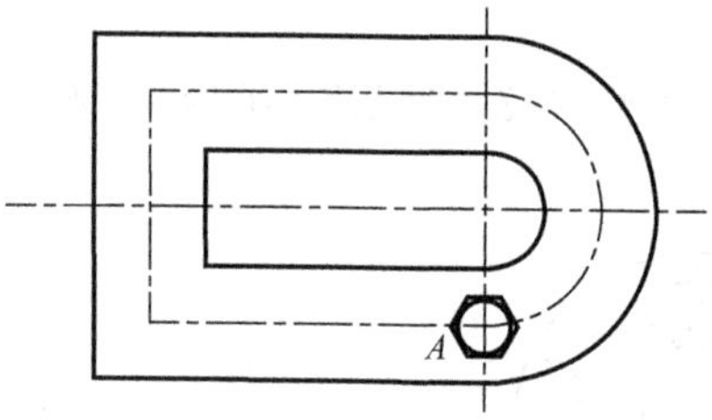

图 3-25 绘制内接圆为 $\phi10$ 的正六边形

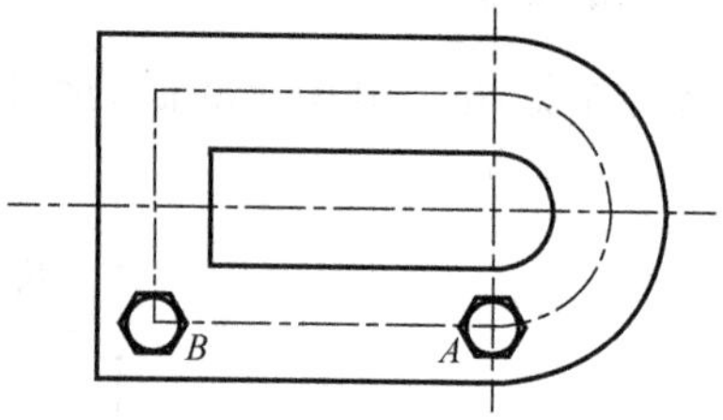

图 3-26 复制正六边形

在功能区单击“默认”选项卡下“修改”面板中的“复制”按钮 复制，操作步骤如下。

```
命令: _copy                              //启动“复制”命令
选择对象: 指定对角点: 找到 2 个            //选择正六边形
选择对象: ↙                               //按Enter键结束选择
当前设置:  复制模式 = 多个                 //系统提示
```

```
指定基点或 [位移(D)/模式(O)] <位移>:                    //捕捉正六边形的中心A
指定第二个点或 [阵列(A)]  <使用第一个点作为位移>:          //捕捉点B
指定第二个点或 [阵列(A)/退出(E)/放弃(U)] <退出>: ↙        //按Enter键结束命令
```

第七步，用“缩放”命令放大复制的正六边形，缩放比例为 1.2（即由原ϕ10 放大到ϕ12），如图 3-27 和图 3-28 所示。

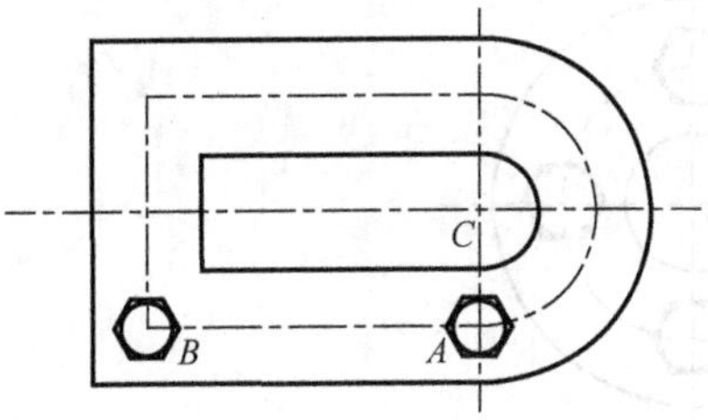

图 3-27　缩放正六边形

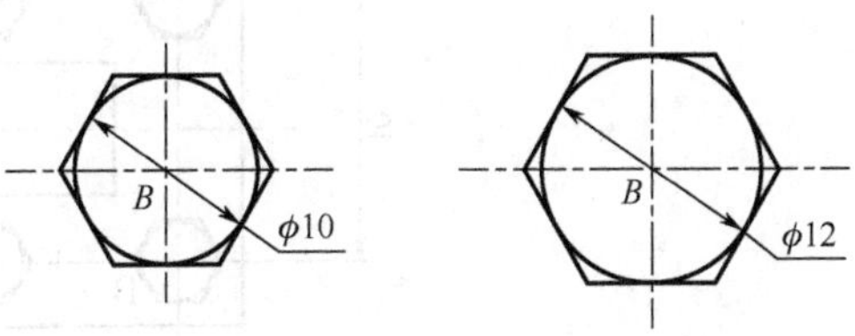

（a）缩放前　　（b）缩放 1.2 倍后

图 3-28　缩放操作（点 *B* 为缩放中心）

在功能区单击“默认”选项卡下“修改”面板中的“缩放”按钮[缩放]，操作步骤如下。

```
命令: _scale                                   //启动“缩放”命令
选择对象: 找到 2 个                            //选择右下角ϕ10的正六边形
选择对象: ↙                                    //按Enter键结束对象选择
指定基点:                                      //捕捉点B作为缩放中心
指定比例因子或 [复制(C)/参照(R)] <0.5000>:  1.2↙   //输入比例因子
```

第八步，环形阵列内接圆为ϕ10 正六边形，如图 3-29 所示。

环形阵列的中心点为 *R*30 圆的圆心点 *C*，数量为 3 个，沿逆时针方向填充，填充角度为 180°。

在功能区单击“默认”选项卡下“修改”面板中的“环形阵列”按钮[阵列]，操作步骤如下。

（1）命令行提示选择对象，此时选择内接圆为ϕ10 的正六边形，按 Enter 键。

（2）命令行提示指定阵列的中心点，此时拾取 *R*30 圆的圆心点 *C* 为阵列中心点，功能区即显示“阵列创建”选项卡，如图 3-30 所示。

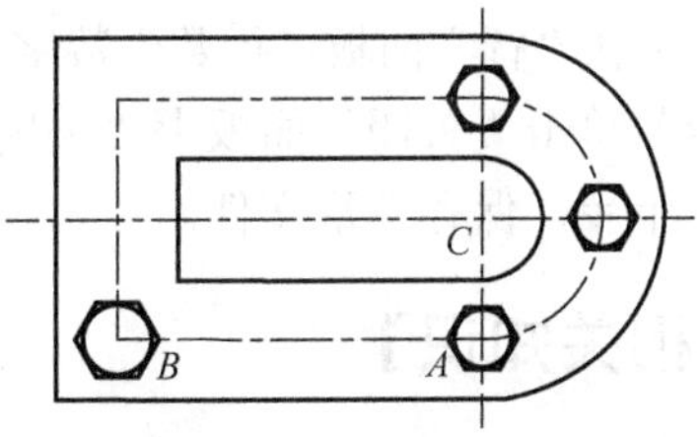

图 3-29　环形阵列内接圆为 ϕ10 的正六边形

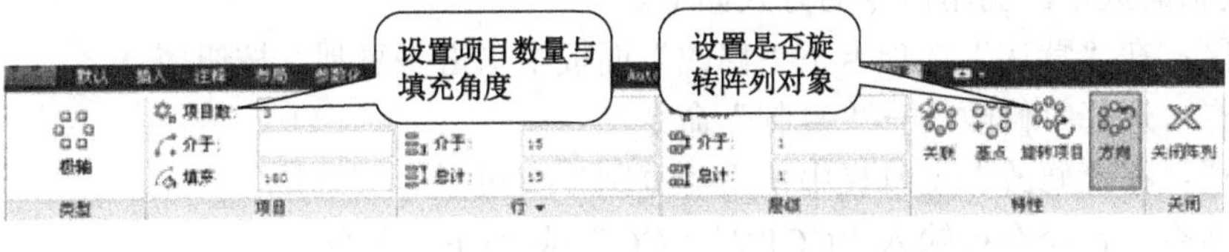

图 3-30　“阵列创建”选项卡环形阵列参数设置

（3）在“项目”面板“项目数”数字框内输入“3”，“填充”数字框内输入“180”，如图 3-30 所示。

（4）单击“特性”面板上“旋转项目”按钮，使其处于弹起状态，以指定阵列时不旋转正六边形。

（5）单击“关闭”面板上“关闭阵列”按钮，完成阵列操作。

第九步，矩形阵列内接圆为ϕ12 正六边形，如图 3-31 所示。

矩形阵列为 2 行 2 列，行间距为 40，列间距为 30。

在功能区单击“默认”选项卡下“修改”面板中的“矩形阵列”按钮，操作步骤如下。

（1）命令行提示选择对象，此时选择内接圆为ϕ12 正六边形，按 Enter 键功能区即显示“阵列创建”选项卡，如图 3-32 所示。

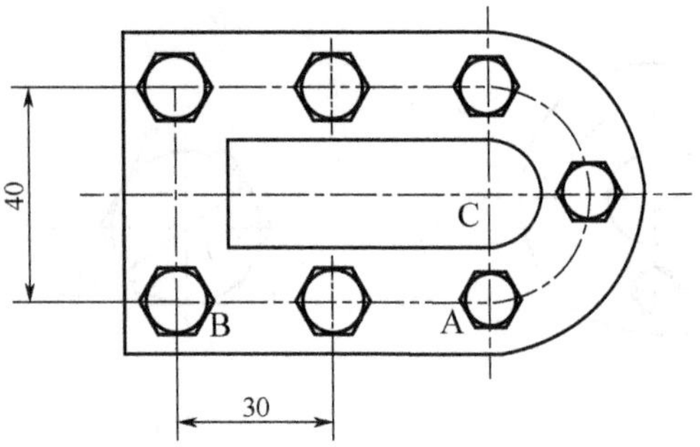

图 3-31　矩形阵列内接圆为ϕ12 的正六边形

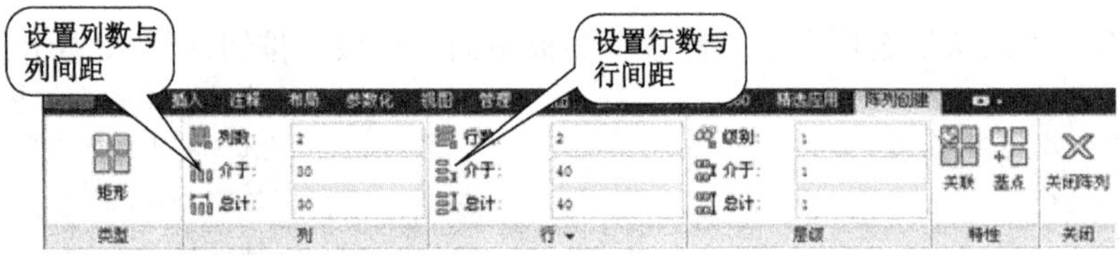

图 3-32　“阵列创建”选项卡（矩形阵列参数设置）

（2）在“列”面板“列数”数字框内输入“2”，“介于”数字框内输入“30”，如图 3-32 所示。

（3）在“行”面板“行数”数字框内输入“2”，“介于”数字框内输入“40”，如图 3-32 所示。

（4）单击“关闭”面板上“关闭阵列”按钮，完成阵列操作。

第十步，保存图形文件。

【相关知识】

1. 复制对象

“复制”命令可以将选中的对象复制一个或多个到指定的位置，并能采用“阵列”方式指定在路径阵列中复制的数量。调用命令的方式如下。

① 功能区：在“默认”选项卡下“修改”面板中单击“复制”按钮。

② 菜单栏：选择“修改”→“复制”命令。

③ 工具栏：在“修改”工具栏中单击“复制”按钮。

④ 键盘命令：在命令行输入“COPY”“CO”或“CP”命令。

执行上述操作后，即可将选中的对象复制一个或多个到指定的位置。

复制对象有两种方式：一种是指定两点方式，另一种是指定位移方式。

（1）指定两点复制对象。该种方式是先指定基点，随后指定第二点，即以输入的两个点来确定复制的方向和距离。本任务操作实例中便采用了此法。

（2）指定位移复制对象。该种方式是直接输入被复制对象的位移（即相对距离）。此时输入的坐标值可直接使用绝对坐标的形式，无须像通常情况下那样包含“@”标记，因为系统在此情况下默认为相对坐标形式。

例 3-3　在如图 3-33（a）所示的图形中，要求利用“复制”命令的指定两点方式将圆从点 *A* 复制到点 *D*、点 *F*；采用线性“阵列”方式将圆从点 *A* 复制到点 *B*、点 *C*；用指定位移方式将圆从点 *A* 复制到点 *E*，最终结果如图 3-33（d）所示。

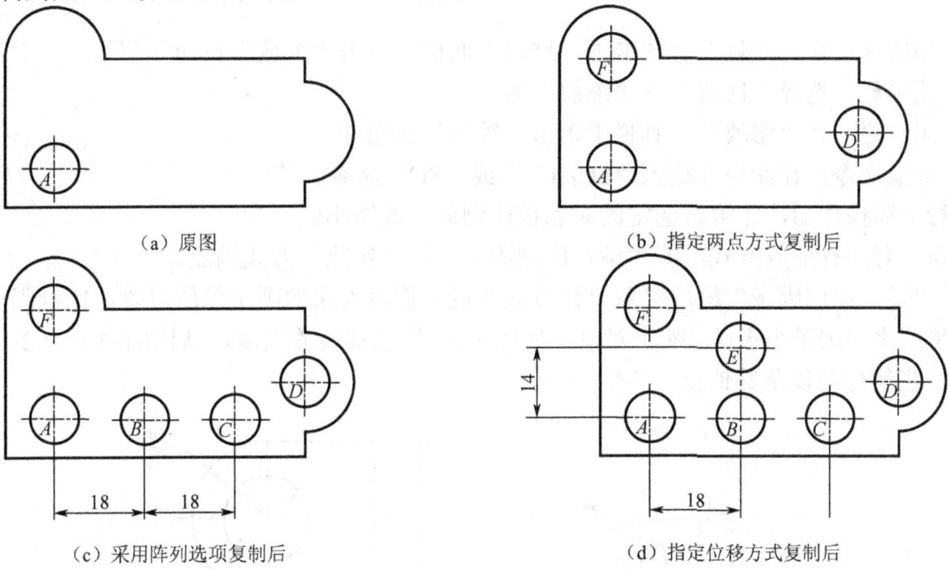

（a）原图　（b）指定两点方式复制后

（c）采用阵列选项复制后　（d）指定位移方式复制后

图 3-33　复制圆

在功能区单击“默认”选项卡下“修改”面板中的“复制”按钮复制，操作步骤如下。

```
命令: _copy                                             //启动“复制”命令
选择对象: 找到 3 个                                      //选择粗实线圆A及其中心线
选择对象:↙                                               //按Enter键结束对象选择
当前设置:  复制模式 = 单个                                //系统提示
指定基点或 [位移(D)/模式(O)/多个(M)] <位移>: o ↙         //更改复制模式
输入复制模式选项 [单个(S)/多个(M)] <单个>: m ↙           //选择一次复制多个模式
指定基点或 [位移(D)/模式(O)] <位移>:                      //捕捉交点A
指定第二个点或 [阵列(A)] <使用第一个点作为位移>:           //捕捉圆心点D
指定第二个点或 [阵列(A)/退出(E)/放弃(U)] <退出>:          //捕捉圆心点F，结果如图3-33（b）
                                                         所示
指定第二个点或 [阵列(A)/退出(E)/放弃(U)] <退出>: a↙       //选择线性“阵列”方式
输入要进行阵列的项目数: 3↙                                //输入复制的数量（包含源对象在内）
指定第二个点或 [布满(F)]: 18↙                            //沿水平方向向右追踪，输入距离18，
                                                         结果如图3-33（c）所示
指定第二个点或 [阵列(A)/退出(E)/放弃(U)] <退出>: ↙        //按Enter键结束命令
命令:↙                                                   //按Enter键重复调用“复制”命令
COPY                                                     //系统提示
选择对象: 找到 3 个                                      //选择粗实线圆A及其中心线
选择对象: ↙                                              //按Enter键结束对象选择
当前设置:  复制模式 = 多个                                //系统提示
指定基点或 [位移(D)/模式(O)] <位移>: ↙                    //按Enter键选择默认的“位移”方式
指定位移<0.0000, 0.0000, 0.0000>: 18,14↙                 //输入位移距离，结果如图3-33（d）
                                                         所示
```

执行“复制”命令时一次复制一个对象还是多个对象，可选择“模式（O）”选项，在出现的“模式（O）”面板中进行设置。

2. 比例缩放对象

该命令可以将选定的对象以指定的基点为中心按指定的比例放大或缩小。调用命令的方式如下。

① 功能区：在“默认”选项卡下“修改”面板中单击“缩放”按钮。

② 菜单栏：选择“修改”→“缩放”命令。

③ 工具栏：在“修改”工具栏中单击“缩放”按钮。

④ 键盘命令：在命令行输入“SCALE”或“SC”命令。

执行上述操作后，即可将选定的对象按比例放大或缩小。

该命令有两种缩放方式，即“指定比例因子”和“参照”方式缩放。

（1）“指定比例因子”缩放对象。该方式通过直接输入比例因子缩放对象，比例因子大于 1，放大对象；比例因子小于 1，缩小对象。如图 3-34 所示耳板的缩放，其比例因子为 2，缩放基点为 *B* 点（当然也可以是其他点）。

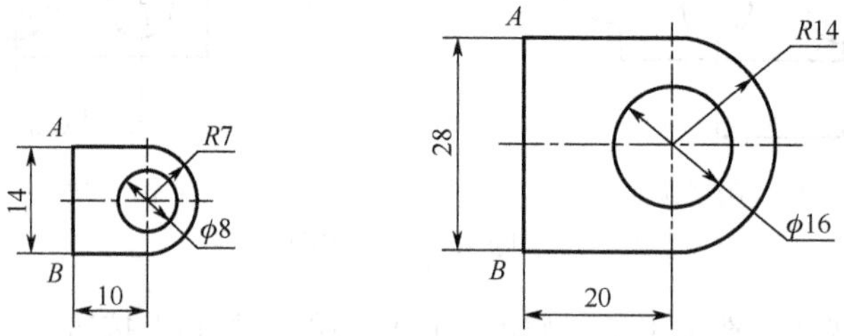

（a）原图　　（b）缩放后（比例因子为 2）

图 3-34　缩放图形

“ZOOM”和“SCALE”命令都可以对图形进行缩小或放大，但两者有本质的区别，用“ZOOM”命令放大图形就像拿放大镜看图一样，图形的实际大小并没有改变；而“SCALE”命令则使图形真正放大或缩小，图形的实际尺寸发生了变化。

（2）“参照方式”缩放对象。该方式由系统自动计算指定的新长度与参照长度的比值作为比例因子缩放所选对象。

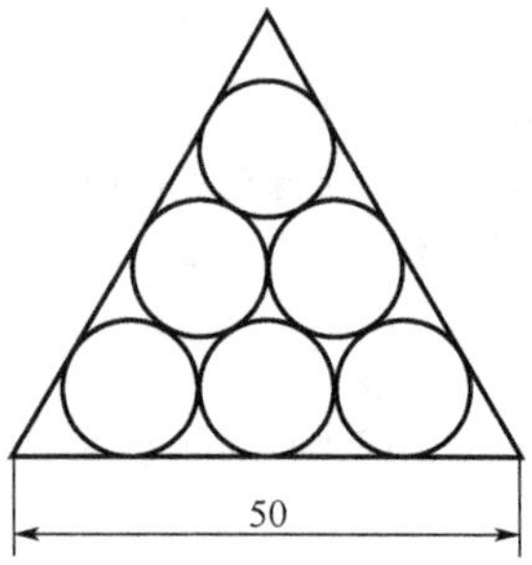

图 3-35　趣味图形

例 3-4　绘制图 3-35 所示的图形，采用“参照”方式缩放对象，达到尺寸要求。

图形分析：该图形由呈金字塔形排列的 6 个相切、等直径的圆及其外切三角形组成，整个图形只有一个尺寸。绘制时可先以任意尺寸画出图形的形状，再采用“参照方式”缩放对象，保证尺寸为 50。绘制过程如下。

① 绘制一个圆（直径可任意，为便于计算，本例为ϕ10）并复制两个，如图 3-36（a）所示。

② 复制 *A*、*B* 两个圆。选择 *A*、*B* 两个圆，以圆 *A* 的圆心为基点，圆 *C* 的圆心为位移点，输入“@10<60”进行复制，如图 3-36（b）所示。

③ 采用同样方法复制得到最上面的圆。

④ 以相应圆的圆心为顶点绘制三角形（提示：可选择“正多边形”命令中的“边长”方式绘制，以便于其后的偏移操作），如图 3-36（c）所示。

⑤ 偏移三角形，偏移距离为圆的半径，如图 3-36（d）所示。

（a）绘制圆并复制　（b）复制 A、B 两个圆　（c）绘制三角形　（d）偏移三角形

图 3-36　趣味图形的绘制

⑥ 采用“参照方式”缩放对象，保证尺寸为 50。

在功能区单击“默认”选项卡下“修改”面板中的“缩放”按钮，操作步骤如下。

```
命令: _scale                                    //启动“缩放”命令
选择对象: 找到 8 个                              //选择整个图形
选择对象: ↙                                     //按Enter键结束对象选择
指定基点:                                        //捕捉D点
指定比例因子或 [复制(C)/参照(R)] <1>: R↙          //选择“参照”方式
指定参照长度<1.0000>:                            //捕捉D点
指定第二点:                                      //捕捉E点
指定新的长度或[点(P)] <1.0000>: 50↙              //输入新长度为50，即指定DE缩放
                                                后的长度为50
```

删除小三角形后，最终结果如图 3-35 所示。

缩放对象时，若要保留源对象，可选择“复制（C）”选项。

3. 阵列对象

利用“阵列”命令可以将指定对象以矩形、环形或沿线性排列方式进行复制，对于呈矩形、环形或沿线性排列规律分布的相同结构，采用该命令绘制可以大大提高绘图的效率。

阵列对象包括“环形阵列”“矩形阵列”和“路径阵列”三种方式。

（1）环形阵列对象。环形阵列能将选定的对象绕一个中心点或旋转轴做圆形或扇形排列复制，阵列项目可以是二维对象，也可是三维对象，如图 3-37 和图 3-38 所示。调用命令的方式如下。

① 功能区：在“默认”选项卡下“修改”面板中单击“环形阵列”按钮。

② 菜单栏：选择“修改”→“阵列”→“环形阵列”命令。

③ 工具栏：在“修改”工具栏中单击“环形阵列”按钮。

④ 键盘命令：在命令行输入“ARRAYPOLAR”命令。

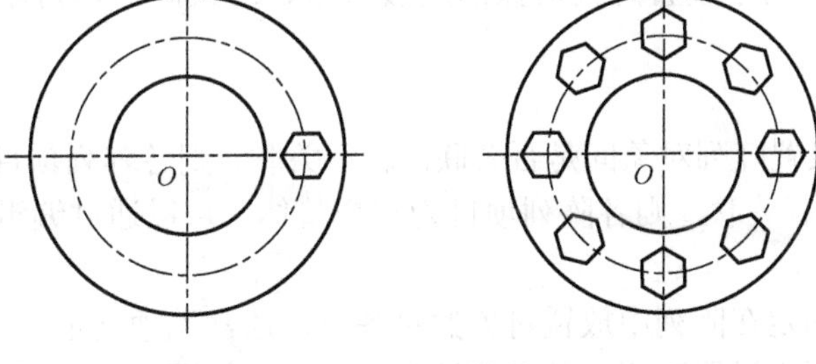

（a）阵列前　（b）阵列后

图 3-37　环形阵列二维对象（点 O 为阵列中心点）

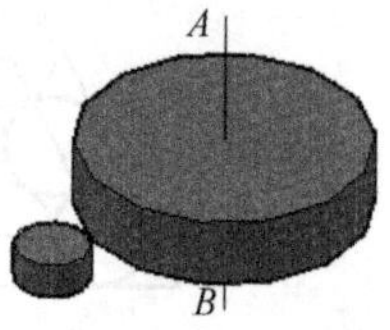

（a）阵列前

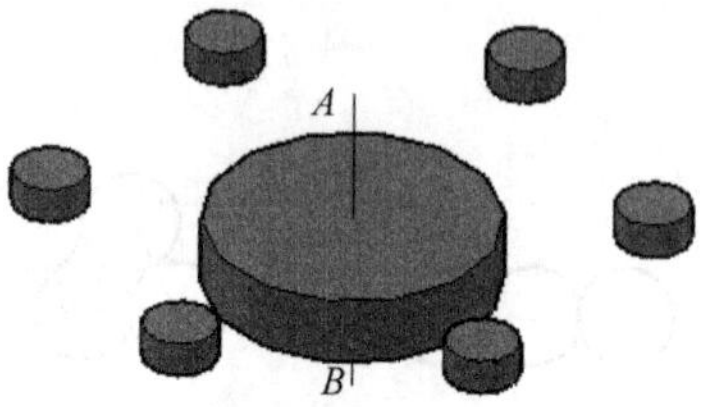

（b）阵列后（1 行 1 层）

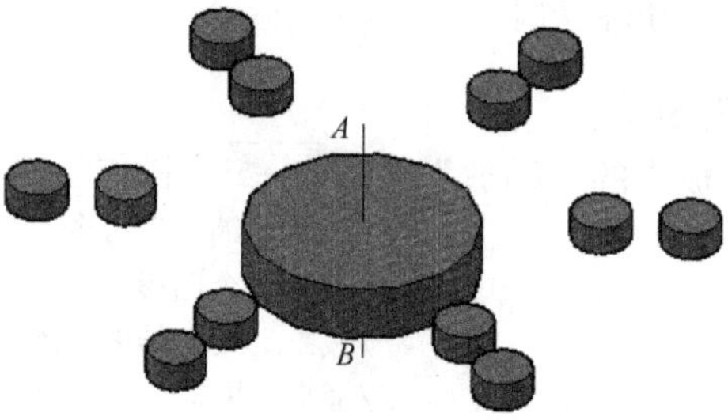

（c）阵列后（2 行 1 层）

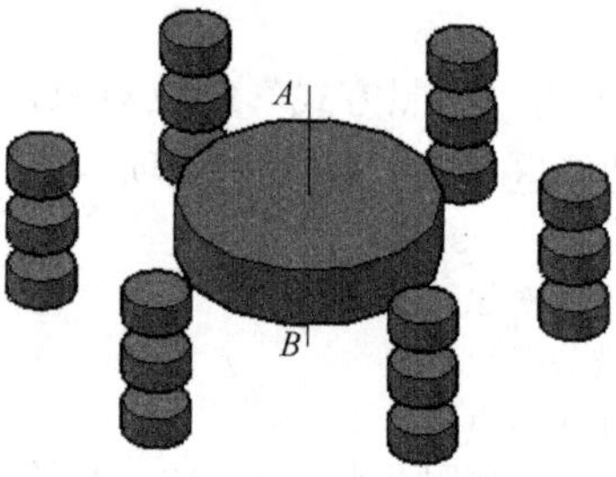

（d）阵列后（1 行 3 层）

图 3-38　环形阵列三维对象（直线 *AB* 为阵列旋转轴）

在调用命令按系统提示选择阵列对象、指定阵列中心点或阵列旋转轴后，功能区将显示“阵列创建”选项卡，如图 3-39 所示。

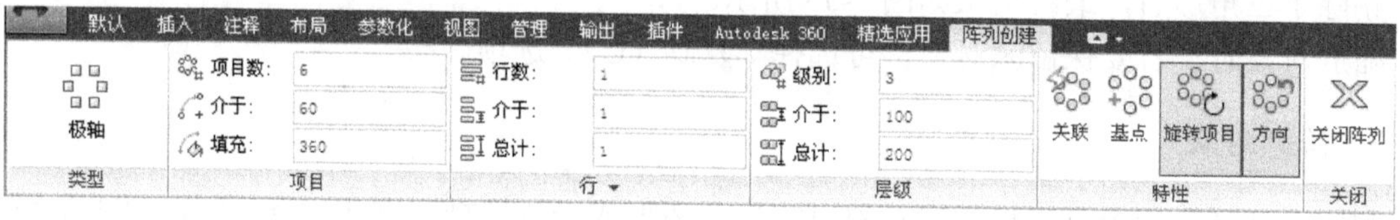

图 3-39　阵列创建选项卡（环形阵列）

各面板作用简介如下。

① “类型”面板：用于提示阵列类型。

② “项目”面板：用于设置阵列对象的个数、对象间的夹角及第一个对象与最后一个对象之间的角度。如图 3-37 所示的正六边形的阵列“项目数”为“8”，“介于”（即对象间的夹角）为“45”，“填充”角度为“360”。

③ “行”面板：用于设置阵列对象的行数量、行间距，常用于三维对象的阵列中，如图 3-38（b）和图 3-38（c）所示。

④ “层级”面板：用于设置阵列对象的层级数量、层级间距，常用于三维对象的阵列中，如图 3-38（d）所示。

⑤ “特性”面板。

“关联”按钮用于设置阵列对象间是否关联。若不关联，则各阵列项目为独立对象，更改一个项目不影响其他项目；若关联，则各阵列项目为一个整体，可以通过编辑特性和源对象在整个阵列中快速传递更改。

“基点”按钮用于指定在阵列中放置对象的对齐点，通常无须指定。

“旋转项目”按钮用于设置阵列时是否旋转阵列对象，如图 3-40 所示。

“方向”按钮用于设置阵列对象沿逆时针或顺时针方向填充。

⑥ “关闭”面板：用于退出阵列命令。

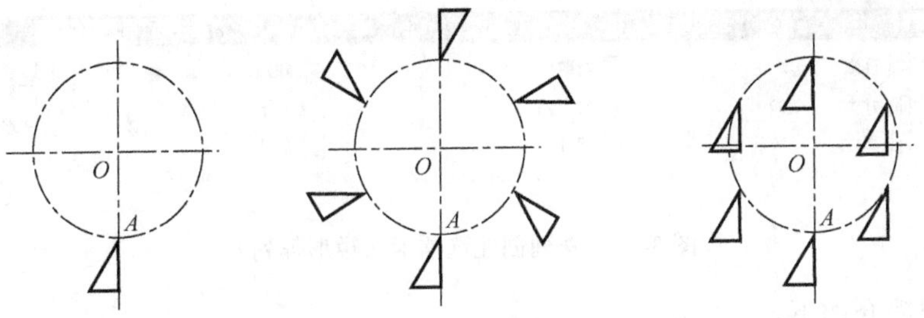

（a）原图　（b）阵列时旋转　（c）阵列时不旋转

图 3-40　阵列时是否旋转项目的比较（点 O 为阵列中心，点 A 为基点）

（2）矩形阵列对象。矩形阵列能将选定的对象按指定的行数和行间距、列数和列间距做矩形排列复制，阵列项目可以是二维对象，也可是三维对象，如图 3-41 和图 3-42 所示。调用命令的方式如下。

① 功能区：在“默认”选项卡下“修改”面板中单击“矩形阵列”按钮阵列。

② 菜单栏：选择“修改”→“阵列”→“矩形阵列”命令。

③ 工具栏：在“修改”工具栏中单击“矩形阵列”按钮。

④ 键盘命令：在命令行输入“ARRAYRECT”命令。

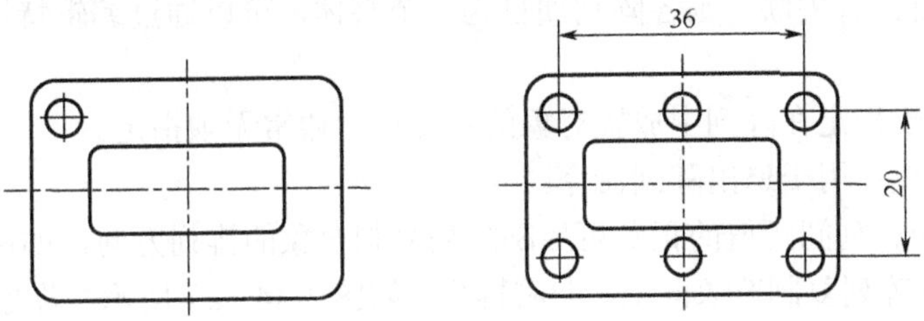

（a）阵列前　（b）阵列后

图 3-41 矩形阵列（二维对象）

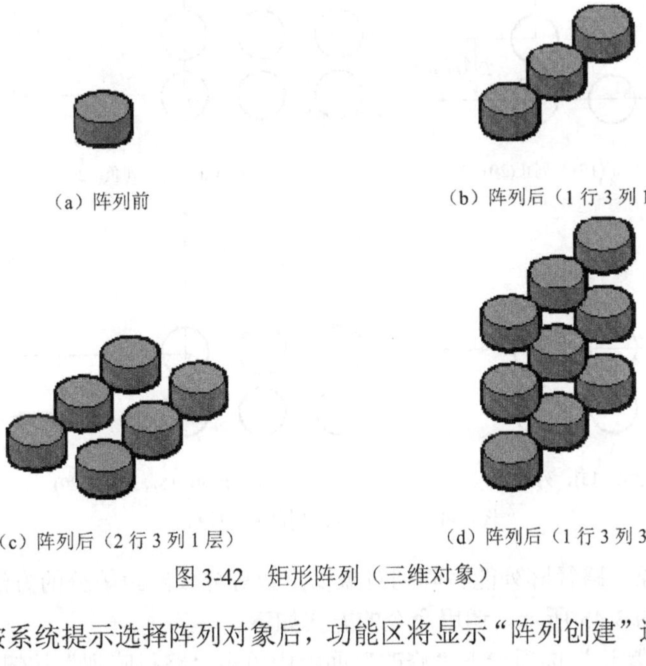

（a）阵列前　（b）阵列后（1 行 3 列 1 层）

（c）阵列后（2 行 3 列 1 层）　（d）阵列后（1 行 3 列 3 层）

图 3-42　矩形阵列（三维对象）

在调用命令，按系统提示选择阵列对象后，功能区将显示“阵列创建”选项卡如图 3-43 所示。

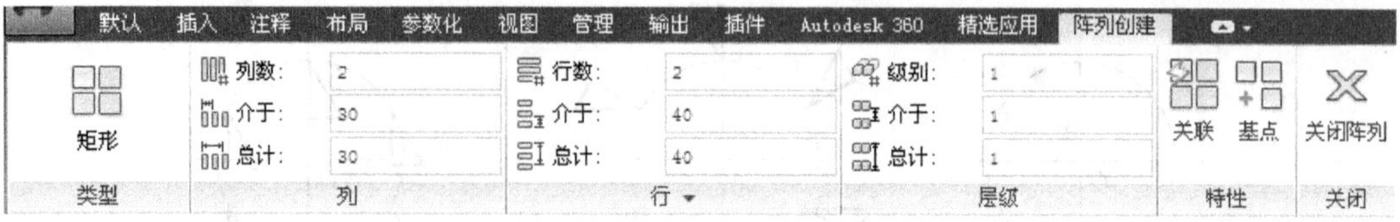

图 3-43 阵列创建选项卡（矩形阵列）

各面板作用简介如下。

① “类型”面板：用于提示阵列类型。

② “列”面板：用于设置阵列对象的列数量、列间距。如图 3-41 所示的圆的阵列中，列数为“3”，列间距为“18”。

③ “行”面板：用于设置阵列对象的行数量、行间距。如图 3-41 所示的圆的阵列中，行数为 2，行间距为“-20”。

④ “层级”面板：用于设置阵列对象的层级数量、层级间距，常用于三维对象的阵列中，如图 3-42 所示。

⑤ “特性”面板。

“关联”按钮用于设置阵列对象间是否关联。若不关联，则各阵列项目为独立对象，更改一个项目不影响其他项目；若关联，则各阵列项目为一个整体，可以通过编辑特性和源对象在整个阵列中快速传递更改。

“基点”按钮用于指定在阵列中放置对象的对齐点，通常无须指定。

⑥ “关闭”面板：用于退出阵列命令。

通过设置行间距、列间距值的正负可控制阵列复制对象的排列方向，如图 3-44 所示。若行、列间距值为正数，则阵列复制对象向上、向右排列，如图 3-44（a）所示；若行、列间距值为负数，则阵列复制对象向下、向左排列，如图 3-44（d）所示（图中带 *O* 的图形为源对象）。

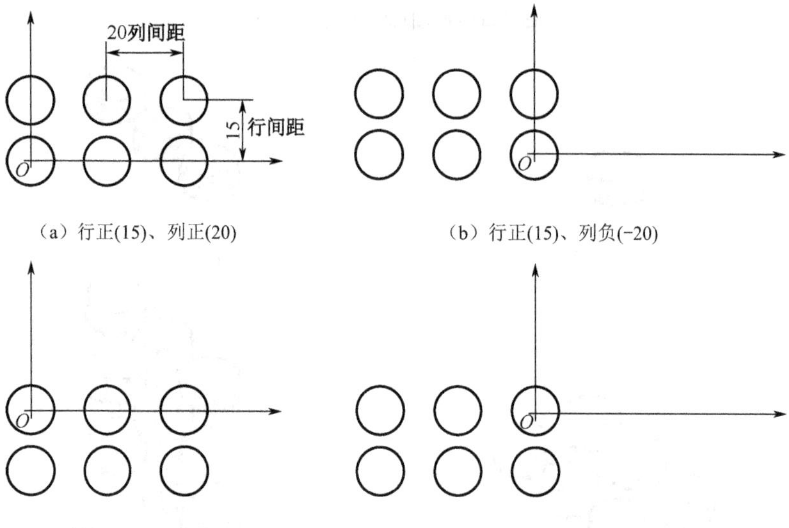

（a）行正(15)、列正(20)　（b）行正(15)、列负(−20)

（c）行负(−15)、列正(20)　（d）行负(−15)、列负(−20)

图 3-44 行间距、列间距的设置

（3）路径阵列对象。路径阵列能将阵列对象以定数等分或定距等分的方法复制并沿路径或部分路径均匀分布，如图 3-45 所示。调用命令的方式如下。

① 功能区：在“默认”选项卡下“修改”面板中单击“路径阵列”按钮 阵列 。

② 菜单栏：选择“修改”→“阵列”→“路径阵列”命令。

③ 工具栏：在“修改”工具栏中单击“路径阵列”按钮。

④ 键盘命令：在命令行输入“ARRAYPATH”命令。

（a）阵列前　（b）阵列后（定数等分方式）（c）阵列后（定距等分方式）

图 3-45　路径阵列

阵列对象可以是二维对象，也可是三维对象，路径可以是直线、多段线、三维多段线、样条曲线、螺旋、圆弧、圆或椭圆，如图 3-45 所示的阵列路径为样条曲线。

在调用命令按系统提示选择阵列对象、路径后，功能区将显示“阵列创建”选项卡如图 3-46 所示。

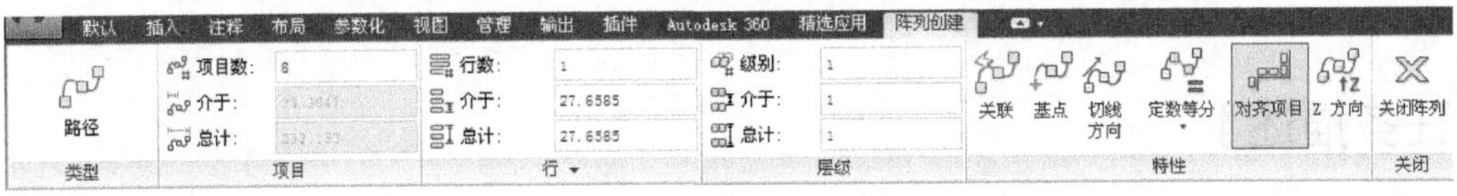

图 3-46　阵列创建选项卡（路径阵列）

各面板作用简介如下。

① “类型”面板：用于提示阵列类型。

② “项目”面板：当阵列方法为“定数等分”时，用于设置阵列对象的总数量；当阵列方法为“定距等分”时，用于设置阵列对象的间距。

③ “行”面板：用于设置阵列对象的行数量、行间距。如图 3-47 所示的阵列中，行数为 2。

（a）阵列前　（b）阵列后（2 行）

图 3-47　路径阵列（多行）

④ “层级”面板：用于设置阵列对象的层级数量、层级间距，常用于三维对象的阵列中。

⑤ “特性”面板。

“关联”按钮用于设置阵列对象间是否关联。若不关联，则各阵列项目为独立对象，更改一个项目不影响其他项目；若关联，则各阵列项目为一个整体，可以通过编辑特性和源对象在整个阵列中快速传递更改。

“基点”按钮用于指定在阵列中放置对象的对齐点，通常无须指定。

“切线方向”按钮用于指定阵列中的项目相对于路径的切线的方向。如图 3-48 所示，当指定点 *A*、点 *B* 方向为切向后，阵列复制的每个对象的 *AB* 边都与路径相切。

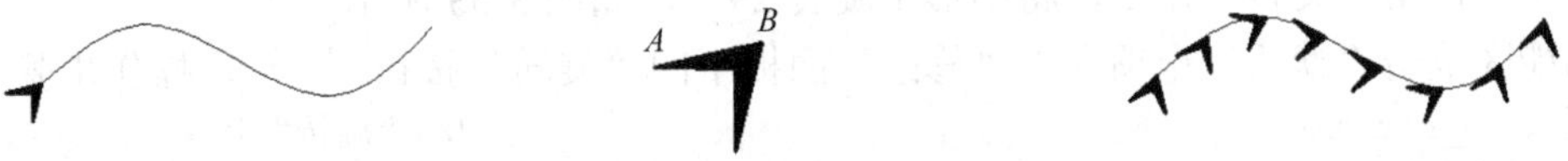

（a）阵列前　（b）指定点 *A*、点 *B* 方向为切向　（c）阵列后

图 3-48　路径阵列（指定切向）

“定距等分”或“定数等分”按钮用于设置路径阵列的方法，如图 3-45 所示。

“对齐项目”按钮用于指定是否自动旋转每个阵列对象以与路径的方向对齐，如图 3-49 所示。

（a）阵列前　（b）阵列后（已对齐）　（c）阵列后（未对齐）

图 3-49　路径阵列（对齐）

“Z 方向”按钮用于控制是否保持阵列对象的原始 *Z* 方向或沿三维路径自然倾斜项目。

⑥ “关闭”面板：用于退出阵列命令。

任务 3　斜板的绘制

【任务描述】

本任务介绍如图 3-50 所示的斜板的绘制方法和步骤，主要涉及“旋转”“对齐”等命令。

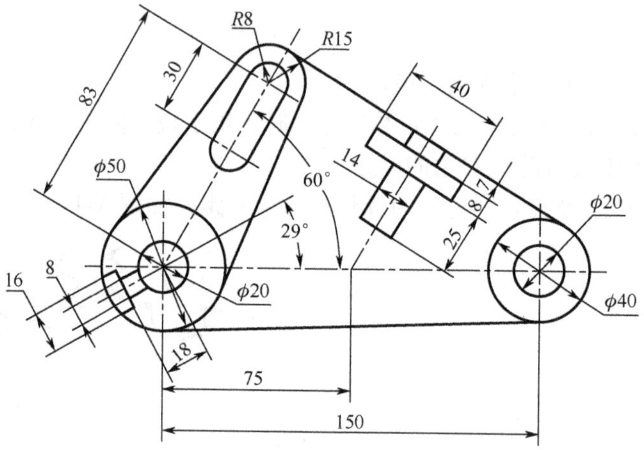

图 3-50　斜板的绘制

【任务实施】

第一步，设置绘图环境，操作过程略。

第二步，绘中心线、圆及切线，如图 3-51 所示。

第三步，绘制定位线 C_1D_1，如图 3-52 所示。

第四步，使用“直线”命令，结合“极轴”“对象追踪”功能，在ϕ20 的圆的正左方绘制倾斜部分图形 1，如图 3-52 所示。

第五步，使用“旋转”命令，将图形 1 旋转 29°，如图 3-53 所示。

在功能区单击“默认”选项卡下“修改”面板中的“旋转”按钮［旋转］，操作步骤如下。

```
命令: _rotate                                        //启动“旋转”命令
UCS 当前的正角方向:  ANGDIR=逆时针  ANGBASE=0          //系统提示
选择对象: 指定对角点: 找到 5 个                         //用“窗口”方式选择图形1
选择对象: ↙                                          //按Enter键结束对象选择
```

```
指定基点:                                           //捕捉φ50圆的圆心A1
指定旋转角度，或 [复制(C)/参照(R)] <70>: 29↙       //指定旋转角度，按Enter键结束命令
```

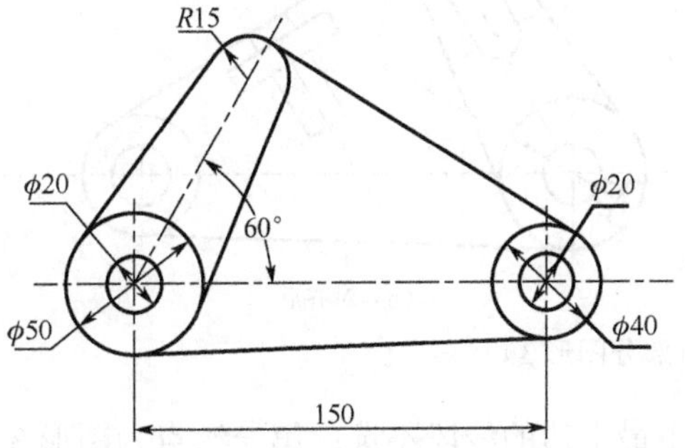

图 3-51　绘中心线、圆及切线

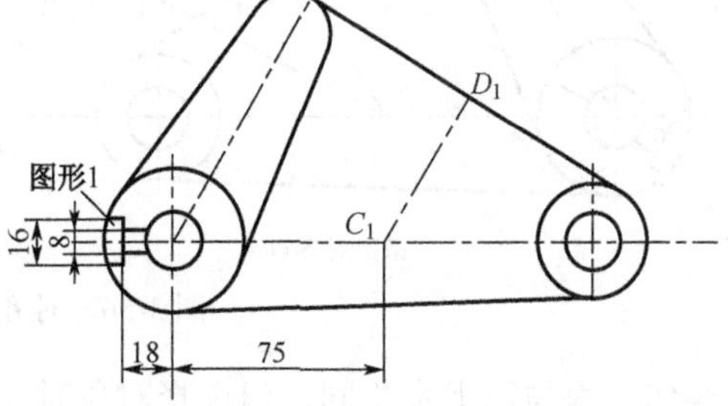

图 3-52　绘制定位线 C_1D_1 及倾斜部分图形 1

在 AutoCAD 中，默认状态下逆时针旋转角度为正值，顺时针旋转角度为负值。

第六步，在图形外水平位置绘制倾斜部分图形 2、图形 3，如图 3-54 所示。

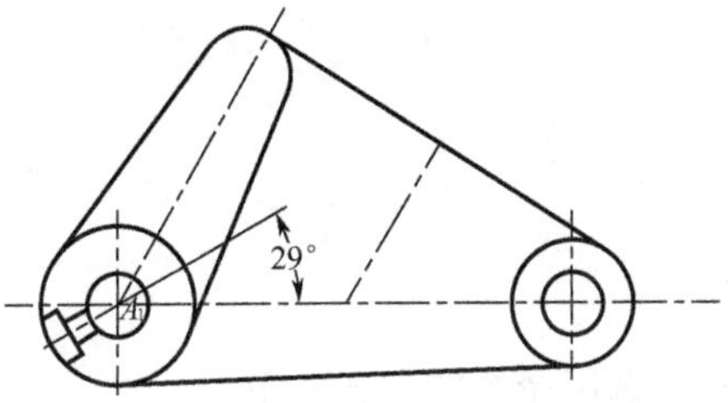

图 3-53　旋转图形 1

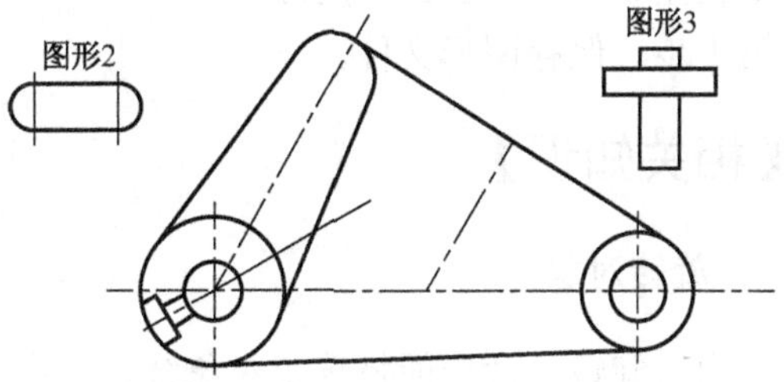

图 3-54　水平位置绘制图形 2、图形 3

第七步，使用“对齐”命令将倾斜部分图形 2 对齐到图形中，如图 3-55 所示。

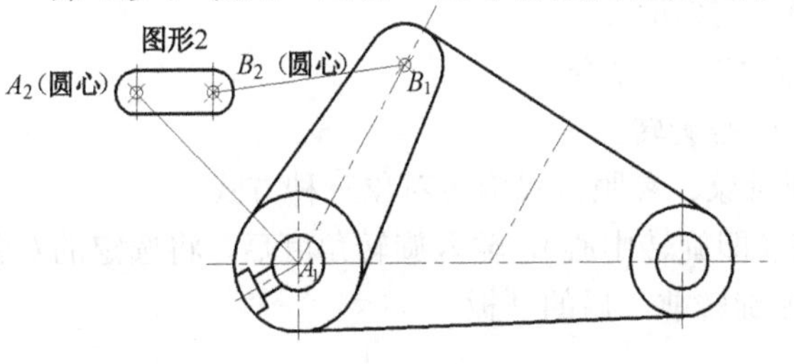

（a）指定对齐点

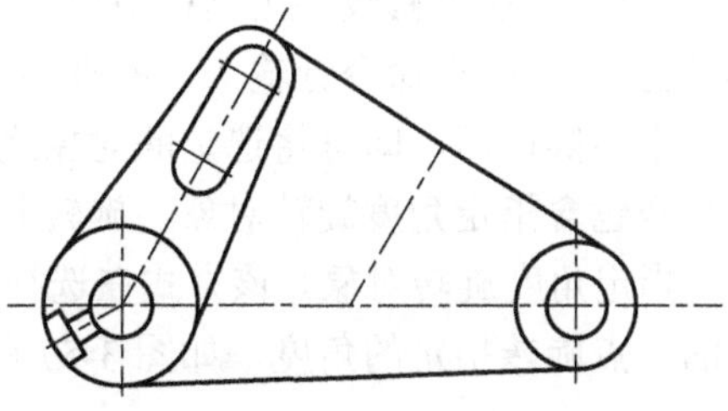

（b）对齐后

图 3-55　对齐（倾斜部分图形 2）

在功能区单击“默认”选项卡下“修改”面板中的“对齐”按钮，操作步骤如下。

```
命令: _align                                        //启动“对齐”命令
选择对象: 找到6个                                   //选择图形2
选择对象: ↙                                         //按Enter键结束对象选择
指定第一个源点:                                     //捕捉圆心B2，如图3-55（a）所示
指定第一个目标点:                                   //捕捉圆心B1，如图3-55（a）所示
指定第二个源点:                                     //捕捉圆心A2，如图3-55（a）所示
指定第二个目标点:                                   //捕捉圆心A1，如图3-55（a）所示
指定第三个源点或 <继续>: ↙                          //按Enter键结束指定点
是否基于对齐点缩放对象? [是(Y)/否(N)] <否>:↙      //按Enter键选择不缩放图形，结束命令
```

第八步，使用“对齐”命令将倾斜部分图形 3 对齐到图形中，如图 3-56 所示。

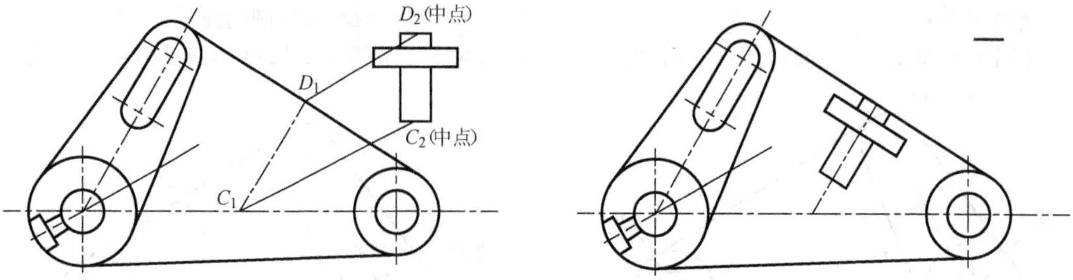

（a）指定对齐点　　（b）对齐后

图 3-56　对齐（倾斜部分图形 3）

操作过程与第七步相同，但选择对象时图形 3 中最上边的线段不选；第一源点为图形 3 中最上边线段的中点 D_2，第一目标点为 D_1；第二源点为图形 3 中最下边线段的中点 C_2，第二目标点为 C_1，不缩放对象。操作完成后如图 3-56（b）所示。

第九步，修剪并删除多余图线，使用“拉长”命令修改倾斜部分图形 3 的中心线及水平中心线，绘制完成后如图 3-50 所示。

第十步，保存图形文件。

【相关知识】

1．旋转对象

使用“旋转”命令能将选定对象绕指定中心点旋转。调用命令的方式如下。

① 功能区：在“默认”选项卡下“修改”面板中单击“旋转”按钮 旋转 。

② 菜单栏：选择“修改”→“旋转”命令。

③ 工具栏：在“修改”工具栏中单击“旋转”按钮。

④ 键盘命令：在命令行输入“ROTATE”或“RO”命令。

执行上述操作后，即可将选定的对象绕指定中心旋转。

该命令包含指定角度旋转对象、旋转并复制对象、参照方式旋转对象三种方式。

（1）指定角度旋转对象。该方式在选择基点（即旋转中心），输入旋转角度后，将选定的对象绕指定的基点旋转指定的角度，如图 3-57 所示为旋转前、后的耳板。

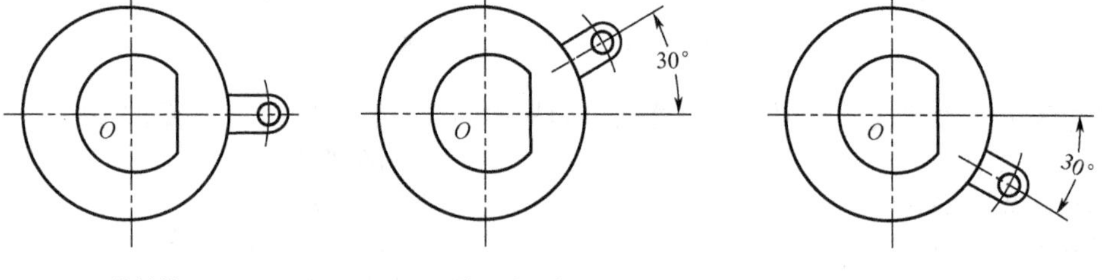

（a）旋转前　　（b）绕点 O 旋转 30° 后　　（c）绕点 O 旋转-30° 后

图 3-57　指定角度旋转对象

（2）旋转并复制对象。使用“旋转”命令，在出现的菜单中选择“复制(C)”选项，在旋转对象的同时还能保留源对象。

例 3-5　将如图 3-58（a）所示的耳板旋转复制至如图 3-58（b）所示的位置。

在功能区单击“默认”选项卡下“修改”面板中的“旋转”按钮 旋转 ，操作步骤如下。

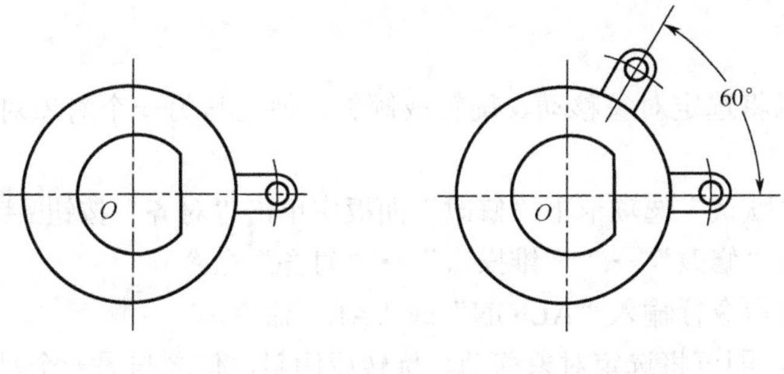

（a）旋转复制前　　（b）旋转复制后

图 3-58　旋转并复制对象

```
命令：_rotate                                        //启动“旋转”命令
UCS 当前的正角方向：ANGDIR=逆时针  ANGBASE=0         //系统提示
选择对象：指定对角点：找到 6 个                      //选择耳板
选择对象：↙                                          //按Enter键结束对象选择
指定基点：                                           //选取圆心点O
指定旋转角度，或 [复制(C)/参照(R)] <0>  c↙           //选择复制方式
旋转一组选定对象                                     //系统提示
指定旋转角度，或 [复制(C)/参照(R)] <0>: 60↙          //指定旋转角度为60°，结束命令
```

（3）参照方式旋转对象。采用参照方式旋转对象，可通过指定参照角度和新角度将对象从指定的角度旋转到新的角度。

例 3-6　将如图 3-59（a）所示的三角形旋转至如图 3-59（b）所示的位置。

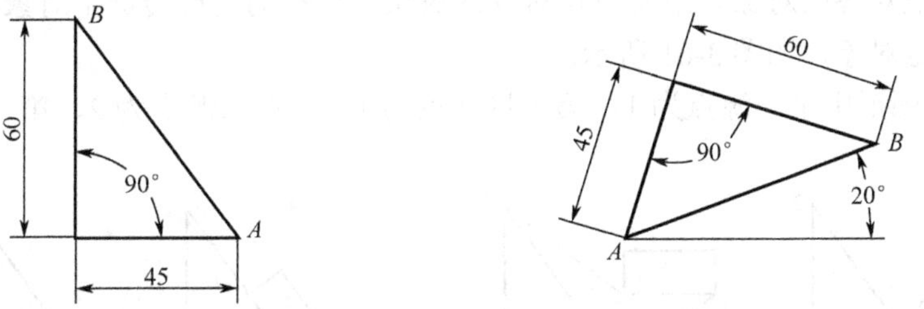

（a）旋转前　　（b）旋转后

图 3-59　参照方式旋转对象

在功能区单击“默认”选项卡下“修改”面板中的“旋转”按钮，操作步骤如下。

```
命令：_rotate                                   //启动“旋转”命令
UCS 当前的正角方向：ANGDIR=逆时针 ANGBASE=0     //系统提示
选择对象：指定对角点：找到 6 个                 //选择整个图形
选择对象：↙                                     //按Enter键结束对象选择
指定基点：                                      //选取点A
指定旋转角度，或 [复制(C)/参照(R)]：  r↙        //选择参照方式
指定参照角<0>:                                  //捕捉点A
指定第二点：                                    //捕捉点B
指定新角度或 [点(P)] <0>:  20↙                  //指定参照后的角度，即线段AB
                                                与X轴正方向的夹角为20°
```

在旋转对象的过程中，如果明确知道旋转角度，可采用指定角度方式旋转对象；如果不能确定旋转的准确角度，可采用参照方式旋转对象；如果在旋转的同时还要保留源对象，可采用旋转复制方式旋转对象。

2. 对齐对象

“对齐”命令可以将选定对象移动、旋转或倾斜，使之与另一个对象对齐。调用命令的方式如下。

① 功能区：在“默认”选项卡下“修改”面板中单击“对齐”按钮。

② 菜单栏：选择“修改”→“三维操作”→“对齐”命令。

③ 键盘命令：在命令行输入“ALIGN”或“AL”命令。

执行上述操作后，即可将选定对象移动、旋转或倾斜，使之与另一个对象对齐。

该命令包含用一对点对齐、用两对点对齐、用三对点对齐三种方式。

（1）用一对点对齐两对象。用一对点对齐两对象能将选定对象从源位置移动到目标位置，此时“对齐”命令的作用与“移动”命令的作用相同，如图 3-60 所示。

图 3-60 所示图形中第一源点为 1，第一目标点为 1′。

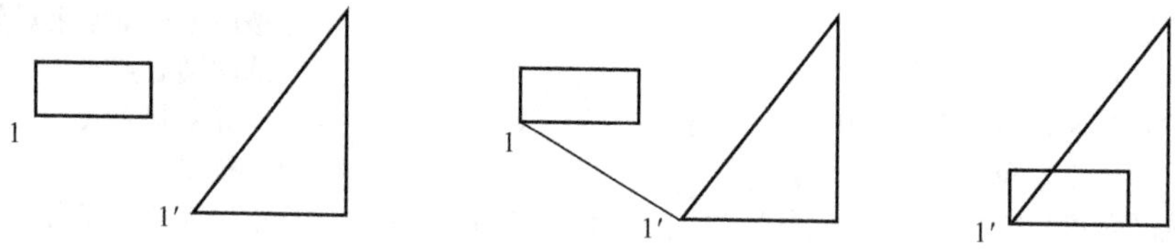

（a）对齐前　（b）指定源点与对齐点　（c）对齐后

图 3-60　用一对点对齐两对象

（2）用两对点对齐两对象。用两对点对齐两对象可以移动、旋转选定对象，并能选择是否基于对齐点缩放选定对象，如图 3-61 所示。

图 3-61 所示图形中第一源点为 1，第一目标点为 1′；第二源点为 2，第二目标点为 2′。

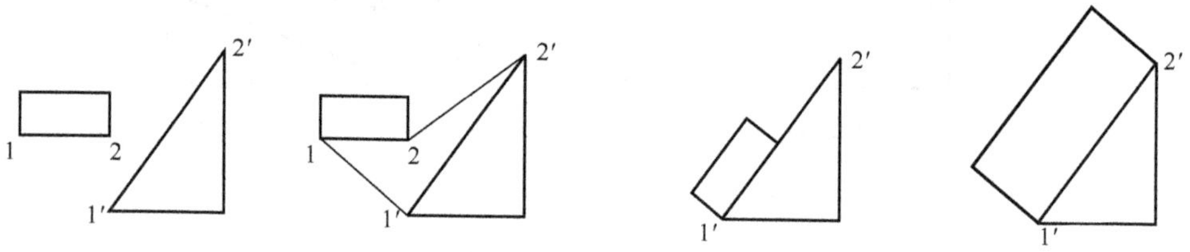

（a）对齐前　（b）指定源点与对齐点　（c）对齐后（不缩放对象）　（d）对齐后（缩放对象）

图 3-61　用两对点对齐两对象

对齐并缩放对象时，系统以第一目标点 1′ 和第二目标点 2′ 之间的距离作为缩放对象的参考长度，放大或缩小选定对象，如图 3-61（d）所示，目标点 1′ 与目标点 2′ 之间的距离大于源点 1 与源点 2 之间的距离，因此矩形被放大了，放大比例为线段 1′2′ 与线段 12 的长度之比。

在对齐操作中，第一对源点、目标点决定被对齐对象的位置；第二对源点、目标点与第一对源点、目标点一起决定被对齐对象的旋转角度。

如果图形中有倾斜的结构，采用先按水平或垂直位置进行绘制，再将其旋转或对齐（如图 3-62 所示中的腰形板）到所需位置的方法，能大大提高绘图速度。

（3）用三对点对齐两对象。该方式可以在三维空间内移动和旋转选定对象，使之与其他对象对齐，如图 3-63 所示。

在如图 3-63 所示图形中源点为 1、2 和 3，与之对应的目标点为 1′、2′ 和 3′。可以看出，用三对点对齐两对象，实现的是源平面（由源点 1、2、3 确定）与目标平面（由目标点 1′、2′、

3′确定）的对齐。

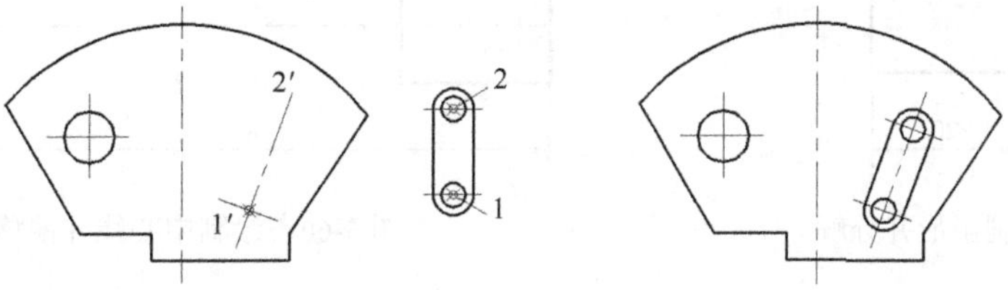

（a）原图　　（b）对齐后

图 3-62　对齐腰形板

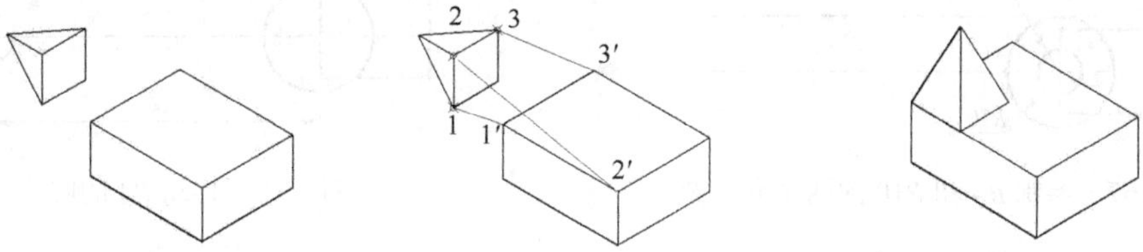

（a）原图　　（b）源点与对齐点　　（c）对齐后

图 3-63　用三对点对齐两对象

任务 4　手柄的绘制

【任务描述】

本任务介绍如图 3-64 所示的手柄的绘制方法和步骤，主要涉及“移动”“延伸”“镜像”“倒角”“拉长”等命令。

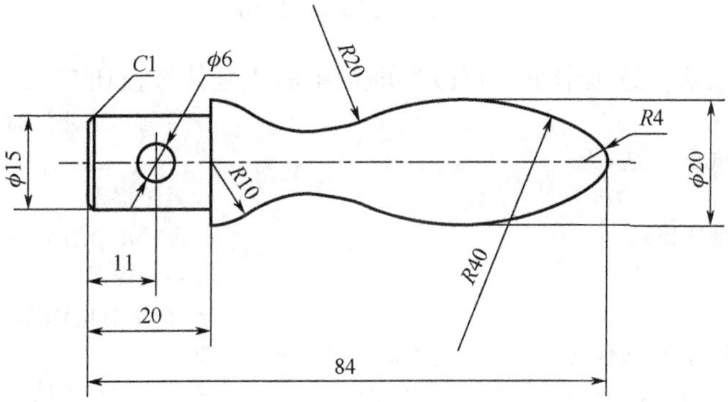

图 3-64　手柄

【任务实施】

第一步，设置绘图环境，操作过程略。

第二步，绘制 20×15 矩形，并将其分解，如图 3-65 所示。

第三步，在矩形左侧边的中点处绘制水平中心线，长度为 84。向上偏移该直线，偏移距离为 10，如图 3-66 所示。

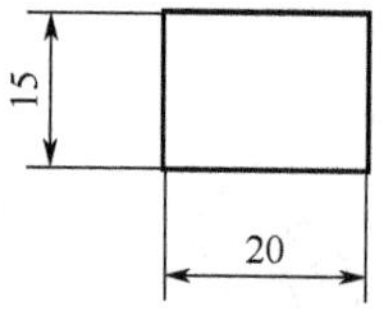

图 3-65　绘制矩形并分解

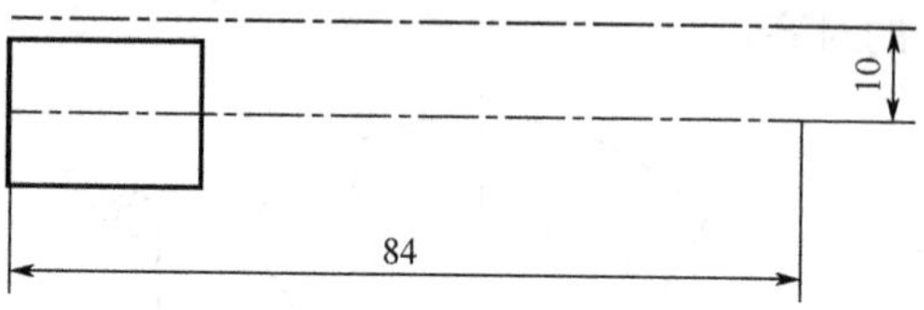

图 3-66　绘制中心线并偏移

第四步，以矩形右侧边的中点为圆心绘制 *R*10 和 *R*4 的两个同心圆，如图 3-67 所示。

第五步，使用“移动”命令平移 *R*4 的圆，移动距离为 60，如图 3-68 所示。

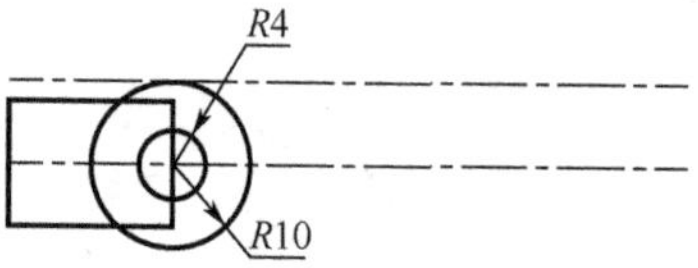

图 3-67　绘制 *R*4 和 *R*10 的两个同心圆

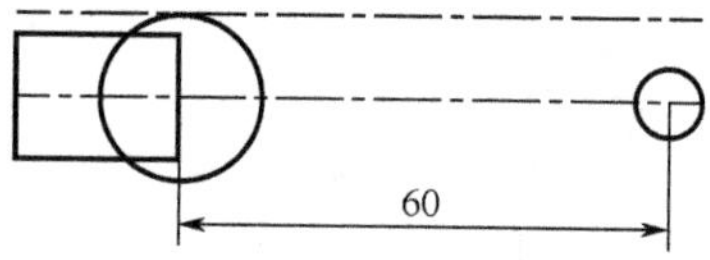

图 3-68　移动 *R*4 的圆

在功能区单击“默认”选项卡下“修改”面板中的“移动”按钮 移动，操作步骤如下。

```
命令: _move                                      //启动“移动”命令
选择对象: 找到 1 个                               //选择R4的圆
选择对象:↙                                        //按Enter键结束对象选择
指定基点或 [位移(D)] <位移>: ↙                     //按Enter键选择默认的“位移”方式
指定位移 <0.0000, 0.0000, 0.0000>: 60,0↙          //输入移动的距离
```

第六步，使用“延伸”命令以 *R*10 的圆为边界延伸矩形的右侧边 *AB*，如图 3-69 所示。

图 3-69　延伸线段 *AB*

在功能区单击“默认”选项卡下“修改”面板中的“延伸”按钮 延伸，操作步骤如下。

```
命令: _extend                                     //启动“延伸”命令
当前设置:投影=UCS, 边=无
选择边界的边...                                    //系统提示
选择对象或<全部选择>:                               //选择R10的圆
找到 1 个                                          //系统提示
选择对象:↙                                         //结束对象选择
选择要延伸的对象, 或按住 Shift 键选择要修剪的对象, 或
[栏选(F)/窗交(C)/投影(P)/边(E)/放弃(U)]:            //靠近A点处选择线段AB
选择要延伸的对象, 或按住 Shift 键选择要修剪的对象, 或
[栏选(F)/窗交(C)/投影(P)/边(E)/放弃(U)]:↙           //靠近B点处选择线段AB
选择要延伸的对象, 或按住 Shift 键选择要修剪的对象, 或
[栏选(F)/窗交(C)/投影(P)/边(E)/放弃(U)]: ↙          //按Enter键结束“延伸”操作
```

第七步，用“相切、相切、半径（T）”方式绘制 *R*40 的圆；用圆角命令绘制 *R*20 的圆弧，如图 3-70 所示。

第八步，修剪并删除多余图线，如图 3-71 所示。

第九步，使用“镜像”命令镜像复制另一半图形，如图 3-72 所示。

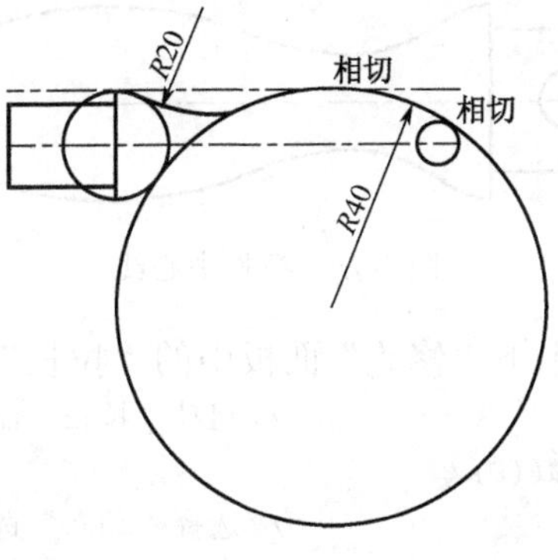

图 3-70 绘制 *R*40 的圆和 *R*20 的圆弧

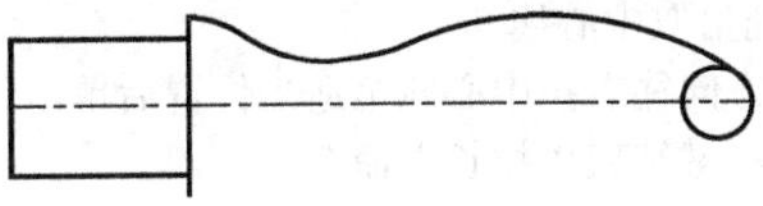

图 3-71 修剪、删除多余图线

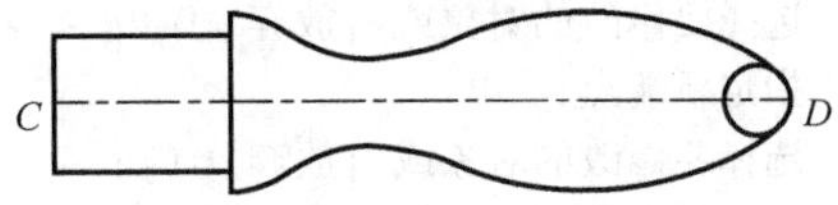

图 3-72 镜像得到另一半图形

在功能区单击“默认”选项卡下“修改”面板中的“镜像”按钮[镜像]，操作步骤如下。

```
命令: _mirror                                   //启动“镜像”命令
选择对象：指定对角点：找到3个                    //用“窗口”方式选择R10、R20、R40的圆弧
选择对象：↙                                     //按Enter键结束对象选择
指定镜像线的第一点：                             //捕捉端点C
指定镜像线的第二点：                             //捕捉端点D
要删除源对象吗？[是(Y)/否(N)] <N>: ↙            //选择“否”选项，保留源对象
```

第十步，绘制$\phi 6$的圆及其中心线，如图 3-73 所示。

第十一步，用“倒角”绘制 *C*1 倒角，并绘制垂直线，如图 3-74 所示。

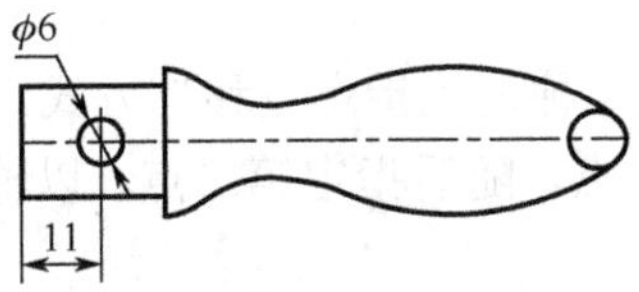

图 3-73 绘制 *R*6 的圆及其中心线

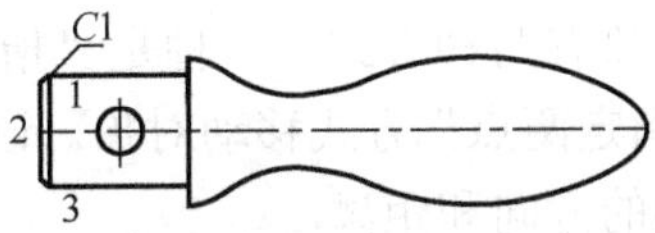

图 3-74 绘制 *C*1 倒角及垂直线

在功能区单击“默认”选项卡下“修改”面板中的“倒角”按钮[倒角]，操作步骤如下。

```
命令: _chamfer                                          //启动“倒角”命令
(“修剪”模式) 当前倒角距离1=0.0000，距离2=0.0000        //系统提示
选择第一条直线或 [放弃(U)/多段线(P)/距离(D)/角度(A)/
修剪(T)/方式(E)/多个(M)]: d ↙                          //选择“距离”选项
指定第一个倒角距离<0.0000>: 1↙                          //设置第一倒角距离为1
指定第二个倒角距离<1.0000>: ↙                           //按Enter键默认第二倒角距离
选择第一条直线或 [放弃(U)/多段线(P)/距离(D)/角度(A)/
修剪(T)/方式(E)/多个(M)]:                               //选择线段1
选择第二条直线，或按住 Shift 键选择要应用角点的直线：   //选择线段2
```

采用同样方法绘制线段 2 与线段 3 之间的倒角，并绘制倒角处的垂直线。

第十二步，删除多余图线，使用“拉长”命令动态调整中心线的长度，绘制完成后如图 3-75 所示。

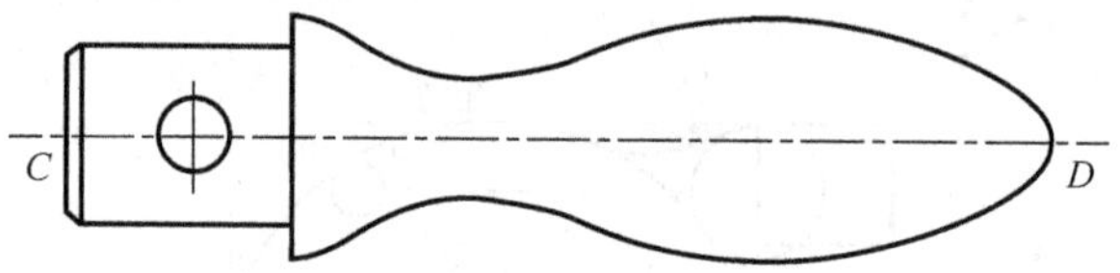

图 3-75　拉长中心线

在功能区单击“默认”选项卡下“修改”面板中的“拉长”按钮，操作步骤如下。

```
命令：_lengthen                                  //启动“拉长”命令
选择对象或[增量(DE)/百分数(P)/
全部(T)/动态(DY)]:dy↙                            //选择“动态”选项
选择要修改的对象或 [放弃(U)]:                     //在点C处拾取中心线
指定新端点                                        //沿水平方向往左拉中心线至适当位置后单击
选择要修改的对象或 [放弃(U)]:                     //在点D处拾取中心线
指定新端点:                                       //沿水平方向往右拉中心线至适当位置后单击
选择要修改的对象或 [放弃(U)]: ↙                   //按Enter键结束“拉长”命令
```

第十三步，保存图形文件。

【相关知识】

1. 移动对象

“移动”命令可以将选中的对象移到指定的位置。调用命令的方式如下。

① 功能区：在“默认”选项卡下“修改”面板中单击“移动”按钮。

② 菜单栏：选择“修改”→“移动”命令。

③ 工具栏：在“修改”工具栏中单击“移动”按钮。

④ 键盘命令：在命令行输入“MOVE”或“M”命令。

执行上述操作后，即可将选中的对象移到指定位置。

移动对象有两种方式：一种是“指定两点”方式；另一种是“指定位移”方式。

（1）“指定两点”方式移动对象。该种方式是先指定基点，随后指定第二点，以输入的两个点来确定移动的方向和距离。

例 3-7　使用“移动”命令的“指定两点”方式将圆从点 *A* 移动到点 *B*，如图 3-76（b）所示。

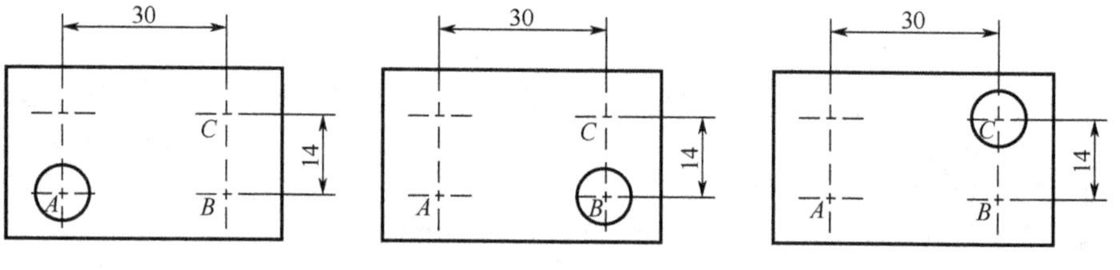

（a）原图　　（b）“指定两点”方式　　（c）“指定位移”方式

图 3-76　对圆的移动操作

在功能区单击“默认”选项卡下“修改”面板中的“移动”按钮，操作步骤如下。

```
命令：_move                                       //启动“移动”命令
选择对象：找到 1 个                               //选择点A处粗实线圆
选择对象:↙                                        //按Enter键结束对象选择
指定基点或[位移(D)] <位移>:                       //捕捉交点A
指定位移的第二点或<用第一点作位移>:↙              //捕捉交点B，按Enter键
```

（2）“指定位移”方式移动对象。该种方式是直接输入被移动对象的位移（即相对距离）。此时输入的坐标值可直接使用绝对坐标的形式，无须像通常情况下那样包含“@”标记，因为在此情况下系统默认为相对坐标形式。

例 3-8 使用“移动”命令的“指定位移”方式将圆从点 *A* 移动到点 *C*，如图 3-76（c）所示。

在功能区单击“默认”选项卡下“修改”面板中的“移动”按钮，操作步骤如下。

```
命令: _move                                          //启动“移动”命令
选择对象: 找到 1 个                                   //选择粗实线圆A
选择对象:↙                                           //按Enter键结束对象选择
指定基点或 [位移(D)] <位移>: ↙                        //按Enter键选择默认的位移方式
指定位移<0.0000, 0.0000, 0.0000>: 30,14 ↙            //输入移动的距离
```

“移动”命令和“复制”命令的操作非常类似，区别只是在原位置源对象是否保留。

2. 延伸对象

“延伸”命令可以将指定的对象延伸到选定的边界。调用命令的方式如下。

① 功能区：在“默认”选项卡下“修改”面板中单击“延伸”按钮。

② 菜单栏：选择“修改”→“延伸”命令。

③ 工具栏：在“修改”工具栏中单击“延伸”按钮。

④ 键盘命令：在命令行输入“EXTEND”或“EX”命令。

执行上述操作后，即可将指定对象延伸到选定的边界。

延伸对象有两种方式：一种是“普通方式”延伸对象；另一种是“延伸模式”延伸对象。

（1）“普通方式”延伸对象。当边界与被延伸对象实际相交时，可以采用“普通方式”延伸对象。如图 3-77 所示，以圆弧为边界，采用普通方式延伸水平直线。

（a）原图　　（b）延伸后

图 3-77 “普通方式”延伸对象

（2）“延伸模式”延伸对象。如果边界与被延伸对象不相交，则可以采用“延伸模式”延伸对象。如图 3-78 所示，即以直线为边界，延伸圆弧。

例 3-9 如图 3-78（a）所示，要求以“延伸模式”延伸圆弧，使其如图 3-78（b）所示。

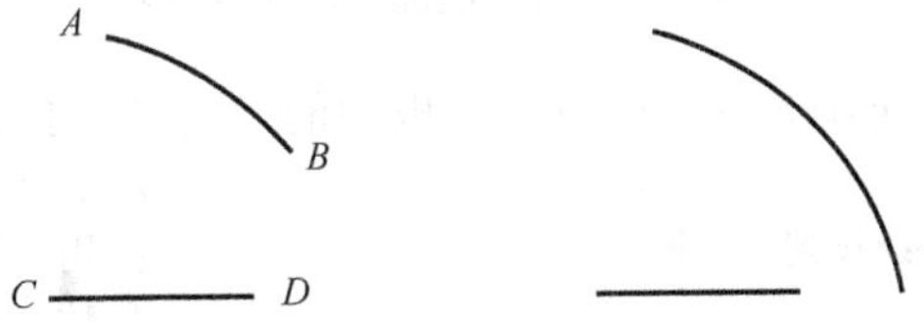

（a）原图　　（b）延伸后

图 3-78 “延伸模式”延伸对象

在功能区单击“默认”选项卡下“修改”面板中的“延伸”按钮，操作步骤如下。

```
命令: _extend                                        //启动命令
当前设置:投影=UCS, 边=无
```

```
选择边界的边...                                           //系统提示，“边=无”表示当前为普通延伸方式
选择对象或<全部选择>：找到 1 个                             //选择直线CD
选择对象:↙                                               //结束对象选择
选择要延伸的对象，或按住 Shift 键选择要修剪的对象，或
[栏选(F)/窗交(C)/投影(P)/边(E)/放弃(U)]: e↙                //选择“边”选项
输入隐含边延伸模式 [延伸(E)/不延伸(N)] <不延伸>: e↙          //选择“延伸”选项，即采用“延伸模式”延伸对象
选择要延伸的对象，或按住 Shift 键选择要修剪的对象，
或[栏选(F)/窗交(C)/投影(P)/边(E)/放弃(U)]:                 //靠近圆弧下端点B选择圆弧
选择要延伸的对象，或按住 Shift 键选择要修剪的对象，
或[栏选(F)/窗交(C)/投影(P)/边(E)/放弃(U)]:↙                //结束被延伸对象的选择
```

延伸对象时是否采用“延伸模式”进行延伸可选择“边（E）”选项进行设置。

“延伸”命令具有修剪功能，只需按住 Shift 键并选择要修剪的对象就可以实现修剪。

3．镜像对象

“镜像”命令可以将选中的对象沿一条指定的直线进行对称复制，源对象可删除也可以不删除，如图 3-79 所示。调用命令的方式如下。

① 功能区：在“默认”选项卡下“修改”面板中单击“镜像”按钮。

② 菜单栏：选择“修改”→“镜像”命令。

③ 工具栏：在“修改”工具栏中单击“镜像”按钮。

④ 键盘命令：在命令行输入“MIRROR”或“MI”命令。

例 3-10 利用“镜像”命令以直线 *AB* 为镜像轴复制如图 3-79（a）所示的图形，使其如图 3-79（b）所示。

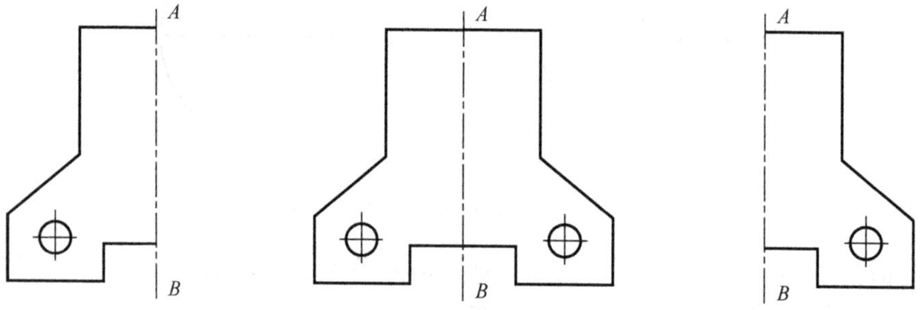

（a）原图　　（b）镜像后（不删除源对象）　　（c）镜像后（删除源对象）

图 3-79 使用“镜像”命令复制对象

在功能区单击“默认”选项卡下“修改”面板中的“镜像”按钮，操作如下。

```
命令：_mirror                                  //启动“镜像”命令
选择对象：指定对角点：找到10 个                   //用“窗口”方式选择左半图形
选择对象：↙                                     //按Enter键结束对象选择
指定镜像线的第一点:                              //利用对象捕捉功能捕捉端点A
指定镜像线的第二点:                              //利用对象捕捉功能捕捉端点B
要删除源对象吗？[是(Y)/否(N)] <N>: ↙             //选择“否”选项，保留源对象
```

创建对称的图形对象时，采用先绘制图形的一半，然后将其镜像的方法，能大大提高绘图速度。

文字也能镜像，要防止镜像文字被反转或倒置，应设置系统变量 MIRRTEXT 为 0，如图 3-80 所示。

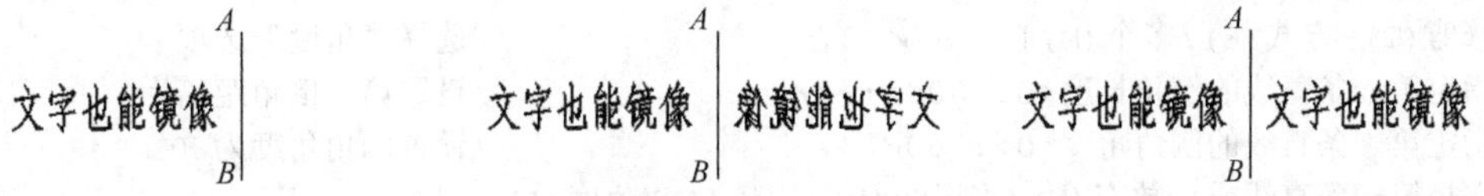

（a）原图　　（b）镜像后(MIRRTEXT＝1)　　（c）镜像后(MIRRTEXT＝0)

图 3-80　镜像文字（*AB* 为镜像轴）

4．倒角

利用“倒角”命令可以用一条斜线连接两条不平行的直线对象。调用命令的方式如下。

① 功能区：在“默认”选项卡下“修改”面板中单击“倒角”按钮。

② 菜单栏：选择“修改”→“倒角”命令。

③ 工具栏：在“修改”工具栏中单击“倒角”按钮。

④ 键盘命令：在命令行输入“CHAMFER”或“CHA”命令。

执行上述操作后，即可用一条斜线连接两条不平行的直线对象。倒角有两种方式：一种是“指定两边距离”倒角；另一种是“指定距离和角度”倒角。

（1）“指定两边距离”倒角。此方式是分别设置两条直线的倒角距离进行倒角处理，如图 3-81 所示。

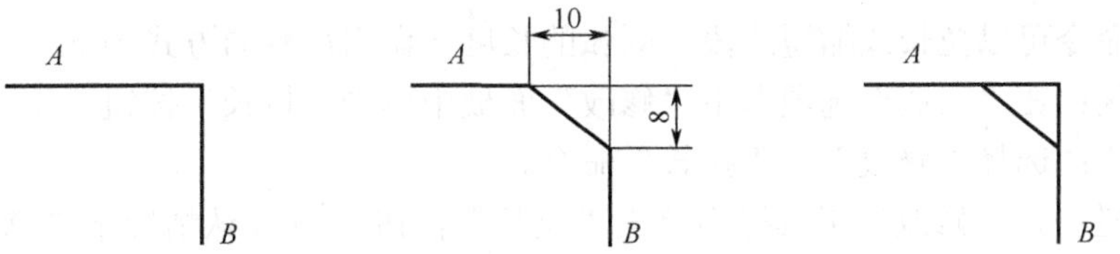

（a）原图　　（b）倒角后（修剪模式）　　（c）倒角后（不修剪模式）

图 3-81　“指定两边距离”倒角

“指定两边距离”倒角时，在选取的第一条直线上所截取的距离为所设置的第一个倒角距离，选取的第二条直线上所截取的距离为所设置的第二个倒角距离。

（2）“指定距离和角度”倒角。此方式是分别设置第一条直线的倒角距离和倒角角度进行倒角处理，如图 3-82 所示。

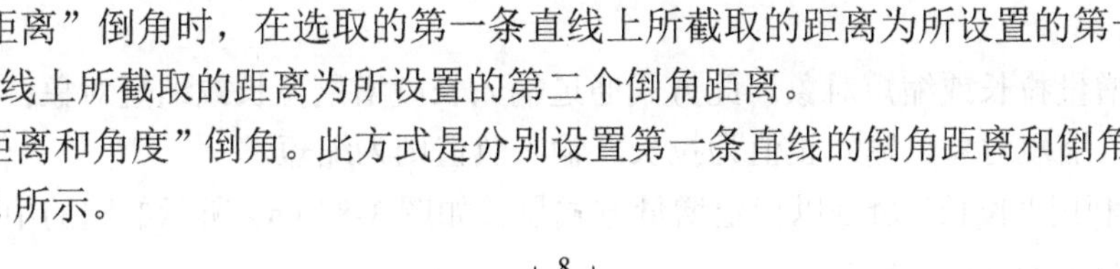

（a）原图　　（b）倒角后（修剪模式）　　（c）倒角后（不修剪模式）

图 3-82　“指定距离和角度”倒角

例 3-11　使用“倒角”命令中的“指定距离和角度倒角”方式对如图 3-82（a）所示两条线段进行倒角，结果如图 3-82（b）所示。

在功能区单击“默认”选项卡下“修改”面板中的“倒角”按钮，操作步骤如下。

```
命令: _chamfer                                        //启动“倒角”命令
(“修剪”模式) 当前倒角距离1=0.0000, 距离2=0.0000 //系统提示, 当前为“修剪”模式
选择第一条直线或 [放弃(U)/多段线(P)/距离(D)/角度(A)/
修剪(T)/方式(E)/多个(M)]: A ↙                        //选择“角度”选项
指定第一条直线的倒角长度<0.0000>: 8↙                  //设置第一倒角距离为8
指定第一条直线的倒角角度<0>: 60↙                      //设置倒角角度为60°
选择第一条直线或 [放弃(U)/多段线(P)/距离(D)/角度(A)/
修剪(T)/方式(E)/多个(M)]:                              //选择线段A
选择第二条直线, 或按住 Shift 键选择要应用角点的直线: //选择线段B
```

“倒角”命令有修剪和不修剪两种模式，可选择“修剪（T）”选项来设置，如果选择不修剪模式，则倒角时将保留原线段，如图 3-81（c）和图 3-82（c）所示。

在对两条不平行线段做倒角操作时，如果将两个倒角距离设为 0，在“修剪”模式下，将自动延伸或修剪这两个对象至交点，如图 3-83 所示。

（a）原图　（b）倒角后（自动延伸）　（c）原图　（d）倒角后（自动修剪）

图 3-83　对两条线段倒角（倒角距离为 0）

5. 拉长对象

“拉长”命令可以拉长或缩短线段、圆弧的长度。调用命令的方式如下。

① 功能区：在“默认”选项卡下“修改”面板中单击“拉长”按钮。

② 菜单栏：选择“修改”→“拉长”命令。

③ 工具栏：在“修改”工具栏中单击“拉长”按钮（默认情况下“修改”工具栏中没有此图标，用户可自己增加）。

④ 键盘命令：在命令行输入“LENGTHEN”或“LEN”命令。

执行上述操作后，即可拉长或缩短线段圆弧的长度。拉长对象有增量、百分数、全部、动态四种方式。

（1）指定增量拉长或缩短对象。此方式通过输入长度增量拉长或缩短对象；也可以通过输入角度增量拉长或缩短对象。输入正值为拉长，输入负值则为缩短。

例 3-12　利用“拉长”命令以指定增量方式拉长如图 3-84（a）所示的圆的中心线，长度为 3，拉长后结果如图 3-84（b）所示。

（a）原图　（b）拉长后

图 3-84　拉长圆的中心线

在功能区单击“默认”选项卡下“修改”面板中的“拉长”按钮，操作步骤如下。

```
命令: _lengthen                                       //启动“拉长”命令
```

```
选择对象或 [增量(DE)/百分数(P)/全部(T)/动态(DY)]:de↙      //选择“增量”选项
输入长度增量或 [角度(A)] <0.0000>: 3↙                     //输入长度增量为3
选择要修改的对象或 [放弃(U)]:                             //拾取中心线的某一端
…                                                         //拾取两条中心线的其他三端
选择要修改的对象或 [放弃(U)]: ↙                           //按Enter键结束“拉长”命令
```

拉长（或缩短）线段、圆弧时，以中心点为界，拾取点所在的一侧就是改变长度的一侧。

（2）指定百分数拉长或缩短对象。此方式通过指定对象总长度的百分数改变对象长度。输入的值大于100，拉长所选对象；输入的值小于100，则缩短所选对象。

（3）全部拉长或缩短对象。此方式通过指定对象的总长度来改变选定对象的长度；也可以按照指定的总角度改变选定圆弧的包含角。

（4）动态拉长或缩短对象。此方式通过拖动选定对象的端点来改变其长度。本任务操作实例中的手柄中心线的拉长就是采用这种方式。

拓展任务

1．绘制如图3-85所示的各图形（图中只给出了主要尺寸，其余尺寸由用户确定）。

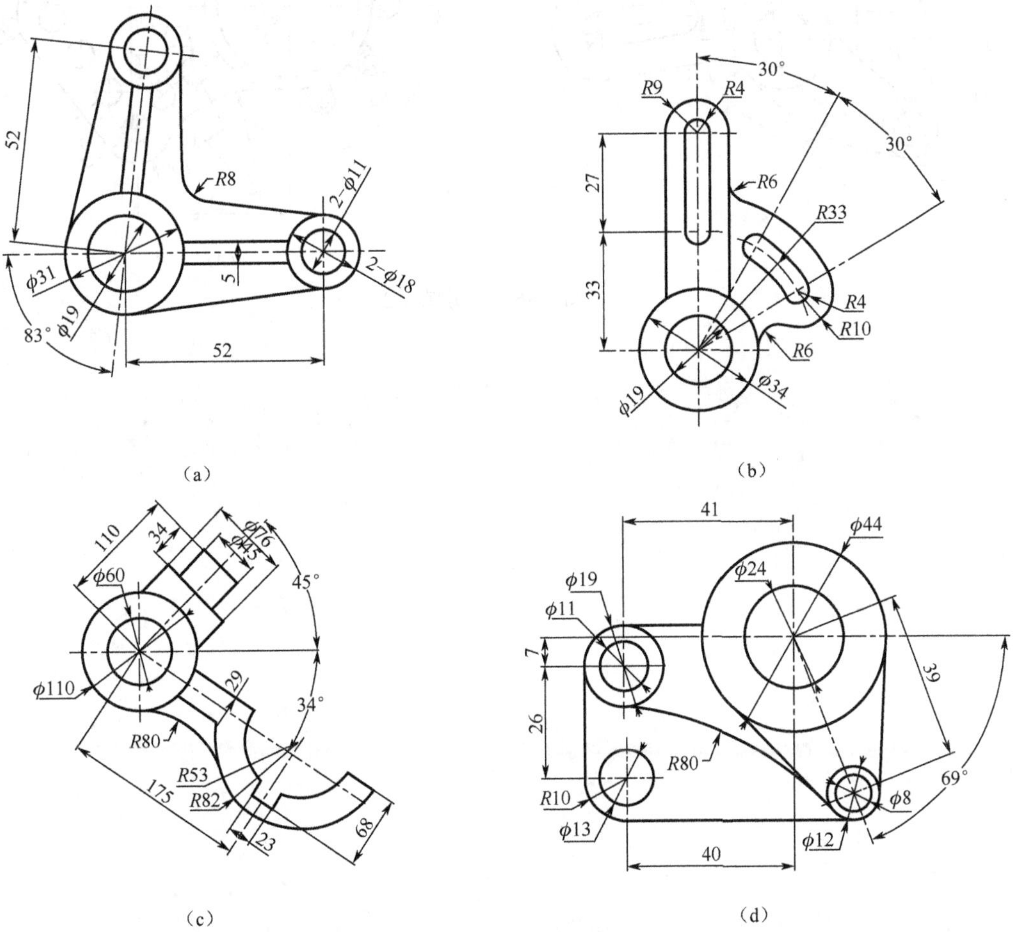

图3-85　任务图3-1

2．绘制如图 3-86 所示的各图形（图中只给出了主要尺寸，其余尺寸由用户确定）。

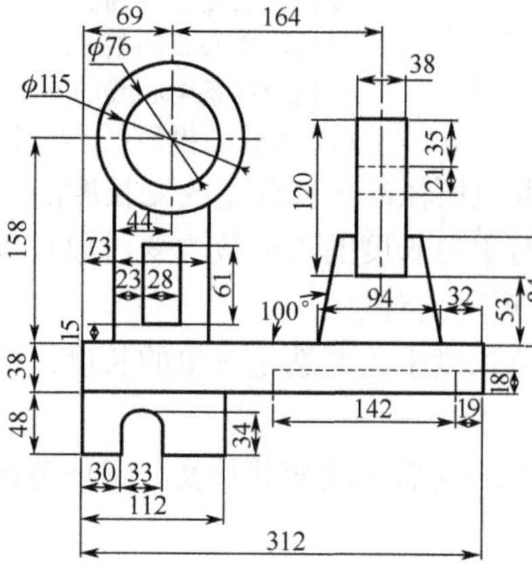

（a）

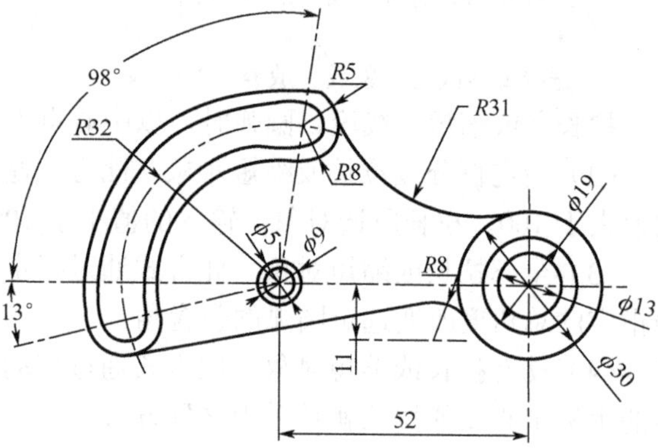

（b）

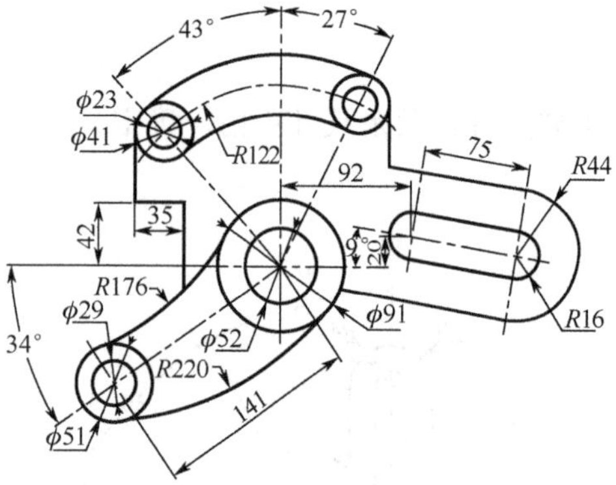

（c）

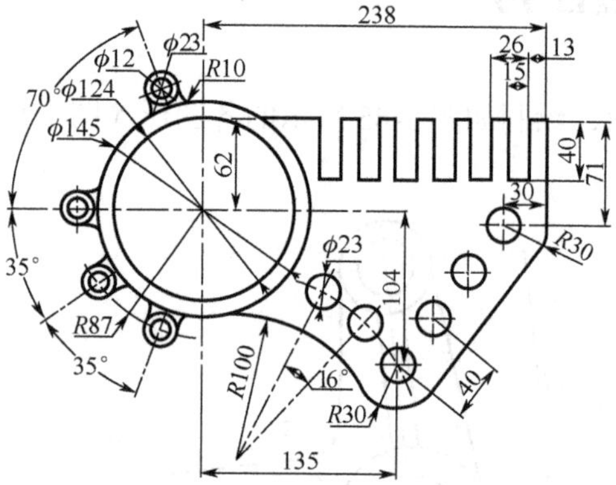

（d）

图 3-86　任务图 3-2

单元 4　文字、尺寸的标注与编辑

【学习目标】

◎ 1. 掌握创建、修改文字样式的方法。
◎ 2. 掌握单行文字、多行文字的注写。
◎ 3. 掌握编辑文字的方法。
◎ 4. 掌握创建、修改标注样式的方法。
◎ 5. 掌握尺寸的正确标注。
◎ 6. 掌握尺寸标注的编辑方法。
◎ 7. 了解 AutoCAD 的各种查询功能。

【实例任务】

◎ 任务 1　创建两种文字样式
◎ 任务 2　注写齿轮技术要求
◎ 任务 3　创建一种尺寸样式
◎ 任务 4　标注模板尺寸
◎ 任务 5　创建多重引线的样式并标注
◎ 任务 6　标注倒角、销孔尺寸及形位公差
◎ 任务 7　查询对象

任务 1　创建两种文字样式

【任务描述】

本任务要求创建两种文字样式，用于图形中文字的注写。一种样式名为“工程字”，选用“gbenor.shx”字体及“gbcbig.shx”大字体；另一种样式名为“长仿宋字”，选用“仿宋_GB2312”字体，宽度比例为“0.7”，并将“工程字”设置为当前文字样式。

本实例主要涉及“文字样式”对话框中参数的设置。

【任务实施】

第一步，在功能区单击“默认”选项卡下“注释”面板中的“文字样式”按钮，弹出“文字样式”对话框，如图 4-1 所示。

第二步，创建“工程字”文字样式。

（1）在“文字样式”对话框中单击“新建”按钮 新建(N)...，弹出“新建文件样式”对话框。

（2）在“样式名”文本框中输入“工程字”，如图 4-2 所示。

（3）单击“确定”按钮，返回到主对话框。

（4）在“SHX 字体”下拉列表框中选择“gbenor.shx”，选中“使用大字体”复选框；在“大字体”下拉列表框中选择“gbcbig.shx”；其余设置采用默认值，如图 4-3 所示，在左下角预览框

中可预览“工程字”文字样式。

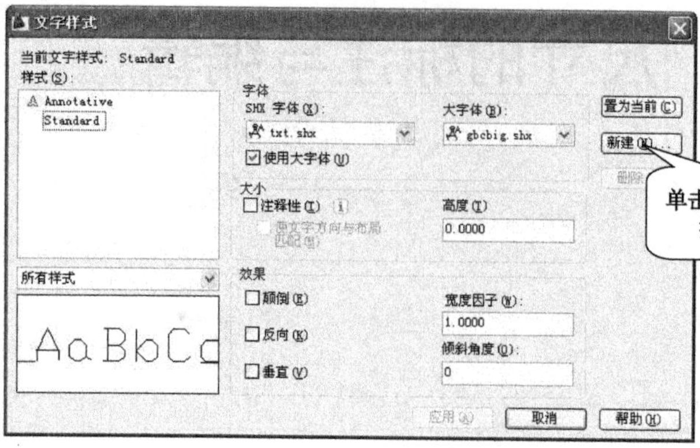

图 4-1 “文字样式”对话框

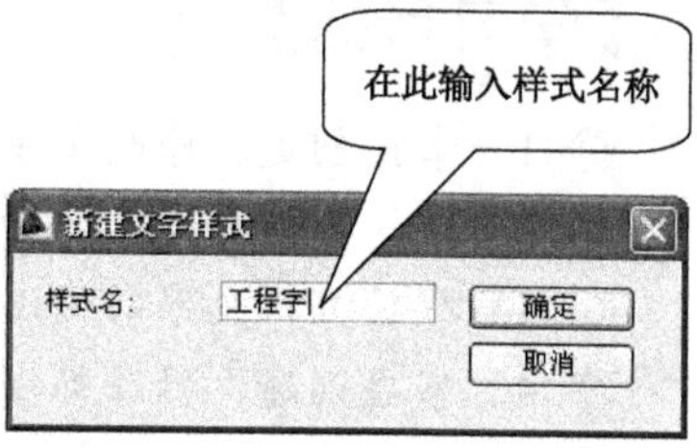

图 4-2 “新建文字样式”对话框

（5）单击“应用”按钮，确认“工程字”文字样式的设置。

第三步，创建“长仿宋字”文字样式。

（1）在“文字样式”对话框中再次单击“新建”按钮 新建(N)...，弹出“新建文字样式”对话框。

（2）在“样式名”文本框中输入“长仿宋字”。

（3）单击“确定”按钮，返回到主对话框。

（4）在“字体名”下拉列表框中选择“仿宋_GB2312”，取消选中“使用大字体”复选框；在“宽度因子”数字框内输入宽度比例值“0.7”，其余设置采用默认值，如图 4-4 所示。

（5）单击“应用”按钮，确认“长仿宋字”文字样式的设置。

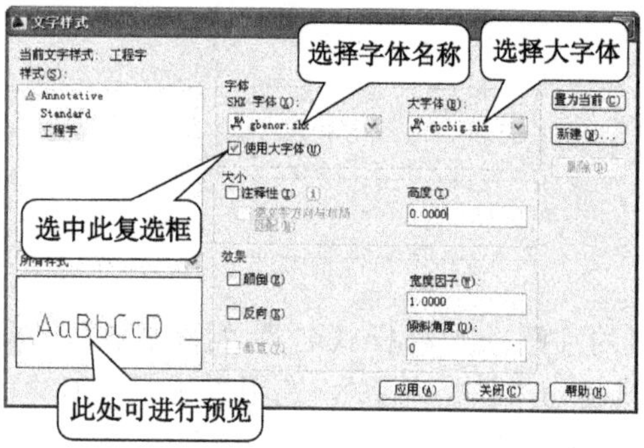

图 4-3 设置“工程字”文字样式

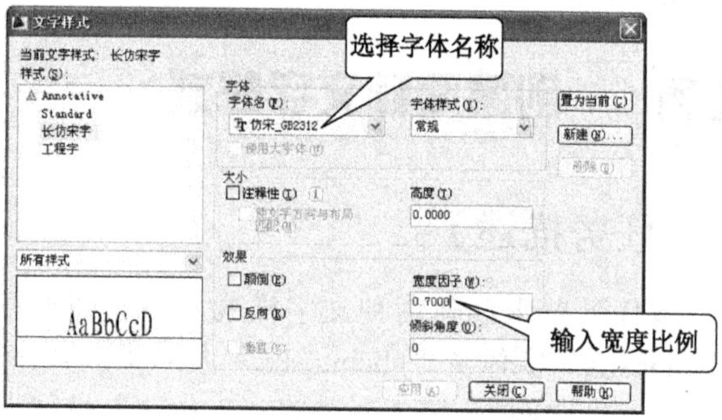

图 4-4 设置“长仿宋字”文字样式

【相关知识】

文字样式的创建

文字是工程图样中不可缺少的组成部分，文字样式是对文字特性的一种描述，包括字体、高度（即文字的大小）、宽度比例、倾斜角度及排列方式等。工程图样中所注写的文字往往需要采用不同的文字样式，因此，在注写文字前首先应创建所需要文字样式。调用“文字样式”命令的方式如下。

① 功能区：在“默认”选项卡下“注释”面板中单击“文字样式”按钮。

或在“注释”选项卡的“文字”面板中单击“面板对话框启动器”按钮。

② 菜单栏：选择“格式”→“文字样式”命令。

③ 工具栏：在“文字”工具栏中单击“文字样式”按钮或在“样式”工具栏中单击“文字样式”按钮。

④ 键盘命令：在命令行输入“STYLE”或“ST”命令。

“注释”面板如图 4-5 所示。

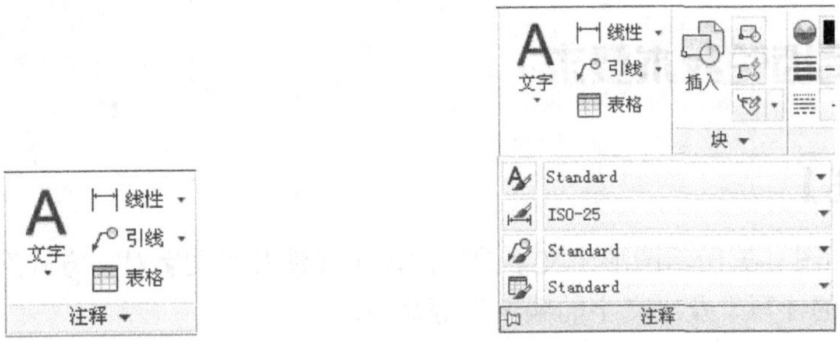

（a）展开前　　（b）展开后

图 4-5 “注释”面板

调用“文字样式”命令后，弹出如图 4-1 所示的“文字样式”对话框。在该对话框内不但可以创建新的文字样式，而且还可以修改或删除已有的文字样式，或根据需要将某种文字样式设置为当前文字样式。“文字样式”对话框中各选项作用简介如下。

① 样式：“样式”列表中显示了当前图形文件中已创建的所有文字样式。“Standard”为系统默认使用的样式名，不允许重命名和删除。图形文件中已使用的文字样式也不能被删除。

② 字体名：“字体名”下拉列表中显示了系统提供的字体文件名。表中有两类字体，其中 True Type 字体是由 Windows 系统提供的已注册的字体，SHX 字体为 AutoCAD 本身编译的存放在 AutoCAD Fonts 文件夹中的字体。两种字体分别在字体文件名前用、前缀区别，只有在“使用大字体”复选框不被选中的情况下，才能选择 True Type 字体。

③ 字体样式：用于指定字体格式，如斜体、粗体或者常规字体。选中“使用大字体”复选框后，该选项变为“大字体”，用于选择大字体文件。

④ 使用大字体：用于指定亚洲语言的大字体文件。只有在“字体名”中指定 SHX 文件，才能使用“大字体”，常用的大字体文件为“gbcbig.shx”。

⑤ 高度：用于指定文字高度。文字高度的默认值为 0，表示字高是可变的，在使用“TEXT”命令注写文字时，命令行将显示“指定高度”提示，要求用户指定文字的高度；如在“高度”文本框中输入了某一高度值，AutoCAD 按此高度注写文字，不再提示指定高度。

在设置文字样式时，文字高度一般使用默认值 0，使文字高度可变。

⑥ 效果：用于修改字体的特性，如宽度因子、倾斜角度及是否颠倒显示、反向或垂直对齐。通过设置不同的参数可以得到不同的文字效果，如图 4-6 所示。

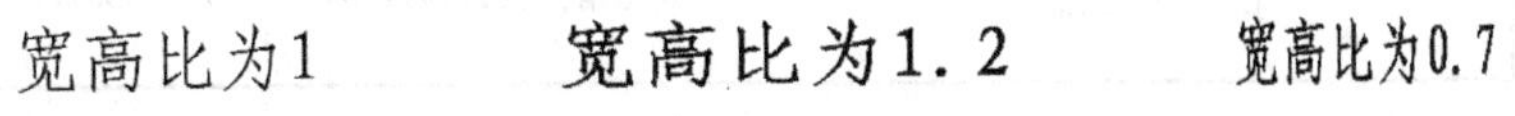

（a）不同宽度比例

图 4-6 不同设置参数下的文字效果

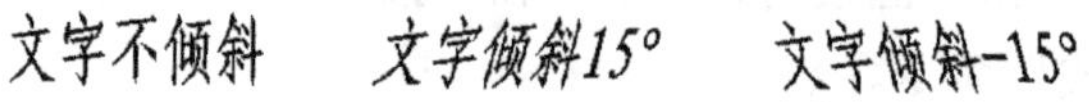

（b）不同倾斜角度

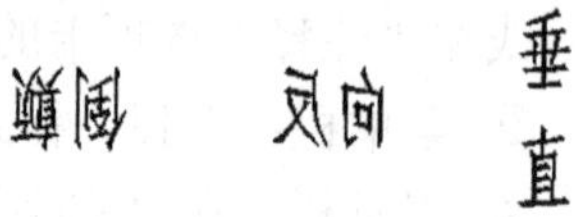

（c）不同文字方向

图 4-6　不同设置参数下的文字效果（续）

文字倾斜角度为相对于 *Y* 轴正方向的倾斜角度，其值为-85°～85°。

任务 2　注写齿轮技术要求

【任务描述】

本任务介绍如图 4-7 所示图形中文字的标注，主要涉及“文字对齐方式”“单行文字”“多行文字”“特殊符号的注写”及“文字的编辑”等命令。

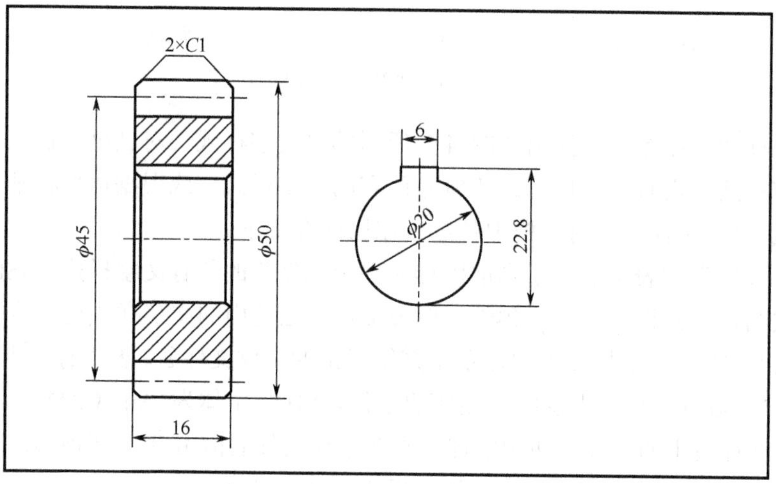

（a）注写前

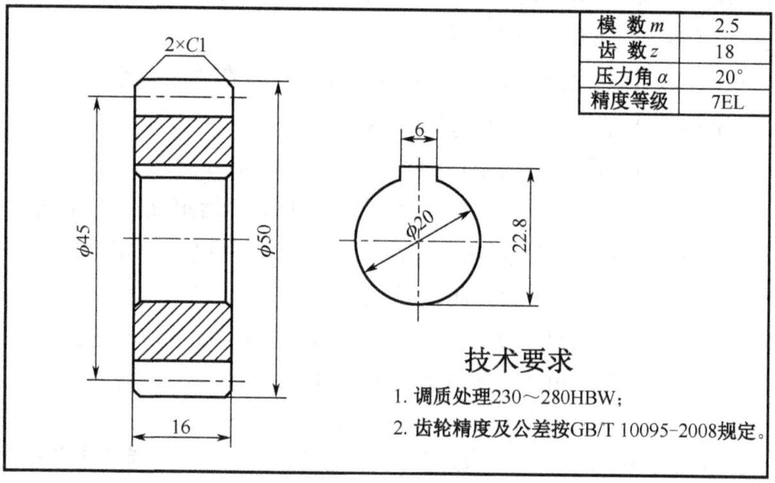

（b）注写后

图 4-7　注写齿轮的技术要求

【任务实施】

第一步，新建一个图层用于注写文字，图层名为“文字”。

第二步，按尺寸绘制图形，剖面线可暂不绘制。

第三步，调用“直线”“偏移”命令按图 4-7 所示的尺寸绘制参数表。

第四步，将“文字”图层置为当前层，将在本单元任务 1 中创建的“工程字”样式置为当前文字样式。

第五步，注写参数表文字。

（1）使用“直线”命令，在参数表左上单元格中绘制一条对角线，如图 4-8（a）所示。

（2）调用“单行文字”命令，采用“中间”对齐方式，注写一行文字，文字高度为“5”。

在功能区单击“默认”选项卡下“注释”面板中的“单行文字”按钮A，操作步骤如下。

```
命令:dtext↙                                                    //调用“单行文字”命令
当前文字样式: "工程字"文字高度: 2.5000注释性:否
对正:左下                                                      //系统提示
指定文字的起点或[对正(J)/样式(S)]: j ↙                         //选择“对正”选项
输入选项[对齐(A)/调整(F)/中心(C)/中间(M)/右(R)/
左上(TL)/中上(TC)/右上(TR)/左中(ML)/正中(MC)/右中
(MR)/左下(BL)/中下(BC)/右下(BR)]: M ↙                          //指定“中间”对齐方式
指定文字的中点间:                                              //拾取对角线的中点，如图4-8（b）所示
指定高度<2.5000>: 5 ↙                                          //指定文字高度为5
指定文字的旋转角度<0>: ↙                                       //选择默认值，显示“在位文字编辑器”
输入文字：模数m ↙                                              //输入文本，按Enter键
↙                                                              //按Enter键结束“单行文字”命令
```

采用同样的方法，注写“2.5”，操作完成后如图 4-8（c）所示。

（3）以点 1 为基点，点 2、3、4 为位移点，复制文字到其余三行，如图 4-8（d）所示。

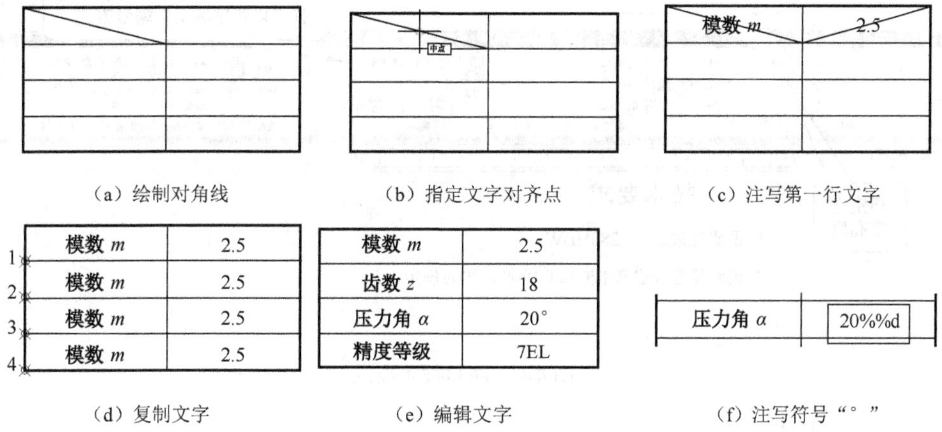

图 4-8　填写参数表

（4）编辑修改复制的文字，完成参数表的填写，如图 4-8（e）所示。

双击要修改的文字，操作步骤如下。

```
命令: _ ddedit                                   //启动命令
选择注释对象或 [放弃(U)]:                        //单击第二行的“模数m”，显示“在位文字编辑器”
在"在位文字编辑器"中进行如下操作:
输入“齿数z”后，单击                             //输入修改文字，单击，确认此处修改结束
选择注释对象或 [放弃(U)]:单击“2.5”               //选择要修改的文字
```

采用与上相同的方法将“2.5”修改为“18”(过程略)

选择注释对象或 [放弃(U)]:↙　　　　　　　　//按Enter键结束命令

采用同样的方法编辑其余两行文字，其中 20° 的角度符号“°”可通过在键盘输入控制代码“%%d”得到，如图 4-8（f）所示，操作完成后如图 4-8（e）所示。

第六步，调用“多行文字”命令，注写技术要求。

在功能区单击“默认”选项卡下“注释”面板中的“多行文字”按钮A，操作步骤如下。

命令：_ mtext　　　　　　　　//调用“多行文字”命令

当前文字样式："工程字" 文字高度：5 注释性：否　　//系统提示

指定第一角点　　　　　　　　//在适当位置单击，指定文本框第一角点

指定对角点或[高度(H)/对正(J)/行距(L)/旋转(R)/样式(S)/宽度(W)/栏(C)]:　　//在适当位置单击，指定文本框另一角点，功能区显示“文字编辑器”选项卡，绘图区显示文本框

进行如下操作

在“样式”面板的“样式”下拉列表中选择“长仿宋字”样式，如图4-9所示　　//指定文字样式为“长仿宋字”

在“样式”面板“文字高度”下拉列表中选择或直接输入“7”　　//指定文字高度为7

输入文字：技术要求↙　　//输入文字，按Enter键换行

在“文字高度”下拉列表中选择或直接输入“5”　　//指定文字高度为5

单击“段落”面板→“项目符号和编号”按钮，选择“以数字标记”　　//为输入的文字设置成数字编号的形式

输入文字：调质处理230～280HBW；↙　　// 输入第一项内容，按Enter键换行

输入文字：齿轮精度……规定。　　//输入第二项内容，如图4-9所示

单击“关闭”面板→“✕”按钮　　//结束“多行文字”命令

图 4-9　注写技术要求

第七步，保存图形文件。

【相关知识】

1. 文字对齐方式

（1）单行文字的对齐方式。AutoCAD 为单行文字的水平文本行规定了 4 条定位线（顶线、中线、基线和底线）、13 个对齐点、15 种对齐方式，各对齐点即为文本行的插入点，如图 4-10 所示。

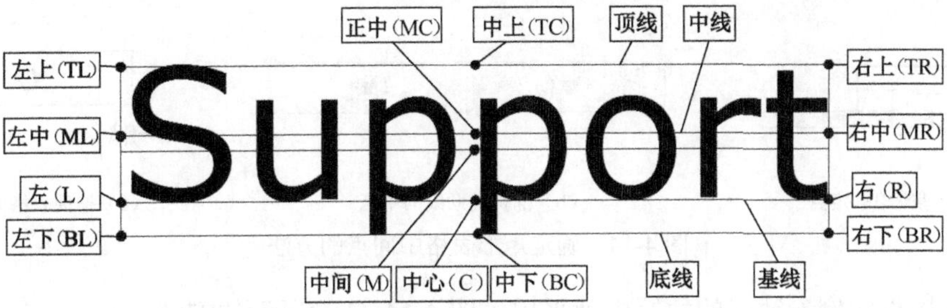

图 4-10　单行文字对齐方式（对齐、调整除外）

顶线为大写字母顶部所对齐的线；基线为大写字母底部所对齐的线；中线处于顶线与基线的正中间；底线为长尾小写字母底部所对齐的线。汉字书写在顶线和基线之间。

除图 4-10 所示的 13 种对齐方式外，还有两种对齐方式。

① 对齐（A）：指定文本行基线的两个端点确定文字的高度和方向。系统自动调整字符高度使文字在两端点之间均匀分布，而字符的宽高比例不变，如图 4-11（a）所示。

② 调整（F）：指定文本行基线的两个端点确定文字的方向。系统调整字符的宽高比例以使文字在两端点之间均匀分布，而文字高度不变，如图 4-11（b）所示。

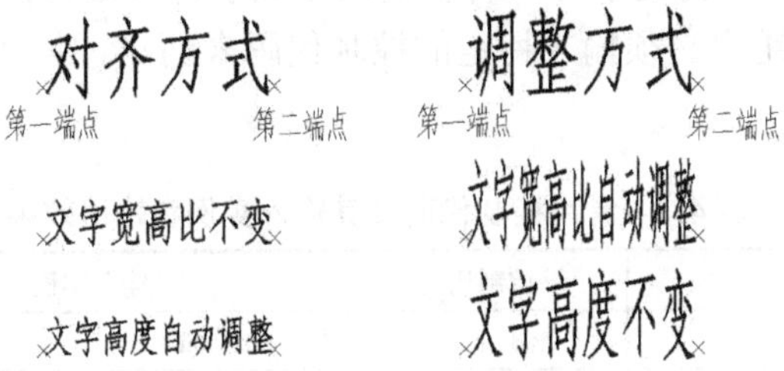

（a）对齐方式　　（b）调整方式

图 4-11　单行文字对齐方式（对齐、调整方式）

（2）多行文字的对齐方式。多行文字创建在所指定的矩形边界（通过指定第一角点、第二角点确定，如图 4-12 所示）内，有 9 种对齐方式，如图 4-13 所示。

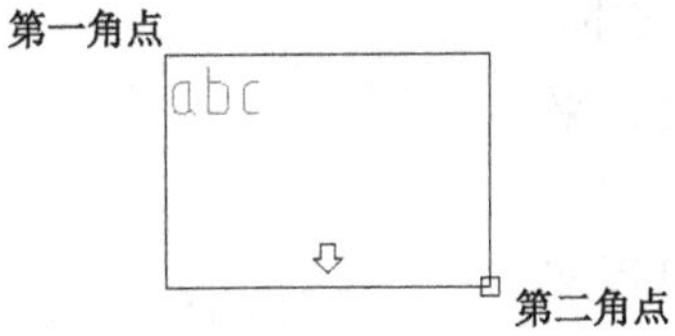

图 4-12　多行文字的矩形边界框

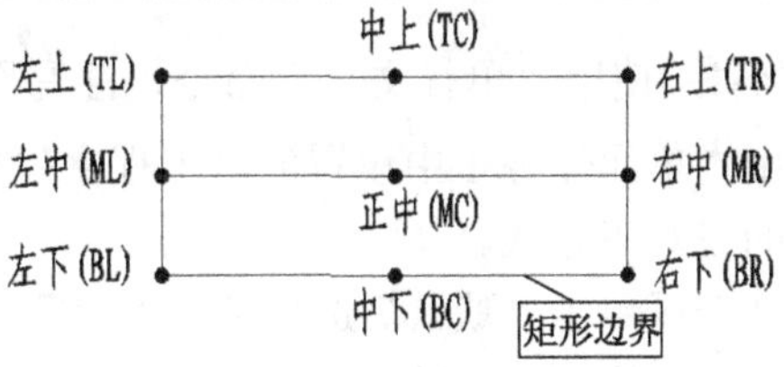

图 4-13　多行文字对齐方式

系统默认的单行文字对齐方式为“左（L）”，多行文字对齐方式为“左上（TL）”。

创建位于表格正中的单行文字，可以使用“中间”对齐方式。对齐点可利用“对象捕捉”及“对象追踪”功能，得到表格的中间点，如图 4-14（a）所示。必要时可绘制一条对角线作为辅助线，其中点就是对齐点，如图 4-14（b）所示。

创建位于表格中央的多行文字，可以使用“正中”对齐方式，将表格的两个对角点作为多行文字文本框的第一、第二角点，如图 4-14（c）所示。

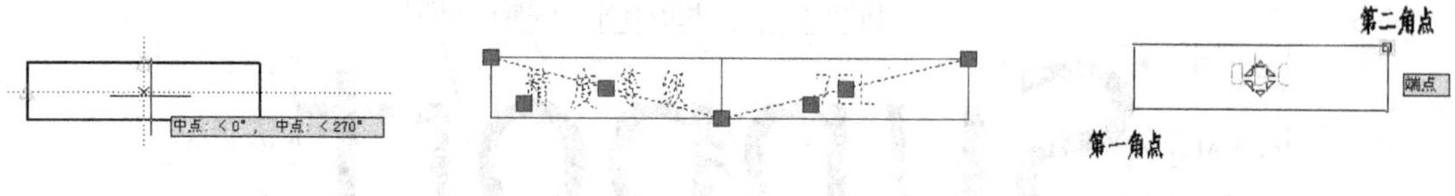

（a）对象捕捉追踪定点　　（b）捕捉辅助线的中点　　（c）捕捉表格的两个角点

图 4-14　确定矩形表格中间点的方法

在本任务操作实例参数表的填写中就采用了图 4-14（b）所示的方法。

2. 单行文字的注写

利用“单行文字”命令，可以动态书写一行或多行文字，每一行文字为一个独立的对象，可单独进行编辑修改。调用命令的方式如下。

① 功能区：在“默认”选项卡下“注释”面板中单击“单行文字”按钮A。

② 菜单栏：选择“绘图”→“文字”→“单行文字”命令。

③ 工具栏：在“文字”工具栏中单击“单行文字”按钮A。

④ 键盘命令：在命令行输入“DTEXT”或“TEXT”“DT”命令。

使用“单行文字”命令注写文字时，若要输入特殊字符（如直径符号、正负公差符号、度符号及上画线、下画线等），用户必须输入特定的控制代码来创建。常用的控制代码及其输入实例和输出效果如表 4-1 所示。

表 4-1　常用控制代码及其输入实例和输出效果

特殊字符	控制代码	输入实例	输出效果
角度符号（°）	%%d	60%%d	60°
正负公差符号（±）	%%p	30%%p0.5	30±0.5
直径符号（ϕ）	%%c	%%c50	ϕ50
上画线（¯¯）	%%o	%%oAB%%oCD	$\overline{\text{AB}}$ CD
下画线（__）	%%u	%%uAB%%uCD	<u>AB</u>CD
百分号（%）	%%%	40%%%	40%

例 4-1　使用“单行文字”命令，注写图 4-15 所示的文本，要求采用本单元任务 1 中设置的“工程字”样式，字高为 5，采用默认的左对齐方式。

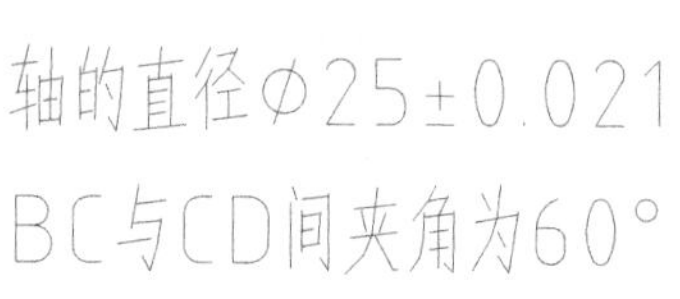

图 4-15　单行文字

在功能区单击“默认”选项卡下“注释”面板中的“单行文字”按钮A，操作步骤如下。

```
命令: _dtext                                        //调用“单行文字”命令
当前文字样式: “长仿宋字” 文字高度: 5.000 注释性: 否
对正:左                                              //系统提示
指定文字的起点或 [对正(J)/样式(S)]: s ↙              //选择“样式”选项
输入样式名或 [?] <长仿宋体>: 工程字                    //指定文字样式为“工程字”
当前文字样式: “工程字” 文字高度: 5.000 注释性: 否
对正:左                                              //系统提示
指定文字的起点或 [对正(J)/样式(S)]:                   //单击一点，指定文字左对齐点
指定高度<5.0000>: ↙                                  //按Enter键采用默认文字高度
指定文字的旋转角度<0>: ↙                              //默认文本行的旋转角度为0，并显示
```

“在位文字编辑器”

```
在“在位文字编辑器”中输入文字：
轴的直径%%c25%%p0.021↙                    //输入第一行文本，按Enter键换行
BC与CD间夹角为60%%d ↙                      //输入第二行文本，按Enter键换行
↙                                          //按Enter键结束“单行文字”命令
```

本任务操作实例中参数表文字的注写即为单行文字。

3. 多行文字的注写

利用“多行文字”命令，可以在绘图窗口指定的矩形边界内创建多行文字，且所创建的多行文字为一个对象。使用“多行文字”命令，可以方便灵活地设置文字样式、字体、高度、加粗、倾斜，快速输入特殊字符，并可实现文字堆叠效果。调用命令的方式如下。

① 功能区：在“默认”选项卡下“注释”面板中单击“多行文字”按钮A。

② 菜单栏：选择“绘图”→“文字”→“多行文字”命令。

③ 工具栏：在“绘图”工具栏中单击“多行文字”按钮A或在“文字”工具栏中单击“多行文字”按钮A。

④ 键盘命令：在命令行输入“MTEXT”或“MT”命令。

执行上述命令，系统提示用户指定一矩形边界，在用户指定对角点之后，功能区将显示“文字编辑器”选项卡，绘图区将显示带标尺的文本框，如图4-16所示。

图4-16　“文字编辑器”选项卡与文本框

“文字编辑器”选项卡由“样式”“格式”“段落”“插入”“拼写检查”“工具”“选项”“关闭”8个面板组成，如图4-16所示，各面板作用说明如下。

① “样式”面板：用于设置或修改多行文字的文字样式及高度，如图4-17所示。

② “格式”面板：用于设置多行文字为粗体、斜体、大小写转换及多行文字的字体、颜色、上画线、下画线、倾斜角度、字符间距、宽度比例等，如图4-18所示。

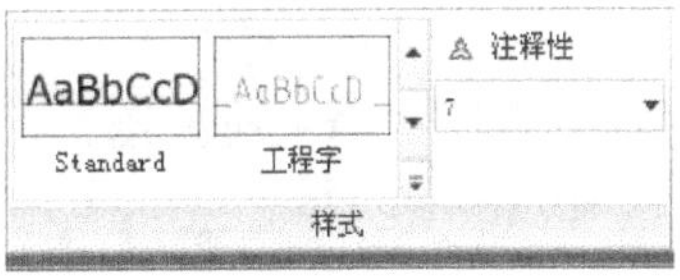

图4-17　“样式”面板

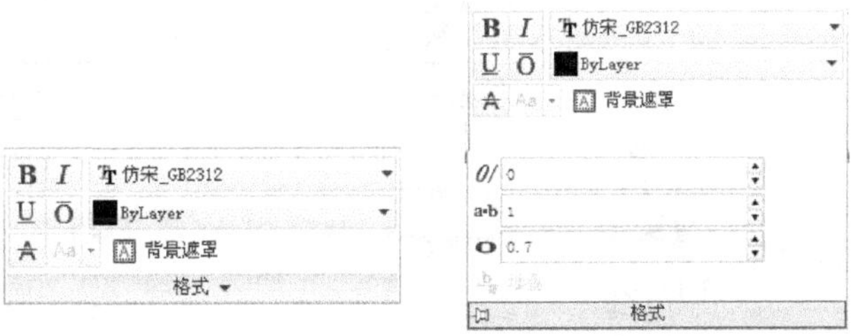

（a）展开前　　（b）展开后

图4-18　“格式”面板

③ “段落”面板：用于设置多行文字的对齐方式、行距、编号方式及段落对齐方式等，如图4-19所示。单击“段落”面板右下方的按钮，弹出“段落”对话框，如图4-20所示，能进

一步对段落进行制表位、缩进量、段落间距等设置。

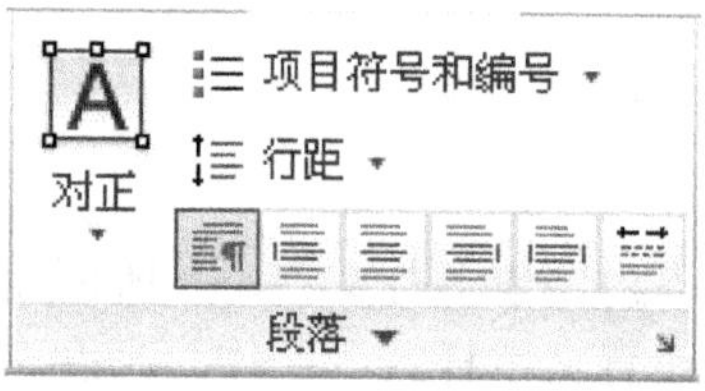

图 4-19 “段落”面板

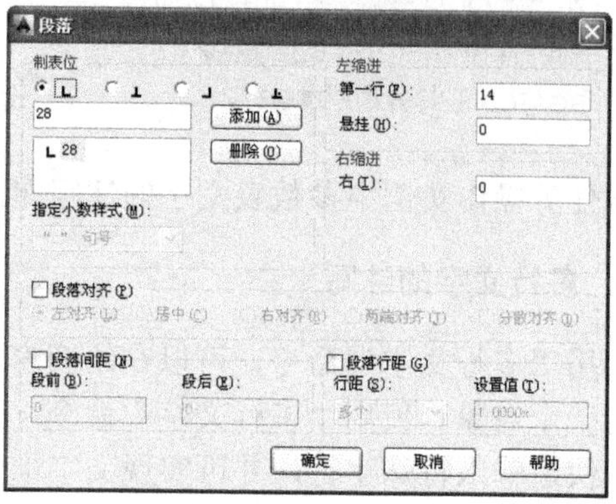

图 4-20 “段落”对话框

④ “插入”面板：用于在多行文字中插入符号、插入字段及设置分栏，如图 4-21 所示。

⑤ “拼写检查”面板：用于在多行文字中进行拼写检查，并能添加或删除在拼写检查过程中使用的自定义词典，如图 4-22 所示。

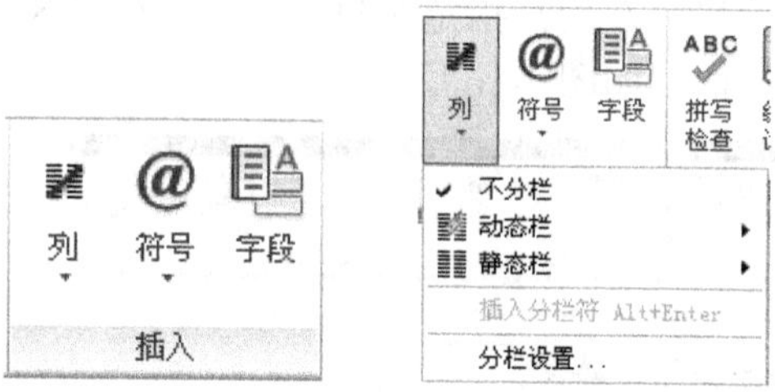

（a）“插入”面板　（b）插入面板中“列”下拉列表

图 4-21 “插入”面板及其“列”下拉列表

图 4-22 “拼写检查”面板

⑥ “工具”面板：用于在多行文字中进行查找和替换字符、自动大写及选择任意 ASCII 或 RTF 格式的文件插入到当前多行文字中，如图 4-23 所示。

⑦ “选项”面板：用于在多行文字中进行放弃、重做操作及控制是否显示标尺，如图 4-24 所示。

⑧ “关闭”面板：用于结束“多行文字”命令并关闭“文字编辑器”功能区上下文选项卡，如图 4-25 所示。

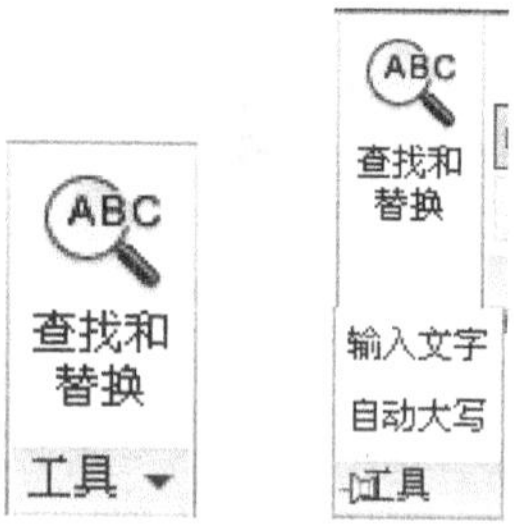

（a）展开前　（b）展开后

图 4-23 “工具”面板

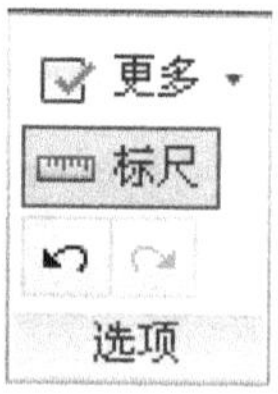

图 4-24 “选项”面板

图 4-25 “关闭”面板

“文字编辑器”功能区上下文选项卡 8 个面板上各按钮的作用大多与 Word 中的相同，在此只介绍堆叠文字和特殊字符的输入。

堆叠文字是一种垂直对齐的文字或分数，需堆叠的文字间使用“/”“#”或“^”分隔，各堆叠效果如图 4-26 所示。

从图 4-26 所示文字中可以看出：堆叠字符“/”——创建水平分数堆叠

堆叠字符“#”——创建斜分数堆叠

堆叠字符“^”——创建公差堆叠

例 4-2　利用“多行文字”命令创建如图 4-27（b）所示的公差堆叠文本。

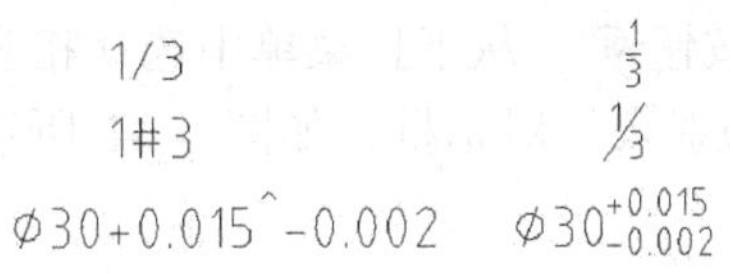

（a）堆叠前　（b）堆叠后

图 4-26　堆叠文字

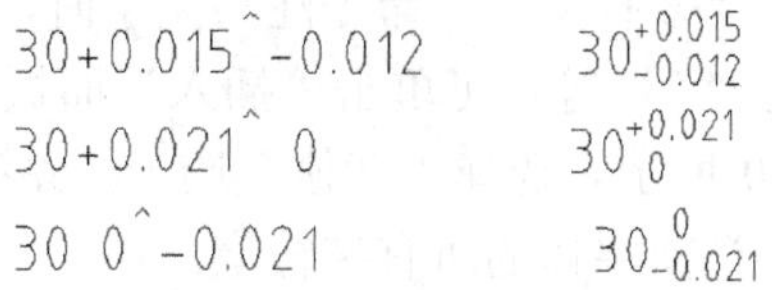

（a）堆叠前　（b）堆叠后

图 4-27　公差堆叠文本

在功能区单击“默认”选项卡下“注释”面板中的“多行文字”按钮 A，操作步骤如下。

```
命令：_ mtext                                        //调用“多行文字”命令
当前文字样式："工程字" 文字高度：5 注释性：否        //系统提示
指定第一角点                                          //在适当位置单击，指定文本框第一角点
指定对角点或[高度(H)/对正(J)/行距(L)/旋转(R)
/样式(S)/宽度(W)/栏(C)]：                            //在适当位置单击，指定文本框另一角点，
                                                      //功能区显示“文字编辑器”选项卡
进行如下操作
输入文字：“30+0.015^-0.012”，如图4-27（a）所示，
然后选中“+0.015^-0.012”，右击，在快捷菜单中
单击“堆叠”，如图4-28（a）所示                      //输入文字，完成公差堆叠，按Enter键换行
输入文字：“30+0.021^0”，如图4-27（a）所示，然
后选中“+0.021^ 0右击，在快捷菜单中单击“堆
叠”，如图4-28（b）所示                              //输入文字，完成公差堆叠，按Enter键换行
输入文字：“30 0^-0.021”，如图4-27（a）所示，然后
选中“ 0^-0.021”，右击，在快捷菜单中单击“堆
叠”，如图4-28（c）所示                              //输入文字，完成公差堆叠
单击“关闭”面板→ “ ✕ ”按钮                        //结束“多行文字”命令
```

（a）上下偏差均不为 0　（b）下偏差为 0　（c）上偏差为 0

图 4-28　公差堆叠对象的输入与选择

由以上操作可以看出，在注写类似于 $30^{0}_{-0.012}$ 的公差（上偏差或下偏差中有一个为 0）时，为使上下偏差对齐，应在“0”的前面输入一个空格，即输入“30　0 ^ −0.021”，再选择“0 ^ −0.021”进行堆叠，如图 4-28 所示。

巧妙使用堆叠符号“ ^ ”，能注写文字的上标或下标。如注写 A_1，在输入“A ^ 1”后，选择“ ^ 1”并右击，在出现的快捷菜单中选择“堆叠”命令。如注写 B^2，在输入“B2 ^ ”后，选择“2 ^ ”

并右击，在出现的快捷菜单中选择“堆叠”命令，堆叠后效果如图 4-29 所示。

（a）堆叠前　　（b）堆叠后

图 4-29　公差堆叠后形成上标或下标

使用“多行文字”命令注写文字时，若要输入特殊字符，如直径符号“ϕ”、正负符号“±”、角度符号“°”等，可单击“插入”面板上的“符号”按钮@，从下拉菜单中选择相应的符号，如图 4-30 所示。选择“其他”选项，系统打开“字符映射表”对话框，如图 4-31 所示，该对话框显示了当前字体的所有字符集。

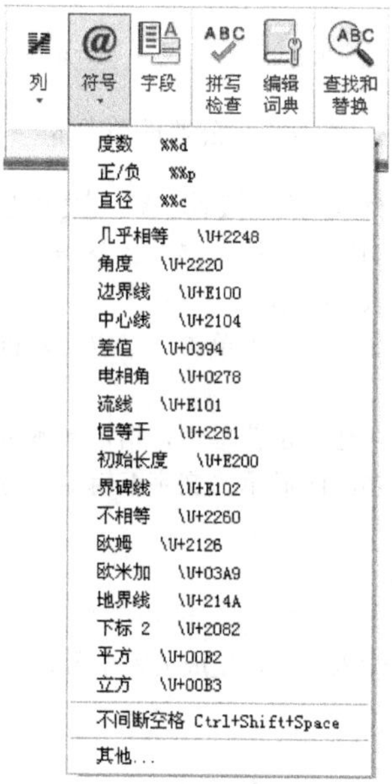

图 4-30　“符号”下拉列表

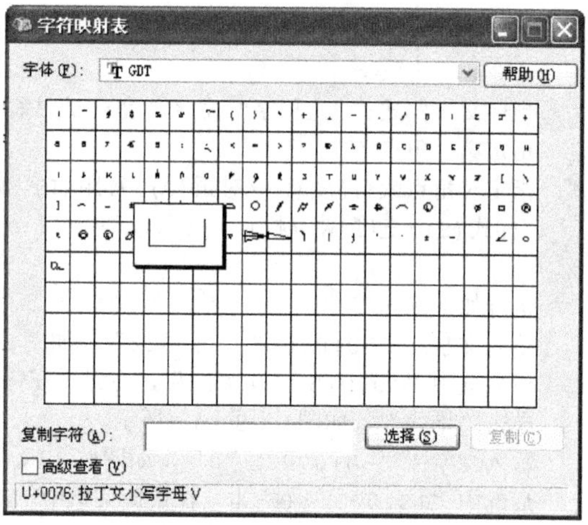

图 4-31　“字符映射表”对话框

例 4-3　利用“多行文字”命令及其“符号”工具，注写如图 4-32 所示的文本，要求采用“工程字”文字样式，文字高度为 3.5。

在功能区单击“默认”选项卡下“注释”面板中的“多行文字”按钮A，操作步骤如下。

命令：_ mtext	//调用“多行文字”命令
当前文字样式："工程字" 文字高度：3.5 注释性：否	//系统提示
指定第一角点：	//在适当位置单击，确定文本框第一角点
指定对角点或 [高度（H）/对正（J）/行距（L）/旋转（R）/样式（S）/宽度（W）/栏（C）]：	//在适当位置单击，确定文本框另一角点 功能区显示“文字编辑器”选项卡
进行如下操作	
单击“插入”面板→“符号”下拉列表→“直径”，插入直径符号“ϕ”，如图4-33所示，然后输入文字“20”，再单击“符号”下拉列表→“正/负”插入正负符号“±”，最后输入文字“0.021”	//输入文字，插入符号
单击“关闭”面板→“X”按钮	//结束“多行文字”命令

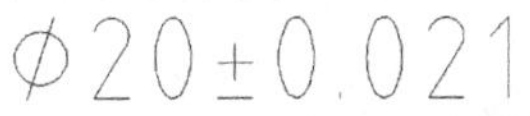

图 4-32　多行文字的注写

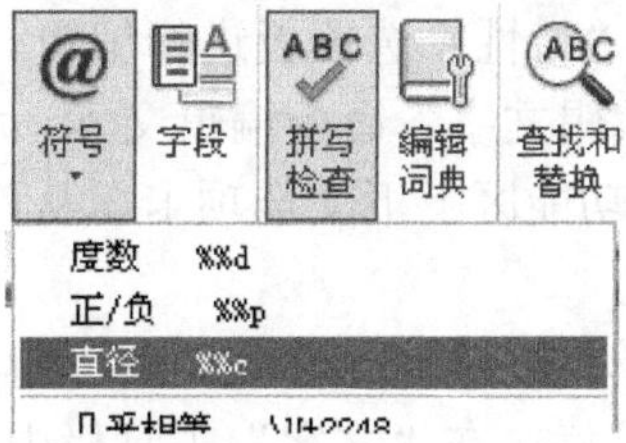

图 4-33　插入直径符号

例 4-4　利用“多行文字”命令及其“符号”工具，注写如图 4-34 所示沉孔的标注文字，要求采用“工程字”文字样式，正中对齐，文字高度为 3.5。

在功能区单击“默认”选项卡下“注释”面板中的“多行文字”按钮 A，操作步骤如下。

命令：_mtext	//调用“多行文字”命令
当前文字样式："工程字" 文字高度：3.5 注释性：否	//系统提示
指定第一角点：3↙	//捕捉水平引线左端点，并向上追踪，输入3，确定文本框文字第一角点
指定对角点或 [高度（H）/对正（J）/行距（L）/旋转（R）/样式（S）/宽度（W）/栏（C）]：3↙	//捕捉水平引线右端点，并向下追踪，输入3，确定文本框另一角点，功能区显示“文字编辑器”上下文选项卡
进行如下操作 单击“段落”面板→“对正”下拉列表，选择“正中”，如图4-35（a）所示	//设定“正中”对齐方式
在文本框中输入“4×”之后，单击“插入”面板→“符号”下拉列表→“直径”，插入直径符号“φ”，然后输入文字6.5 ↙	//输入第一行文字“4×φ6.5”，如图4-35（b）所示，按Enter键换行
单击“插入”面板→“符号”下拉列表→“直径”，输入文字“11”及“4”	//输入第二行文字φ11及4
将光标移到φ11前，单击“符号”下拉列表→“其他”	//打开“字符映射表”对话框，如图4-31所示
选择“GDT”字体，单击符号“v”，单击“选择”	//选择沉孔符号，如图4-31所示
在文本框中的右击，选择“粘贴”选项	//插入沉孔符号v
再将光标移到4之前，用同样方式插入孔深符号x	//插入孔深符号x，如图4-35（b）所示
单击“关闭”面板→“ ✕ ”	//结束“多行文字”命令

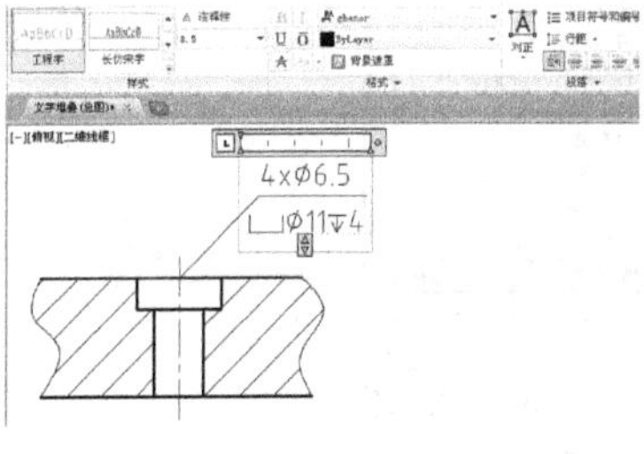

图 4-34　沉孔尺寸的标注

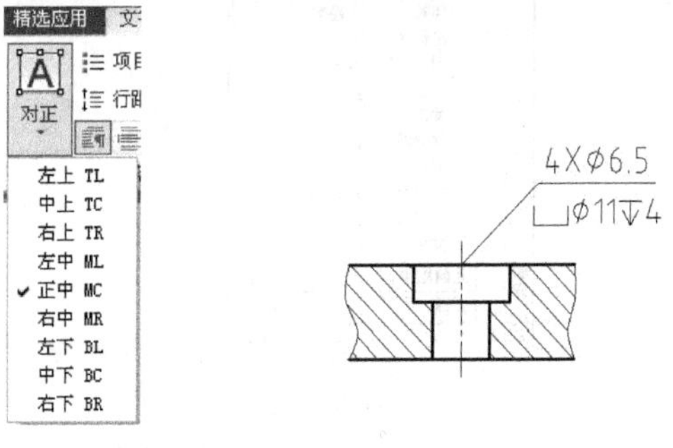

（a）选择对正方式　　（b）输入沉孔尺寸文字

图 4-35　注写沉孔尺寸文字

4．文字的编辑

在文字注写之后，常常需要对文字的内容和特性进行编辑和修改。用户可以采用“编辑文字”

命令和对象“特性”选项板进行编辑。

（1）“编辑文字”命令编辑文本。利用“编辑文字”命令可以打开“在位文字编辑器”或“文字编辑器”功能区上下文选项卡，从而编辑、修改单行文本和多行文本的内容及格式。调用命令的方式如下。

① 菜单栏：选择“修改”→“对象”→“文字”→“编辑”命令。

② 工具栏：在“文字”工具栏中单击“编辑”按钮。

③ 键盘命令：在命令行输入“DDEDIT”命令。

执行上述命令后，单击需编辑、修改的文字，打开“在位文字编辑器”（编辑对象为单行文本）或“文字编辑器”功能区上下文选项卡（编辑对象为多行文本），就可以直接修改编辑文字，操作方法与注写单行文字、多行文字操作相同。

快速打开“在位文字编辑器”或“文字编辑器”功能区上下文选项卡的方法有两种：一种是直接双击要编辑修改的文字；另一种是单击要编辑修改的文字后并右击，在弹出的快捷菜单中选择“编辑文字”或“编辑多行文字”选项。

（2）“特性”选项板编辑文本。利用“特性”选项板可以编辑、修改文本的内容和特性。调用命令的方式如下。

① 功能区：在“默认”选项卡下“特性”面板中单击“面板对话框启动器”按钮。

② 菜单栏：选择“修改”→“特性”命令。

③ 工具栏：在“标准”工具栏中单击“特性”按钮。

④ 键盘命令：在命令行输入“PROPERTIES”命令。

执行该命令后，弹出文字的“特性”选项板，其中列出了选定文本的所有特性和内容，如图 4-36 所示。

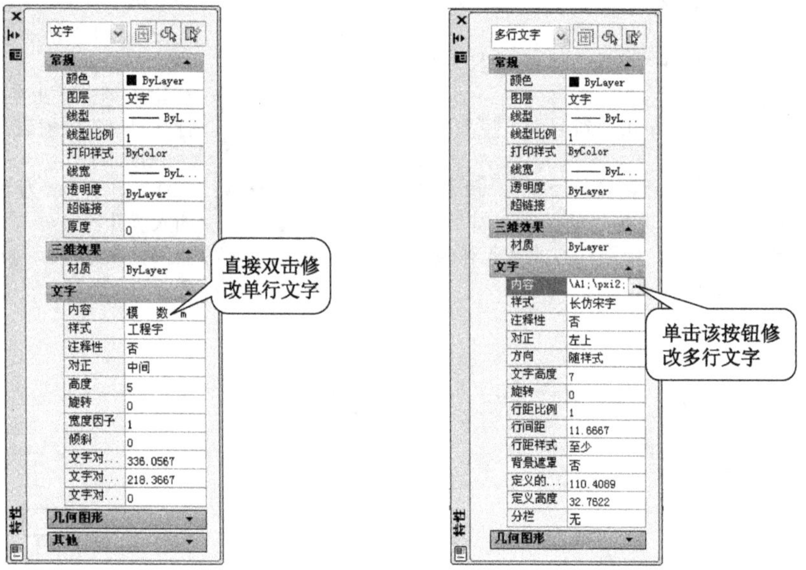

（a）单行文字　　（b）多行文字

图 4-36　文字的“特性”选项板

利用“特性”选项板可以编辑、修改选定对象的特性。“特性”选项板能显示选定对象或对象集的特性。当选择单个对象时，显示所选对象的所有特性，如图 4-36 所示显示的就是所选文字的特性；当选择多个对象时，仅显示所有选定对象的公共特性，如图 4-37（a）所示，此时用户可以通过选择下拉列表中的某一项（如图 4-37（b）所示，选择“圆”）来显示选择集中某个对象的特性（如图 4-37（c）所示，显示了选择集中圆的特性）。

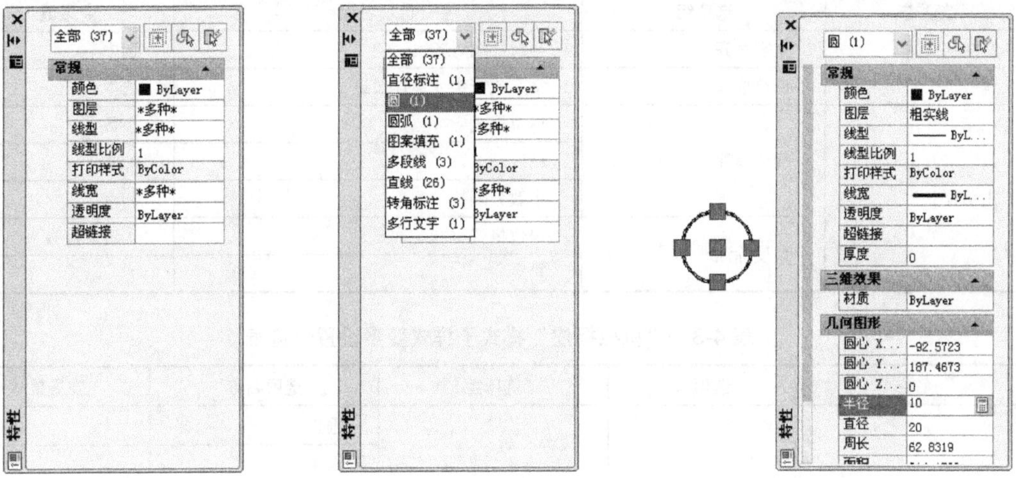

（a）多个对象的　　（b）在选择列表中选择一项　　（c）单个对象的

图 4-37　“特性”选项板

任务 3　创建一种尺寸样式

【任务描述】

本任务要求利用“标注样式”命令创建一种尺寸样式。该样式名为“机械标注”，以 ISO-25 为基础样式，按表 4-2 和表 4-3 所示的要求创建包含“角度”“半径”及“直径”三个子样式的样式，并将其置为当前样式（表中未涉及的变量采用默认值）。

本实例主要涉及“标注样式”对话框的设置。

表 4-2　“机械标注”样式父样式变量设置一览表

选项卡	选项组	选项名称	变量值
线	尺寸线	基线间距	8
	尺寸界线	超出尺寸线	2
		起点偏移量	0
符号和箭头	箭头	第一个	实心闭合
		第二个	实心闭合
		引线	实心闭合
		箭头大小	2.5
	半径标注折弯	折弯角度	45
文字	文字外观	文字样式	工程字
		文字高度	3.5
	文字位置	垂直	上
		水平	居中
		观察方向	从左到右
		从尺寸线偏移	1

续表

选项卡	选项组	选项名称	变量值
文字	文字对齐	与尺寸线对齐	选中
调整	调整选项	文字或箭头（最佳效果）	选中
主单位	线性标注	单位格式	小数
		精度	0.00
		小数分隔符	句点
	角度标注	单位格式	十进制度数
		精度	0

表 4-3 “机械标注”样式子样式变量设置一览表

名称	选项卡	选项组	选项名称	变量值
角度	文字	文字位置	垂直	上
			水平	居中
		文字对齐	水平	选中
直径/半径	文字	文字对齐	ISO 标准	选中
	调整	调整选项	文字	选中

【任务实施】

第一步，创建“机械标注”父样式。

（1）在功能区单击“注释”选项卡中的“标注样式”按钮，弹出“标注样式管理器”对话框，如图 4-38 所示。

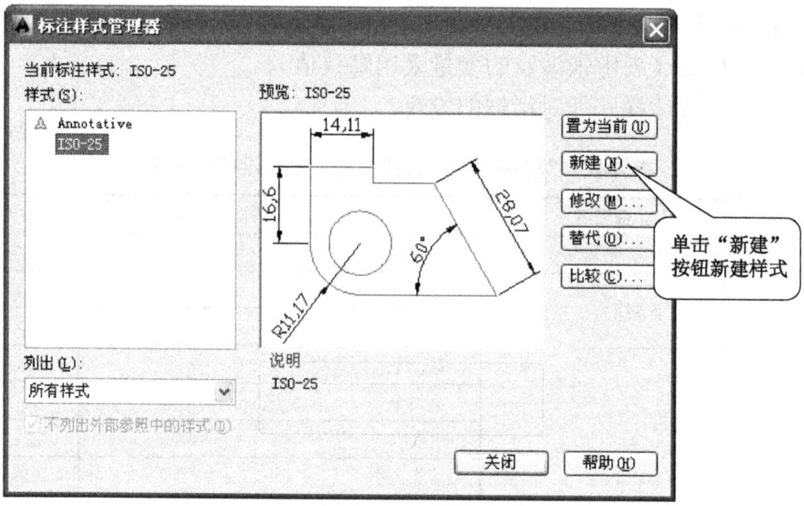

图 4-38 “标注样式管理器”对话框

（2）在“标注样式管理器”对话框中，单击“新建”按钮新建(N)...，弹出“创建新标注样式”对话框，如图 4-39 所示。

（3）在“新样式名”文本框中输入“机械标注”，在“基础样式”下拉列表中选择“ISO-25”选项，在“用于”下拉列表中选择“所有标注”选项，如图 4-39 所示。

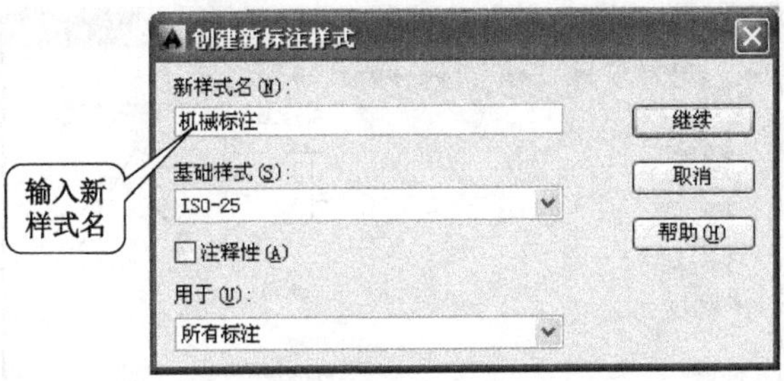

图 4-39　“创建新标注样式”对话框

（4）单击“继续”按钮，弹出“新建标注样式：机械标注”对话框，如图 4-40 所示，按表 4-2 所示的要求设置“线”选项卡中“尺寸线”选项组下的“基线间距”为“8”；设置“尺寸界线”选项组下“超出尺寸线”为“2”，“起点偏移量”为“0”。

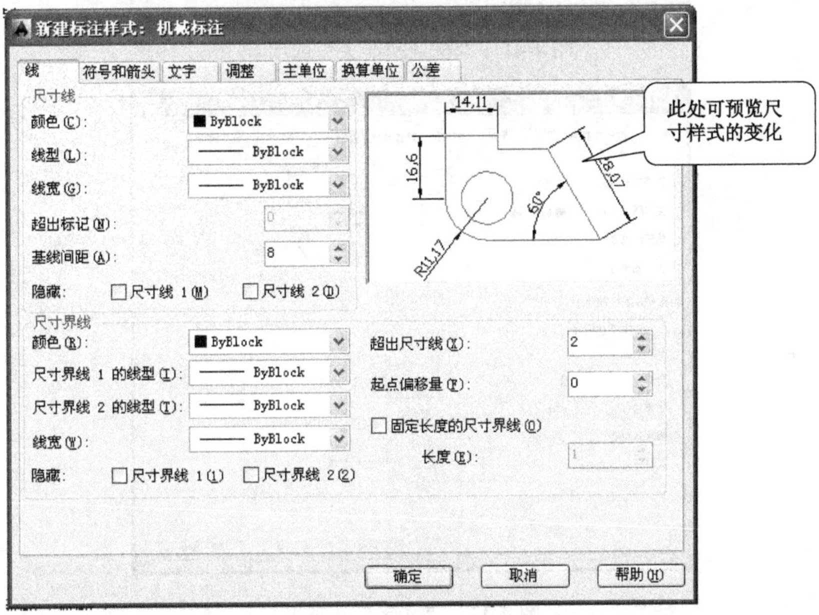

图 4-40　“线”选项卡

（5）单击“符号和箭头”标签，切换到“符号和箭头”选项卡，按表 4-2 所示的要求设置“箭头”选项组下所有箭头均采用“实心闭合”样式、“箭头大小”为“2.5”；设置“半径折弯标注”选项组下“折弯角度”为“45”，如图 4-41 所示。

（6）单击“文字”标签，切换到“文字”选项卡，按表 4-2 所示的要求设置“文字外观”选项组下“文字样式”为“工程字”，“文字高度”为“3.5”；设置“文字位置”选项组下“垂直”为“上”，“水平”为“居中”，“观察方向”为“从左到右”，“从尺寸线偏移”为“1”；“文字对齐”方式选择“与尺寸线对齐”，如图 4-42 所示。

（7）单击“调整”标签，切换到“调整”选项卡，按表 4-2 所示的要求在“调整选项”选项组下选中“文字或箭头（最佳效果）”单选按钮，如图 4-43 所示。

（8）单击“主单位”标签，切换到“主单位”选项卡，按表 4-2 所示的要求设置“线性标注”选项组下“单位格式”为“小数”；“精度”为“0.00”（即精确到两位小数），“小数分隔符”为“‘.’（句点）”；设置“角度标注”选项组下“单位格式”为“十进制度数”，“精度”为“0”，如图 4-44 所示。

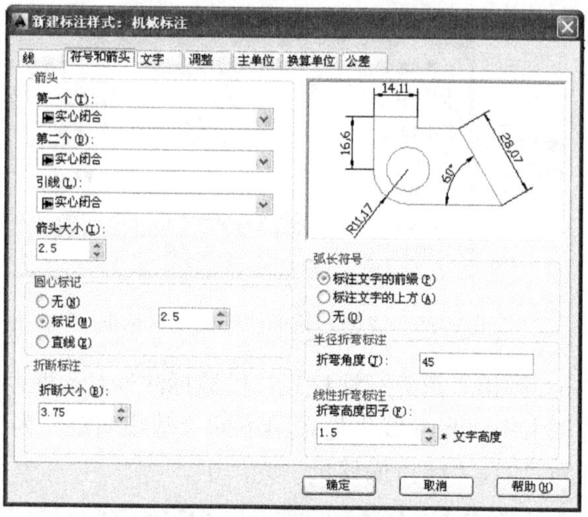

图 4-41 “符号和箭头”选项卡

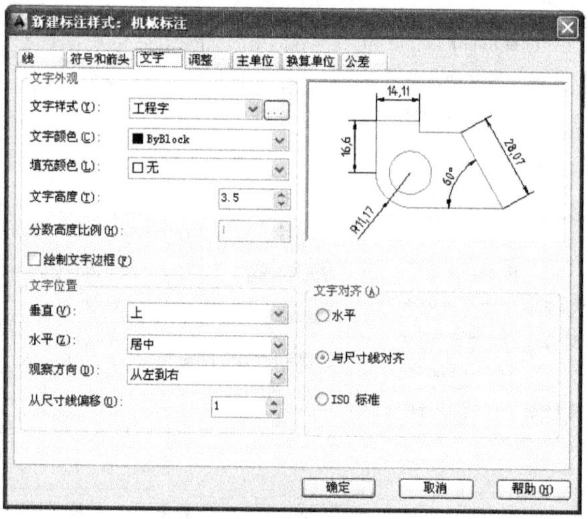

图 4-42 “文字”选项卡

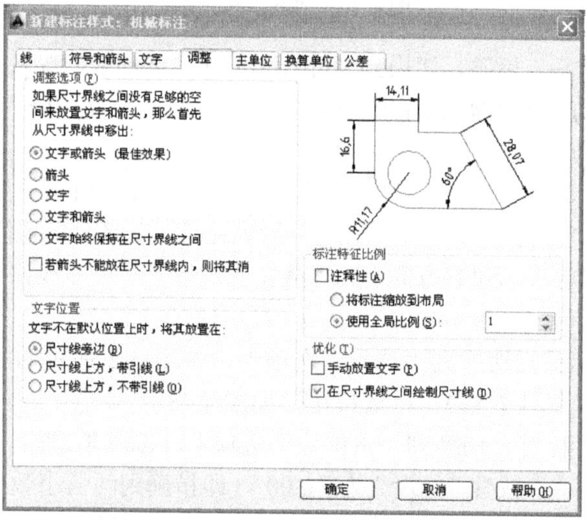

图 4-43 “调整”选项卡

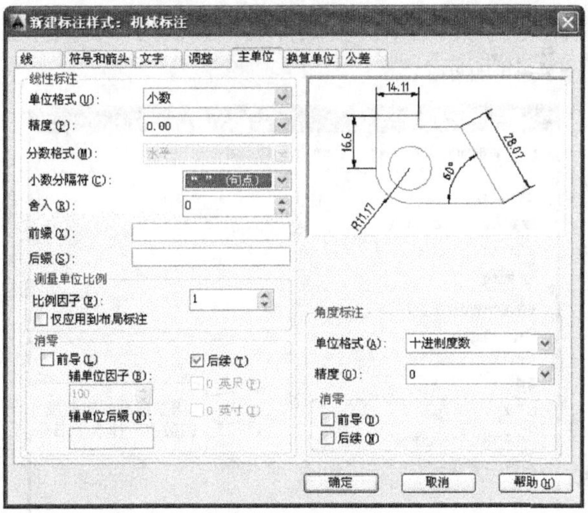

图 4-44　“主单位”选项卡

（9）单击“确定”按钮，返回到主对话框，新标注样式显示在“样式”列表中，完成父样式的创建。

第二步，创建“角度”子样式。

（1）在“样式”列表中选择“机械标注”，单击“新建”按钮 新建(N)... ，弹出“创建新标注样式”对话框。

（2）在“创建新标注样式”对话框中“基础样式”默认为“机械标注”，在“用于”下拉列表中选择“角度标注”，如图 4-45 所示。

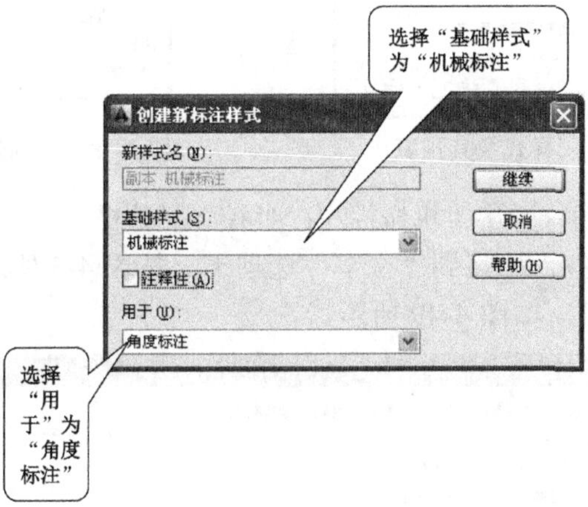

图 4-45　“创建新标注样式”对话框

（3）单击“继续”按钮，弹出“机械标注：角度”对话框。

单击“文字”标签，切换到“文字”选项卡，按表 4-3 所示的要求选择角度的“文字对齐”方式为“水平”，如图 4-46 所示。

（4）单击“确定”按钮，返回到主对话框，在“机械标注”下方显示其子样式“角度”，如图 4-47 所示，完成“角度”子样式的创建。

第三步，创建“半径”子样式。

（1）在“样式”列表中选择“机械标注”，单击“新建”按钮，弹出“创建新标注样式”对话框。

（2）在“创建新标注样式”对话框中“基础样式”默认为“机械标注”，在“用于”下拉列表中选择“半径标注”，如图 4-48 所示。

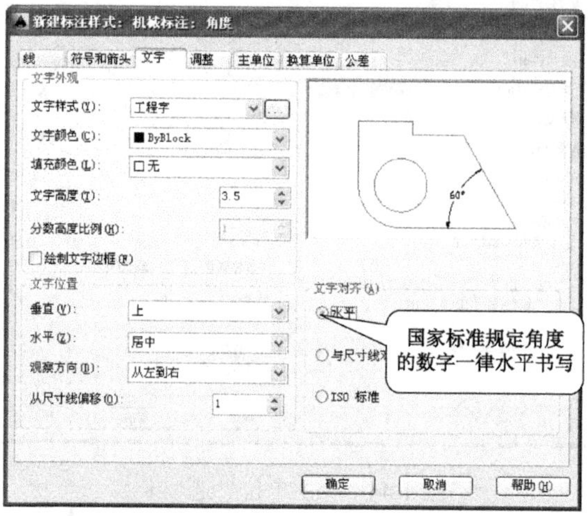

图 4-46　设置“角度”样式的“文字对齐”方式

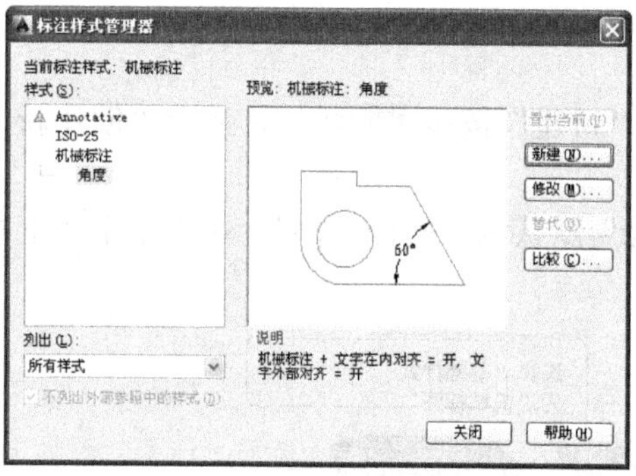

图 4-47　“角度”子样式及其预览

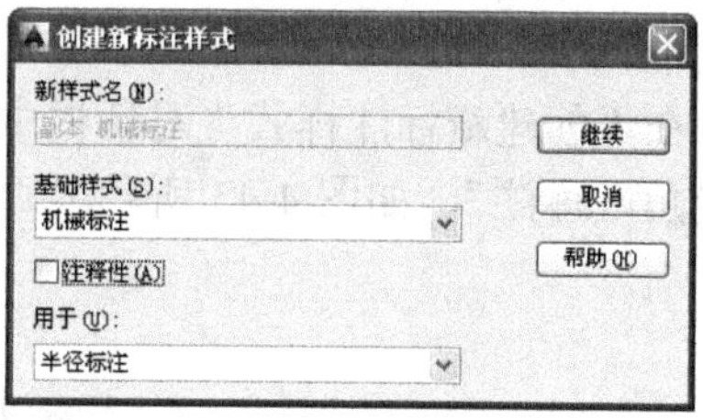

图 4-48　“创建新标注样式”对话框

（3）单击“继续”按钮，弹出“机械标注：半径”对话框。

（4）单击“文字”标签，切换到“文字”选项卡，按表 4-3 所示的要求选择半径的“文字对齐”方式为“ISO 标准”，如图 4-49 所示。

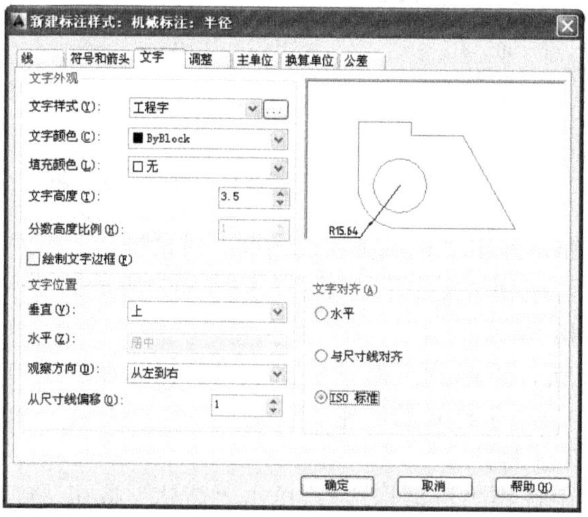

图 4-49　“半径”样式的文字对齐方式

（5）单击“调整”标签，切换到“调整”选项卡，按表 4-3 所示的要求在“调整选项”选项组下选中“文字”单选按钮，如图 4-50 所示。

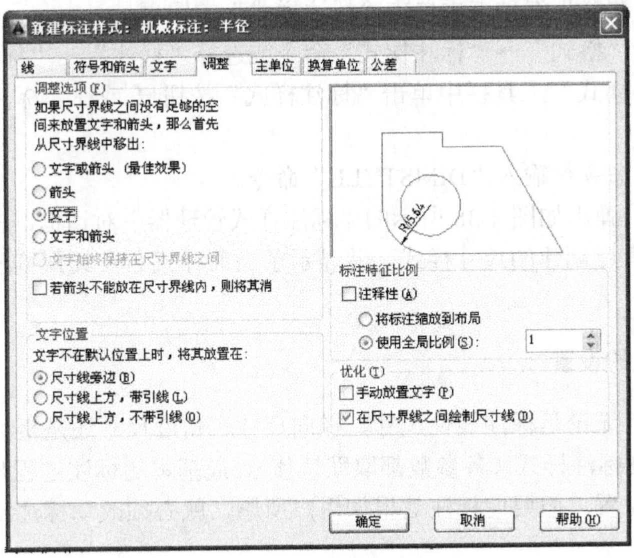

图 4-50　“半径”样式的调整选项

（6）单击“确定”按钮，返回到主对话框，在“机械标注”下方显示其子样式“半径”，“半径”子样式的创建完成。

第四步，创建“直径”子样式。创建方法与创建“半径”子样式的方法相同。

第五步，在“样式”列表中选择“机械标注”，单击“置为当前”按钮置为当前(C)，将“机械标注”样式置为当前样式，如图 4-51 所示。

第六步，单击“关闭”按钮，关闭“标注样式管理器”对话框，完成设置。

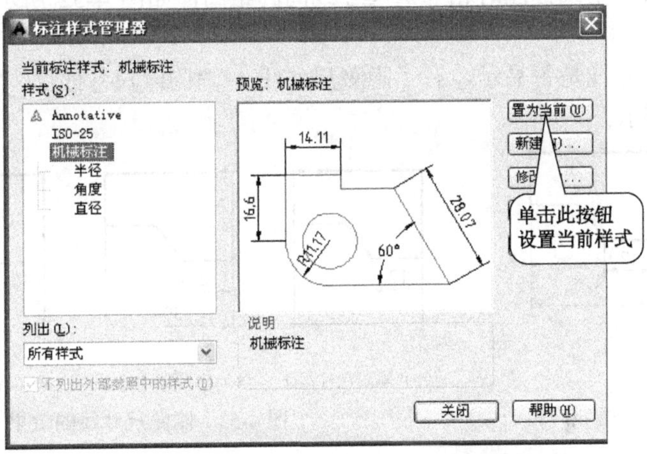

图 4-51　“机械标注”样式及其预览

【相关知识】

1. 尺寸样式的创建

在标注尺寸之前，一般应先根据国家标准的有关要求创建尺寸样式。用户可根据需要，利用“标注样式管理器”设置多个标注样式，以便在标注尺寸时灵活应用这些设置，调用命令的方式如下。

① 功能区：在“注释”选项卡中单击“标注样式”按钮。

② 菜单栏：选择“格式”→“标注样式”命令或选择“标注”→“标注样式”命令。

③ 工具栏：在“样式”工具栏中单击“标注样式”按钮或在“标注”工具栏中单击“标注样式”按钮。

④ 键盘命令：在命令行输入“DIMSTYLE”命令。

执行上述命令后，弹出如图 4-38 所示的“标注样式管理器”对话框，在“样式”列表中列出了当前图形文件中所有已创建的尺寸样式，并显示了当前样式名及其预览图，默认的尺寸样式为“ISO-25”。

2. 标注样式特性的设置

从标注方法上讲，无论是标注线性尺寸、径向尺寸、角度尺寸还是坐标、弧长，其方法都是极简单的，如果不改变标注样式（各参数都取默认值），最基本的标注过程是：指定两尺寸界线的位置、指定尺寸线的位置。但要使标注效果如用户所愿，就必须改动标注特性，创建自己的标注样式。

标注样式控制尺寸标注的格式和外观，涉及标注效果的选项较多，AutoCAD 将它们排列在“标注样式管理器”对话框中的“线”“符号和箭头”“文字”“调整”“主单位”“换算单位”和“公差”7 个选项卡中，对 7 个选项卡中的各选项进行设置，也就设置了尺寸样式的特性。

（1）设置尺寸线、尺寸界线。在“线”选项卡中设置尺寸线、尺寸界线的格式、位置等特性，其选项卡如图 4-40 所示。

（2）“尺寸线”设置。

① 颜色、线型和线宽：用于指定尺寸线的颜色、线型和线宽，一般设为“随层”或“随块”。

② 基线间距：设置基线标注时相邻两尺寸线间的距离，如图 4-52 所示。一般机械标注中基线间距设置为 8～10。

③ 隐藏：控制尺寸线是否显示，有“隐藏尺寸线 1”“隐藏尺寸线 2”“隐藏两条尺寸线”三种效果，如图 4-53 所示。

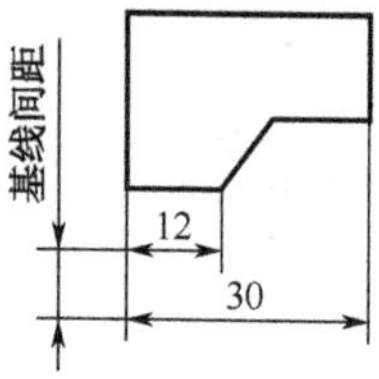

图 4-52　基线间距

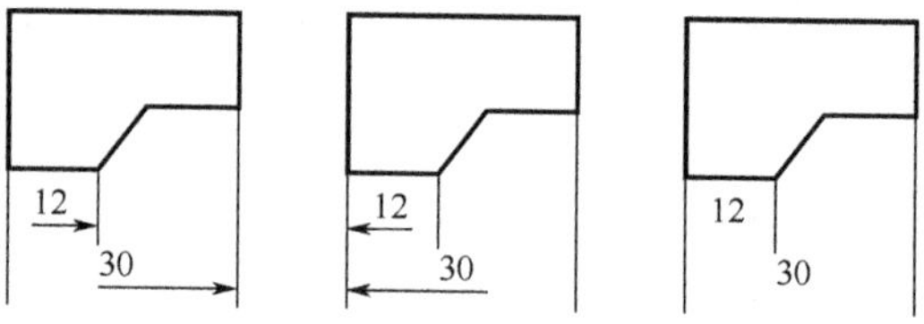

（a）隐藏尺寸线 1　（b）隐藏尺寸线 2　（c）隐藏两条尺寸线

图 4-53　隐藏尺寸线的效果

（3）“尺寸界线”设置。

① 颜色、尺寸界线 1 的线型、尺寸界线 2 的线型和线宽：用于指定尺寸界线的颜色、线型和线宽，一般设为“随层”。

② 超出尺寸线：设置尺寸界线超出尺寸线的长度，机械标注设为“2”，如图 4-54 所示。

③ 起点偏移量：设置尺寸界线起点到图形轮廓线之间的距离，如图 4-54 所示。一般机械标注中设为“0”。

④ 隐藏：控制尺寸界线是否显示，有“隐藏尺寸界线 1”“隐藏尺寸界线 2”“隐藏两条尺寸界线”三种效果，如图 4-55 所示。

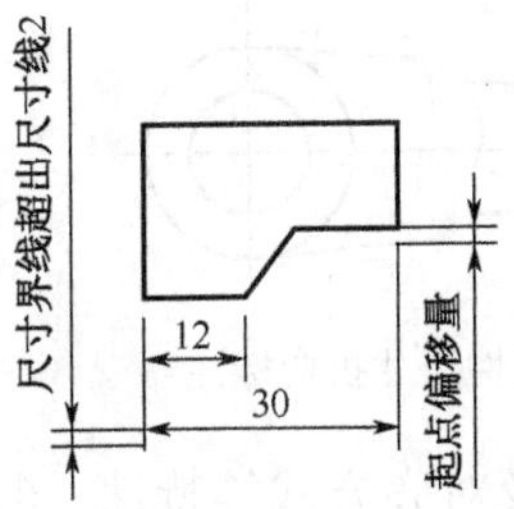

图 4-54　超出尺寸线和起点偏移量

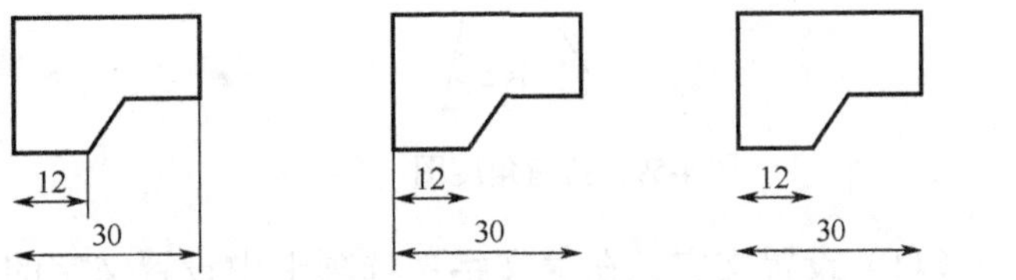

（a）隐藏尺寸界线 1　（b）隐藏尺寸界线 2　（c）隐藏两条尺寸界线

图 4-55　隐藏尺寸界线的效果

（4）设置符号和箭头。在“符号和箭头”选项卡中设置箭头、圆心标记的形式和大小及弧长符号、折弯标注等特性，其选项卡如图 4-41 所示。

（5）“箭头”设置。用于指定箭头的形式和大小，机械标注箭头均为“实心闭合”形式，箭头大小设为“2.5”或“3”。

（6）“圆心标记”设置。用于设置在圆心处是否产生标记或中心线，有“无”“十字”“直线”三种方式，如图 4-56 所示。机械标注一般选择“无”类型。

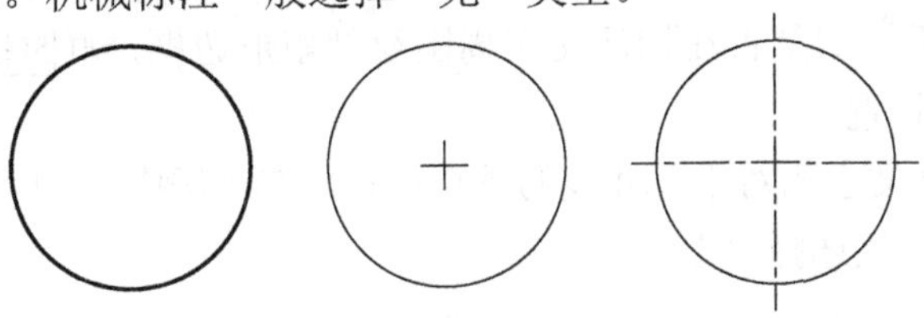

（a）无（标记）　（b）十字（标记）　（c）直线（标记）

图 4-56　圆心标记

（7）“折断标注”设置。用于设置折断标注时的标注对象之间或与其他对象之间相交处打断的距离，如图 4-57 所示。

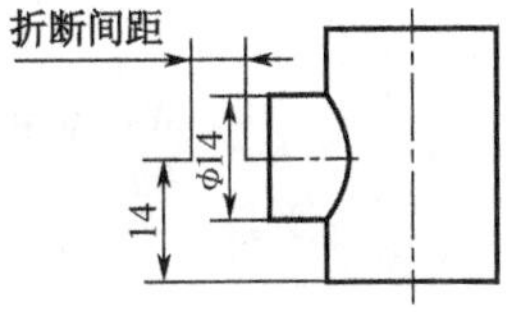

图 4-57　折断间距

（8）“弧长符号”设置。用于设置弧长标注时圆弧符号的位置，有“前缀”“上方”“无”三种方式，如图 4-58 所示。机械标注设置为“标注文字的前缀”。

（9）“半径折弯标注”设置。用于指定折弯半径标注的折弯角度，机械标注设置为 45°，如图 4-59 所示。

（10）“线性折弯标注”设置。用于指定对线性折弯标注时折弯高度的比例因子。折弯高度等于折弯高度的比例因子与尺寸数字高度的乘积，如图 4-60 所示。

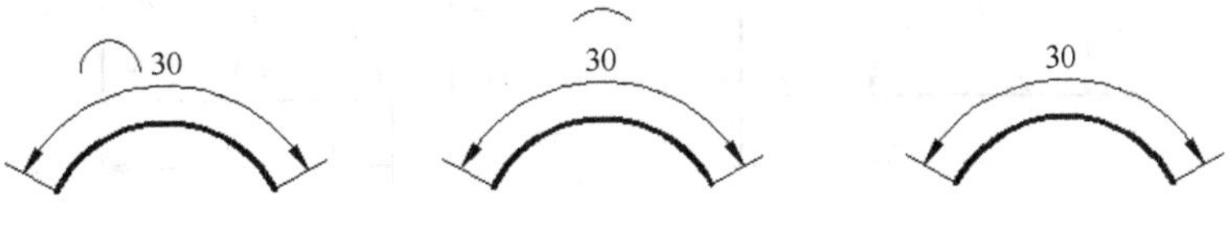

（a）前缀　（b）上方　（c）无

图 4-58　弧长符号

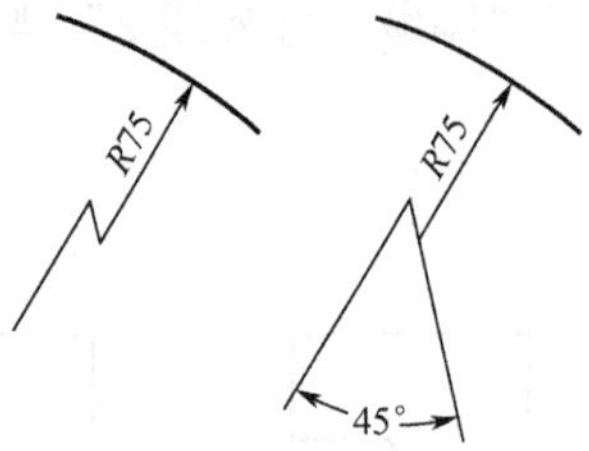

图4-59 折弯角度图

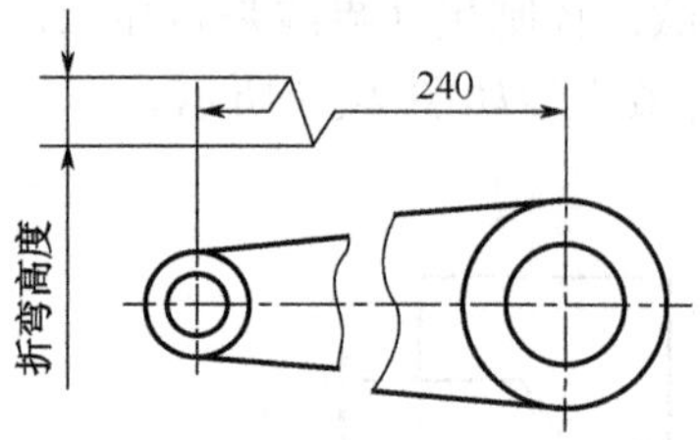

图4-60 线性尺寸折弯标注

（11）设置文字。在“文字”选项卡中设置文字的外观、位置及对齐方式等特性，其选项卡如图4-42所示。

① “文字外观”设置。

文字样式用于设置尺寸标注时所使用的文字样式。默认样式为“Standard”，单击右侧的按钮，打开“文字样式”对话框，可创建和修改标注文字样式。机械标注选择本单元任务1中创建的“工程字”样式。

文字颜色用于设置标注文字的颜色，一般设置为“随层”。

填充颜色用于设置标注文字的背景颜色，一般选择默认设置“无”。

文字高度用于设置标注文字的高度，机械标注的文字高度设为“3.5”。

绘制文字边框用于控制是否在标注文字周围绘制矩形边框，如50，一般取消选中该复选框。

② “文字位置”设置。

垂直用于设置标注文字相对于尺寸线的垂直位置，有“居中”“上”“外部”“JIS”4种情况，如图4-61所示。机械标注选择“上”。

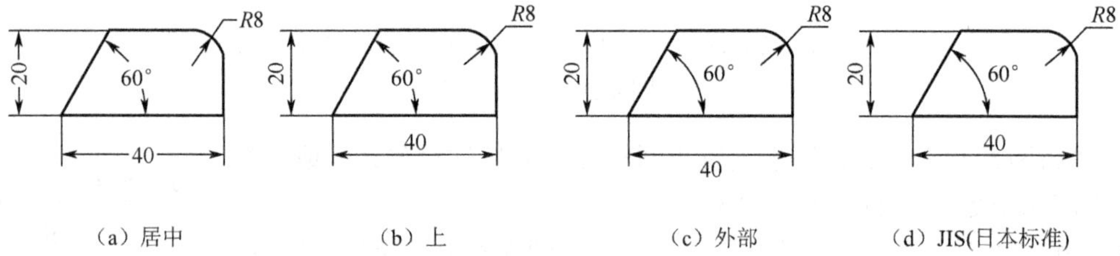

图4-61 文字垂直位置

水平用于设置标注文字在尺寸线方向上相对于尺寸界线的水平位置，有“居中”“第一条延伸线”“第二条延伸线”“第一条延伸线上方”“第二条延伸线上方”5种情况，如图4-62所示。机械标注选择“居中”。

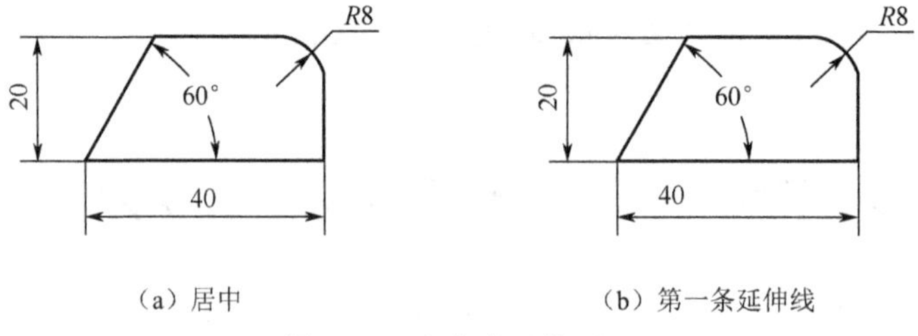

图4-62 文字水平位置

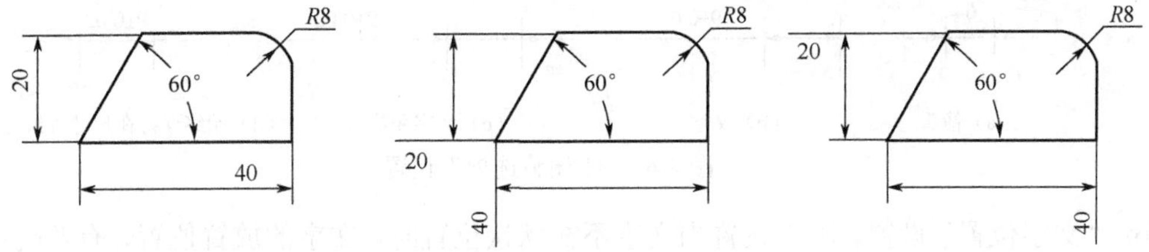

（c）第二条延伸线　（d）第一条延伸线上方　e）第二条延伸线上方

图 4-62　文字水平位置（续）

观察方向用于设置文字的观察方向，有“从左到右”和“从右到左”两种情况。

从尺寸线偏移用于设置标注文字离尺寸线的距离。根据标注文字的位置及是否带矩形边框来设置从尺寸线偏移量，如图 4-63 所示。机械标注设为 1～1.5 为宜。

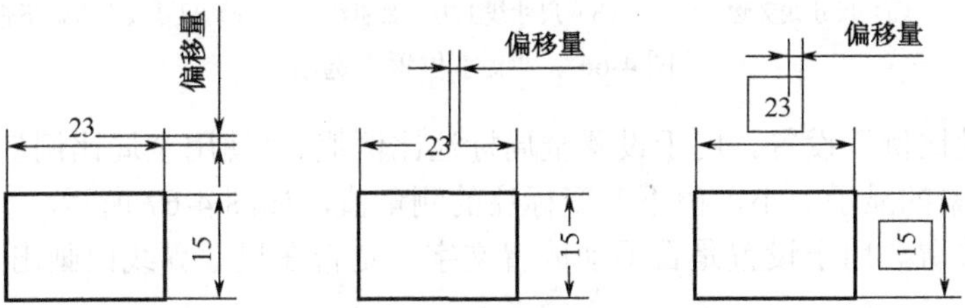

图 4-63　从尺寸线偏移

③ “文字对齐”设置。用于设置标注文字的对齐方式，有“水平”“与尺寸线对齐”“ISO 标准”三个选项，各效果如图 4-64 所示。其中“ISO 标准”的处理方法是当文字在尺寸界线内时，文字与所在位置处的尺寸线平行；而当文字在尺寸界线外时，则将文字水平放置。机械标注中线性尺寸标注选择“与尺寸线对齐”，角度标注选择“水平”，半径与直径标注选择“ISO 标准”。

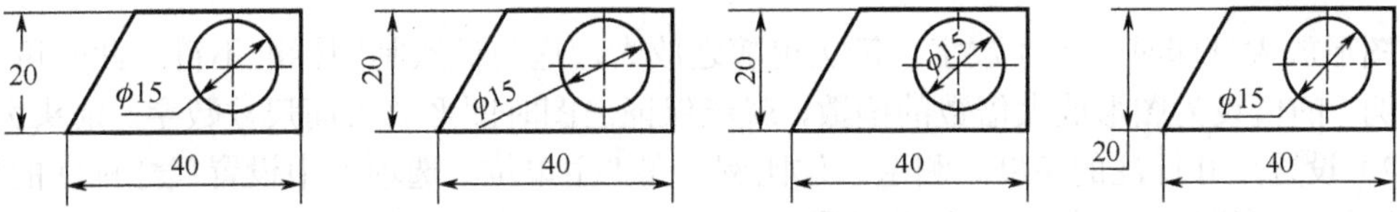

（a）水平　（b）与尺寸线对齐　（c）ISO 标准（尺寸界线内）　（d）ISO 标准（尺寸界线外）

图 4-64　“文字对齐”方式

④ 设置尺寸标注文字、箭头、引线和尺寸线的放置位置。在“调整”选项卡中设置标注文字、箭头的放置位置，以及是否添加引线等，其选项卡如图 4-43 所示。

⑤ “调整选项”设置。文字或箭头（最佳效果）：对标注文字和箭头综合考虑，自动取最佳放置效果。

箭头：当空间不够时，先将箭头移到尺寸界线外，再移出文字，如图 4-65（a）所示。

文字：当空间不够时，先将文字移到尺寸界线外，再移出箭头，如图 4-65（b）所示。

文字和箭头：当空间不够时，将文字和箭头都放在尺寸界线之外，如图 4-65（c）所示。

文字始终保持在尺寸界线之间：无论什么情况均将文字放在尺寸界线之间，如图 4-65（d）所示。

若箭头不能放在尺寸界线内，则将其消除：如尺寸界线之间无足够的空间放置箭头，则不显示箭头。

（a）箭头 （b）文字 （c）文字和箭头 （d）始终保持在尺寸界线之间

图 4-65 “调整选项”设置

⑥ “文字位置”设置。用于设置当文字不在默认位置时，文字的放置位置，有“尺寸线旁边”“尺寸线上方，带引线”“尺寸线上方，不带引线”三种位置，如图 4-66 所示。机械标注选择“尺寸线旁边”位置。

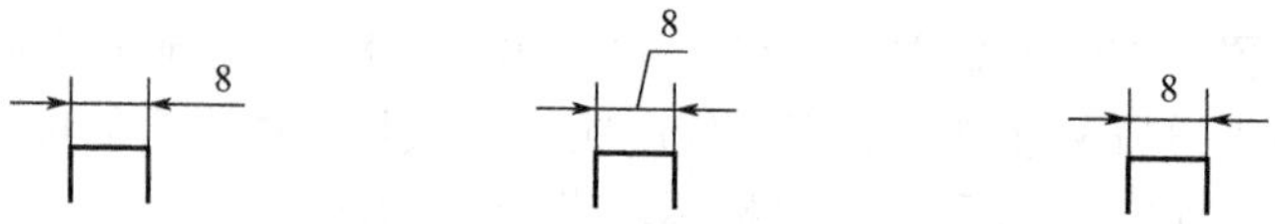

（a）尺寸线旁边 （b）尺寸线上方，带引线 （c）尺寸线上方，不带引线

图 4-66 “文字位置”选项

⑦ “标注特性比例”设置。用于设置全局标注比例值。“使用全局比例”中的比例将影响尺寸标注中各组成元素的显示大小，但不改变标注的测量值，如图 4-67 所示。

⑧ “优化”设置。用于设置是否手动放置文字、是否在尺寸界线内画出尺寸线，如图 4-68 所示。

（a）全局比例为 1 （b）全局比例为 2

图 4-67 全局比例对尺寸标注的影响

（a）未设置 （b）设置

图 4-68 在延伸线之间绘制尺寸线

将图形放大打印时，尺寸数字、箭头也随之放大，这与机械制图标准不符。此时可将“使用全局比例”的值设为图形放大倍数的倒数，就能保证出图时图形放大而尺寸数字、箭头大小不变。

（12）设置尺寸标注的精度、测量单位比例。在“主单位”选项卡中设置尺寸标注的精度、测量单位比例，并设置文字的前缀和后缀等，一般选取默认设置，其选项卡如图 4-44 所示。

用户应根据绘图比例的不同，在“测量单位比例”选项组的“比例因子”文本框中输入相应的线性尺寸测量单位的比例因子，以保证所标注尺寸为物体的实际尺寸。如采用 1∶2 绘图时，测量单位的比例因子应设为 2；采用 2∶1 绘图时，测量单位的比例因子应设为 0.5，如图 4-69 所示。

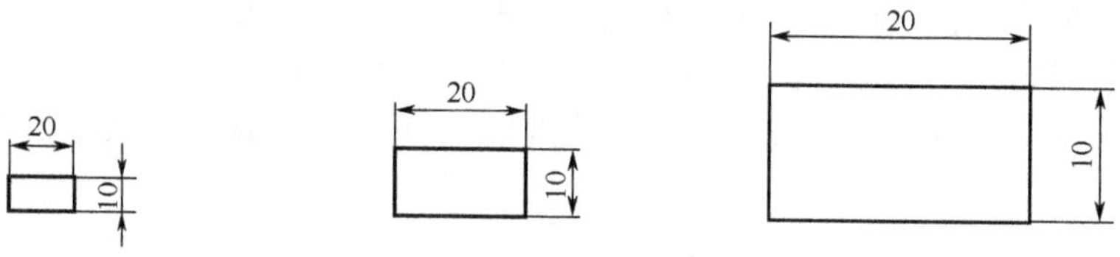

（a）绘图比例 1:2 测量单位比例因子设为 2 （b）绘图比例 1:1 测量单位比例因子设为 1 （c）绘图比例 2:1 测量单位比例因子设为 0.5

图 4-69 测量单位比例因子与绘图比例的关系

从图 4-69 可以看出，应将测量单位的比例因子设置为绘图比例因子的倒数。

为作图的方便，绘图时尽量采用 1∶1。

（13）设置换算单位。在“换算单位”选项卡中设置尺寸标注中换算单位的显示，以及不同单位之间的换算格式和精度，较少使用，在此不做详细介绍。

（14）设置公差标注方式、精度及对齐方式。在“公差”选项卡中设置公差标注方式、精度及对齐方式，其选项卡如图 4-70 所示。

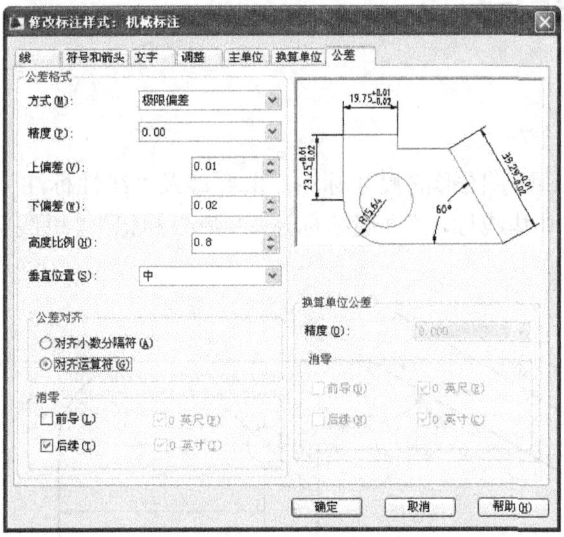

图 4-70　“公差”选项卡

① “公差格式”设置。方式用于设置标注公差的形式，有“对称”“极限偏差”“极限尺寸”“基本尺寸”4 种形式，其效果如图 4-71 所示。

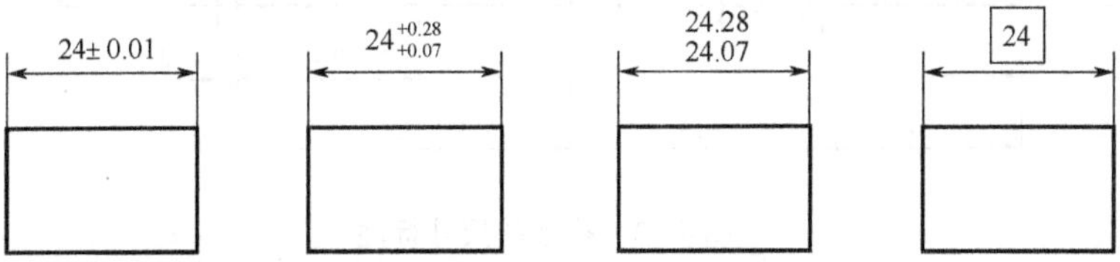

（a）对称　（b）极限偏差　（c）极限尺寸　（d）基本尺寸（理论尺寸）

图 4-71　尺寸公差形式

精度用于设置公差值的精度，即公差值保留的小数位数。

上偏差用于设定上偏差值，默认为正值，若实际是负值（如“-0.01”），则此框内应输入“-0.01”。

下偏差：用于设定下偏差值，默认为负值，若实际是正值（如“+0.01”），则此框内应输入“+0.01”。

高度比例用于设置公差文字高度相对于基本尺寸文字高度的比例，若为 1，则公差高度与基本尺寸文字高度一样。机械标注设为 0.6～0.8 为宜。

垂直位置用于设置公差值在垂直方向的放置位置，有“下”“中”“上”3 种位置，如图 4-72 所示。机械标注设置为“中”。

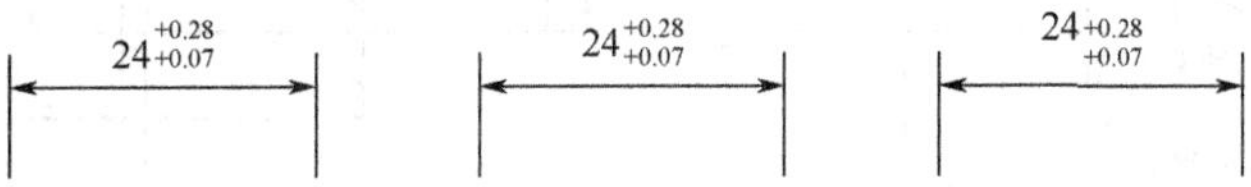

（a）下　（b）中　（c）上

图 4-72　公差值的垂直位置

② “公差对齐”方式设置。用于设置尺寸公差上下偏差值的对齐方式，有“对齐小数分隔符”和“对齐运算符”两种方式，通常设置为“对齐运算符”。

任务4 标注模板尺寸

【任务描述】

本任务介绍如图4-73所示图形的尺寸标注，主要涉及“线性标注”“对齐标注”“半径标注”“直径标注”“角度标注”“基线标注”“连续标注”“圆心标记”“引线标注”和“标注间距”等命令。

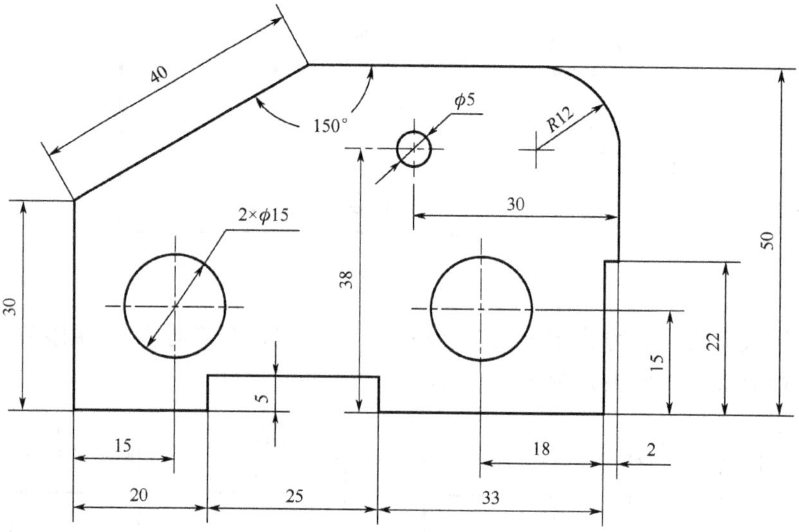

图4-73 模板的尺寸标注

图4-73所示的图形中包括线性标注、对齐标注、角度标注、圆心标记、半径标注、直径标注、基线标注、连续标注等标注形式，如图4-74所示。

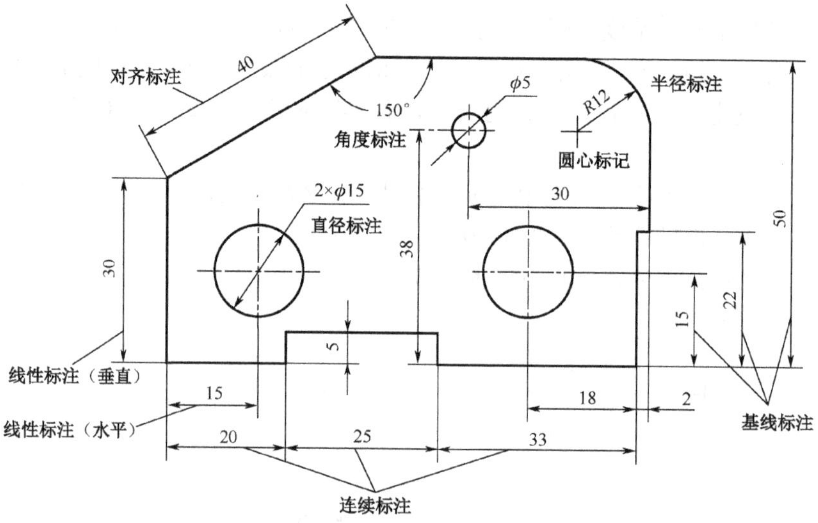

图4-74 各种标注形式

【任务实施】

第一步，新建一个名为“尺寸线”的图层，创建名为“机械标注”的标注样式（创建方法见本单元任务3）。

第二步，按图4-73所示的尺寸绘制图形；将“尺寸线”图层设置为当前图层。

第三步，调用“标注”面板，并将“机械标注”样式置为当前样式。

（1）在功能区选择“注释”选项卡，显示“标注”面板，如图4-75所示。

（2）在“标注”样式列表中选择“机械标注”并将其置为当前样式，如图4-75（a）所示。

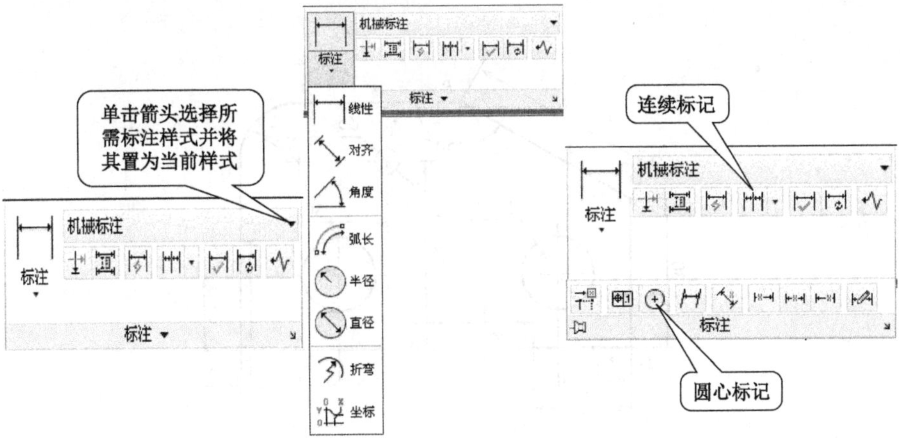

（a）设置当前标注样式　（b）各线性标注类型　（c）圆心标记、连续标注

图4-75　调用“标注”面板

第四步，标注角度尺寸、径向尺寸和圆心标记。

（1）标注角度尺寸（150°）。单击“标注”面板→“标注”下三角按钮，展开标注类型下拉列表，如图4-75（b）所示，选择“角度”选项，再选取线段*AB*、*BC*，在适当位置单击，完成标注，如图4-76所示。

（2）标注半径（*R*12）。单击“标注”面板→“半径”按钮，再选择*R*12mm的圆弧，在适当位置单击，完成标注，如图4-76所示。

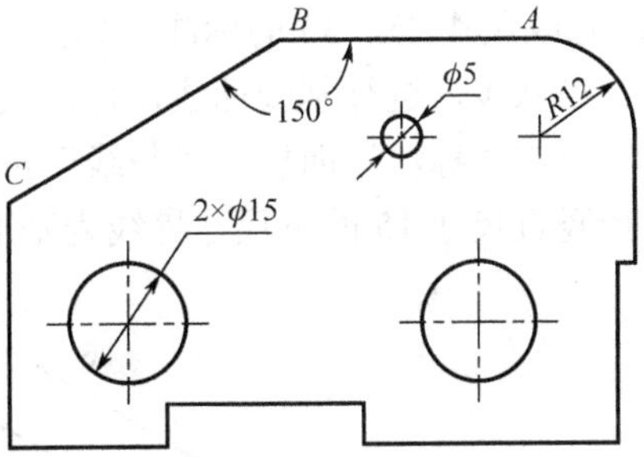

图4-76　标注直径、半径、角度和圆心标记

（3）标注直径ϕ5和2×ϕ15。单击“标注”面板→“直径”按钮，再选择ϕ5mm的圆，在适当位置单击，完成标注。再单击“直径”按钮，标注2×ϕ15，操作步骤如下。

```
命令: _dimdiameter                                        //调用“直径标注”命令
选择圆弧或圆:                                              //选取ϕ15的圆
标注文字 = 15                                              //系统提示
指定尺寸线位置或 [多行文字(M)/文字(T)/角度(A)]: m↙         //选择“多行文字”选项，显示“文
                                                           字编辑器”功能区上下文选项卡
进行如下操作:
在文本框自动标注数字前输入“2×”                            //输入直径标注前的文字“2×”
单击“关闭”面板→“ ✕ ”按钮                                 //结束“多行文字”命令
指定尺寸线位置或 [多行文字(M)/文字(T)/角度(A)]:             //在适当位置单击，完成标注
```

操作完成后，标注结果如图4-76所示。

（4）标注圆心标记。将“标注”面板展开，如图 4-75（c）所示，单击“圆心标记”按钮⊕，选择 R12mm 的圆弧，标记其圆心，如图 4-76 所示。

第五步，标注对齐尺寸 40。

单击“标注”面板→“对齐”按钮，单击点 B、点 C（或按 Enter 键后直接选择线段 BC），在适当位置单击，完成标注，如图 4-77 所示。

第六步，标注线性尺寸。

单击“标注”面板→“线性”按钮，捕捉点 D、点 E，在适当位置单击，完成线性尺寸 15 的标注。采用同样方法，完成各线性尺寸 20、5、30、38、15、18、30、2 的标注，如图 4-77 所示。

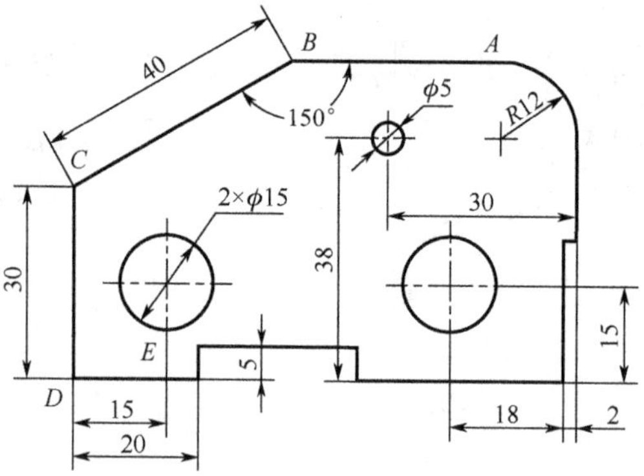

图 4-77　线性标注、对齐标注

第七步，进行连续标注，标注尺寸 25、33。

单击“标注”面板→“连续”按钮，选择水平尺寸 20 的右尺寸界线为基准，单击点 F、点 G，完成尺寸 25、33 的标注，如图 4-78 所示。

第八步，进行基线标注，标注尺寸 22、50。

单击“标注”面板→“基线”按钮（单击“连续”右侧的下三角按钮，才出现该按钮），选择竖直尺寸 15 的下尺寸界线为基准，单击点 H、点 A 标注尺寸 22、50，如图 4-78 所示。

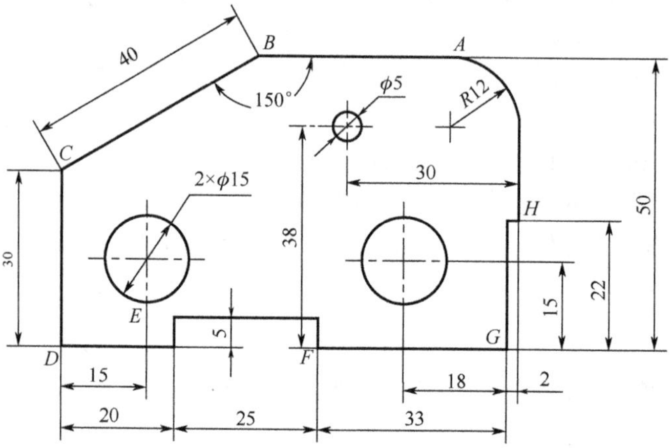

图 4-78　基线标注、连续标注

由图 4-78 可以看出，图形下方的平行尺寸间的间距太小（当然也可能出现间距太大的情况），影响标注的美观，可采用“调整间距”命令，调整间距值。

第九步，使用“调整间距”命令，调整平行尺寸间的间距。

单击“标注”面板→“调整间距”按钮，选择水平尺寸 15 为基准，再选择连续尺寸 20、25、33，按 Enter 键以默认的“自动”方式调整间距，如图 4-79 所示。

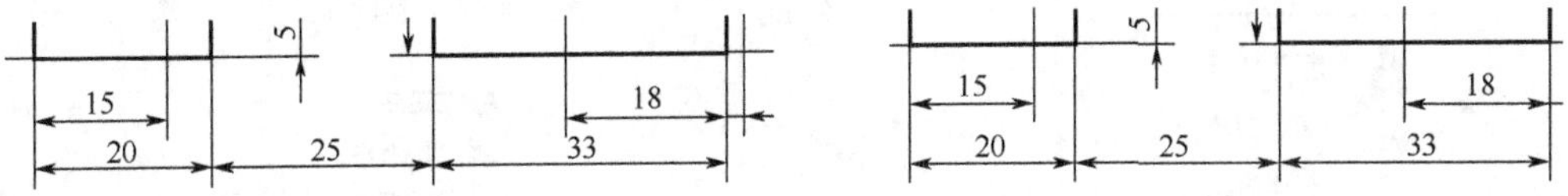

（a）调整标注间距前　　（b）调整标注间距后

图 4-79　调整标注间距

第十步，保存图形文件。

调整标注间距时，如选择“自动（A）”选项，系统将自动计算间距，其间距是基准标注对象的标注样式中设置的文字高度的两倍；如输入间距值为 0，系统将选定的标注对象与基准标注对象对齐。

【相关知识】

1. 尺寸的标注

在创建了尺寸样式后，就可以进行尺寸标注了。为方便操作，在标注尺寸前，应将尺寸标注层置为当前层，并打开自动捕捉功能，在功能区单击“注释”标签，切换到“注释”选项卡，调用如图 4-80 所示的“标注”面板或调用如图 4-81 所示的“标注”工具栏。两者均提供了各类尺寸标注命令及尺寸编辑命令。

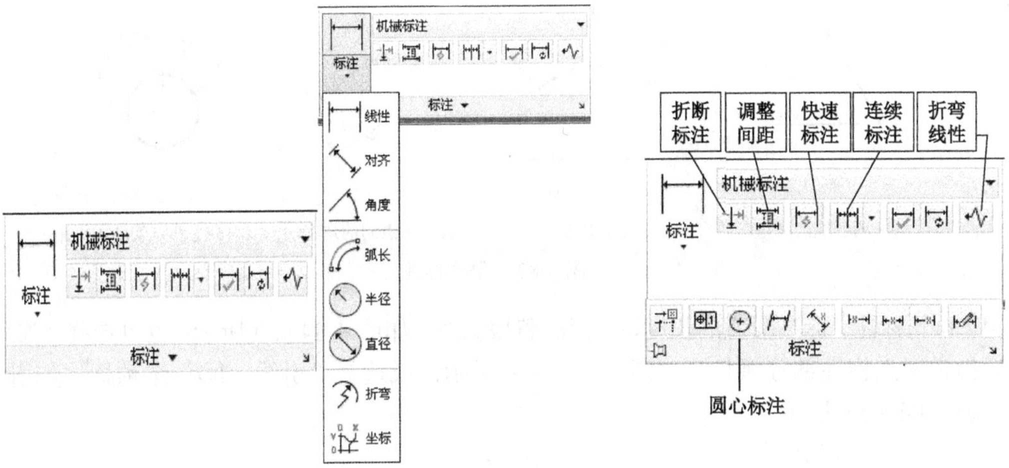

（a）展开前　　（b）展开线性标注　　（c）展开标注面板

图 4-80　“注释”选项卡下“标注”面板

图 4-81　“标注”工具栏

当用户仅需要进行常用尺寸的标注，不需进行尺寸编辑时，可在功能区单击“默认”标签，切换到“默认”选项卡，调用如图 4-82 所示的“注释”面板。该面板提供了常用尺寸的标注命令。

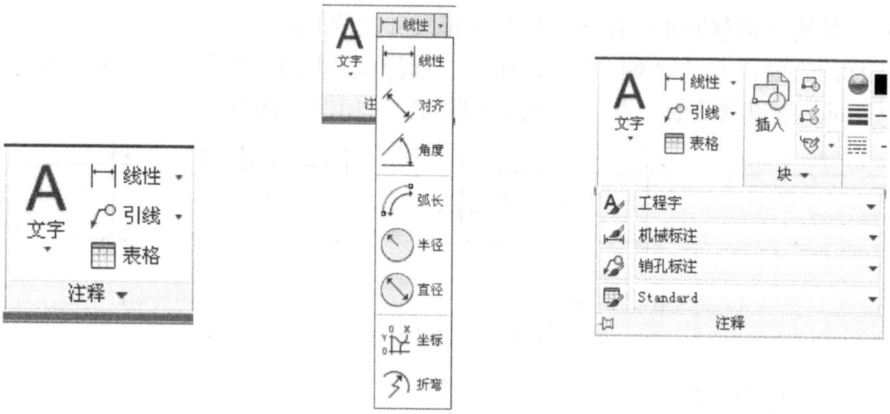

（a）展开前　　（b）展开线性标注　　（c）展开注释面板

图 4-82　“默认”选项卡下“注释”面板

如前文所述，标注尺寸的方法其实很简单，只需指定尺寸界线的两点或选择要标注尺寸的对象，再指定尺寸线的位置即可，只要标了 1～2 个尺寸，用户就能触类旁通，不再一一介绍，在此主要讲解各标注的功能。

（1）线性标注。标注两点间的水平、垂直距离尺寸，如图 4-74 所示尺寸 15、30、5、38、30、18、2 均为线性标注。

（2）对齐标注。标注倾斜直线的长度，如图 4-74 所示标注尺寸 40。

（3）角度标注。可以标注两条非平行直线所夹的角、圆弧的中心角、圆上两点间的中心角及三点确定的角，如图 4-83 所示。

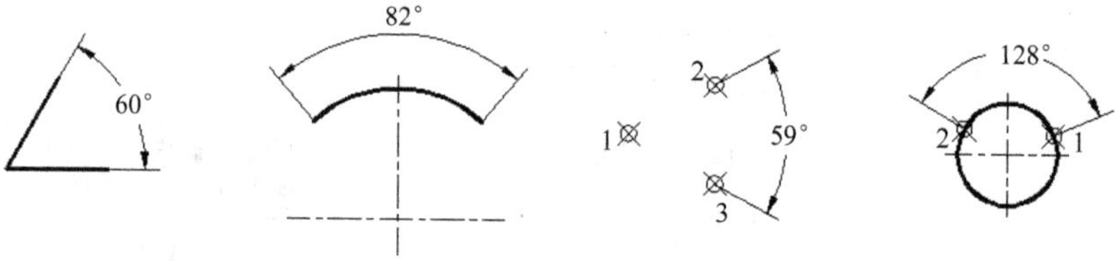

（a）两直线间夹角　　（b）圆弧中心角　　（c）三点间的角度　　（d）圆上两点间的中心角

图 4-83　角度标注

（4）弧长标注。标注圆弧的长度，可标注整段弧长，如图 4-84（a）所示；也可选择“部分（P）”选项后指定两点标注部分弧长，如图 4-84（b）所示；或选择“引线（L）”选项标注加引线的弧长，如图 4-84（c）所示。

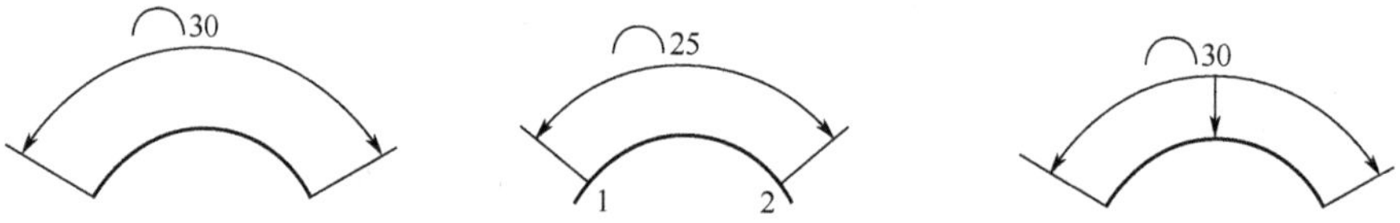

（a）标注整段弧长　　（b）标注部分弧长　　（c）标注加引线的弧长

图 4-84　弧长标注

（5）半径标注。标注圆和圆弧的半径，并自动添加半径符号“R”，如图 4-74 所示的尺寸 R 12。

（6）直径标注。标注圆和圆弧的直径，并自动添加直径符号“ϕ”，如图 4-74 所示的尺寸 ϕ5、2×ϕ15。

（7）坐标标注。标注选定点相对于原点的坐标。

（8）折弯标注。标注折弯形的半径尺寸，用于半径较大，尺寸线不便或无法通过其实际圆心位置的圆弧或圆的标注，如图 4-85 所示。

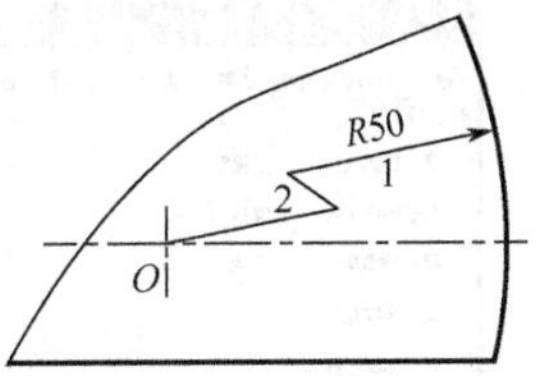

图 4-85　折弯标注

例 4-5　使用“机械标注”样式，利用“折弯”标注命令标注如图 4-85 所示的折弯半径。

在功能区单击“默认”选项卡下“注释”面板中的“折弯”按钮 ，操作如下。

```
命令: _dimjogged                                    //调用“折弯”命令
选择圆弧或圆:                                        //选择R50的圆弧
指定图示中心位置:                                    //捕捉点O
标注文字 = 50                                        //系统提示，标注半径为50
指定尺寸线位置或［多行文字(M)/文字(T)/角度(A)］:    //拾取点1，确定尺寸线位置
指定折弯位置:                                        //拾取折弯线中点2，确定折弯位置
```

（9）基线标注。用于标注与前一个或选定标注共用一条尺寸界线（作为基线）的一组尺寸线相互平行的线性尺寸或角度尺寸，如图 4-74 所示的尺寸 15、22、50。

（10）连续标注。用于标注与前一个或选定标注首尾相连的一组线性尺寸或角度尺寸，如图 4-74 所示的尺寸 20、25、33。

（11）折断标注。将选定的标注在其尺寸界线或尺寸线与图形中的几何对象或其他标注相交的位置打断，从而使标注更为清晰，如图 4-57 所示。可手动打断也可自动打断一个或多个标注。

（12）调整标注间距。按指定的间距值自动调整平行的线性尺寸和角度标注之间的间距，如图 4-79 所示。

（13）圆心标记。创建圆或圆弧的圆心标记或中心线，如图 4-74 所示。

（14）线性折弯标注。在线性或对齐标注上添加或删除折弯线，如图 4-60 所示。

（15）快速标注。创建一系列基线或连续标注，或者为一系列圆或圆弧创建标注。

2．尺寸标注的编辑

（1）编辑尺寸样式。用户可以在如图 4-38 所示的“标注样式管理器”对话框中通过单击“修改”按钮来修改当前尺寸样式中的设置，或单击“替代”按钮设置临时的尺寸标注样式，用来替代当前尺寸标注样式的相应设置。单击“修改”按钮，系统将弹出“修改标注样式：×××”对话框（×××为样式名），如图 4-86 所示；单击“替代”按钮，系统将弹出“替代当前样式：×××”对话框，如图 4-87 所示。两个对话框中各选项的含义与“新建标注样式”对话框的相同。

样式修改与替代的区别是：尺寸样式一旦被修改，使用此样式所标注的尺寸都会发生改变；而样式替代只改变选定的对象和其后所标注的尺寸。

（2）编辑标注。“编辑标注”命令可以修改选定标注的文字内容，能将标注文字按指定角度旋转，以及将尺寸界线倾斜至指定角度。调用命令的方式如下。

① 工具栏：在“标注”工具栏中单击“编辑标注”按钮。

② 键盘命令：在命令行输入“DIMEDIT”命令。

调用上述命令后，命令行提示“输入标注编辑类型［默认(H)/新建(N)/旋转(R)/倾斜(O)］<默认>:”，按 Enter 键或输入相应选项后可编辑标注。

① “默认（H）”选项：能将旋转的标注文字恢复为默认位置，如图 4-88 所示。

② “新建（N）”选项：能打开“在位文字编辑器”更改标注文字，如图 4-89 所示。

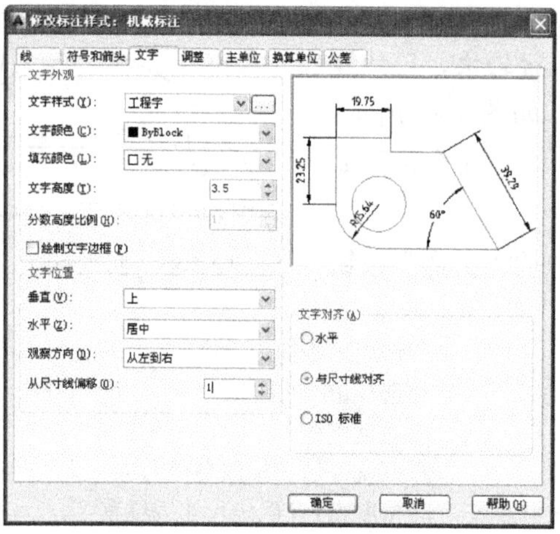

图 4-86 “修改样式”对话框

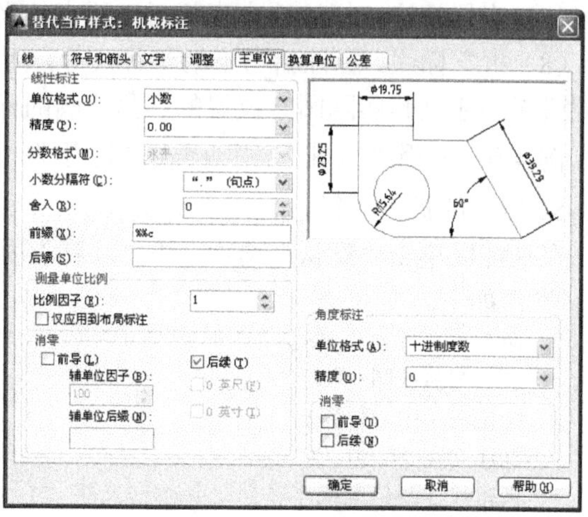

图 4-87 “替代样式”对话框

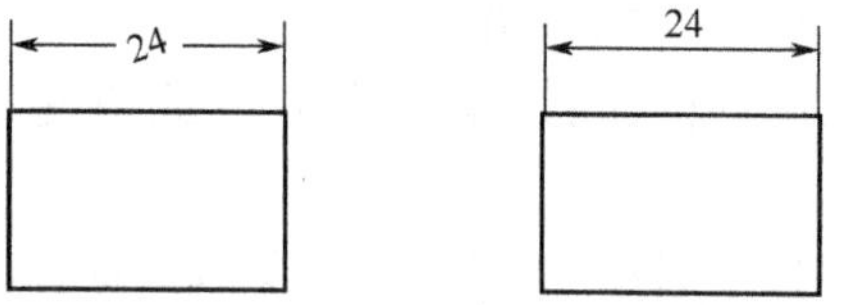

（a）原始标注　　（b）按“默认”标注

图 4-88 “默认”选项

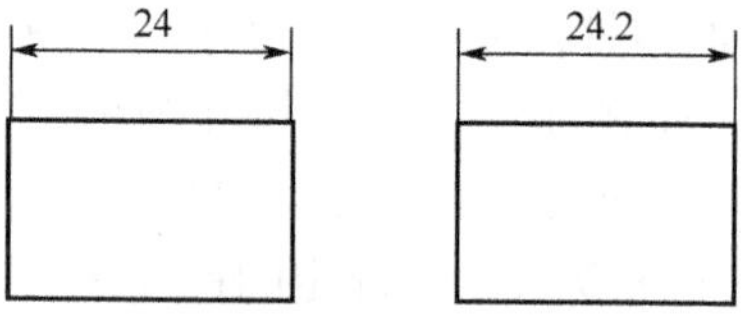

（a）原始标注　　（b）更改标注文字

图 4-89 “新建”选项

③ “旋转（R）”选项：能将标注文字按指定角度旋转，如图 4-90 所示。

④ “倾斜（O）”选项：能将线性标注的尺寸界线倾斜至指定角度，如图 4-91 所示。

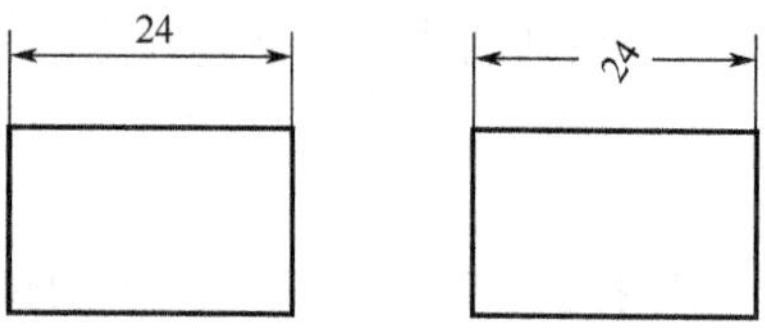

（a）原始标注　　（b）旋转 60°

图 4-90 “旋转”选项

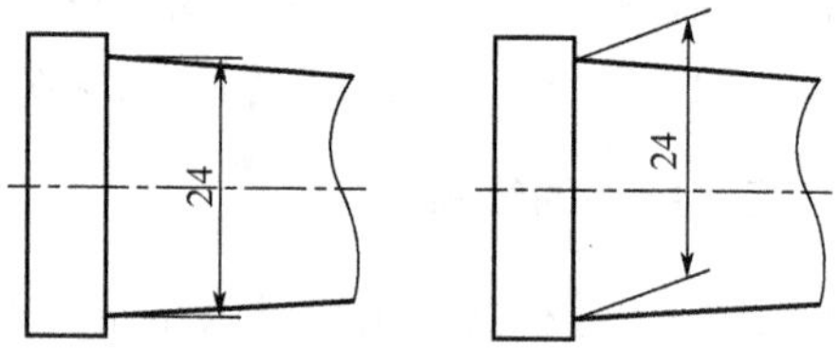

（a）原始标注　　（b）倾斜 20°

图 4-91 “倾斜”选项

旋转角度、倾斜角度均为相对于 X 轴正方向而言。

其中倾斜尺寸界线选项“倾斜（O）”还可从功能区或菜单栏调用。

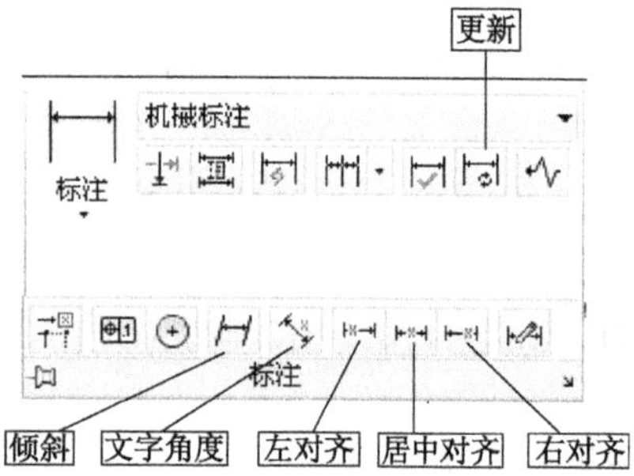

图 4-92 “标注”面板各编辑命令

① 功能区：在“注释”选项卡下“标注”面板中单击倾斜”按钮，如图 4-92 所示。

② 菜单栏：选择“标注”→“倾斜”命令。

（3）编辑标注文字。“编辑标注文字”命令可以移动或旋转标注文字并重新定位尺寸线。调用命令的方式如下。

① 菜单栏：选择“标注”→“对齐文字”→“默认”命令、“角度”命令、“左”命令、“居中”命令、“右”命令。

② 工具栏：在“标注”工具栏中单击“编辑标注文字”按钮。

③ 键盘命令：在命令行输入“DIMTEDIT”命令。

调用上述命令后，命令行提示“为标注文字指定新位置[左对齐（L）/右对齐（R）/居中（C）/默认（H）/角度（A）]:”，直接拖曳可动态更新标注文字的位置或输入相应选项编辑标注文字。

① 左对齐（L）选项：沿尺寸线左对齐标注文字，如图4-93（a）所示。

② 右对齐（R）选项：沿尺寸线右对齐标注文字，如图4-93（b）所示。

③ 居中（C）选项：将标注文字放在尺寸线的中间，如图4-93（c）所示。

④ 默认（H）选项：将标注文字恢复到默认位置。该选项与“DIMEDIT”命令中“默认(H)”选项含义相同。

⑤ 角度（A）选项：将标注文字按指定角度旋转，如图4-93（d）所示。该选项与“DIMEDIT”命令中“旋转（R）”选项含义相同。

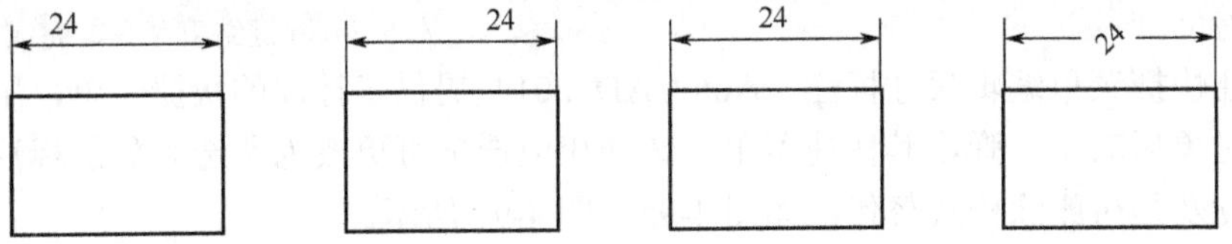

（a）左对齐　（b）右对齐　（c）居中　（d）角度(30°)

图4-93　编辑标注文字

其中“角度(A)”“左对齐(L)”“右对齐(R)”“居中(C)”还可从功能区调用。

功能区：在“注释”选项卡下“标注”面板中单击“文字角度”按钮、“左对齐”按钮、“居中对齐”按钮、“右对齐”按钮，如图4-92所示。

（4）标注更新。“标注更新”命令可以将图形中已标注的尺寸标注样式更新为当前尺寸标注样式。调用命令的方式如下。

① 功能区：在“注释”选项卡下“标注”面板中单击“更新”按钮，如图4-92所示。

② 菜单栏：选择“标注”→“更新”命令。

③ 工具栏：在“标注”工具栏中单击“标注更新”按钮。

④ 键盘命令：在命令行输入“DIMSTYLE”命令。

例4-6　采用“机械标注”样式标注如图4-94（a）所示轴的尺寸并用“替代样式”“标注更新”的方法修改径向尺寸，使其最终结果如图4-94（b）所示。

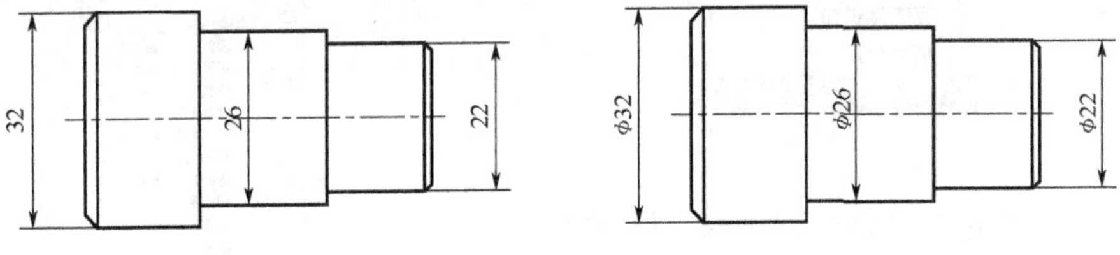

（a）使用“线性”命令标注尺寸　（b）替代后的结果

图4-94　轴直径的标注

操作步骤如下。

（1）将“机械标注”设置为当前标注样式。

（2）利用“线性”命令标注所有尺寸，如图4-94（a）所示。

（3）替代尺寸样式。

① 打开“标注样式管理器”对话框，选择“机械标注”选项。

② 单击“替代”按钮，弹出“替代当前样式：机械标注”对话框，如图4-87所示。

③ 单击“主单位”标签，切换到“主单位”选项卡，在“前缀”文本框中输入“%%c”，单

击“确定”按钮，回到主对话框。

④ 单击“确定”按钮，完成替代样式的操作。

（4）更新标注。在功能区单击“注释”选项卡下“标注”面板中的“更新”按钮，操作步骤如下。

```
命令: -dimstyle                                  //调用“标注更新”命令
当前标注样式: 机械标注注释性: 否                  //系统提示
当前标注替代: DIMPOST     %%c<>                  //系统提示
输入标注样式选项 [注释性(AN)/保存(S)/恢复(R)/
状态(ST)/变量(V)/应用(A)/?] <恢复>: _apply        //系统提示
选择对象: 找到 1 个                               //选择径向尺寸22
选择对象: 找到 1 个, 总计 2 个                     //选择径向尺寸26
选择对象: 找到 1 个, 总计 3 个                     //选择径向尺寸32
选择对象:↙                                       //按Enter键结束命令，完成标注更新
```

利用标注快捷菜单编辑尺寸标注。AutoCAD 2014 提供了标注的快捷菜单，用户在选择需要编辑的标注对象后右击，弹出其快捷菜单，选择相应选项可更改为所选对象的标注样式、修改标注文字的精度及是否删除样式替代，如图 4-95～图 4-97 所示。

（5）利用对象“快捷特性”选项板与“特性”选项板编辑尺寸标注。在需要编辑的标注对象上右击，在出现的快捷菜单中选择“快捷特性”选项，可打开“快捷特性”选项板，用户可以查看并修改所选标注的一些常规特性。如图 4-98 所示为一对齐标注尺寸的“快捷特性”选项板。

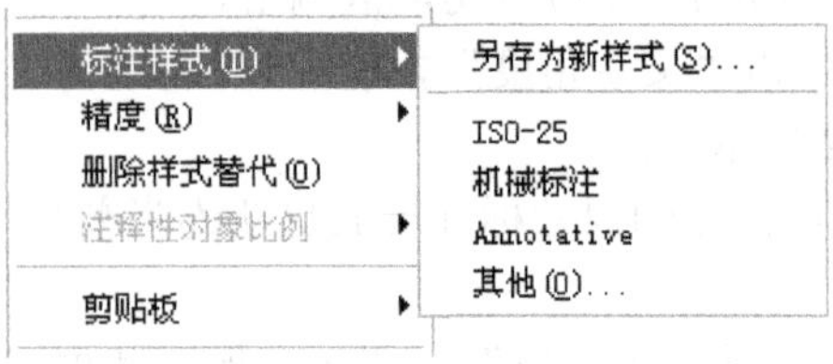

图 4-95 “标注样式”快捷菜单

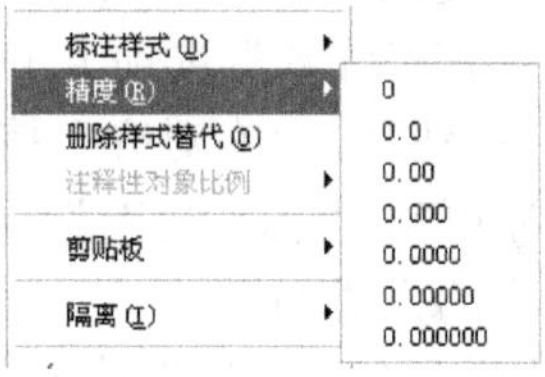

图 4-96 “精度”快捷菜单

在需要编辑的标注对象上右击，在出现的快捷菜单中选择“特性”选项，可打开“特性”选项板，用户可以查看所选标注的所有特性，并可根据需要打开某一项对其进行修改。如图 4-99 所示为一对齐标注尺寸的“特性”选项板。

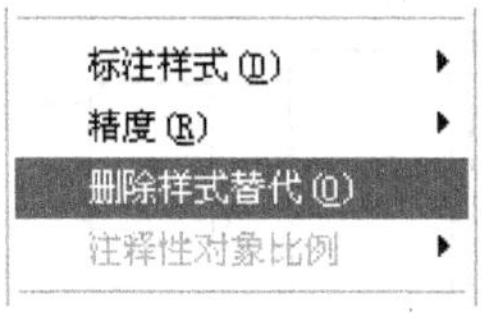

图 4-97 “删除样式替代”快捷菜单

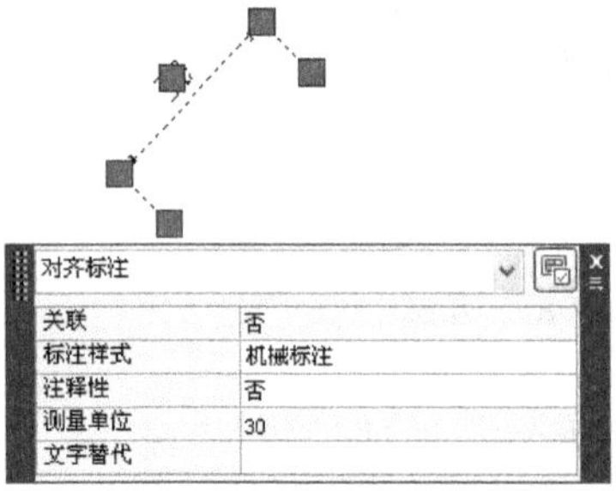

图 4-98 尺寸的“快捷特性”选项板

图 4-99 尺寸的“特性”选项板

任务 5　创建多重引线的样式并标注

【任务描述】

本任务要求创建名为“倒角标注”的多重引线样式，再以“倒角标注”为基础样式创建名为“销孔标注”的多重引线样式，并将这两种样式用于图 4-100 所示图形中倒角及销孔尺寸的标注。主要涉及“多重引线样式”对话框的设置、多重引线的标注。

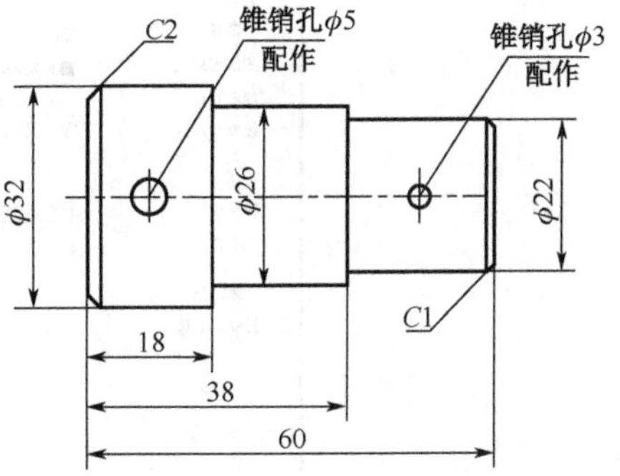

图 4-100　设置多重引线样式并标注倒角、销孔尺寸

【任务实施】

第一步，创建“倒角标注”样式。

（1）单击“默认”选项卡下“注释”面板中的“多重引线样式”按钮，弹出“多重引线样式管理器”对话框，如图 4-101 所示。

（2）单击“新建”按钮，弹出“创建新多重引线样式”对话框，在“新样式名”文本框中输入样式名为“倒角标注”，如图 4-102 所示。

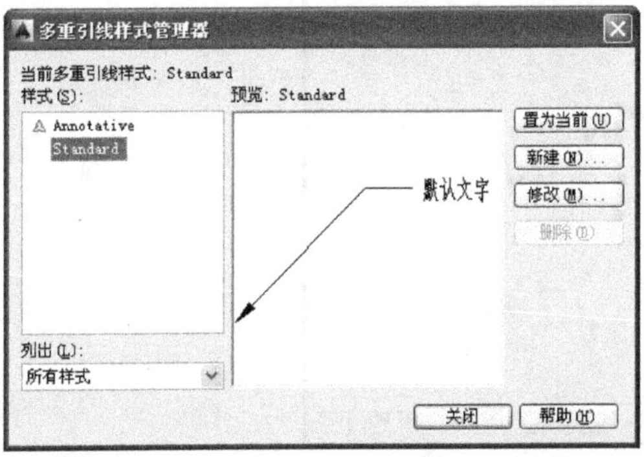

图 4-101“多重引线样式管理器”对话框

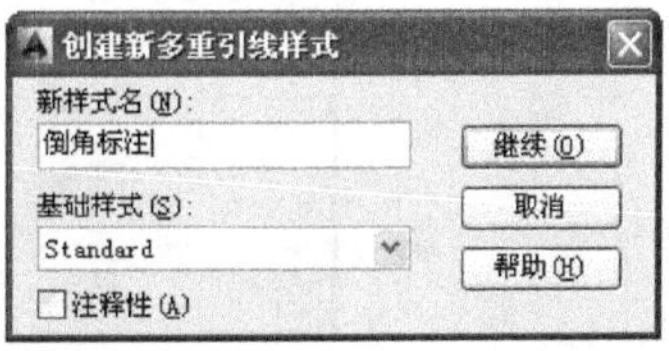

图 4-102　“创建新多重引线样式”对话框

（3）单击“继续”按钮，弹出“修改多重引线样式：倒角标注”对话框。

（4）在“修改多重引线样式：倒角标注”对话框中选择“引线格式”选项卡，在“常规”选项组下设置引线的类型为“直线”，在“箭头”选项组下选择引线箭头的符号为“无”（即设置引线不带箭头），如图 4-103 所示。

（5）单击“引线结构”标签，选择“引线结构”选项卡，在“约束”选项组选中“最大引线点数”复选框，设置点数为“2”（即只绘制一段引线），选中“第一段角度”复选框，设置角度为“45”（即设置引线的倾斜角度为 45°）；在“基线设置”选项组选中“自动包含基线”与“设置基线距离”复选框，并设置基线距离为“0.1”（即设置该引线自动包含一段长为 0.1 的水平基线）；在“比例”选项组选中“指定比例”单选按钮，设置比例值为“1”，如图 4-104 所示。

（6）单击“内容”标签，切换到“内容”选项卡，选择“多重引线类型”为“多行文字”；单击“默认文字”文本框右侧的按钮，打开多行文字“在位文字编辑器”，输入“*C*1”，单击“关闭”按钮返回对话框；设置“文字样式”为“工程字”，“文字角度”为“保持水平”，“文字高度”为“3.5”；在“引线连接”选项组下选中“水平连接”单选按钮，“连接位置”均设置为“最后一行加下画线”或“第一行加下画线”（即设置倒角无论连接在引线的左方还是右方均在倒角下加下画线），设置“基线间隙”为“0.1”，如图 4-105 所示。

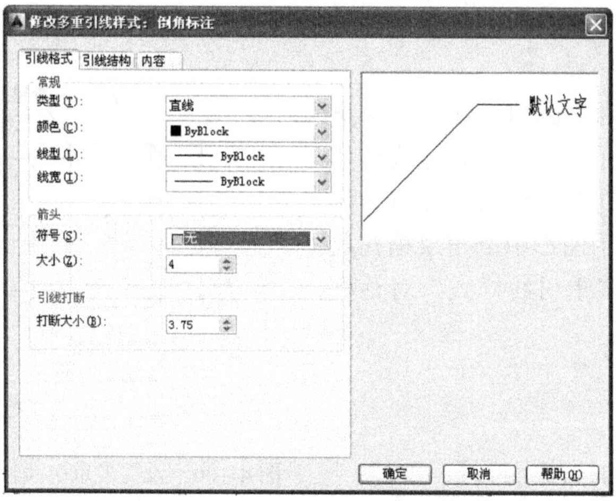

图 4-103 设置多重引线的格式

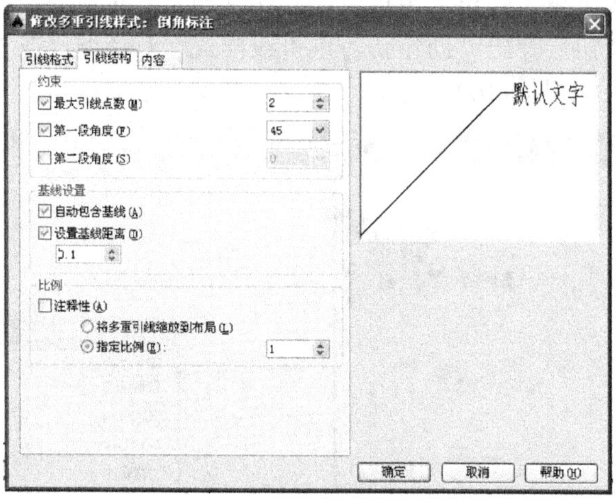

图 4-104 设置多重引线的结构

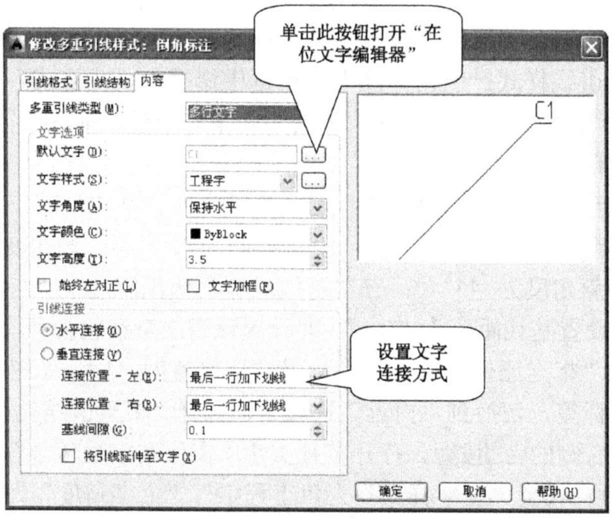

图 4-105 设置多重引线的注释内容

（7）单击“确定”按钮，返回主对话框，新的多重引线样式显示在“样式”列表中，并可在“预览”框内显示该样式，如图 4-106 所示。至此完成“倒角标注”样式的创建。

第二步，创建“销孔标注”样式。

（1）在“多重引线样式管理器”对话框中单击“新建”按钮，弹出“创建新多重引线样式”对话框，在“新样式名”文本框中输入样式名“销孔标注”；在“基础样式”下拉列表中选择“倒角标注”。

（2）单击“继续”按钮，弹出“修改多重引线样式：销孔标注”对话框。

（3）“引线格式”选项卡中的参数无须改动；“引线结构”选项卡下取消选中“第一段角度”复选框，如图 4-107 所示。

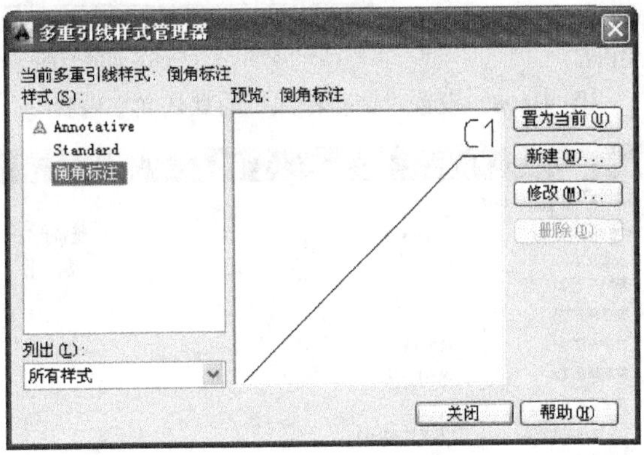

图 4-106　“倒角标注”样式及其预览

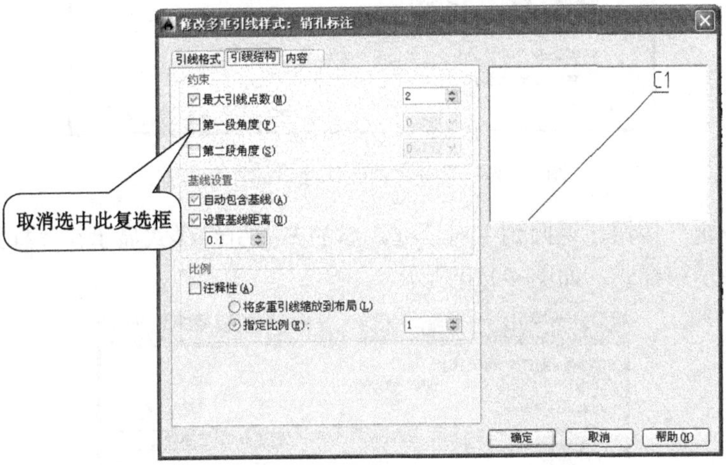

图 4-107　设置“销孔标注”的引线结构

（4）单击“内容”标签，切换到“内容”选项卡，选择“多重引线类型”为“多行文字”；单击“默认文字”文本框右侧的按钮，打开多行文字“在位文字编辑器”，输入如图 4-108（a）所示两行内容，采用“居中”对齐；单击“段落”面板右下方的“面板对话框启动器”按钮，弹出“段落”对话框，选中“段落行距”复选框，设置“行距”为“精确”，“设置值”为“3”，如图 4-108（b）所示。

（5）单击“确定”按钮，返回“在位文字编辑器”，单击“关闭”按钮，返回“修改多重引线样式：销孔标注”对话框中的“内容”选项卡，在“引线连接”选项组下选择“连接位置”均为“第一行加下画线”，如图 4-109 所示。

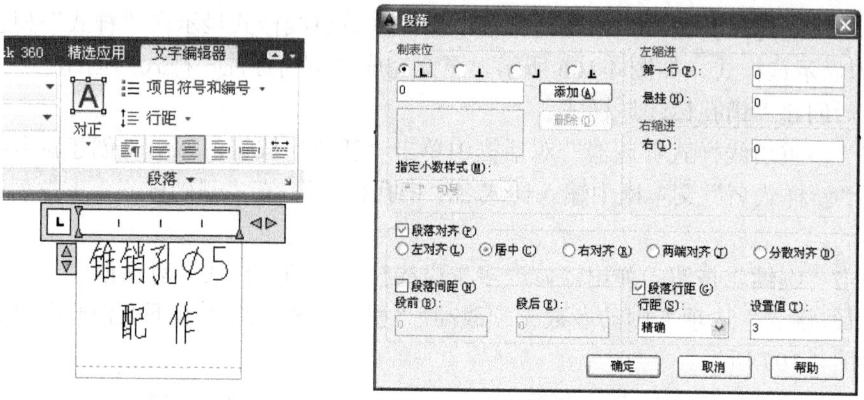

（a）文字内容　　　　（b）设置行距

图 4-108　设置“销孔标注”的默认文字内容

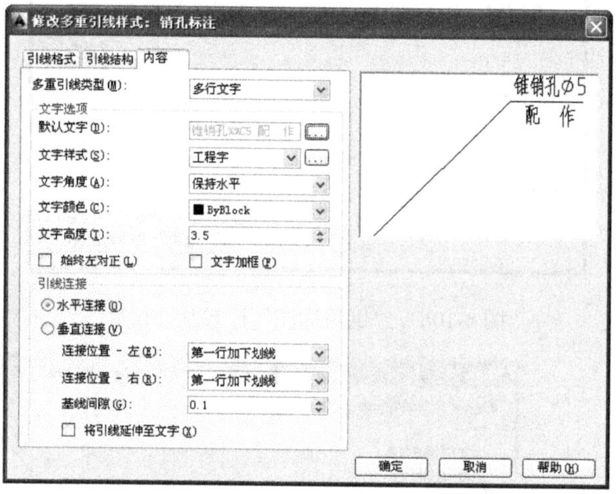

图 4-109　设置“销孔标注”的注释内容

（6）单击“确定”按钮，返回到主对话框，新的多重引线样式显示在“样式”列表中，并可在“预览”框内显示该样式，如图 4-110 所示。

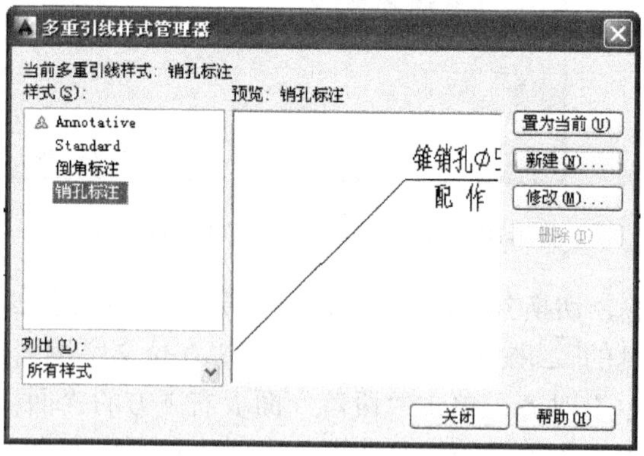

图 4-110　“销孔标注”样式及其预览

第三步，将“倒角标注”设为当前样式。选择“倒角标注”样式，单击[置为当前(U)]按钮，即将“倒角标注”样式置为当前样式。

第四步，标注倒角尺寸。

单击“默认”选项卡下“注释”面板中的“引线”按钮，操作步骤如下。

```
命令: _mleader                                          //调用“多重引线”命令
指定引线箭头的位置或 [引线基线优先(L)/内容
优先(C)/选项(O)] <选项>:                                //捕捉端点1，如图4-111所示
指定引线基线的位置:                                     //在适当位置拾取点2，如图4-111所示
覆盖默认文字 [是(Y)/否(N)] <否>: ↙                      //按Enter键采用默认的文字“C1”，完成左
                                                        //侧倒角标注
命令: ↙                                                 //按Enter键重复调用“多重引线”命令
指定引线箭头的位置或 [引线基线优先(L)/内容
优先(C)/选项(O)] <选项>:                                //捕捉端点3，如图4-111所示
指定引线基线的位置:                                     //在适当位置拾取点4，如图4-111所示
覆盖默认文字 [是(Y)/否(N)] <否>:  y↙                    //需覆盖默认文字，在“在位文字编辑
                                                        //器”中输入“C2”
单击“×”按钮                                            //关闭“在位文字编辑器”，完成标注
```

第五步，标注销孔尺寸。

（1）将“销孔标注”设置为当前多重引线样式。

（2）单击“注释”面板中的“引线”按钮，指定引线基线的位置为圆心点 5、点 6，如图 4-112 所示，采用默认文字标注销孔尺寸，操作过程与标注倒角“C1”的过程相同。

（3）采用同样的方法指定引线基线的位置为圆心点 7、点 8，如图 4-112 所示，采用默认文字标注销孔尺寸。

第六步，编辑销孔尺寸。双击点 7、点 8 处的销孔标注尺寸，打开“在位文字编辑器”，将“锥销孔ϕ5”改为“锥销孔ϕ3”，如图 4-112 所示。

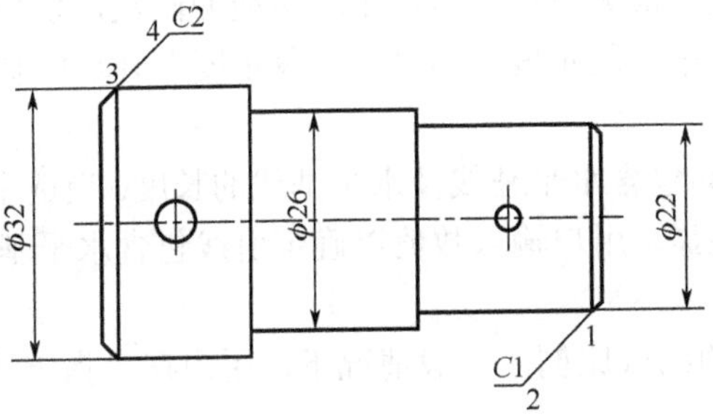

图 4-111　标注倒角尺寸

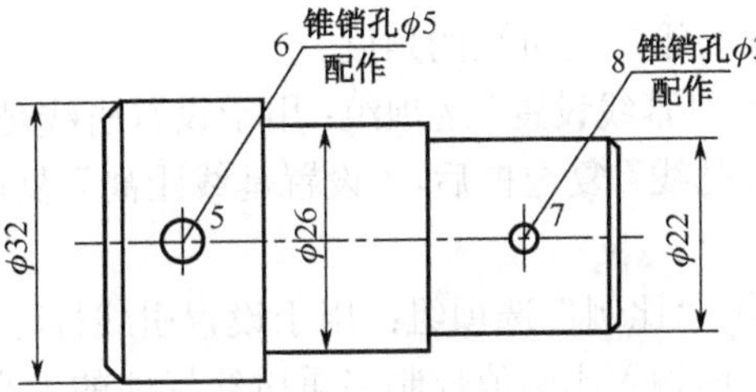

图 4-112　标注销孔尺寸

完成所有标注后，结果如图 4-112 所示。

第七步，保存图形文件。

【相关知识】

1. 多重引线样式的创建

多重引线是由基线、引线、箭头和注释内容组成的标注，如图 4-113 所示。引线可以是直线或样条曲线，注释内容可以是文字、图块等多种形式。

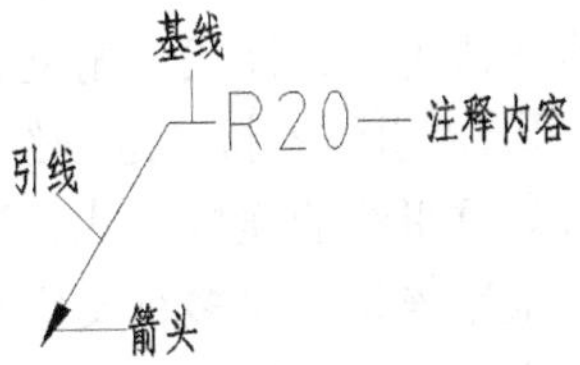

图 4-113　多重引线的组成部分

多重引线样式可以指定基线、引线、箭头和注释内容的格

式，用以控制多重引线对象的外观。调用命令的方式如下。

① 功能区：在“默认”选项卡下“注释”面板中单击“多重引线样式”按钮。

② 菜单栏：选择“格式”→“多重引线样式”命令。

③ 工具栏：在“多重引线”工具栏中单击“多重引线样式”按钮。

④ 键盘命令：在命令行输入“MLEADERXTYLE”命令。

执行上述命令后，弹出如图4-101所示的“多重引线样式管理器”对话框，“样式”列表中列出了当前图形文件中所有已创建的引线样式，并显示当前样式名及其预览图，默认的引线样式为“Standard”。在该对话框中可以新建多重引线样式或修改、删除已有的多重引线样式。

2. 多重引线样式特性的设置

多重引线样式控制引线标注的外观，AutoCAD将涉及多重引线标注效果的选项排列在“多重引线样式管理器”对话框的“引线格式”“引线结构”和“内容”3个选项卡中，对3个选项卡中的各选项进行设置，也就设置了多重引线样式的特性。

（1）设置引线格式。在“引线格式”选项卡中设置引线的类型、箭头的形状和大小、折断间距等特性，其选项卡如图4-103所示。

① “常规”选项组：用于设置引线的类型（有“直线”“样条曲线”和“无”三种类型）、颜色、线型和线宽。

② “箭头”选项组：用于设置引线箭头的形状和大小。

③ “引线打断”选项组：用于设置打断引线标注时的折断间距。

（2）设置引线结构。在“引线结构”选项卡中设置引线的段数和角度、基线的长度、缩放比例等特性，其选项卡如图4-104所示。

① “约束”选项组：用于设置引线点数、角度。最大引线点数决定了引线的段数，系统默认的“最大引线点数”最小为2，仅绘制一段引线；“第一段角度”和“第二段角度”分别控制第一段引线与第二段引线的角度。

② “基线设置”选项组：用于设置引线是否自动包含水平基线及水平基线的长度。当选中“自动包含基线”复选框后，“设置基线距离”复选框亮显，用户输入数值以确定引线包含水平基线的长度。

③ “比例”选项组：用于设置引线标注对象的缩放比例。一般情况下，用户在“指定比例”文本框内输入比例值控制多重引线标注的大小。

（3）设置引线内容。在“内容”选项卡中设置引线末端的注释内容的类型、引线连接位置等特性，其选项卡如图4-105所示。

① “多重引线类型”：用于设置引线末端的注释内容的类型，有“多行文字”“块”和“无”三种类型。

② “文字选项”选项组：当注释内容为“多行文字”时，才显示该选项组，用于设置注释文字的默认内容、样式、角度、颜色和文字高度。

③ “引线连接”选项组：当注释内容为“多行文字”时，才显示该选项组，用于设置注释内容与多重引线的连接方式、注释内容与水平基线的距离，有“水平连接”“垂直连接”两种方式。

水平连接：将多行文字水平附着在引线的左侧或右侧，每侧各有9种连接位置，如图4-114所示为“连接位置-左”设置的9种情况。

垂直连接：将多行文字附着在引线的顶部或底部，每种各有两种连接位置，如图4-115所示为“连接位置-下”设置的两种情况。

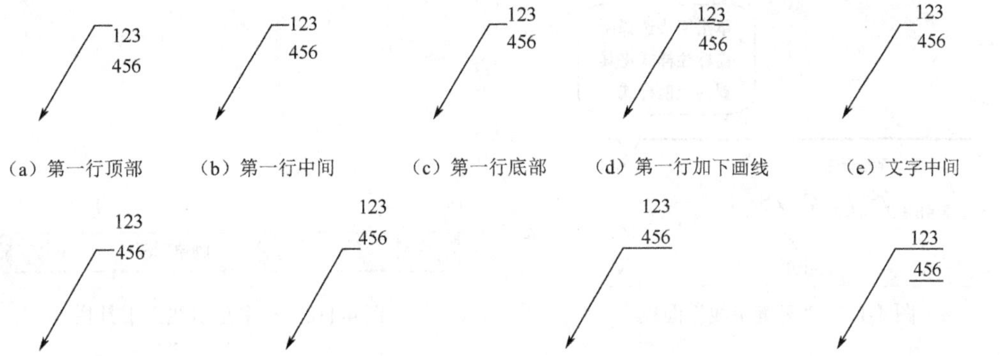

（a）第一行顶部　（b）第一行中间　（c）第一行底部　（d）第一行加下画线　（e）文字中间

（f）最后一行中间　（g）最后一行底部　（h）最后一行加下画线　（i）所有文字加下画线

图 4-114　多重引线与多行文字的连接方式（水平连接）

（a）居中　（b）下画线并居中

图 4-115　多重引线与多行文字的连接方式（垂直连接）

基线间隙：用于指定基线和多重引线文字之间的距离。

3. 多重引线的标注

利用“多重引线”命令可以按当前多重引线样式创建引线标注对象，还可以重新指定引线的某些特性。调用命令的方式如下。

① 功能区：在“默认”选项卡下“注释”面板中单击“多重引线”按钮；或在“注释”选项卡下“引线”面板中单击“多重引线”按钮。

② 菜单栏：选择“标注”→“多重引线”命令。

③ 工具栏：在“多重引线”工具栏中单击“多重引线”按钮。

④ 键盘命令：在命令行输入“MLEADER”命令。

多重引线标注可创建为箭头优先、引线基线优先或内容优先 3 种模式，默认为箭头优先（即先确定箭头位置）。调用上述命令后，命令行提示“指定引线箭头的位置或［引线基线优先(L)/内容优先(C)/选项(O)］<选项>：”如果直接指定点即为箭头优先；如果选择“引线基线优先(L)”选项，则引线优先，即先指定基线的位置；如果选择“内容优先(C)”，则内容优先，即先指定注释内容的位置。

“注释”面板各“引线”标注命令、“多重引线”面板及“多重引线”工具栏如图 4-116～图 4-118 所示。

多重引线的标注方法在本任务操作实例中已有描述，在此不再赘述。

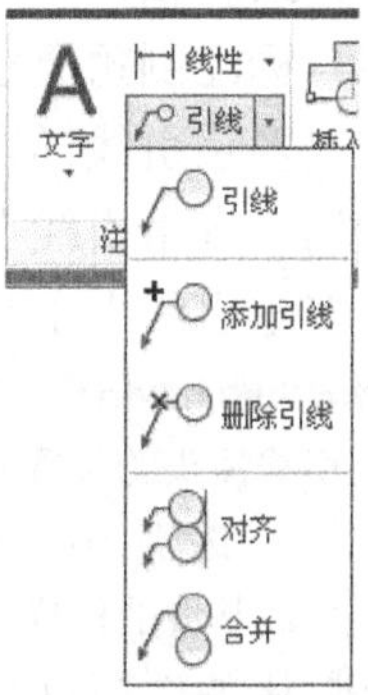

图 4-116“注释”面板各“引线”标注命令

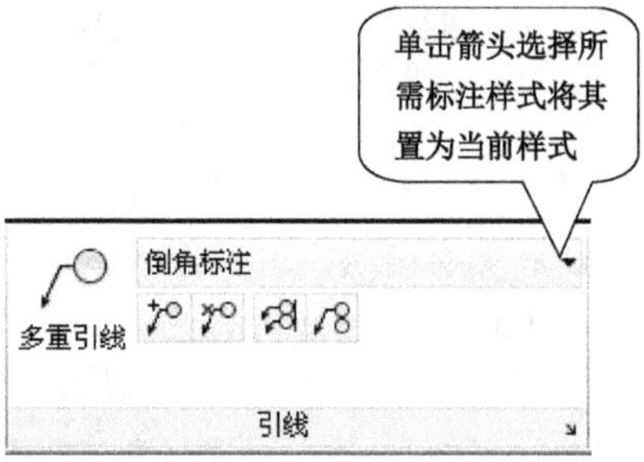

图 4-117 “多重引线”面板

图 4-118 “多重引线”工具栏

任务 6 标注倒角、销孔尺寸及形位公差

【任务描述】

本任务使用“倒角标注”“销孔标注”样式，标注图 4-119 所示轴的倒角、销孔尺寸及形位公差。主要涉及“引线”命令及尺寸标注的编辑。

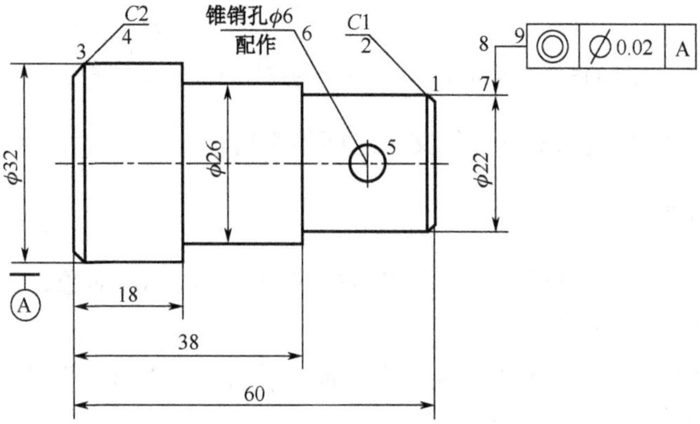

图 4-119 标注倒角、销孔尺寸及形位公差

【任务实施】

第一步，设置绘图环境。

第二步，绘制轴，并标注尺寸ϕ32mm、ϕ26mm、ϕ22mm、18mm、38mm、60mm。

第三步，标注倒角尺寸。

（1）在“多重引线样式管理器”中将“倒角标注”设置为当前多重引线样式。

（2）使用“多重引线”命令标注倒角尺寸。

单击“多重引线”工具栏中的“多重引线”按钮，操作步骤如下。

```
命令: _mleader                                    //启动“多重引线”命令
指定引线箭头的位置或 [引线基线优先(L)/内容
优先(C)/选项(O)] <选项>:                           //捕捉点1
指定引线基线的位置:                                 //在适当位置拾取点2
覆盖默认文字 [是(Y)/否(N)] <否>: ↙                  //按Enter键采用默认的文字“C1”
命令: ↙                                            //按Enter键再次启动“多重引线”命令
指定引线箭头的位置或 [引线基线优先(L)/内容
```

```
优先(C)/选项(O)] <选项>:                //捕捉点3
指定引线基线的位置:                      //在适当位置拾取点4
覆盖默认文字 [是(Y)/否(N)] <否>:  y↙    //输入y,按Enter键弹出“在位文字编辑器”,
                                         在“在位文字编辑器”输入“C2”
单击[确定]                              //关闭“在位文字编辑器”，完成标注
```

第四步，标注销孔尺寸。

（1）在“多重引线样式管理器”中将“销孔标注”设置为当前多重引线样式。

（2）使用“多重引线”命令采用默认文字标注销孔尺寸，操作过程与标注倒角“C1”的过程相同，不再重述。

第五步，编辑销孔尺寸。双击销孔标注尺寸，打开“在位文字编辑器”将“锥销孔ϕ5”改为“锥销孔ϕ6”。

第六步，使用“引线”命令标注形位公差。

在命令行输入“QLEADER”，操作步骤如下。

```
命令: _ qleader                            //启动“引线”命令
指定第一个引线点或 [设置(S)] <设置>:↙     //选择默认选项，弹出“引线设置”对话框
按图4-120所示设置各选项,单击[确定]        //关闭“引线设置”对话框，结束引线设置
指定第一个引线点或 [设置(S)] <设置>:       //捕捉点7
指定下一点:                                //在适当位置拾取点8
指定下一点:                                //在适当位置拾取点9，弹出“形位公差”对话框
按图4-121所示设置各参数，单击[确定]        //关闭“形位公差”对话框，结束标注
```

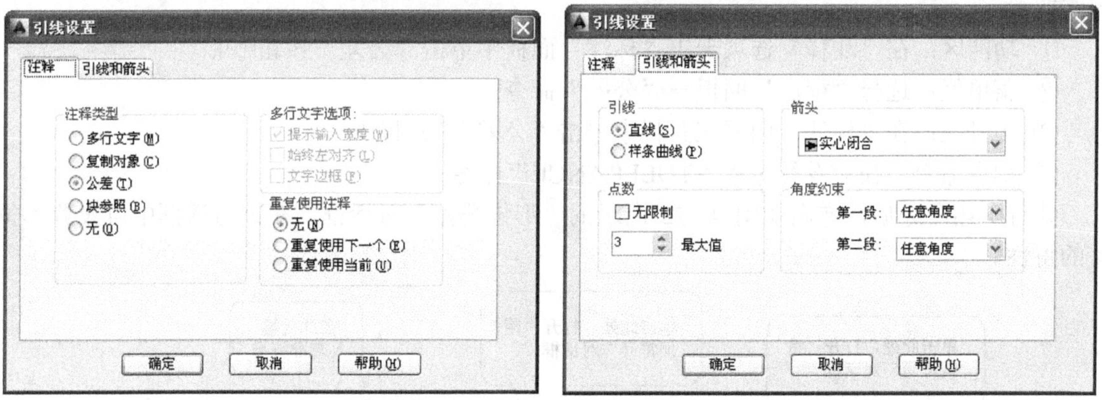

（a）设置注释内容　　（b）设置引线和箭头

图 4-120　“引线设置”对话框

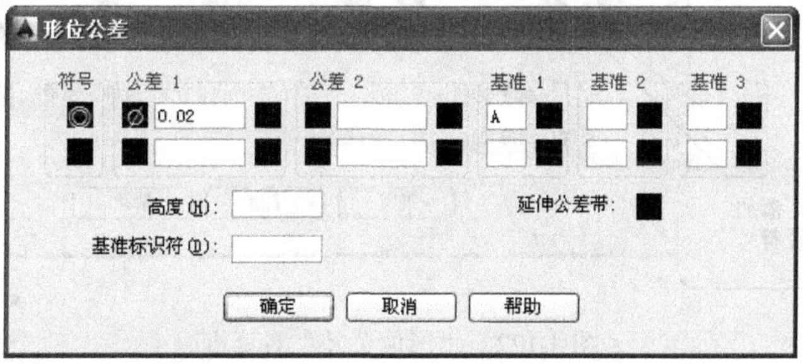

图 4-121　设置“形位公差”对话框中各参数

【相关知识】

1. 尺寸公差的标注

AutoCAD 2014 提供了多种尺寸公差的标注方法，此处介绍常用的 3 种方法。

（1）多行文字堆叠直接标注尺寸公差。如果当前标注样式的“公差格式”选项组中的公差“方式”设置为“无”，标注尺寸公差时，选择标注命令中的“多行文字(M)”选项打开“在位文字编辑器”，通过文字堆叠方式直接标注尺寸公差。本操作实例中“$\phi32_{-0.025}^{0}$”的标注便采用了此法。

（2）“样式替代”标注尺寸公差。用户可以为当前标注样式创建一个有公差的“样式替代”，然后进行尺寸标注。本操作实例中“$\phi26_{+0.008}^{+0.021}$”的标注便采用了此法。

采用此法标注完成后应及时修改或删除“样式替代”，以便应用于下一个不同尺寸的标注。本操作实例中在完成“$\phi26_{+0.008}^{+0.021}$”的标注后，就删除了“样式替代”，以便进行下一个尺寸“$\phi22_{-0.041}^{-0.020}$”的标注。

（3）对象“特性”选项板编辑尺寸公差。如果当前标注样式的“公差格式”选项组中的公差“方式”设置为“无”，在尺寸标注后，选中需要标注公差的标注对象，打开对象“特性”选项板，在“公差”项目板内编辑尺寸公差。本操作实例中“$\phi22_{-0.041}^{-0.020}$”的标注便采用了此法。

2. 形位公差的标注

（1）“形位公差”标注命令。使用“公差”标注命令可绘制形位公差特征控制框。调用命令的方式如下。

① 功能区：在“注释”选项卡下“标注”面板中单击“公差”按钮。

② 菜单栏：选择“标注”面板→“公差”命令。

③ 工具栏：在“标注”面板工具栏中单击“公差”按钮。

④ 键盘命令：在命令行输入“TOLERANCE”命令。

执行上述命令后，弹出如图 4-122 所示的“形位公差”对话框，在该对话框中可设置形位公差的特性。

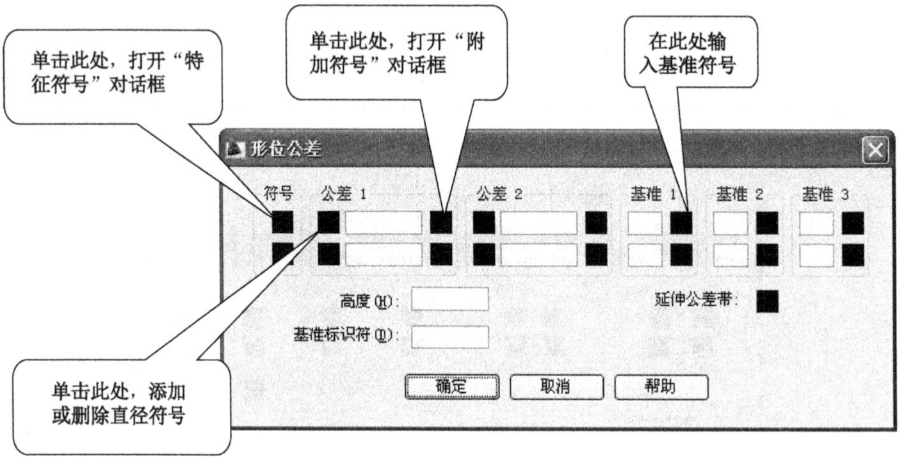

图 4-122 “形位公差”对话框

单击“形位公差”对话框相应空白框可打开“特征符号”对话框及“附加符号”对话框，如图 4-123（a）、4-123（b）所示。若要绘制如图 4-123（c）所示的形位公差特征控制框，其特性设置如图 4-124 所示。

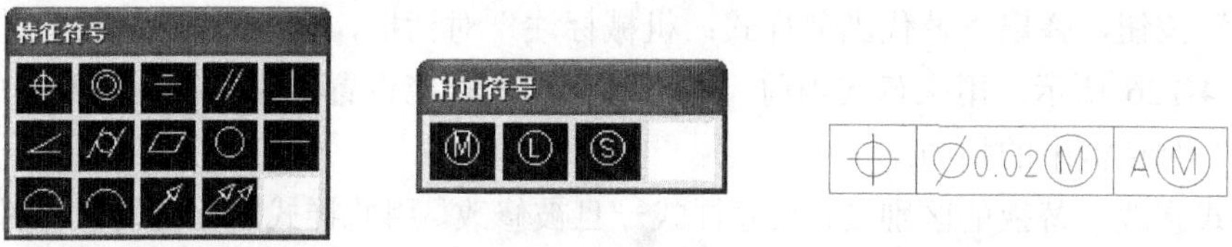

（a）“特征符号”对话框　　（b）“附加符号”对话框　　（c）形位公差特征控制框

图 4-123　形位公差形式

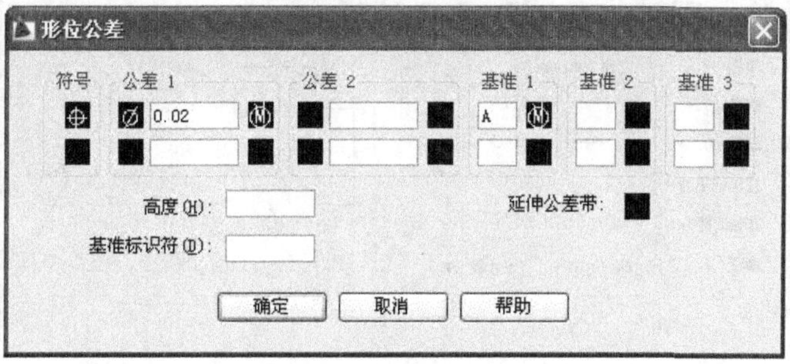

图 4-124　设置形位公差

3．引线标注

使用“公差”标注命令只能绘制形位公差特征控制框，需要用户补绘指引线，如果需同时绘出指引线和特征框，应使用“引线”标注命令，调用命令的方式如下。

键盘命令：在命令行输入“QLEADER”命令。

使用“引线”命令标注形位公差的步骤如下。

（1）调用“引线”命令。

（2）系统提示“指定第一个引线点或 [设置(S)] <设置>:”，此时直接按 Enter 键，弹出“引线设置”对话框。

（3）在“注释”选项卡中“注释类型”选项组下选择注释类型为“公差”。

（4）在“引线和箭头”选项卡中设置引线的类型为“直线”、点数为“3”及引线的倾斜角度、箭头的形式。

（5）单击“确定”按钮，返回绘图区，依次指定引线的起始点位置、第二点、第三点位置，弹出“形位公差”对话框。

（6）在“形位公差”对话框中设置形位公差的特性。

（7）单击“确定”按钮，完成形位公差标注。

本任务中轴的形位公差标注便采用了此法。

“引线”命令的注释内容是多行文字、形位公差、块，还可以在图形中选定多行文字、单行文字、公差或块参照对象作为副本，连接到引线末端。当注释内容为除公差以外的其他选项（如多行文字、块等）时，均使用“多重引线”命令取代“引线”命令，在此仅介绍“引线”命令在形位公差标注方面的应用。

4．尺寸标注的编辑

（1）编辑尺寸样式。用户可以在“标注样式管理器”对话框中单击“修改”按钮，弹出“修改标注样式：机械标注”对话框，在对话框中修改当前尺寸样式中的设置，如图 4-125 所示，或单击“替代”按钮，弹出“替代当前样式：机械标注”对话框，在对话框中设置临时的尺寸标注样式，如图 4-126 所示，用来替代当前尺寸标注样式的相应设置。对话框中各选项的含义与“新建标注样式”对话框中的相同。

尺寸样式修改与替换的区别是：尺寸样式一旦被修改，用此样式所标注的尺寸都会发生改变；而样式替代只改变选定的对象和其后所标注的尺寸。

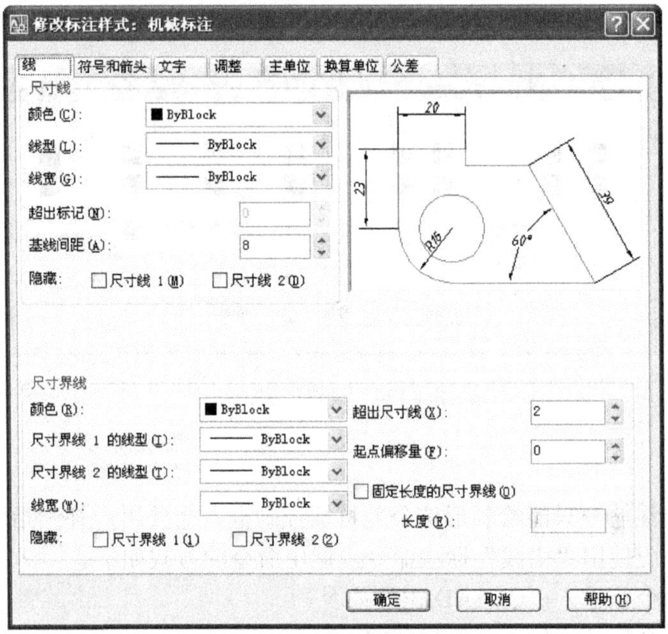

图 4-125 “修改样式”对话框

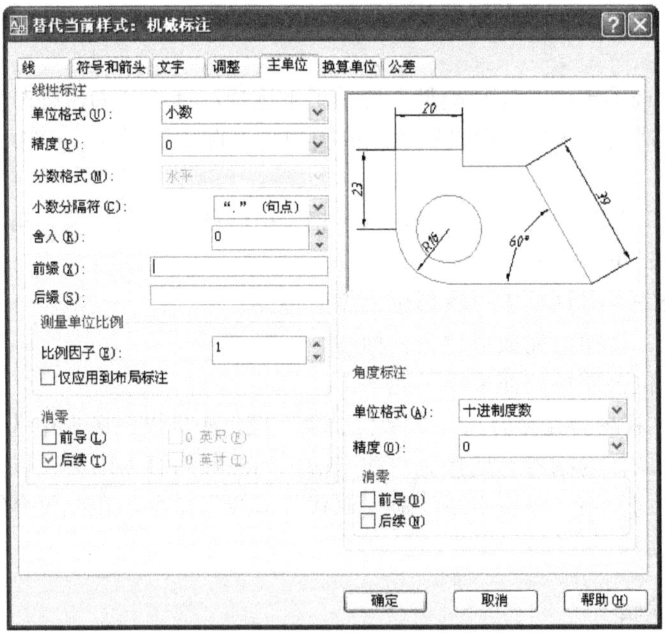

图 4-126 “替代样式”对话框

（2）编辑标注。“编辑标注”命令可以修改选定对象的文字内容，能将标注文字按指定角度旋转及将尺寸界线倾斜指定角度，如图 4-127 和图 4-128 所示。调用命令的方式如下。

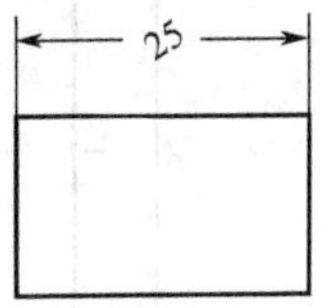

图 4-127　文字旋转 30°

① 菜单栏：选择“标注”→“倾斜”命令。

② 工具栏：在“标注”工具栏中单击“编辑标注”按钮。

③ 键盘命令：在命令行输入“DIMEDIT”命令。

执行上述命令后，即可编辑标注。倾斜角度均为相对于 X 轴正方向而言。

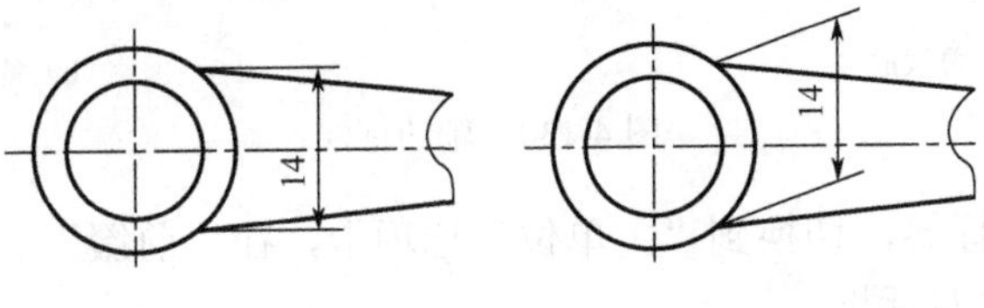

（a）倾斜前　（b）倾斜 20°

图 4-128　尺寸界线倾斜

（3）编辑标注文字。“编辑标注文字”命令可以移动或旋转标注文字，如图 4-129 所示。调用命令的方式如下。

① 菜单栏：选择“标注”→“对齐文字”命令。

② 工具栏：在“标注”工具栏中单击“编辑标注文字”按钮。

③ 键盘命令：在命令行输入“DIMTEDIT”命令。

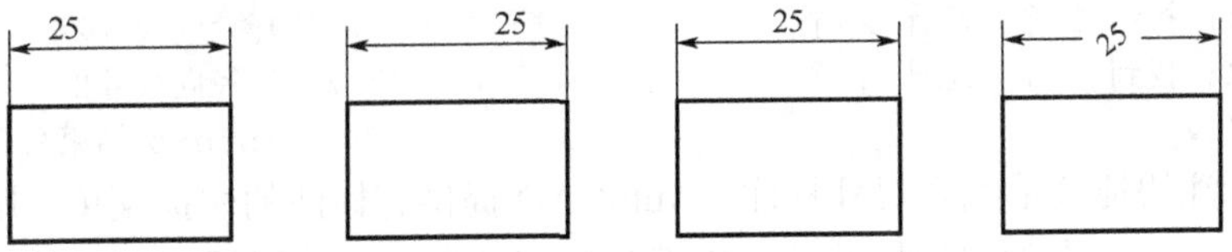

（a）左　（b）右　（c）中心　（d）角度

图 4-129　编辑标注文字

（4）标注更新。“标注更新”命令可以将图形中已标注的尺寸标注样式更新为当前尺寸标注样式。调用命令的方式如下。

① 菜单栏：选择“标注”→“更新”命令。

② 工具栏：在“标注”工具栏中单击“标注更新”按钮。

③ 键盘命令：在命令行输入“-DIMSTYLE”命令。

执行上述命令后，即可将图形中的标注更新。

例 4-7　采用“机械标注”样式标注如图 4-130（a）所示轴的尺寸并用“替代样式”“标注更新”的方法修改径向尺寸，使其最终结果如图 4-130（b）所示。

操作步骤如下。

① 在“标注”工具栏中将“机械标注”设置为当前标注样式。

② 使用“线性”命令标注所有尺寸，如图 4-130（a）所示。

③ 打开“标注样式管理器”对话框，选择“机械标注”选项。

④ 单击“替代”按钮，弹出“替代当前样式：机械标注”对话框。

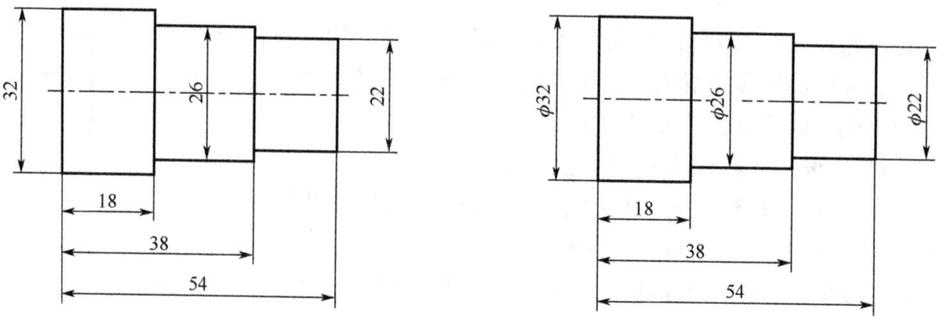

（a）替代前　　（b）替代后

图 4-130　轴的标注

⑤ 单击“主单位”标签，切换到“主单位”选项卡，在“前缀”文本框中输入“%%c”，单击“确定”按钮，回到主对话框。

⑥ 单击“确定”按钮，完成替代样式操作。

⑦ 更新标注。单击“标注”→“标注更新”按钮，操作步骤如下。

```
命令: -dimstyle                                          //启动“标注更新”命令
当前标注样式: 机械标注注释性: 否                          //系统提示
当前标注替代: DIMPOST     %%c<>                           //系统提示
输入标注样式选项[注释性(AN)/保存(S)/恢复(R)/
状态(ST)/变量(V)/应用(A)/?] <恢复>: _apply              //系统提示
选择对象: 找到 1 个                                       //选择径向尺寸22
选择对象: 找到 1 个, 总计 2 个                            //选择径向尺寸26
选择对象: 找到 1 个, 总计 3 个                            //选择径向尺寸32
选择对象:↙                                                //按Enter键结束命令，完成标注更新
```

（5）利用标注快捷菜单编辑尺寸标注。AutoCAD 提供有标注的快捷菜单，用户在选择需要编辑的标注对象后右击，在弹出的快捷菜单中选择相应选项，可编辑标注文字的位置、修改标注文字的精度、更改所选对象的标注样式及是否翻转箭头，如图 4-131～图 4-134 所示。

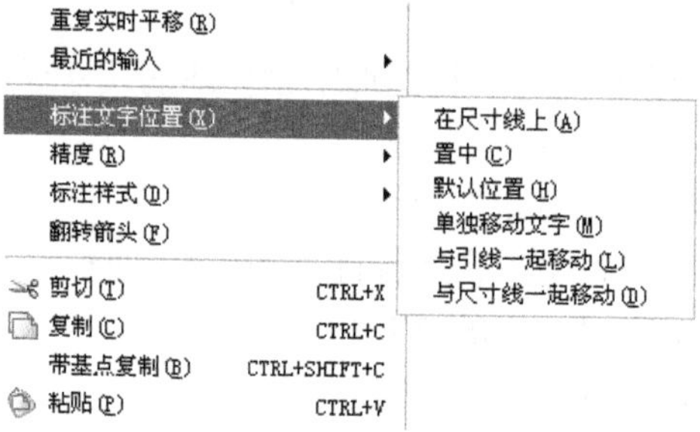

图 4-131　“标注文字位置”快捷菜单

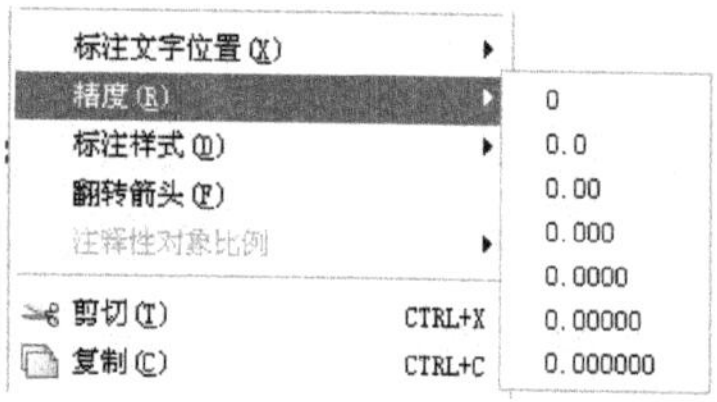

图 4-132　“精度”快捷菜单

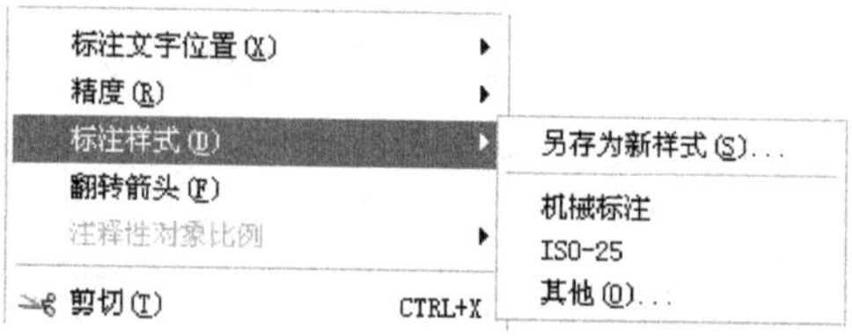

图 4-133　“标注样式”快捷菜单

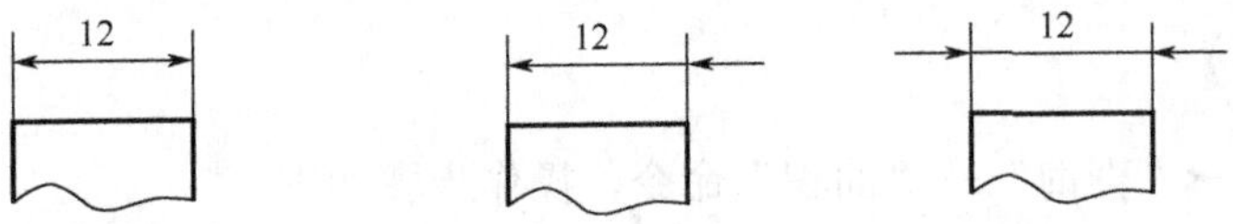

（a）翻转前　（b）翻转一侧箭头　（c）翻转另一侧箭头

图 4-134　翻转箭头

系统自动翻转靠近选择点一侧的箭头，一次只能翻转一个，重复执行该命令可翻转另一个。

（6）利用对象“特性”选项板编辑尺寸标注。在需要编辑的标注对象上右击，在出现的快捷菜单中选择“特性”选项，可打开“特性”选项板，用户可以查看所选标注的所有特性，并对其进行修改，如图 4-135 所示为本单元任务 5 中“多重引线”标注的销孔尺寸的“特性”选项板。

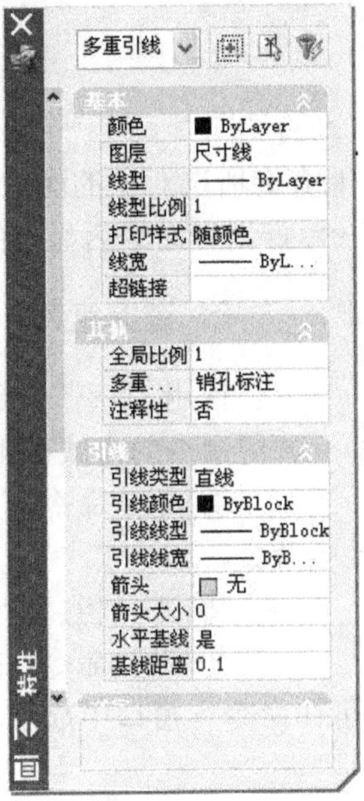

图 4-135　多重引线“特性”选项板

任务 7　查询对象

【任务描述】

本任务介绍查询如图 4-136 所示图形面积的方法，主要涉及“查询”命令。

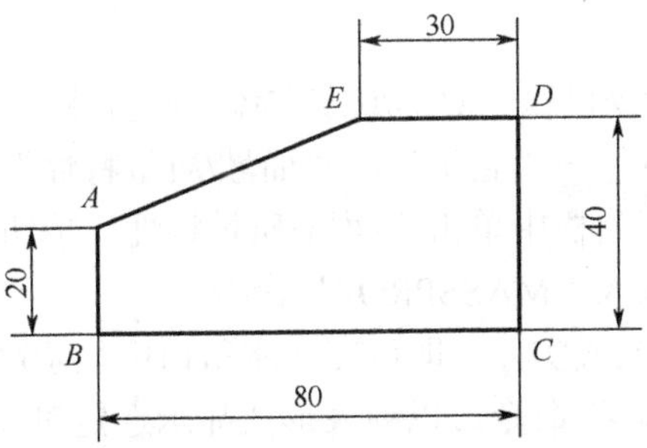

图 4-136　求五边形的面积

【任务实施】

选择“工具”→“查询”→“面积”命令，操作步骤如下。

```
输入命令: _area                                        //启动命令
指定第一个角点或 [对象(O)/加(A)/减(S)]:                //捕捉点A
指定下一个角点或按 Enter 键全选:                        //捕捉点B
指定下一个角点或按 Enter 键全选:                        //捕捉点C
指定下一个角点或按 Enter 键全选:                        //捕捉点D
指定下一个角点或按 Enter 键全选:                        //捕捉点E
面积 = 2700.0000，周长 = 223.8516                      //系统显示五边形的面积和周长
```

【相关知识】

1. 查询对象

利用 AutoCAD 中的查询功能，能查询所选对象的面积、距离、质量特性、点坐标及系统状态等。图 4-137 所示为选择“工具”→“查询”命令后显示的结果。

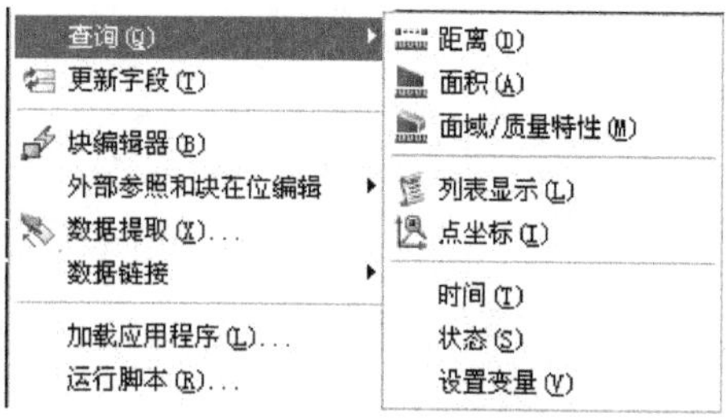

图 4-137　查询菜单

2. 查询距离

使用“距离”命令可以测量指定两点之间距离和角度。调用命令的方式如下。

① 菜单命令：选择“工具”→“查询”→“距离”命令。

② 工具栏：在“查询”工具栏中单击“距离”按钮。

③ 键盘命令：在命令行输入“DIST”或“DI”命令。

执行上述命令后，指定两点，即可在命令行窗口中显示相应信息。

3. 查询面积

使用“面积”命令可以计算对象或指定封闭区域的面积和周长。调用命令的方式如下。

① 菜单栏：选择“工具”→“查询”→“面积”命令。

② 工具栏：在“查询”工具栏中单击“面积”按钮。

③ 键盘命令：在命令行输入“AREA”命令。

执行上述命令后，通过指定点或选择对象方式确定查询对象，即可在命令行窗口中显示相应信息。

4. 查询质量特性

使用“面域/质量特性”命令可以计算面域或实体的质量特性。调用命令的方式如下。

① 菜单命令：选择“工具”→“查询”→“面域/质量特性”命令。

② 工具栏：在“查询”工具栏中单击“面域/质量特性”按钮。

③ 键盘命令：在命令行输入“MASSPROP”命令。

执行上述命令后，选择面域或实体，即可在文本窗口中显示面积、周长、质心等信息。

（1）列表显示。使用“列表”命令可以列表形式显示选定对象的特性参数。调用命令的方式如下。

① 菜单栏：选择“工具”→“查询”→“列表显示”命令。

② 工具栏：在“查询”工具栏中单击“列表显示”按钮。

③ 键盘命令：在命令行输入“LIST”或“LI”命令。

执行上述命令后，选择一个或多个对象，即可以列表形式显示选定对象的特性参数。

（2）查询点坐标。使用“点坐标”命令可以显示指定点的坐标。调用命令的方式如下。

① 菜单栏：选择“工具”→“查询”→“点坐标”命令。

② 工具栏：在“查询”工具栏中单击“点坐标”按钮。

③ 键盘命令：在命令行输入“ID”命令。

执行上述命令后，拾取要显示坐标的点，即可在命令行窗口中显示相应信息。

（3）查询时间。使用“时间”命令可以查询当前图形有关的日期和时间信息。调用命令的方式如下。

① 菜单栏：选择“工具”→“查询”→“时间”命令。

② 键盘命令：在命令行输入“TIME”命令。

执行上述命令后，AutoCAD切换到文本窗口显示有关时间信息。

（4）查询系统状态。使用“状态”命令可以查询显示当前图形中的对象数目、图形范围、可用图形磁盘空间和可用物理内存及有关参数设置等信息。调用命令的方式如下。

① 菜单栏：选择“工具”→“查询”→“状态”命令。

② 键盘命令：在命令行输入“STATUS”命令。

执行上述命令后，AutoCAD切换到文本窗口显示相应信息。

拓展任务

1．在AutoCAD 2014中，定义符合机械制图要求的尺寸标注样式。具体要求如下：标注样式名称为“尺寸35”；将“基线间距”设为5.5；“超出尺寸线”设为2；“起点偏移量”设为0；“箭头大小”设为3.5；“圆心标记”大小设为2.5；尺寸文字样式采用“长仿宋体字”，文字样式名为“宋体35”，字体采用“宋体”，字高为3.5，其余采用默认设置。

2．绘制如图4-138所示的图形并标注尺寸。

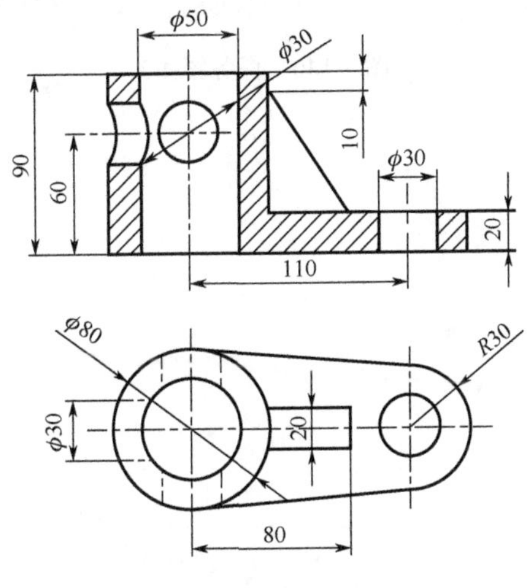

图4-138 任务图4-1

3．绘制如图4-139所示的图形并标注尺寸。

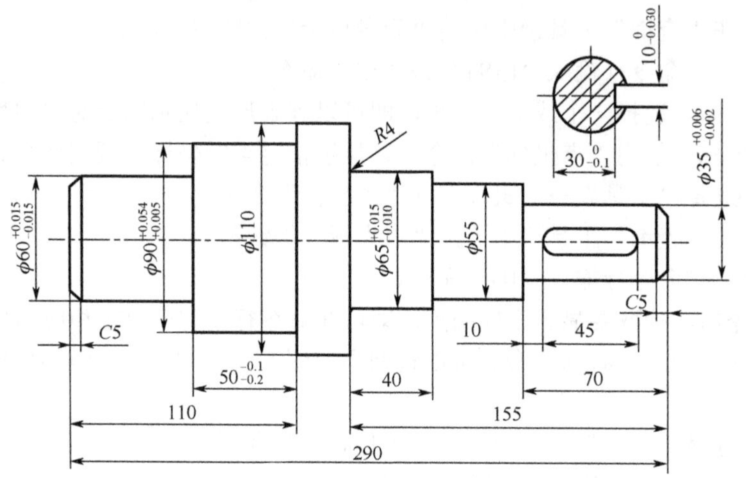

图 4-139 任务图 4-2

4．绘制如图 4-140 所示的图形并标注尺寸。

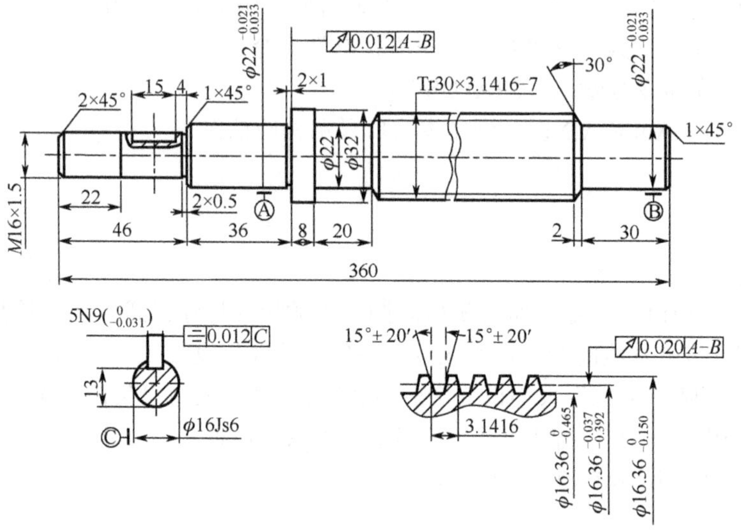

图 4-140 任务图 4-3

单元5　三视图的绘制

【学习目标】

◎ 1. 掌握绘制三视图常用的方法。
◎ 2. 掌握构造线、射线、样条曲线的绘制方法。
◎ 3. 掌握多段线的绘制及编辑。
◎ 4. 掌握图案填充及其编辑方法。
◎ 5. 掌握绘制左视图的方法。

【实例任务】

◎ 任务1　组合体三视图的绘制（一）
◎ 任务2　组合体三视图的绘制（二）
◎ 任务3　组合体三视图的绘制（三）

任务1　组合体三视图的绘制（一）

【任务描述】

本任务介绍如图5-1所示的组合体三视图的绘制方法和步骤，主要涉及“构造线”“射线”命令。

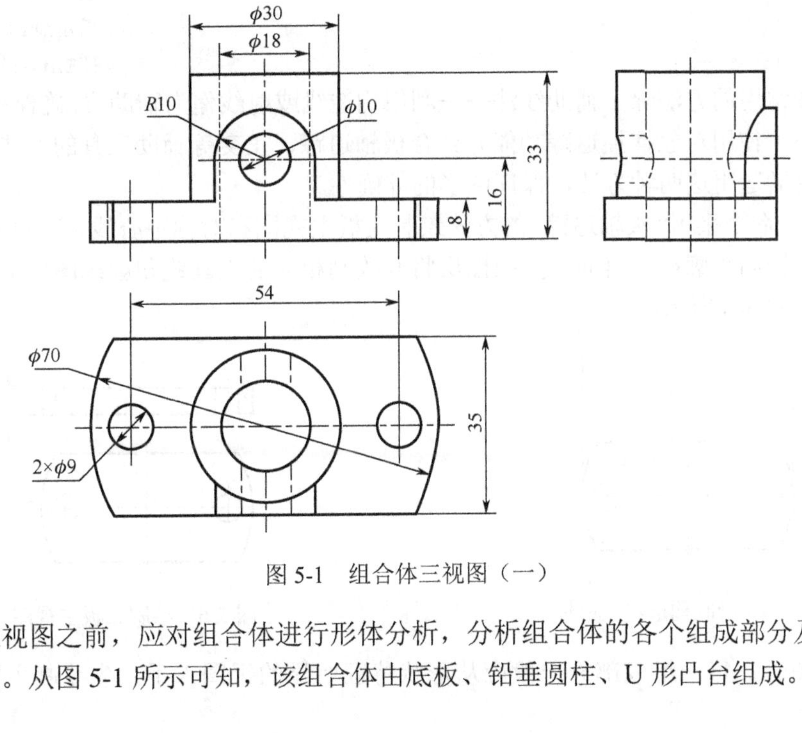

图5-1　组合体三视图（一）

在绘制三视图之前，应对组合体进行形体分析，分析组合体的各个组成部分及各部分之间的相对位置关系。从图5-1所示可知，该组合体由底板、铅垂圆柱、U形凸台组成。

【任务实施】

第一步，设置绘图环境，操作过程略。

第二步，绘制底板俯视图。

（1）绘制中心线、水平轮廓线、ϕ70 圆，并修剪多余的图线，如图 5-2 所示。

（2）捕捉中心线交点，水平向左追踪 27，得到圆心，绘制ϕ9 小圆及其中心线，如图 5-3 所示。

（3）以中间的垂直中心线为镜像轴，镜像复制ϕ9 小圆及其中心线，如图 5-4 所示。

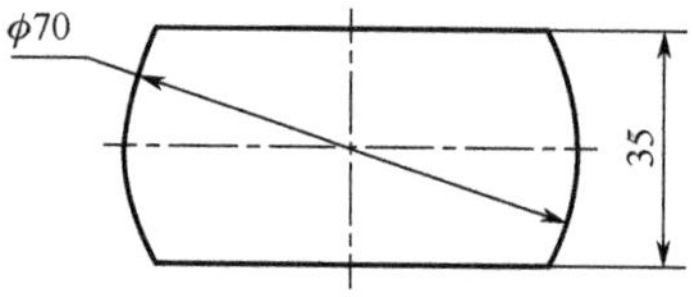

图 5-2　绘制外形轮廓及中心线

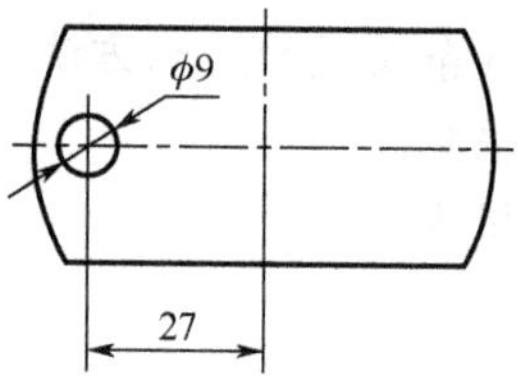

图 5-3　绘制小圆及中心线

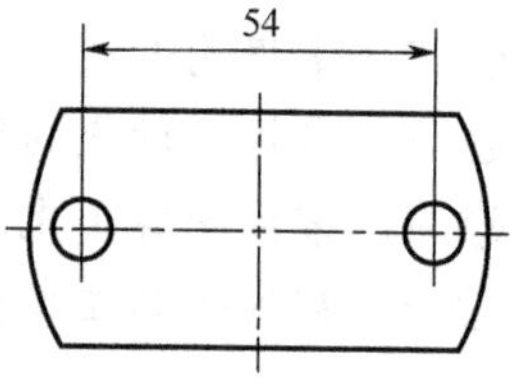

图 5-4　镜像复制小圆及中心线

第三步，绘制底板主视图。

（1）使用“构造线”命令通过点“1”绘制一条垂直的线条，使用“射线”命令通过点“2”向上绘制一条垂直的射线，用以保证主、俯视图长对正，如图 5-5 所示。

在功能区中单击“默认”选项卡下“绘图”面板中的“构造线”按钮，操作步骤如下。

```
命令：_xline                                                    //启动“构造线”命令
指定点或 [水平(H)/垂直(V)/角度(A)/二等分(B)/偏移(O)]：v↙       //选择绘制垂直构造线
指定通过点：                                                    //选取如图5-5所示的点1
指定通过点：↙                                                  //按Enter键结束命令
```

在功能区中单击“默认”选项卡下“绘图”面板中的“射线”按钮，操作步骤如下。

```
命令：_ray                                                      //启动“射线”命令
指定起点：                                                      //选取如图5-5所示的点2
指定通过点：                                                    //指定点2正上方任一点
指定通过点：↙                                                  //按Enter键结束命令
```

绘制三视图常用的方法除了辅助线法——利用构造线或射线作为辅助线，确保视图之间的“三等”关系外，还可使用对象捕捉追踪功能并结合极轴追踪、正交等辅助工具的方法。在实际绘图中，用户可以灵活运用这两种方法，保证图形的准确性。

（2）使用直线命令采用“极轴追踪”的方法绘制底板主视图和对称中心线、主视图上左侧ϕ9mm 小圆的中心线和转向轮廓线，再通过变换图层将其改到相应的点画线和虚线图层上，镜像复制，删除辅助线，如图 5-6 所示。

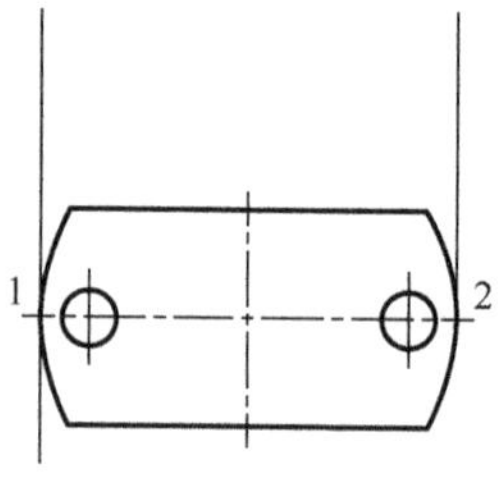

图 5-5　绘制构造线、射线

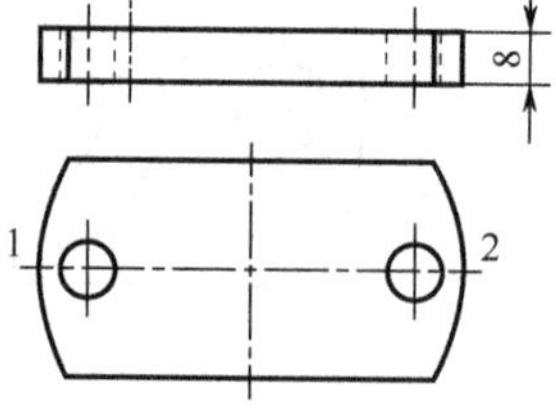

图 5-6　绘制底板主视图

绘制三视图时，每一组成部分一般应从形状特征明显的视图入手，先绘制主要部分，后绘制次要部分，且每一组成部分的几个视图配合着绘制，这样，不但可以提高绘图速度，还能避免漏线、多线。

第四步，绘制铅垂圆柱。

（1）在俯视图上捕捉中心线交点作为圆心，绘制铅垂圆柱及孔的俯视图ϕ30mm、ϕ18mm 的圆，如图 5-7 所示。

（2）采用对象捕捉结合极轴追踪的方法绘制主视图上铅垂圆柱及孔的轮廓线，如图 5-8 所示。

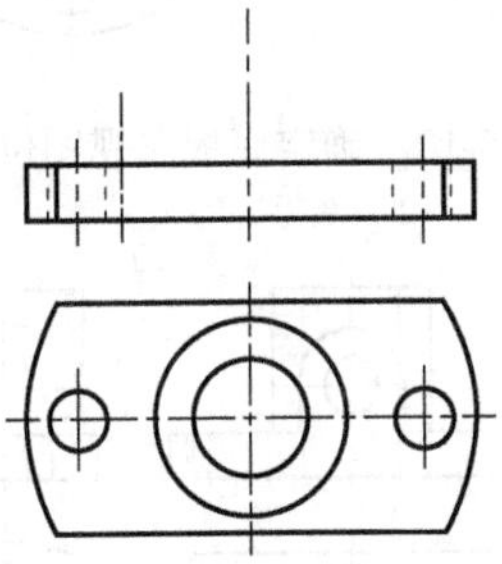

图 5-7　绘制铅垂圆柱俯视图

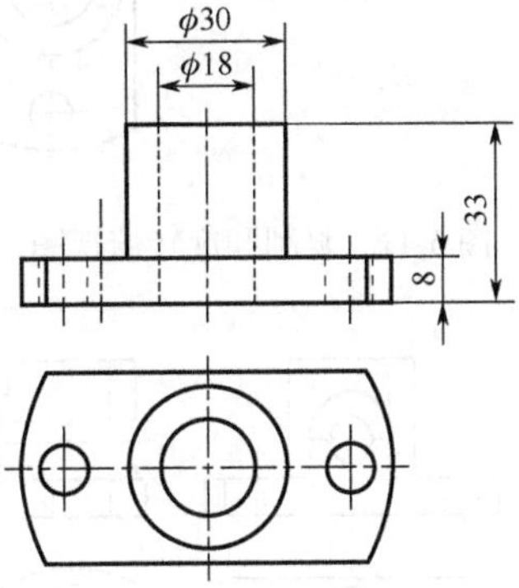

图 5-8　绘制铅垂圆柱主视图

第五步，绘制 U 形凸台及孔。

（1）绘制 U 形凸台及孔的主视图，并修剪多余图线如图 5-9 所示。

（2）绘制 U 形凸台及孔的俯视图，如图 5-10 所示。

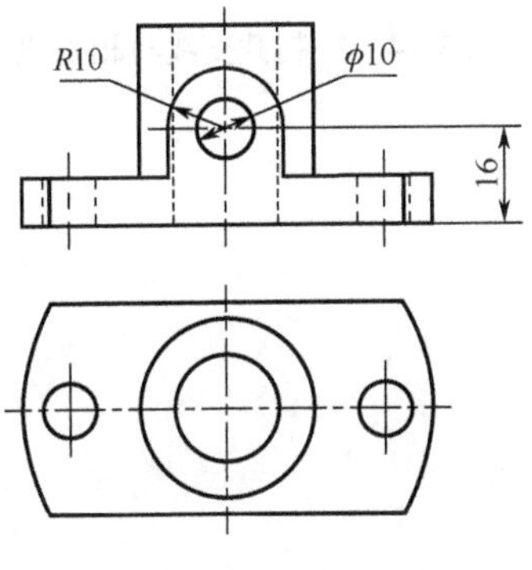

图 5-9　绘制 U 形凸台及孔的主视图

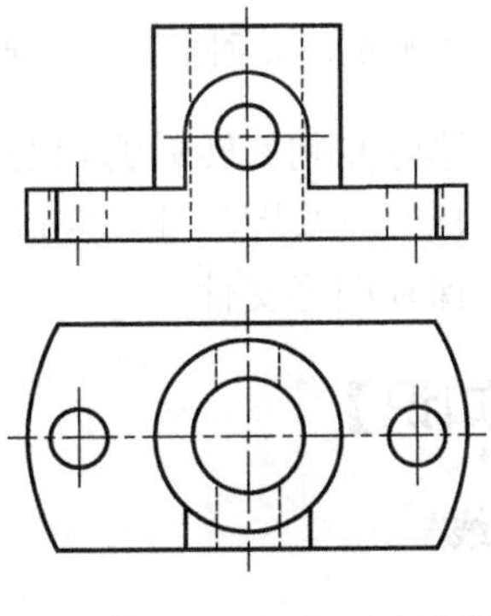

图 5-10　绘制 U 形凸台及孔的俯视图

第六步，绘制左视图。

（1）复制并旋转俯视图至合适的位置（旋转时要注意前后方位关系），作为辅助图形，如图 5-11 所示。

（2）使用对象“捕捉追踪”功能确定左视图位置，如图 5-12 所示，绘制底板和圆柱左视图。

（3）绘制底板、铅垂圆柱、U 形凸台左视图，如图 5-13 所示。

（4）绘制截交线与相贯线，使用“起点、端点、半径”命令画圆弧方式完成各相贯线的绘制，如图 5-14 所示。

如图 5-14 中所示相贯线的画法采用简化画法，使用“圆弧”命令的“起点、端点、半径”命令完成相贯线的绘制，其半径为两相贯圆柱中大圆柱的半径。

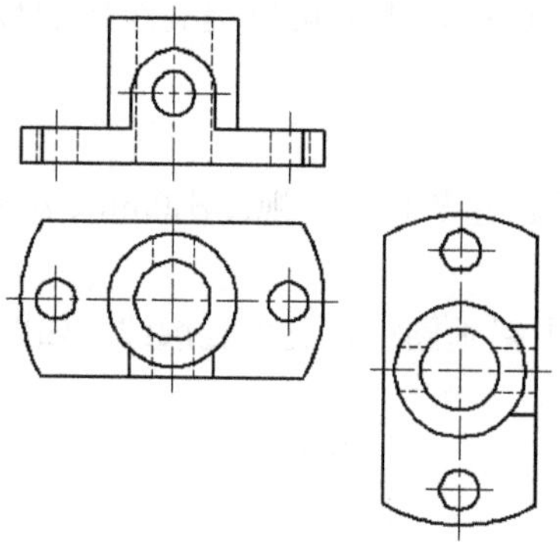

图 5-11　复制和旋转俯视图

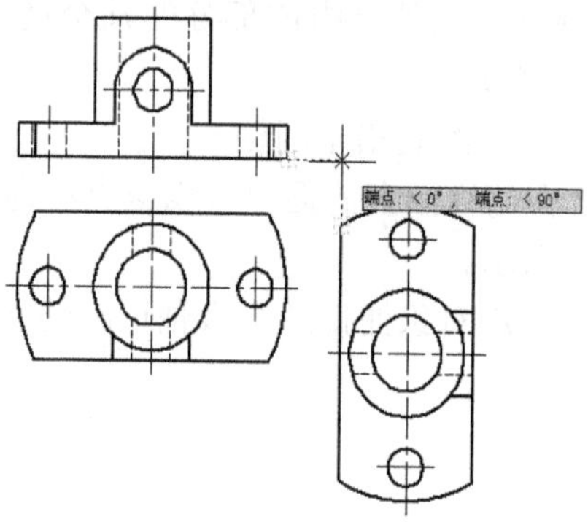

图 5-12　确定底板左视图位置

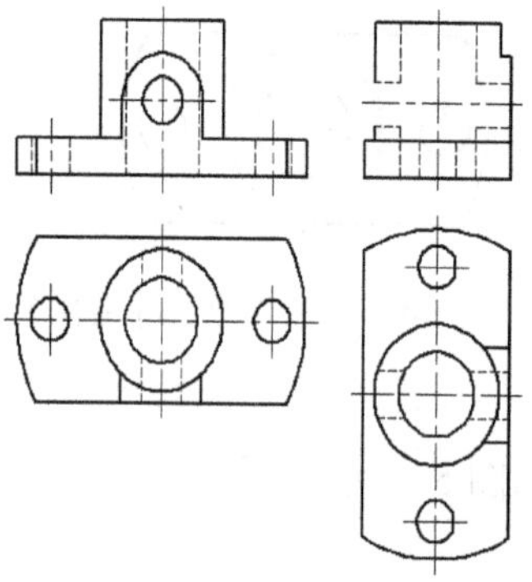

图 5-13　绘制底板、铅垂圆柱、U 形凸台左视图

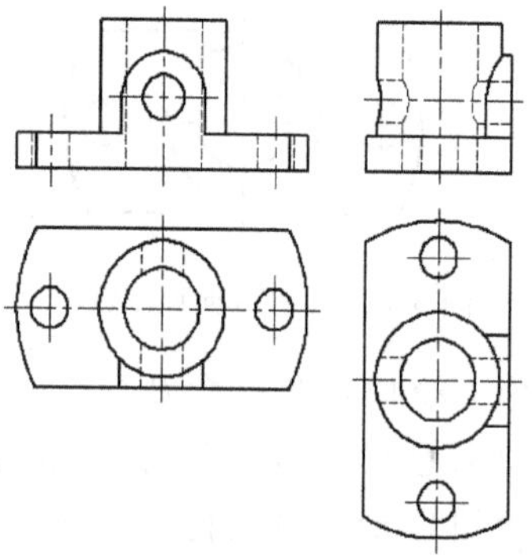

图 5-14　绘制截交线与相贯线

第七步，删除复制旋转后的辅助图形。

第八步，标注三视图尺寸，完成后如图 5-1 所示。

第九步，保存图形文件。

【相关知识】

1. 构造线

利用“构造线”命令可以绘制通过给定点的双向无限长直线，通常用于绘制辅助线。该命令调用后一次可绘制多条构造线。调用命令的方式如下。

① 功能区：在“默认”选项卡下“绘图”面板中单击“构造线”按钮。

② 菜单栏：选择“绘图”→“构造线”命令。

③ 工具栏：在“绘图”工具栏中单击“构造线”按钮。

④ 键盘命令：在命令行输入“XLINE”或“XL”命令。

执行上述命令后，命令行提示“指定点或 [水平(H)/垂直(V)/角度(A)/二等分(B)/偏移(O)]:”，各选项介绍如下。

① 指定点：通过指定两点（点 1 和点 2）绘制构造线，如图 5-15（a）所示。

② 水平（H）：通过指定点 1 绘制水平构造线，如图 5-15（b）所示。

③ 垂直（V）：通过指定点 1 绘制垂直构造线，如图 5-15（c）所示。

④ 角度（A）：以指定角度通过指定点绘制构造线，有两种方式。

输入构造线的角度：直接输入构造线与 X 轴正方向的夹角的绘制构造线。

参照：指定已知直线 1，通过指定点 2 绘制一条与已知直线成指定夹角的构造线，如图 5-15（d）所示。

⑤ 二等分（B）：指定的角顶点 1 和角的两个端点 2、3，通过角顶点绘制∠213 的角平分线，如图 5-15（e）所示。

⑥ 偏移（O）：指定直线 1，通过给定点 2 绘制直线 1 的平行线，如图 5-15（f）所示。

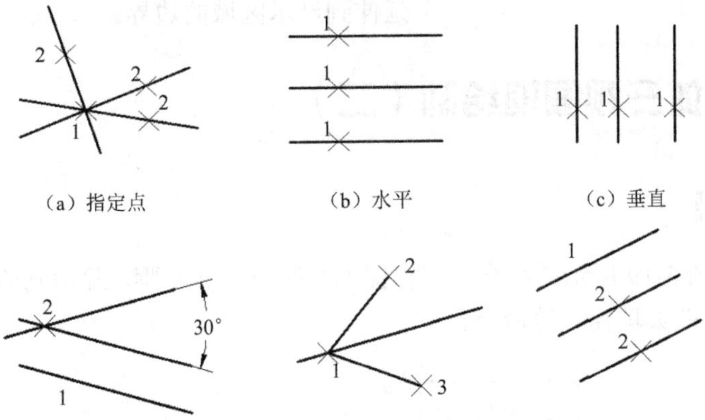

（a）指定点　（b）水平　（c）垂直

（d）角度（参照方式）　（e）二等分　（f）偏移

图 5-15　构造线

例 5-1　绘制垂直于加强筋斜面的构造线（可用于重合剖面图中心线的绘制），如图 5-16 所示。在功能区中单击“默认”选项卡下“绘图”面板中的“构造线”按钮，操作步骤如下。

```
命令：_xline                                         //启动“构造线”命令
指定点或 [水平(H)/垂直(V)/角度(A)/二等分(B)/偏移(O)]: a↙
                                                      //选择用角度方式绘制构造线
输入构造线的角度 (0) 或 [参照(R)]:  r↙
                                                      //采用参照方式
选择直线对象:                                         //选择如图5-17所示筋板的斜线1
输入构造线的角度<0>: 90↙                              //输入角度
指定通过点:                                           //指定斜线的中点
```

通过以上操作，得到如图 5-17 所示的图形。

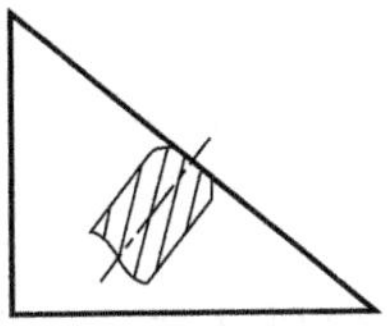

图 5-16　加强筋重合剖面图

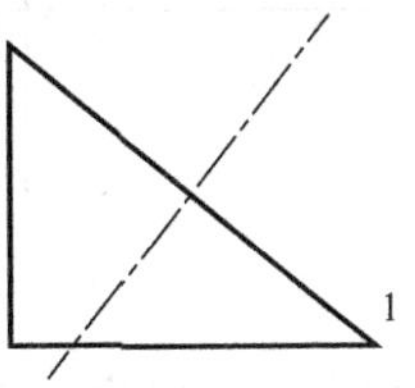

图 5-17　参照方式绘制构造线

2. 射线

使用“射线”命令可以创建单向无限长的线，与构造线一样，通常作为辅助作图线。调用命令的方式如下。

① 功能区：在“默认”选项卡下“绘图”面板中单击“构造线”按钮。

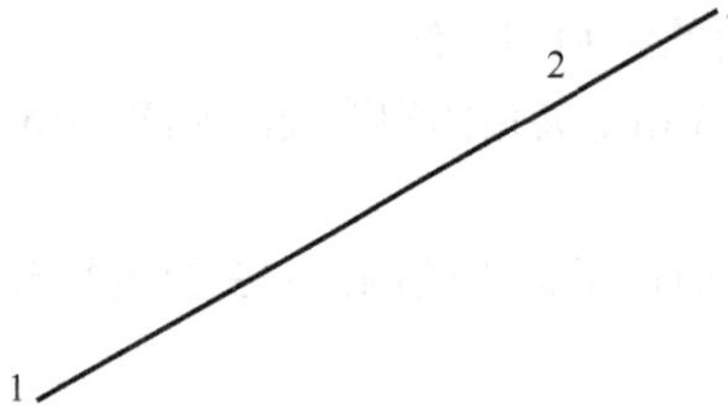

图 5-18 绘制射线

② 菜单栏：选择“绘图”→“射线”命令。

③ 键盘命令：在命令行输入“RAY”命令。

该命令可重复执行，绘制多条射线。绘制时首先指定射线的起点（图 5-18 所示中的点 1），然后指定射线的通过点（图 5-18 所示中的点 2）即可。

起点和通过点定义了射线延伸的方向，射线在此方向上延伸到显示区域的边界。

任务 2 组合体三视图的绘制（二）

【任务描述】

本任务介绍如图 5-19 所示的组合体三视图的绘制方法和步骤，除用到前面讲过的知识外，还涉及“样条曲线”“图案填充”等命令。

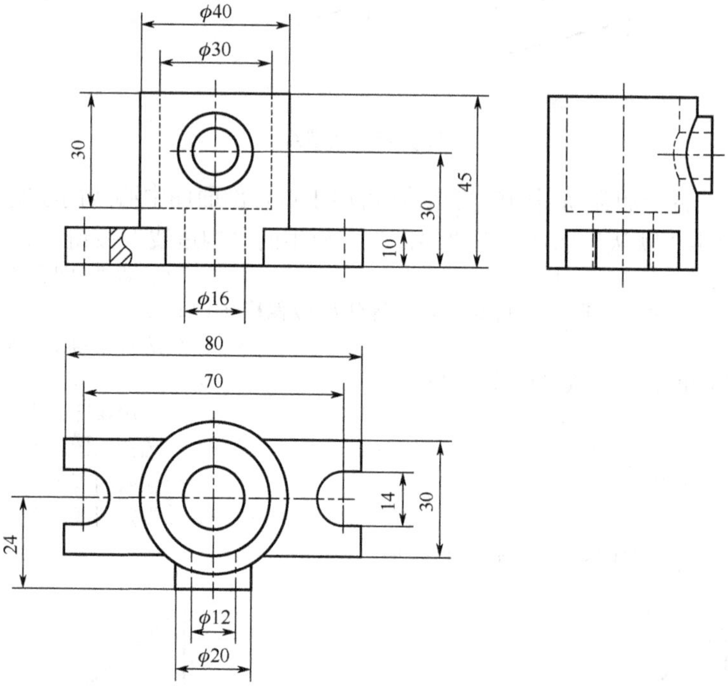

图 5-19 组合体三视图（二）

本例介绍已知主视图和俯视图，绘制左视图的另一种方法，即利用 45° 辅助线和参考点捕捉追踪方式来保证“高平齐、宽相等”。

【任务实施】

第一步，设置绘图环境，操作过程略。

第二步，绘制主视图和俯视图，如图 5-20 所示。

第三步，在主视图中绘制样条曲线，如图 5-21 所示。

在功能区中单击“默认”选项卡下“绘图”面板中的“样条曲线拟合”按钮，操作步骤如下。

```
命令:_SPLINE                                                   //启动“样条曲线”命令
前设置: 方式=控制点阶数=3
指定第一个点或 [方式(M)/阶数(D)/对象(O)]: _M
输入样条曲线创建方式 [拟合(F)/控制点(CV)] <CV>: _FIT
当前设置: 方式=拟合节点=弦                                        //系统提示
指定第一个点或 [方式(M)/节点(K)/对象(O)]:                          //确定如图5-22所示的点1
输入下一个点或 [起点切向(T)/公差(L)]:                              //确定如图5-22所示的点2
输入下一个点或 [端点相切(T)/公差(L)/放弃(U)]:                       //确定如图5-22所示的点3
输入下一个点或 [端点相切(T)/公差(L)/放弃(U)/闭合(C)]:                //确定如图5-22所示的点4
输入下一个点或 [端点相切(T)/公差(L)/放弃(U)/闭合(C)]: ↙ //移动鼠标至适当位置，按Enter键
```

通过以上操作，得到如图 5-22（a）所示的波浪线。

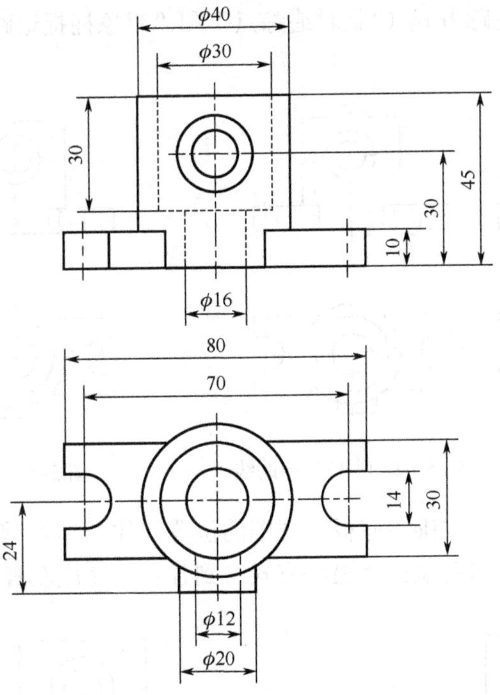

图 5-20　绘制主视图和俯视图

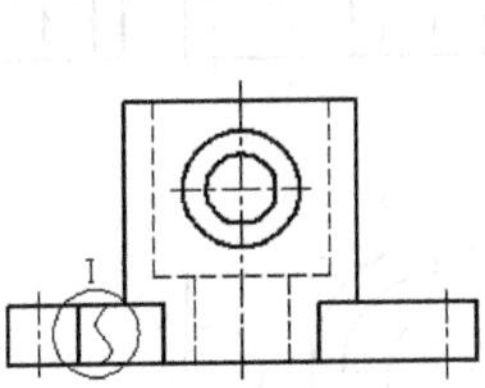

图 5-21　绘制样条曲线

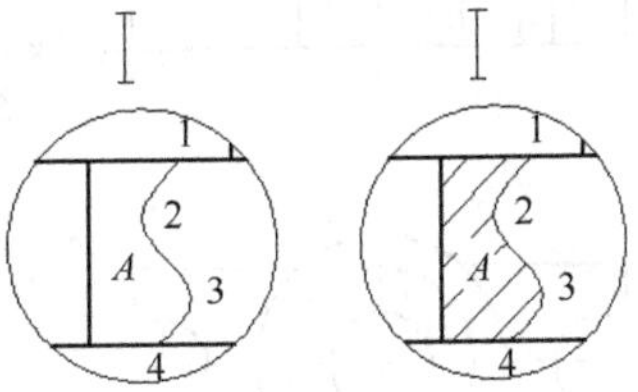

（a）图案填充前　（b）图案填充后

图 5-22　绘制剖面线（图 5-21 所示中 I 放大）

第四步，绘制剖面线。

（1）单击“默认”选项卡下“绘图”面板中的“图案填充”按钮，启动“图案填充”命令，打开“图案填充创建”选项卡，如图 5-23 所示。

（2）单击“图案填充创建”选项卡下“图案”面板中的“ANSI31”按钮。

图 5-23 “图案填充创建”选项卡

(3) 拾取图 5-22 所示的封闭线框 A，按 Enter 键完成图案填充，如图 5-22 (b) 和图 5-24 所示。

如果剖面线间距过密或过疏，可通过修改图 5-23 所示中“特性”面板中的“图案填充比例”对剖面线的间距进行调整，还可以通过改变“角度”的值更改剖面线的倾斜方向。

第五步，绘制左视图。

(1) 使用极轴追踪功能绘制一条 45° 辅助线，如图 5-25 所示。

(2) 利用参考点捕捉追踪方式(“临时追踪点”和“对象捕捉追踪”)确定参考点，如图 5-26 所示。

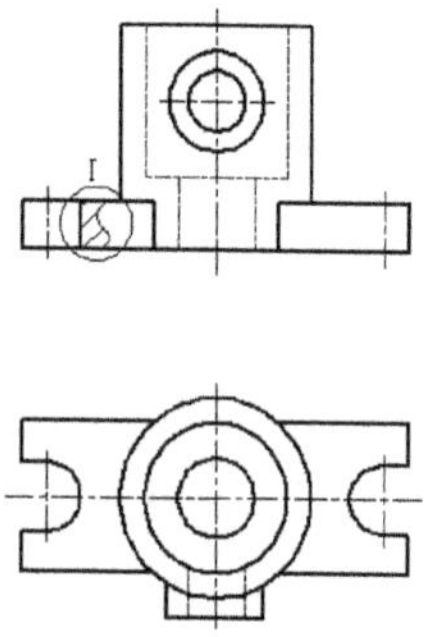

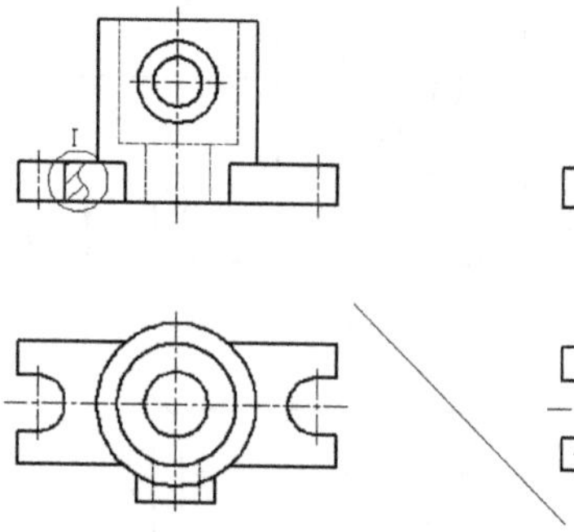

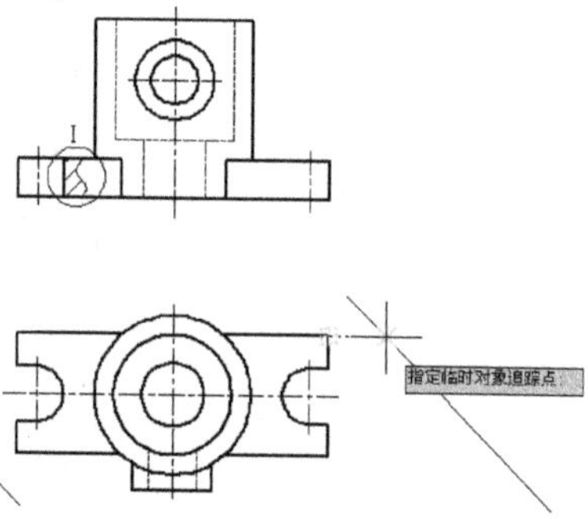

图 5-24 绘制剖面线 5-25 绘制 45° 辅助线

图 5-26 指定临时对象追踪点

(3) 利用对象捕捉追踪方式确定底板左视图的位置，如图 5-27 所示。

(4) 采用同样操作，利用对象捕捉追踪方式得到各点，完成左视图，如图 5-28 所示。

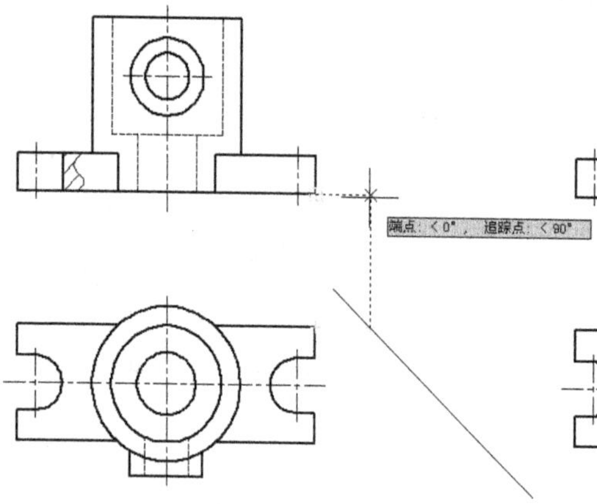

图 5-27 追踪确定底板左视图的位置

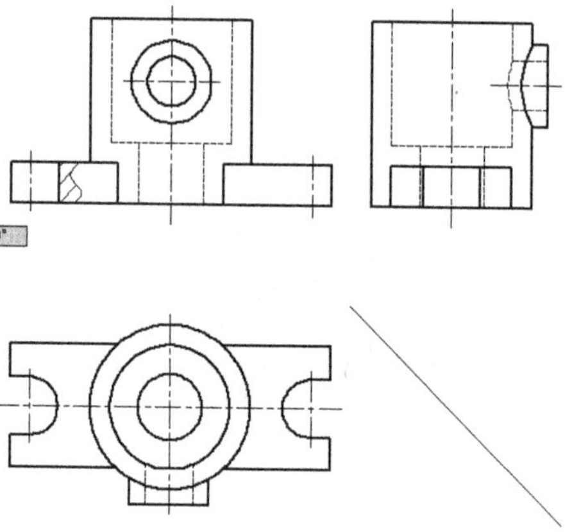

图 5-28 完成左视图

第六步，删除 45° 辅助线。

第七步，标注三视图尺寸，完成后如图 5-19 所示。

第八步，保存图形文件。

【相关知识】

1. 样条曲线

样条曲线是经过或接近一系列给定点的光滑曲线，样条曲线通过首尾两点，其形状受拟合点控制，但并不一定通过中间点，有“样条曲线拟合”“样条曲线控制点”两种方式。如图 5-29 所示。调用命令的方式如下。

（a）样条曲线拟合　　（b）样条曲线控制点

图 5-29　样条曲线

① 功能区：在“默认”选项卡下“绘图”面板中单击“样条曲线拟合”按钮或单击“样条曲线控制点”按钮。

② 菜单栏：选择“绘图”→“样条曲线”→“拟合点”命令或选择“控制点”命令。

③ 工具栏：在“绘图”工具栏中单击“样条曲线”按钮。

④ 键盘命令：在命令行输入“SPLINE”或“SPL”命令。

启动命令后通过指定若干个点即可完成样条曲线的绘制。机械制图中常用“样条曲线拟合”命令绘制波浪线。本任务操作实例中波浪线的绘制便采用了此法。

2. 图案填充及编辑图案填充

（1）图案填充。使用“图案填充”命令，可以将选定的图案填入指定的封闭区域内。机械制图时常用于绘制剖面线。该命令可以使用预定义填充图案填充区域、使用当前定义简单的线图案，也可以创建更复杂的填充图案。调用命令的方式如下。

① 功能区：在“默认”选项卡下“绘图”面板中单击“图案填充”按钮。

② 菜单栏：选择“绘图”→“图案填充”命令。

③ 工具栏：在“绘图”工具栏中单击“图案填充”按钮。

④ 键盘命令：在命令行输入“HATCH”或“H”命令。

执行上述命令后，如果功能区处于关闭状态，将显示“图案填充和渐变色”对话框 。如果功能区处于活动状态，将显示如图 5-23 所示的“图案填充创建”选项卡。“图案填充创建”选项卡中有“边界”“图案”“特性”“原点”“选项”“关闭”6 个面板。

① “边界”面板：如图 5-30 所示。有“拾取点”和“选择边界对象”两种方式来定义填充边界。“拾取点”是指定封闭区域中的点，系统根据围绕指定点构成封闭区域的现有对象来确定边界；“选择边界对象”根据构成封闭区域的选定对象确定边界。

② “图案”面板：如图 5-31 所示。可显示所有预定义和自定义图案的预览图像。

图 5-30　“边界”面板

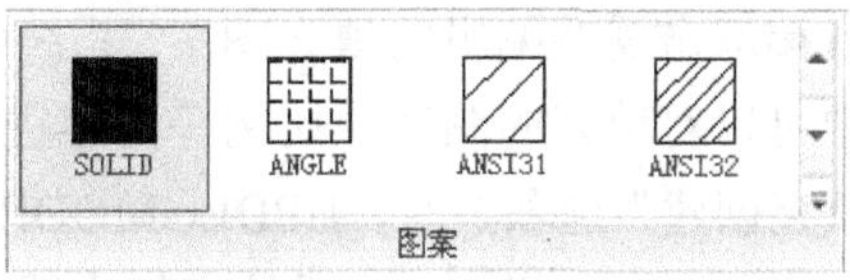

图 5-31　“图案”面板

③ “特性”面板：如图 5-32 所示，用户可在此面板指定图案填充的类型、颜色、背景色、透明度、填充角度及间距。

④ “原点”面板：如图 5-33 所示，控制填充图案生成的起始位置。

⑤ “选项”面板：如图 5-34 所示，控制几个常用的图案填充或填充选项。“选项”面板中的孤岛检测有三种方式。

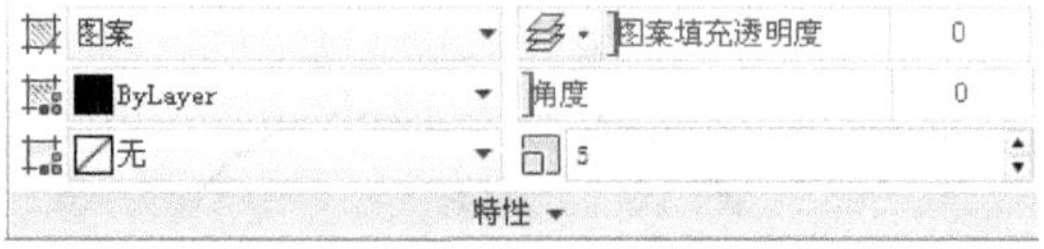

图 5-32 “特性”面板

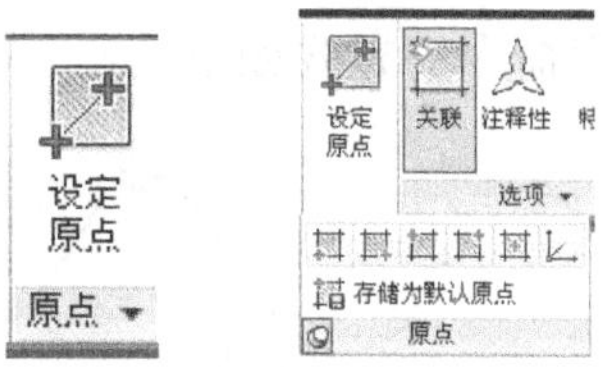

（a）展开前 （b）展开后

图 5-33 “原点”面板

普通孤岛检测：从外部边界向内隔层填充图案，如图 5-35（a）所示。

外部孤岛检测：只在最外层区域内填充图案，如图 5-35（b）所示。

忽略孤岛检测：忽略填充边界内部的所有对象（孤岛），最外层所围边界内部全部填充，如图 5-35（c）所示。

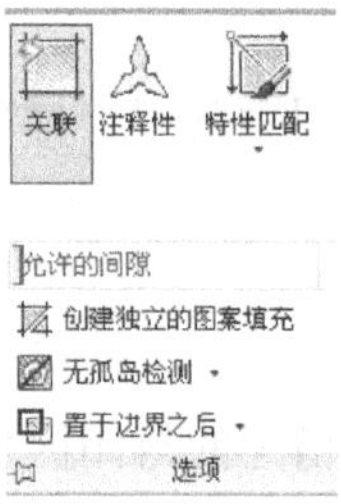

图 5-34 “选项”面板

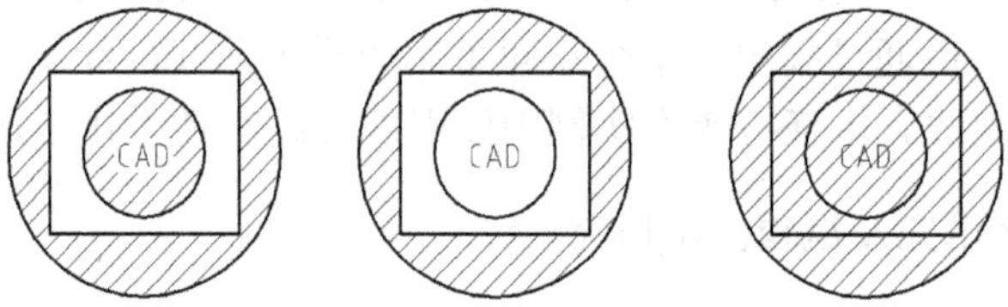

（a）普通方式 （b）外部方式 （c）忽略方式

图 5-35 孤岛检测方式

⑥ “关闭”面板：退出“图案填充”命令并关闭上下文选项卡。也可以按 Enter 键或按 Esc 键退出“图案填充”命令。

（2）图案填充的编辑。创建图案填充后，如果需要修改填充图案或修改填充边界，可利用“图案填充编辑”对话框进行编辑修改。调用命令方式如下。

① 功能区：在“默认”选项卡下“修改”面板中单击“编辑图案填充”按钮。

② 菜单栏：选择“修改”→“对象”→“图案填充”命令。

③ 工具栏：在“修改 II”工具栏中单击“编辑图案填充”按钮。

④ 键盘命令：在命令行输入“HATCHEDIT”命令。

执行上述命令后，单击需要修改的填充图案，弹出如图 5-36 所示的“图案填充编辑”对话框，在对话框中可以修改“图案”“角度”“间距”等参数。

用户也可以直接双击需要编辑的填充图案，系统将打开“图案填充编辑器”对话框，如图 5-37 所示，在对话框中可以对填充的图案、比例等内容进行编辑修改。

显示“图案填充创建”选项卡时，HPDLGMODE 系统变量为 2。如果希望使用“图案填充和渐变色”对话框，可将 HPDLGMODE 系统变量设置为 1。

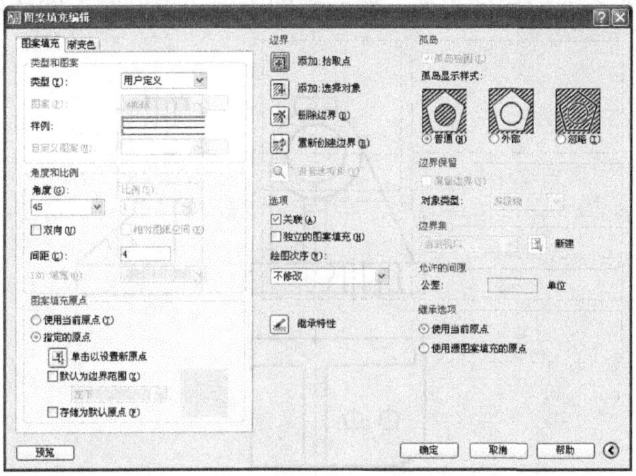

图 5-36　“图案填充编辑”对话框

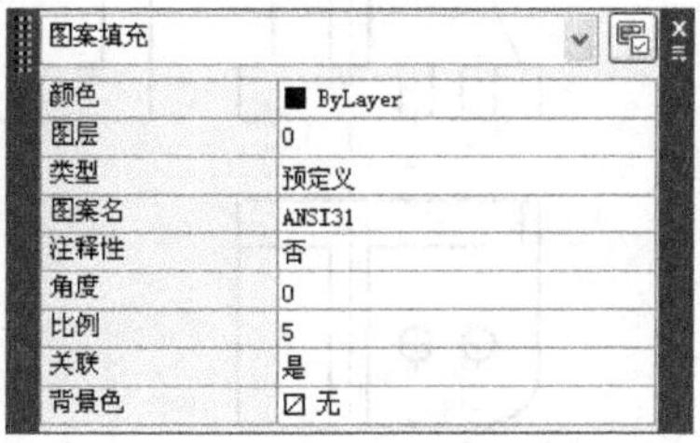

图 5-37　“图案填充编辑器”

任务3　组合体三视图的绘制（三）

【任务描述】

本任务介绍如图5-38所示的组合体三视图的绘制方法和步骤，新增“多段线”命令。

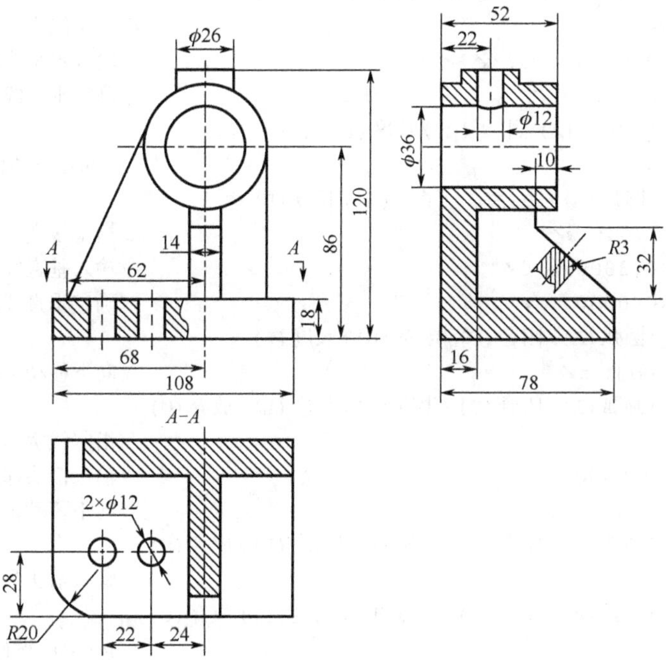

图 5-38　组合体三视图（三）

【任务实施】

第一步，设置绘图环境，操作过程略。

第二步，完成主视图、俯视图和左视图，如图5-39所示。

第三步，在主视图中采用“样条曲线”命令完成波浪线，在左视图中完成重合断面图的绘制，如图 5-40 所示。

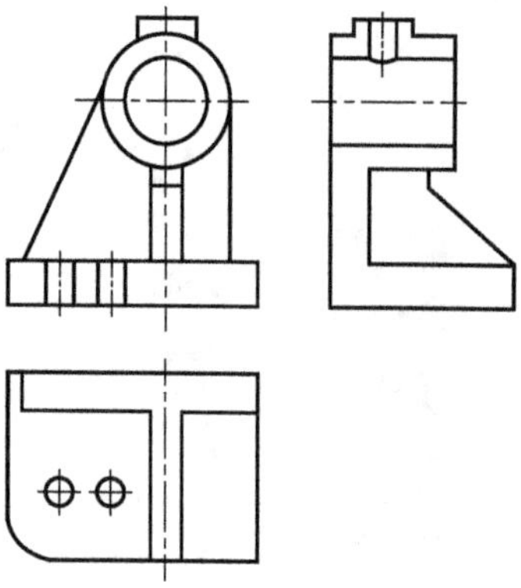

图 5-39 绘制基本图形

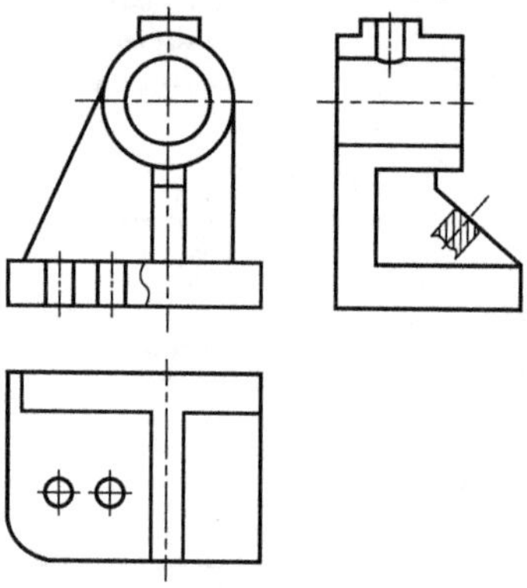

图 5-40 绘制波浪线及重合断面图

第四步，绘制剖切符号。

（1）使用“多段线”命令绘制左侧的剖切符号并镜像。

在功能区中单击“默认”选项卡下“绘图”面板中的“多段线”按钮，操作步骤如下。

```
命令: _pline                                              //启动“多段线”命令
指定起点:                                                 //指定剖切符号水平线的右起点
当前线宽为 0.0000                                         //系统提示
指定下一个点或 [圆弧(A)/半宽(H)/长度(L)/放弃(U)
/宽度(W)]: w↙                                             //指定线宽
指定起点宽度<0.0000>: 0.3↙                                //输入水平线起点宽度
指定端点宽度<0.3000>:↙                                    //确定水平线端点宽度
指定下一个点或 [圆弧(A)/半宽(H)/长度(L)/放弃(U)
/宽度(W)]: 3↙                                             //向左移动鼠标后输入水平线长度
指定下一点或 [圆弧(A)/闭合(C)/半宽(H)/长度(L)/
放弃(U)/宽度(W)]: w↙                                      //指定线宽
指定起点宽度<0.3000>: 0↙                                  //输入垂直线起点宽度
指定端点宽度<0.0000>: ↙                                   //确定垂直线端点宽度
指定下一点或 [圆弧(A)/闭合(C)/半宽(H)/长度(L)
/放弃(U)/宽度(W)]: 5↙                                     //向下移动鼠标后输入垂直线长度
指定下一点或 [圆弧(A)/闭合(C)/半宽(H)/长度(L)/放弃(U)
/宽度(W)]: w                                              //指定线宽
指定起点宽度<0.0000>: 1.2↙                                //输入箭头起点宽度
指定端点宽度<0.5000>: 0↙                                  //向下移动鼠标输入箭头端点宽度
指定下一点或 [圆弧(A)/闭合(C)/半宽(H)/长度(L)/放弃(U)
/宽度(W)]: 4↙                                             //输入箭头长度
指定下一点或 [圆弧(A)/闭合(C)/半宽(H)/长度(L)/放弃(U)/
宽度(W)]: ↙                                               //按Enter键确认
```

绘制完成后镜像得到右侧的剖切符号，如图 5-41 所示。

（2）用“多行文字”或“单行文字”命令，注写剖视图的名称，如图 5-41 所示。

第五步，用“图案填充”命令填充剖面线，如图 5-42 所示。

绘制图 5-42 所示中的线条 1、2 时要与剖切符号的位置相对应。

第六步，标注三视图尺寸，完成后如图 5-38 所示。

第七步，保存图形文件。

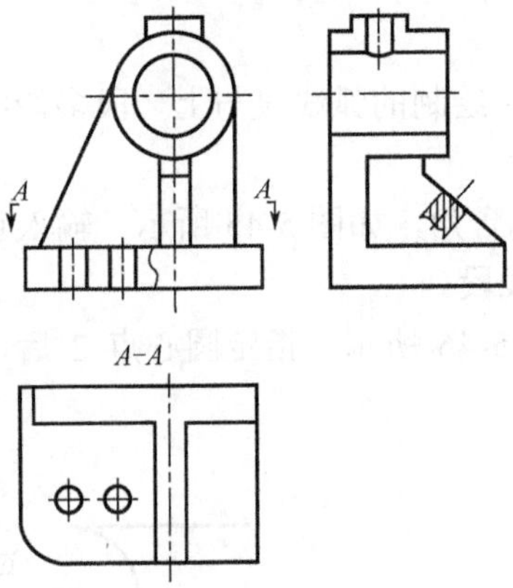

图 5-41 绘制剖切符号并镜像及剖视图名称

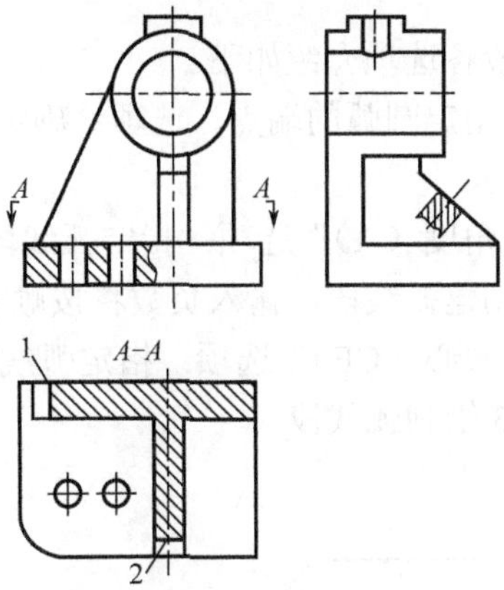

图 5-42 填充剖面线

【相关知识】

1. 多段线

多段线是作为单个对象创建的相互连接的序列线段。可以由直线段、弧线段或两者的组合线段组成，是一个组合对象。可以定义线宽，每段起点、端点的线宽可变，如图 5-43 所示。调用命令的方式如下。

① 功能区：在“默认”选项卡下“绘图”面板中单击“多段线”按钮。

② 菜单栏：选择“绘图”→“多段线”命令。

③ 工具栏：在“绘图”工具栏中单击“多段线”按钮。

④ 键盘命令：在命令行输入“PLINE”或“PL”命令。

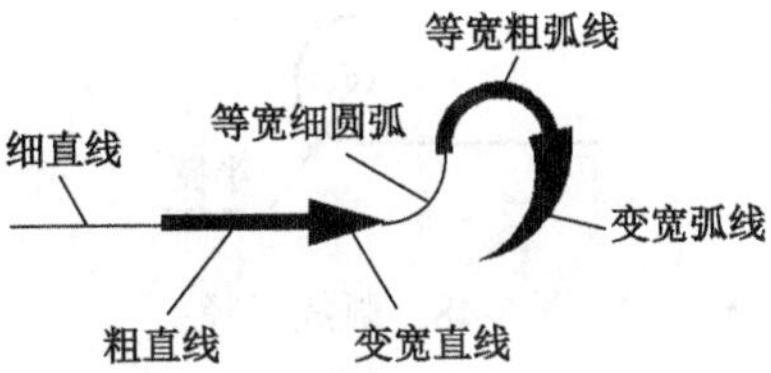

图 5-43 由直线段和弧线段组成的不同线宽的多段线

执行上述命令后，命令行提示如下。

```
指定起点:                                              //给出多段线的起点
当前线宽为 0.0000                                      //多段线的线宽为0
指定下一个点或 [圆弧(A)/半宽(H)/长度(L)/放弃(U)/宽度(W)]:  //系统提示
```

各选项介绍如下。

① “指定下一个点”选项：用定点方式指定多段线下一点，绘制一条直线段。

② “半宽（H）”和“宽度(W)”选项：定义多段线的线宽。其中半宽的含义是指定从多段线线段的中心到其一边的宽度。

③ “长度(L)”选项：确定直线段的长度。

④ “放弃(U)选项”：放弃一次操作。

⑤ “圆弧(A)”选项：将弧线段添加到多段线中，命令行转换成画圆弧段提示，提示如下。

```
指定圆弧的端点或[角度(A)/圆心(CE)/方向(D)/半宽(H)/直线(L)/半径(R)/第二个点(S)/放弃(U)/宽度(W)]:
```

弧线段各选项介绍如下。

① “指定圆弧的端点”选项：确定弧线段的端点 2，绘制的弧线段与上一段多段线相切，如图 5-44 所示。

② “角度（A）”选项：指定弧线段从起点开始的包含角，如图 5-45 所示。输入正数将按逆时针方向创建弧线段，输入负数将按顺时针方向创建弧线段。

③ “圆心（CE）”选项：指定弧线段的圆心。如图 5-46 所示，指定圆心点 2 后，再指定圆弧的端点 3 绘制弧线段。

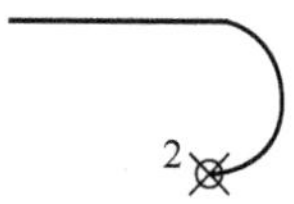

图 5-44　圆弧端点

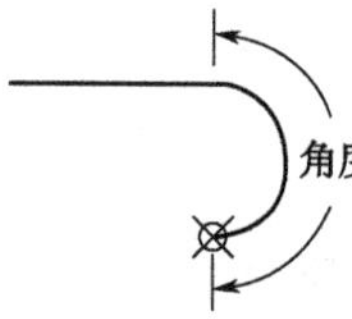

图 5-45　圆弧包含角

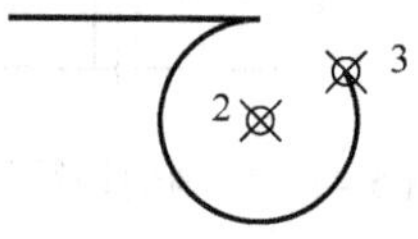

图 5-46　圆弧中心

④ “方向（D）”选项：指定弧线段的起始切线方向。如图 5-47 所示，在指定切向后，再指定圆弧的端点 3 绘制弧线段。

⑤ “半宽（H）”和“宽度（W）”选项：定义多段线的线宽。

⑥ “直线（L）”选项：退出“圆弧”选项转换为绘制直线段提示。

⑦ “半径（R）”选项：指定弧线段的半径。如图 5-48 所示，在指定半径后，再指定圆弧的端点绘制弧线段。

⑧ “第二个点（S）”选项：指定圆弧上的第 2 点。如图 5-49 所示，指定第 2 点后，再指定圆弧端点，绘制弧线段。

⑨ “放弃（U）”选项：放弃一次操作。

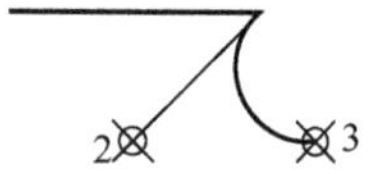

图 5-47　定弧线方向

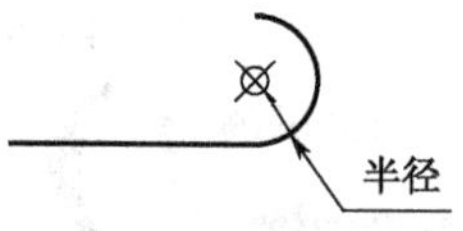

图 5-48　弧线半径

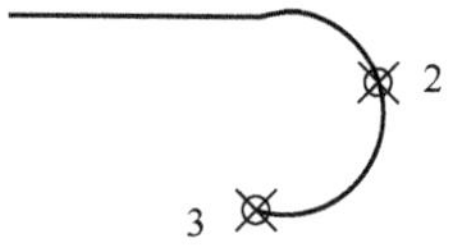

图 5-49　定第 2 点和圆弧端点

例 5-2　使用“多段线”命令绘制如图 5-50 所示的二极管图形。

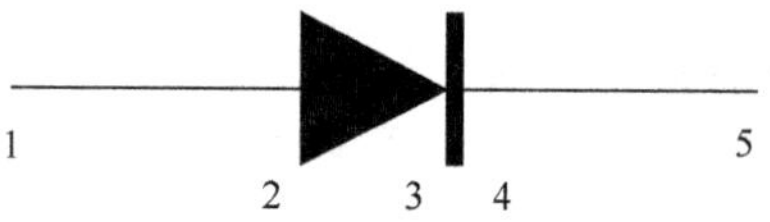

图 5-50　二极管图形

单击“默认”选项卡下“绘图”面板中的“多段线”按钮，操作步骤如下。

```
命令: _pline                                                        //启动命令
指定起点:                                                           //给出起点1
当前线宽为 0.0000                                                   //系统提示
指定下一个点或[圆弧(A)/半宽(H)/长度(L)/放弃(U)/宽度(W)]: 20↙        //鼠标右移确定第2点
指定下一点或 [圆弧(A)/闭合(C)/半宽(H)/长度(L)/放弃(U)/宽度(W)]: w↙
                                                                    //选择“宽度”选项
```

```
指定起点宽度<0.0000>: 10↙                                          //指定三角形起点线宽
指定端点宽度<10.0000>: 0↙                                          //指定三角形终点线宽
指定下一点或[圆弧(A)/闭合(C)/半宽(H)/长度(L)/放弃(U)/宽度(W)]:12↙ //确定第3点
指定下一点或 [圆弧(A)/闭合(C)/半宽(H)/长度(L)/放弃(U)/宽度(W)]: h↙
                                                                    //选择“半宽”选项
指定起点半宽<0.0000>: 5↙                                           //指定起点半宽
指定端点半宽<5.0000>:↙                                             //指定终点半宽
指定下一点或 [圆弧(A)/闭合(C)/半宽(H)/长度(L)/放弃(U)/宽度(W)]: 1↙
                                                                    //鼠标右移确定第4点
指定下一点或 [圆弧(A)/闭合(C)/半宽(H)/长度(L)/放弃(U)/宽度(W)]: w↙
                                                                    //选择“宽度”选项
指定起点宽度<10.0000>: 0↙                                          //指定起点线宽
指定端点宽度<0.0000>:↙                                             //指定终点线宽
指定下一点或 [圆弧(A)/闭合(C)/半宽(H)/长度(L)/放弃(U)/宽度(W)]: 20↙
                                                                    //鼠标右移确定第5点
指定下一点或 [圆弧(A)/闭合(C)/半宽(H)/长度(L)/放弃(U)/宽度(W)]: ↙
                                                                    //结束多段线命令
```

2. 多段线编辑

使用“多段线编辑”命令可以对多段线进行编辑，改变其线宽，将其打开或闭合，增减或移动顶点、样条化、直线化。调用命令的方式如下。

① 功能区：在“默认”选项卡下“修改”面板中单击“编辑多段线”按钮。

② 菜单栏：选择“修改”→“对象”→“多段线”命令。

③ 工具栏：在“修改Ⅱ”工具栏中单击“编辑多段线”按钮。

④ 键盘命令：在命令行输入“PEDIT”或“PE”命令。

执行该命令后，命令行提示如下。

```
指选择多段线或 [多条(M)]:                             //选择要编辑的多段线
输入选项 [闭合(C)/合并(J)/宽度(W)/编辑顶点(E)/拟合(F)
/样条曲线(S)/非曲线化(D)/线型生成(L)/反转(R)/放弃(U)]
```

各选项介绍如下。

① 闭合（C）：如果所选的多段线是打开的，则出现该选项。使用该选项可生成一条多段线连接始末点，形成闭合多段线。

② 合并（J）：将直线、圆弧或多段线连接到已有的并打开的多段线，合并成一条多段线。

③ 宽度（W）：为整条多段线重新指定统一的宽度。

④ 编辑顶点（E）：增加、删除、移动多段线的顶点、改变某段线宽等。

⑤ 拟合（F）：用圆弧拟合二维多段线，生成一条平滑曲线，如图5-51（b）所示。

⑥ 样条曲线（S）：生成近似样条曲线，如图5-51（c）所示。

（a）拟合前的多段线　　（b）用圆弧拟合　　（c）用样条曲线拟合

图5-51　拟合多段线

⑦ 非曲线化（D）：取消经过“拟合”或“样条曲线”拟合的效果，回到直线状态。

⑧ 线型生成：生成经过多段线顶点的连续图案线型。关闭此选项，将在每个顶点处以点画线

开始和结束生成线型，如图 5-52 所示。“线型生成”不能用于带变宽线段的多段线。

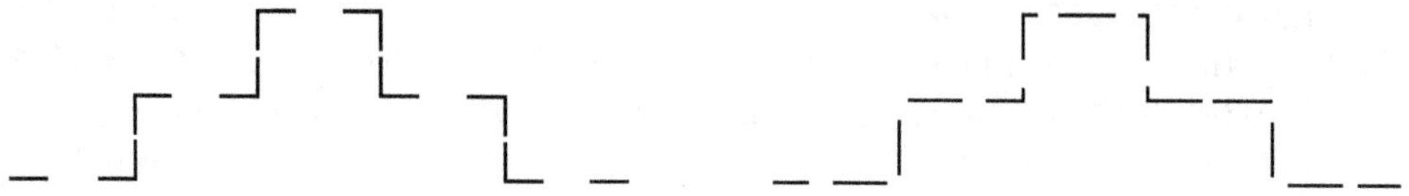

（a）“线型生成”设置为关　　　　（b）“线型生成”设置为开

图 5-52　线型生成

⑨ 反转：反转多段线顶点的顺序。使用此选项可反转使用包含文字线型的对象的方向。

⑩ 放弃：还原操作，可一直返回到“编辑多段线”任务开始时的状态。

执行“多段线编辑”命令后，若选择的不是多段线，系统会提示“选定的对象不是多段线是否将其转换为多段线?<Y>”，按 Enter 键即可将所选对象转换成可编辑的多段线。

例 5-3　如图 5-53（a）所示，*AB*、*CD*、*DE* 为使用“直线”命令绘制的线段，*BC* 为使用“多段线”命令绘制线宽为 0.3 的多段线，使用“多段线编辑”命令将它们合并成一条线宽为 0.4 并闭合的多段线，如图 5-53（b）所示。

（a）编辑前　　　　（b）编辑后

图 5-53　编辑多段线

在功能区单击“默认”选项卡下“修改”面板中的“编辑多段线”按钮，操作如下。

```
命令: PEDIT                                              //启动命令
选择多段线或 [多条(M)]:                                  //选择直线AB
选定的对象不是多段线                                     //系统提示
是否将其转换为多段线? <Y>↙                               //按Enter键将直线AB转换为多段线
输入选项 [闭合(C)/合并(J)/宽度(W)/编辑顶点(E)/拟合(F)
/样条曲线(S)/非曲线化(D)/线型生成(L)/放弃(U)]: j↙       //选择“合并”选项
选择对象: 找到 1 个                                      //选择直线CD
选择对象: 找到 1 个, 总计 2 个                           //选择直线DE
选择对象: 找到 1 个, 总计 3 个                           //选择多段线BC
选择对象:↙                                               //结束对象选择
多段线已增加 5 条线段                                    //系统提示
输入选项 [闭合(C)/合并(J)/宽度(W)/编辑顶点(E)/拟合(F)
/样条曲线(S)/非曲线化(D)/线型生成(L)/放弃(U)]: c↙       //选择“闭合”选项
输入选项 [打开(O)/合并(J)/宽度(W)/编辑顶点(E)/拟合(F)
/样条曲线(S)/非曲线化(D)/线型生成(L)/放弃(U)]: w↙       //选择“宽度”选项
指定所有线段的新宽度: 0.4↙                               //设置宽度
输入选项 [打开(O)/合并(J)/宽度(W)/编辑顶点(E)/拟合(F)
/样条曲线(S)/非曲线化(D)/线型: ↙                         //按Enter键结束命令
```

拓展任务

绘制如图 5-54～图 5-60 所示的三视图，并标注尺寸。

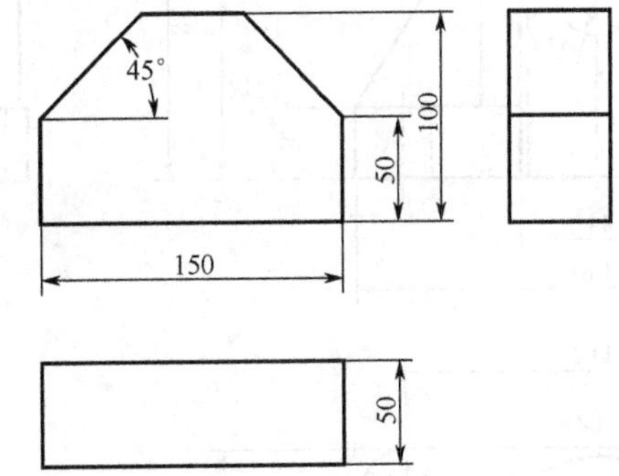

图 5-54　任务图 5-1

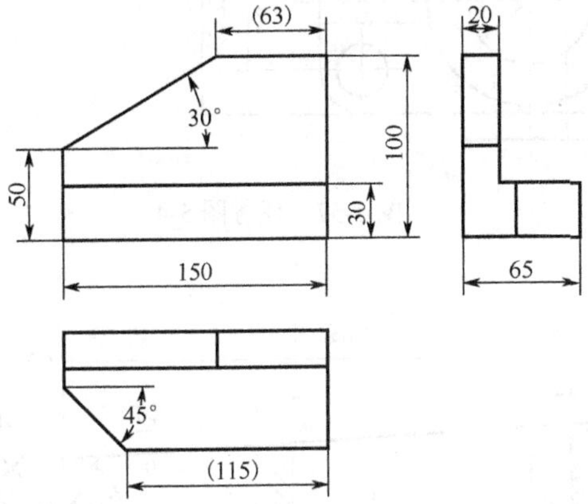

图 5-55　任务图 5-2

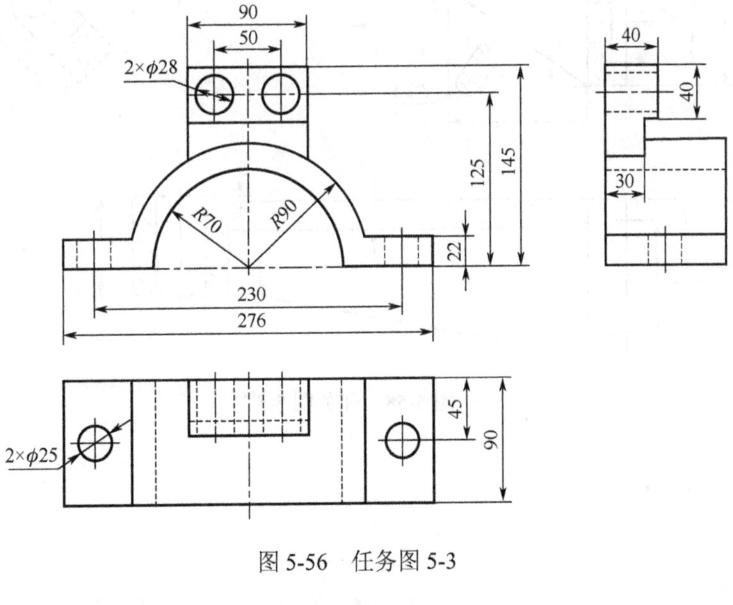

图 5-56　任务图 5-3

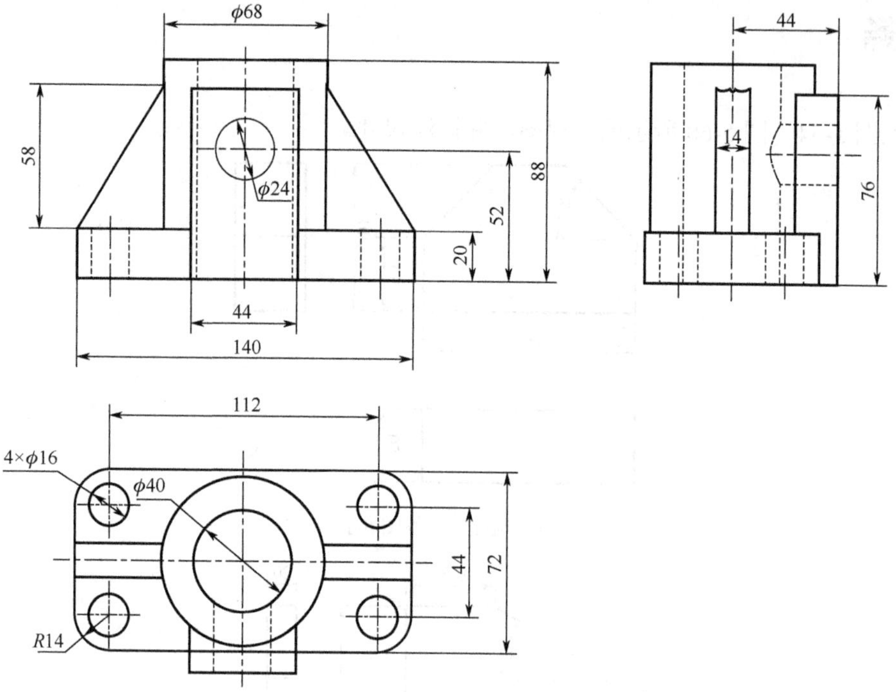

图 5-57　任务图 5-4

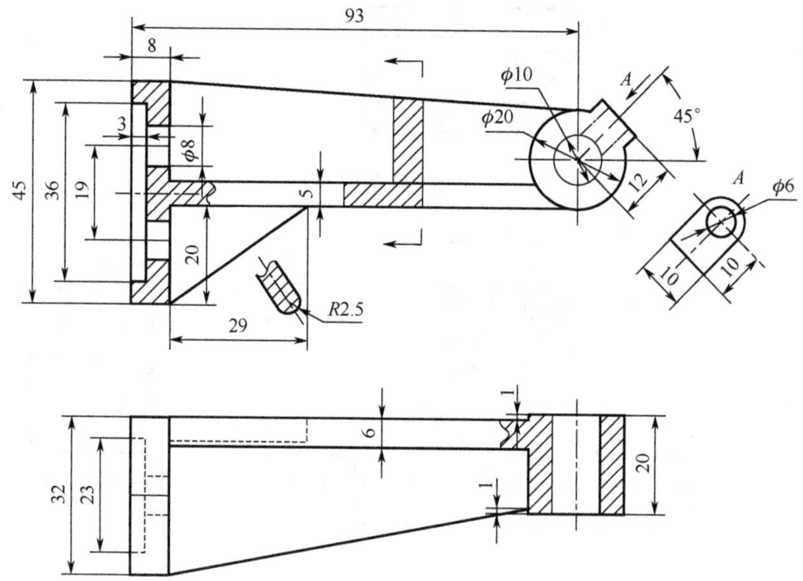

图 5-58　任务图 5-5

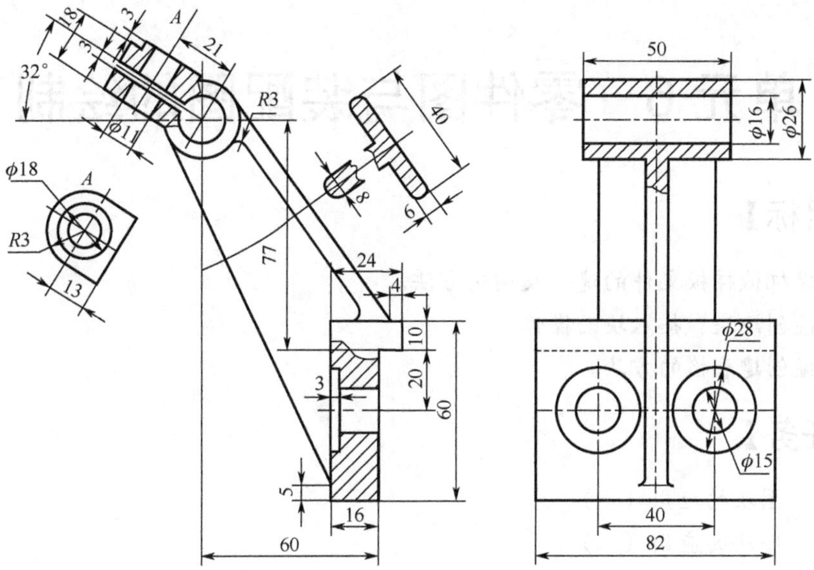

图 5-59　任务图 5-6

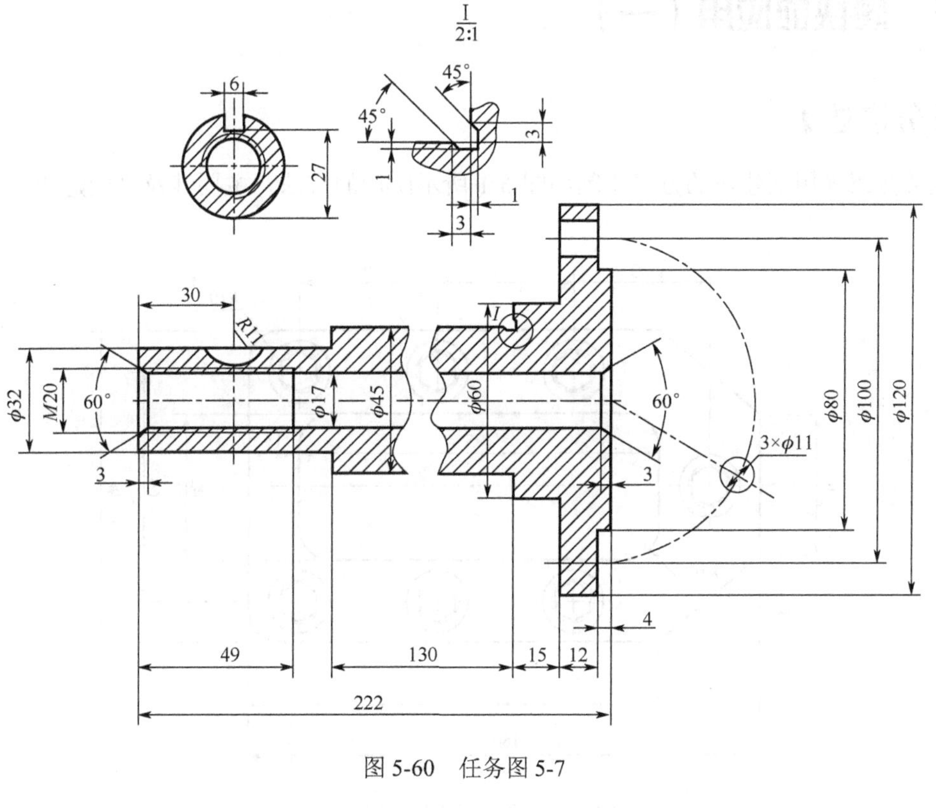

图 5-60　任务图 5-7

单元 6　零件图与装配图的绘制

【学习目标】

◎ 1. 掌握机械样板文件的建立及调用方法。
◎ 2. 掌握创建块、插入块的操作。
◎ 3. 掌握创建表格的方法。

【实例任务】

◎ 任务 1　图块的应用（一）
◎ 任务 2　图块的应用（二）
◎ 任务 3　表格样式的创建与填写
◎ 任务 4　机械样板文件的建立与调用

任务 1　图块的应用（一）

【任务描述】

本任务介绍采用创建块的方式绘制如图 6-1 所示图形的方法，主要涉及“创建块”“插入块”等命令。

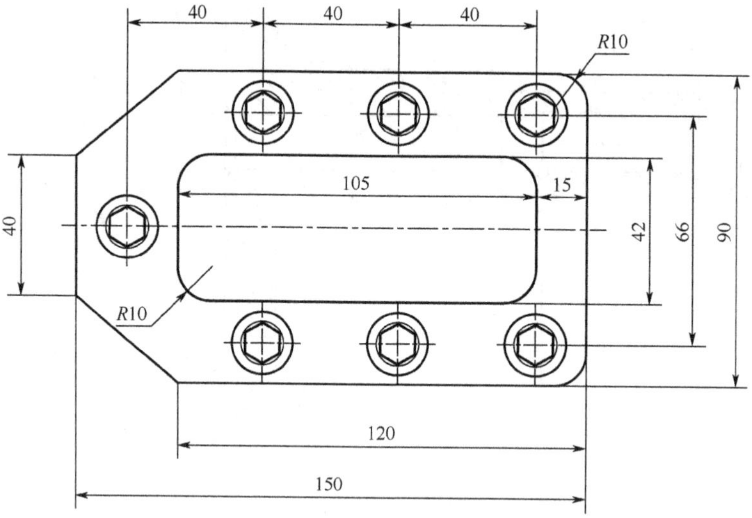

图 6-1　图块的创建与应用（一）

【任务实施】

第一步，设置绘图环境，操作过程略。

第二步，按尺寸绘制图形及中心线，如图 6-2 所示。

第三步，将螺钉的端面视图创建为内部块。

（1）在 0 层绘制螺钉端面视图，如图 6-3 所示。

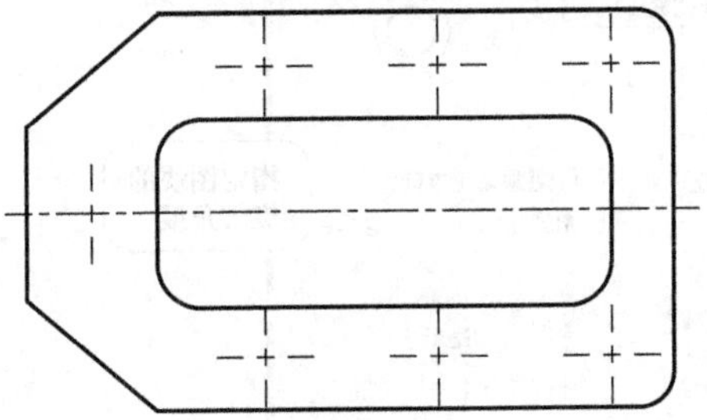

图 6-2　绘制图形及中心线

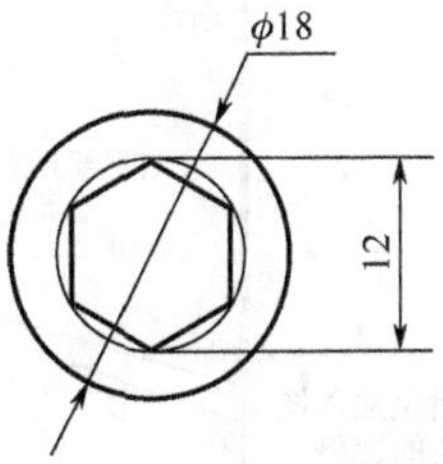

图 6-3　螺钉端面视图

（2）单击“默认”选项卡下“块”面板中的“创建”按钮，弹出“块定义”对话框，如图 6-4 所示。

（3）在“名称”下拉列表中输入“内六角螺钉-M12（端面视图）”。

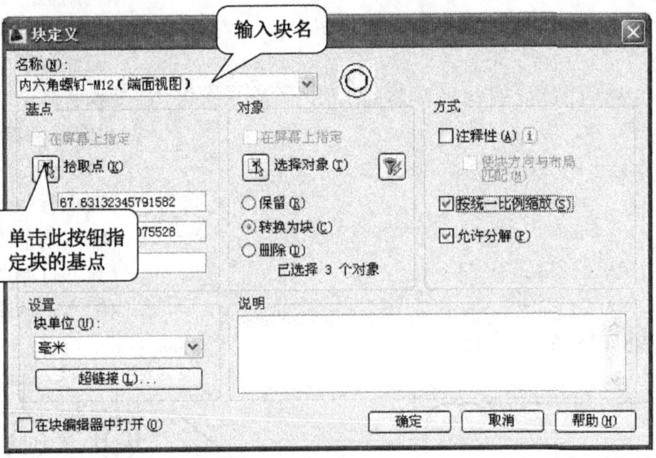

图 6-4　“块定义”对话框

（4）单击“对象”选项区域的“选择对象”按钮，返回绘图区域，选择螺钉端面视图，按 Enter 键返回对话框。

（5）单击“基点”选项区域的“拾取点”按钮，返回绘图区域，拾取螺钉的中心点（$\phi 18$的圆心）作为块的基点，拾取后返回对话框。

（6）选中“按统一比例缩放”复选框，设置“块单位”为“毫米”，设置完成后如图 6-4 所示。

（7）单击“确定”按钮，完成块的创建。

第四步，插入一个“螺钉”块。

（1）单击“默认”选项卡下“块”面板中的“插入”按钮，弹出“插入”对话框，在“名称”下拉列表中选择“内六角螺钉-M12（端面视图）”，设置比例值为“1”，旋转角度为“0”，如图 6-5 所示。

（2）单击“确定”按钮，返回绘图区，拾取点 *A*，确定块的插入位置，如图 6-6 所示。

第五步，插入矩形阵列螺钉块。

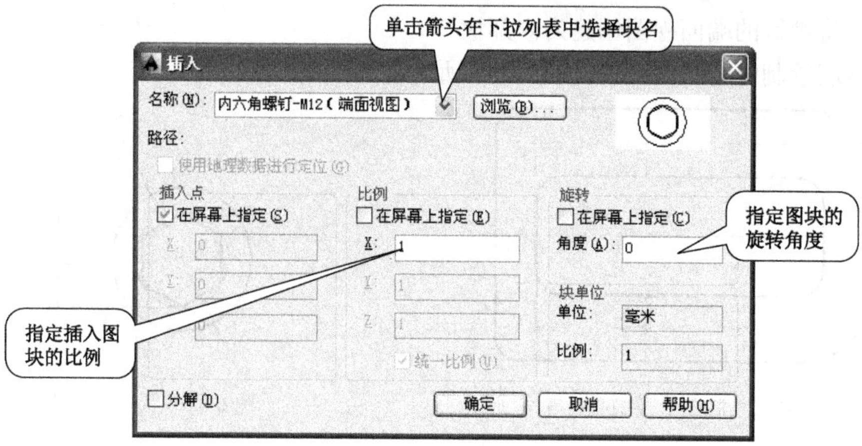

图 6-5 “插入”对话框

在命令行输入“MINSERT”命令，插入矩形阵列块，操作步骤如下。

```
命令: MINSERT↙                                         //调用命令
输入块名或 [?]: 内六角螺钉-M12(端面视图)↙              //输入块名称，按Enter键
单位: 毫米转换: 1.0000                                   //系统提示
指定插入点或 [基点(B)/比例(S)/旋转(R)]:                  //捕捉点B，如图6-6所示
指定比例因子<1>: ↙                                       //按Enter键默认插入比例为1
指定旋转角度<0>: ↙                                       //按Enter键默认插入的旋转角度为0
输入行数 (---) <1>: 2↙                                   //输入行数为2
输入列数 (|||) <1>: 3↙                                   //输入列数为3
输入行间距或指定单位单元 (---): 66↙                       //输入行间距为66
指定列间距 (|||): 40↙                                    //输入列间距为40
```

操作完成后，结果如图 6-7 所示。

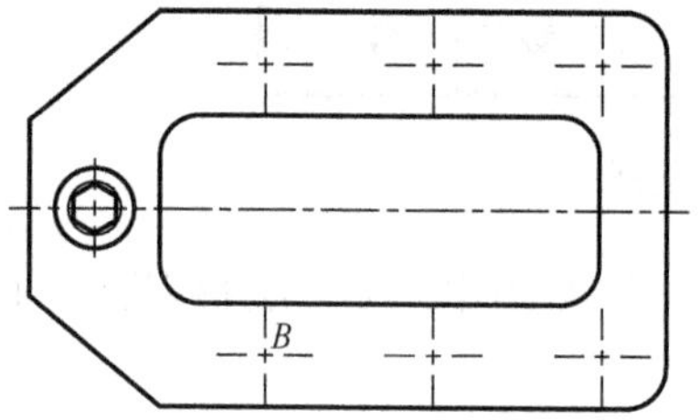

图 6-6 插入一个块

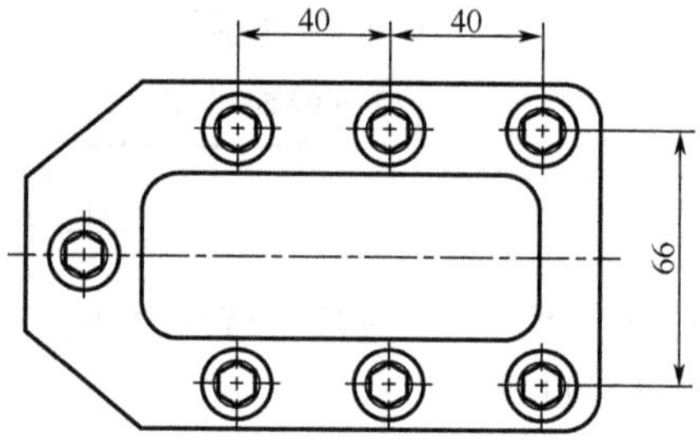

图 6-7 插入矩形阵列块

如果创建块时没有选中如图 6-4 所示“块定义”对话框中的“按统一比例缩放”复选框，那么在插入矩形阵列块时，命令行中会分别提示“输入 X 比例因子”“输入 Y 比例因子”，对本例而言，均输入“1”，按 Enter 键即可。

第六步，保存图形文件。

【相关知识】

1. 块的概念

图块是多个图形对象的组合。对于绘图过程中相同的图形，不必重复地绘制，只需将它们创建为一个块，在需要的位置插入即可。还可以给块定义属性，在插入时输入可变信息。

使用块不仅可以提高绘图效率，而且能够增加绘图的准确性、提高绘图速度并减小文件大小。

例如，要在图中 10 处插入 200 个圆，如果不使用块，则文件中就包括 2000 个圆对象。但是如果将这 200 个圆创建为一个块插入图中，则文件中仅包括 210 个对象，即 200 个圆对象和 10 个块引用。

AutoCAD 2014 将有关“块”操作的命令集中在“默认”选项卡下的“块”面板与“插入”选项卡下的“块”面板和“块定义”面板上，如图 6-8 和图 6-9 所示。

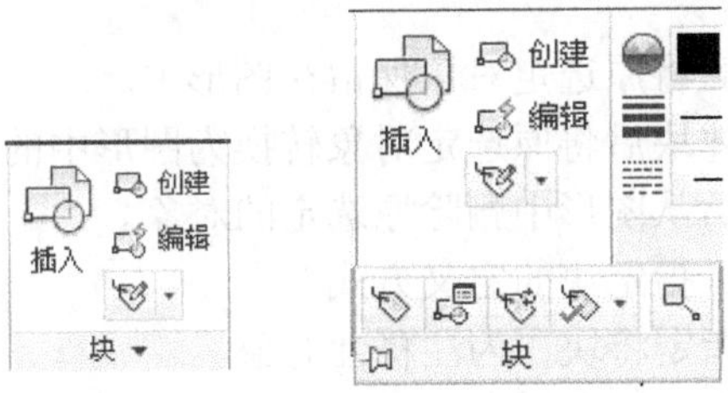

（a）展开前　　（b）展开后

图 6-8　“默认”选项卡下的“块”面板

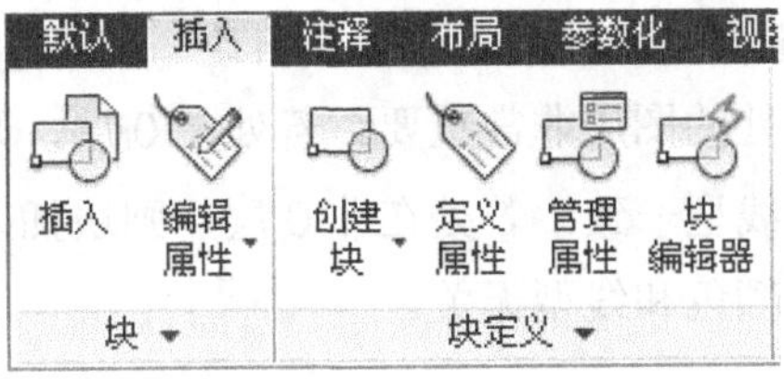

图 6-9　“插入”选项卡下的“块”面板和“块定义”面板

2. 创建内部块

使用“创建块”命令可以将一个或多个图形对象定义为新的单个对象，如图 6-10 所示。因块保存在当前图形文件中，所以又称为内部块。调用命令的方式如下。

① 功能区：在“默认”选项卡下“块”面板中单击“创建”按钮，或在“插入”选项卡下“块定义”面板中单击“创建块”按钮。

② 菜单栏：选择“绘图”→“块”→“创建”命令。

③ 工具栏：在“绘图”工具栏中单击“创建块”按钮。

④ 键盘命令：在命令行输入“BLOCK”或“B”命令。

执行上述命令后，系统弹出“块定义”对话框，如图 6-4 所示。在该对话框中定义了块名、基点并指定组成块的对象后，就可完成块的创建（其具体操作步骤见本任务操作实例第三步）。

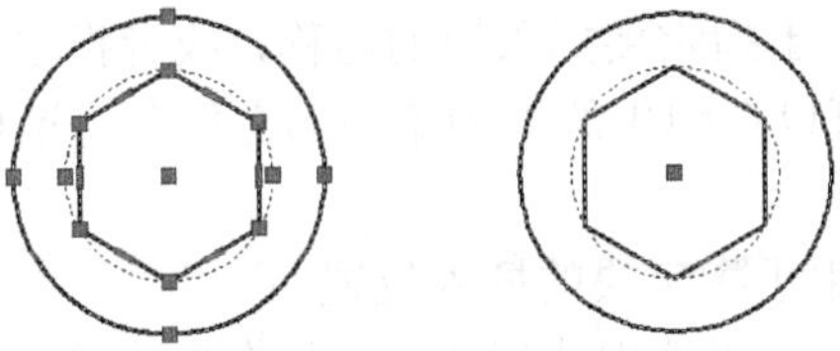

（a）创建前有多个对象　　（b）创建后为一个对象

图 6-10　块的创建

“块定义”对话框中各选项作用简介如下。

① “名称”下拉列表：用于输入块的名称。

② “基点”选项组：用于指定块的插入点，有两种方法：一种是单击“拾取点”按钮，在绘图区拾取插入点（本任务操作实例采用的就是此种方法）；另一种是直接输入插入点的 *X*、*Y*、*Z* 坐标。

③ “对象”选项组：用于指定块的包含对象，以及创建块之后如何处理这些对象。

“选择对象”按钮：单击该按钮可回到绘图区拾取构成块的对象，完成对象选择后，按 Enter 键返回。

“保留”单选项：创建块后将原选定对象保留在图形中。

“转换为块”单选项：创建块后将原选定对象转换为图形中的块。

“删除”单选项：创建块后从图形中删除原选定的对象。

④ “方式”选项组：用于指定块的定义方式。

“注释性”复选框：用于指定将块作为注释性对象。

“按统一比例缩放”复选框：用于指定块对象是否在 *X*、*Y*、*Z* 坐标按同一比例缩放。

“允许分解”复选框：用于指定块是否可以被分解。若选中，则表示块插入后，可以用“分解”命令将块分解为组成块的单个对象。

⑤ “设置”选项组：用于指定块的插入单位及将块与某个超链接相关联。

创建块时，其组成对象所处的图层非常重要。若处在 0 层，则块插入后其组成对象的颜色和线型将与插入当前层的颜色和线型一致；若处在非 0 层，则块插入后其组成对象的颜色和线型仍保持原特性，与插入当前层的颜色和线型无关。

3. 插入块

图形被定义为块后，可通过“插入”命令直接调用，插入到图形中的块称为块参照。插入块时可以一次插入一个，也可一次插入呈矩形阵列排列的多个块参照。

（1）插入单个块。插入单个块调用命令的方式如下。

① 功能区：在“默认”选项卡下“块”面板中单击“插入”按钮，或在“注释”选项卡下“块”面板中单击“插入”按钮。

② 菜单栏：选择“插入”→“块”命令。

③ 工具栏：在“绘图”工具栏中单击“插入块”按钮。

④ 键盘命令：在命令行输入“INSERT”或“I”命令。

执行上述命令后，将弹出“插入”对话框，如图 6-5 所示。在该对话框“名称”下拉列表框中选择要插入的块名；指定插入点、比例和旋转角度；单击“确定”按钮，返回绘图区指定插入点，即可完成块的插入操作。

“插入”对话框中各选项作用简介如下。

① “名称”下拉列表：用于指定要插入块的名称，或者指定要作为块插入的文件的名称。单击其后的 浏览(B)... 按钮，还可以在弹出的“浏览图形文件”对话框中选择要插入的外部块或其他图形文件。

② “插入点”选项组：用于指定块的插入位置。

“在屏幕上指定”复选框：如果选中该复选框，将在单击“确定”按钮，关闭“插入”对话框后，提示指定插入点，此时可在屏幕上直接拾取插入点；如果取消选中“在屏幕上指定”复选框，可在其下方 *X*、*Y*、*Z* 文本框中直接输入插入点的坐标值。

③ “比例”选项组：用于指定插入块的缩放比例。如果指定负的 *X*、*Y* 和 *Z* 缩放比例因子，则插入块的镜像图像。

“统一比例”复选框：如果选中该复选框，则为 *X*、*Y*、*Z* 指定同一比例值，如果取消选中该复选框，则为 *X*、*Y*、*Z* 分别指定比例值。

“在屏幕上指定”复选框：作用同前。

④ “旋转”选项组：用于指定插入块的旋转角度。可在“角度”文本框中直接输入角度值，也可在选中“在屏幕上指定”复选框后在屏幕上指定旋转角度。

⑤ “分解”复选框：选中该复选框，则表示在块插入后，块将分解成各个部分。

（2）插入矩形阵列块。使用“矩形阵列块”命令，可以一次性插入呈矩形阵列排列的多个对象，调用命令的方式如下：

在命令行输入“MINSERT”命令。插入矩形阵列块的操作步骤如下。

① 调用“矩形阵列块”命令。

② 根据命令提示，输入块的名称。

③ 根据命令提示，指定块的插入点。

④ 根据命令提示，指定插入块的缩放比例。

⑤ 根据命令提示，指定插入块的旋转角度。

⑥ 根据命令提示，输入阵列行数。

⑦ 根据命令提示，输入阵列列数。

⑧ 根据命令提示，输入行间距。

⑨ 根据命令提示，输入列间距。

使用“MINSERT”命令插入的整个阵列块是一个对象，不能用“分解”命令分解。

任务 2 图块的应用（二）

【任务描述】

本任务介绍采用创建属性块的方法绘制如图 6-11 所示图形的表面粗糙度符号，主要涉及“写块”“属性块”“编辑属性定义”等命令。

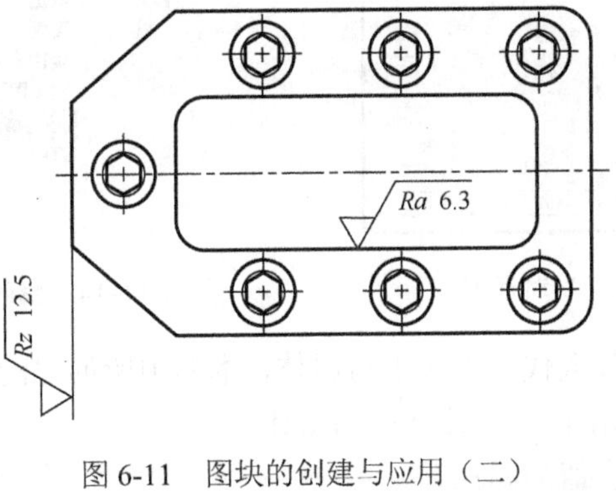

图 6-11 图块的创建与应用（二）

【任务实施】

第一步，设置绘图环境，操作过程略。

第二步，按尺寸绘制图形（尺寸如图 6-1 所示）。

第三步，在 0 层绘制表面粗糙度符号。

当尺寸数字高度为“3.5”时，表面粗糙度符号各部分尺寸如图 6-12（a）所示。

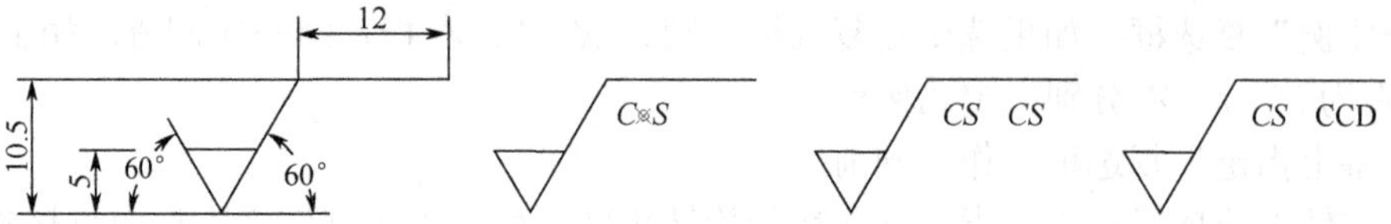

（a）粗糙度符号　（b）定义参数代号的属性　（c）复制属性　（d）定义粗糙度值的属性

图 6-12　定义表面粗糙度的属性

第四步，定义表面粗糙度参数代号的属性。

（1）单击“默认”选项卡下“块”面板中的“定义属性”按钮（或在“绘图”菜单中选择“块”→“定义属性”命令），弹出“属性定义”对话框。

（2）在“标记”文本框中输入属性标记“*CS*”（当然用户也可根据自己的习惯采用其他属性标记），如图 6-13 所示。

（3）在“提示”文本框中输入提示内容“请输入表面粗糙度参数代号”，如图 6-13 所示。

（4）在“默认”文本框中输入默认粗糙度参数代号“*Ra*”，如图 6-13 所示。

（5）在“文字设置”选项下选择“对正”为“中间”；“文字样式”为“工程字”；“文字高度”为“3.5”，如图 6-13 所示。

（6）单击“确定”按钮，返回绘图区，在表面粗糙度符号水平线的下方适当位置（如图 6-12（b）所示中“⊠”位置）单击，确定属性的位置。

（7）选中属性标记“*CS*”并右击，在出现的快捷菜单中选择“特性”选项在“文字”选项组下“倾斜”后输入“15”，如图 6-14 所示。即可指定属性标记“*CS*”倾斜 15°，完成后结果如图 6-12（b）所示。

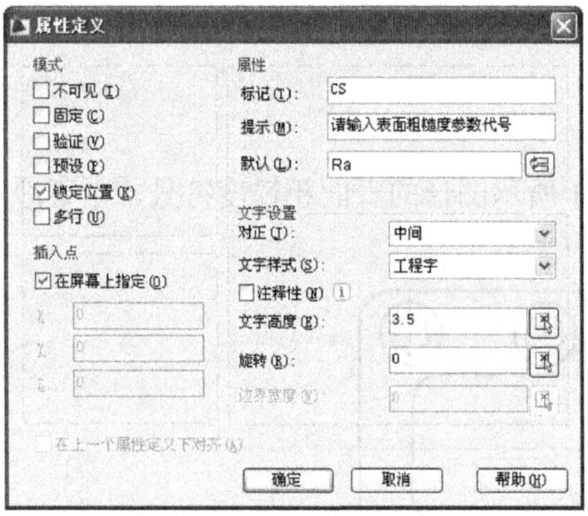

图 6-13　“属性定义”对话框

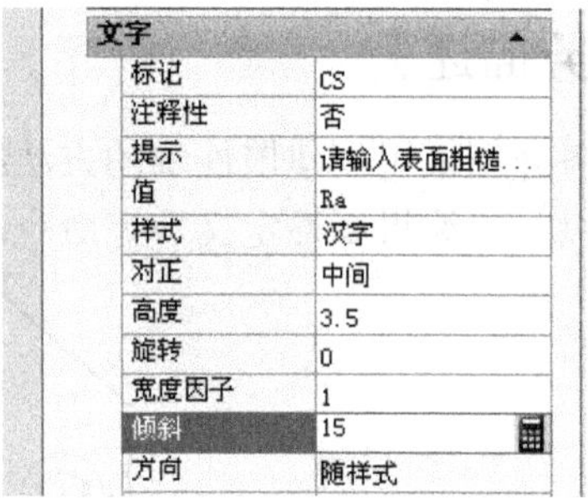

图 6-14　修改属性标记的倾斜角度

国标规定表面粗糙度的参数代号为大小写斜体，本书中所创建的“工程字”文字样式为正体，因此需将属性标记“*CS*”倾斜 15°，使其成为斜体。

第五步，定义表面粗糙度值的属性。

（1）向右复制第四步定义的属性标记，如图 6-12（c）所示。

（2）双击复制的属性标记，弹出“编辑属性定义”对话框，如图 6-15（a）所示。

（3）将“标记”内容更改为“CCD”，“提示”内容更改为“请输入粗糙度值”，“默认”内容更改为“3.2”，如图 6-15（b）所示，单击“确定”按钮，完成属性的编辑。

（4）选中属性标记“CCD”并右击，在出现的快捷菜单中选择“特性”选项，在“文字”选项组下“倾斜”后输入“0”，即可指定属性标记“CCD”不倾斜，完成后结果如图 6-12（d）所示。

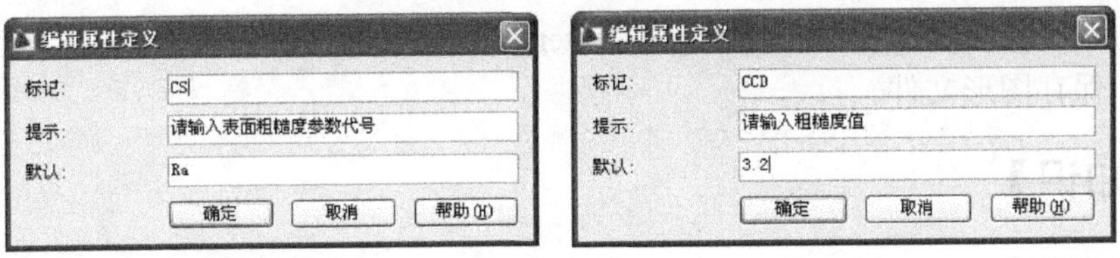

（a）编辑前　　（b）编辑后

图6-15　在“编辑属性定义”对话框中编辑属性定义

第六步，创建表面粗糙度外部块。

（1）在命令行输入“WBLOCK”命令（或单击“插入”选项卡下“块定义”面板中的“写块”按钮），弹出“写块”对话框，如图6-16所示。

（2）在“源”选项组下选中“对象”单选按钮，指定通过选择对象方式确定所要定义块的来源。

（3）单击“对象”选项组的“选择对象”按钮，返回绘图区域，选择已定义属性的表面粗糙度符号，按Enter键返回对话框；源对象的处理方式为“保留”。

（4）单击“基点”选项组的“拾取点”按钮，返回绘图区域，拾取如图6-17所示的表面粗糙度符号最下方的点，作为块插入时的基点，选择后返回对话框。

（5）在“文件名和路径”下拉列表中（或单击其右方的按钮）选择块的保存路径、确定块名（本例中块的保存路径为“E：\CAD2014\机械图块”，块名为“表面粗糙度”）。

（6）单击“确定”按钮，关闭“写块”对话框，完成外部块的定义。

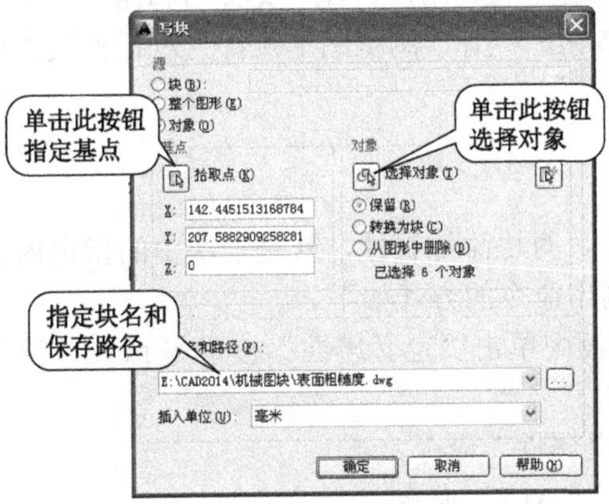

图6-16　“写块”对话框

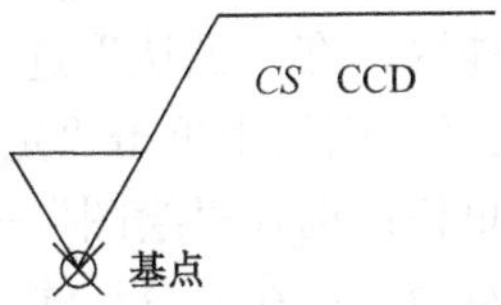

图6-17　定义基点

第七步，插入表面粗糙度符号。

（1）单击“默认”选项卡下“块”面板中的“插入”按钮，弹出“插入”对话框，如图6-5所示，在“名称”下拉列表中选择“表面粗糙度”。

若“名称”下拉列表中没有所需的块文件，可单击右方的“浏览(B)...”按钮，在定义外部块时所指定的保存目录（如本例中的“E：\CAD2014\机械图块”）下找到块文件并打开。

（2）选中“统一比例”复选框，设置比例值为“2”、旋转角度为“0”。

（3）单击“确定”按钮，返回绘图区，在矩形孔表面适当位置单击，确定插入块的位置。

（4）根据命令行提示在命令栏中输入所需表面粗糙度值为“6.3”，按Enter键；表面粗糙度参数代号为默认的“*Ra*”，按Enter键完成第一个块的插入。

采用同样方法，在图形左侧面插入另一个表面粗糙度符号。设置比例值为“2”、旋转角度为“90”；在指定插入块的位置后，根据命令行提示在命令栏中输入所需表面粗糙度值为“12.5”，按

Enter 键；表面粗糙度参数代号为“*Rz*”，按 Enter 键完成第二个块的插入。

第八步，保存图形文件。

【相关知识】

1. 创建外部块

外部块又称写块或块存盘。利用创建外部块命令可以将当前图形中的块或图形对象保存为独立的 AutoCAD 图形文件，以便在其他图形文件中调用。因块保存在当前图形文件之外，所以称为外部块。调用命令的方式如下。

① 功能区：在“插入”选项卡下“块定义”面板中单击“写块”按钮。

② 键盘命令：在命令行输入“WBLOCK”或“W”命令。

执行上述命令后，弹出如图 6-16 所示的“写块”对话框，在该对话框中定义了块的来源、基点，指定块名、保存位置后，就可完成写块操作（其具体操作步骤见本任务操作实例第六步）。

“写块”对话框与“块定义”对话框中各选项大多相同，现就不同选项作用简介如下。

① “源”选项组：用于指定外部块的来源，有 3 种方式。

“块”单选项：在“块”下拉列表中选择已有的内部块来创建外部块。

“整个图形”单选项：选择当前整个图形来创建外部块。

“对象”单选项：从屏幕上选择对象并指定插入点来创建外部块。

② “目标”选项组：用于指定块的名称和保存位置。用户可在“文件名和路径”文本框中输入块的保存路径和名称，也可以单击其后的按钮，打开“浏览图形文件”对话框设置块的保存位置。

2. 创建带属性的块

（1）定义属性。属性是图块中的非图形信息，对块添加属性，就是使块中的指定内容可以变化。要创建带属性的块应首先定义块的属性，调用命令的方式如下。

① 功能区：在“默认”选项卡下“块”面板中单击“定义属性”按钮或在“注释”选项卡下“块定义”面板中单击“定义属性”按钮。

② 菜单栏：选择“绘图”→“块”→“定义属性”命令。

③ 键盘命令：在命令行输入“ATTDEF”或“ATT”命令。

执行上述命令后，弹出如图 6-13 所示的“属性定义”对话框，在该对话框中定义了块的属性、文字位置、插入点后，即可完成定义属性操作，其具体操作步骤在本任务操作实例中第四步已述，不再赘述。

“属性定义”对话框包括“模式”“属性”“插入点”“文字设置”4 个选项组，各选项作用简介如下。

① “模式”选项组：用于设置属性的模式。

“不可见”复选框：插入块时是否显示或打印属性值。

“固定”复选框：插入块时是否赋予属性固定值。

“验证”复选框：插入块时提示验证属性值是否正确。

“预设”复选框：插入包含预置属性值的块时，将默认值设置为该属性的属性值。

“锁定位置”复选框：锁定块参照中属性的位置。解锁后，属性可以相对于使用夹点编辑的块的其他部分移动，并且可以调整多行属性的大小。

“多行”复选框：指定属性值可以包含多行文字。选定此选项后，可以指定属性的边界宽度。

② “属性”选项组：用于设置属性的数据。

“标记”文本框：用于指定标识属性的名称。

“提示”文本框：用于输入插入包含该属性定义的块时系统在命令行中显示的提示信息。

“默认”文本框：用于输入属性的默认值。

③ “插入点”选项组：设置属性值的插入点。通常选中“在屏幕上指定”复选框。

④ “文字设置”选项组：设置属性文字的对齐方式、文字样式、文字高度、注释性和旋转角度。

（2）创建带属性的块。带属性的块是由图形对象和属性对象组成。要创建带属性的块应先绘制图形对象、定义块的属性，再由“创建块”或“写块”命令创建为带属性的内部块或外部块。

创建带属性的块过程中，在选择对象时要注意将块的图形对象和属性对象都要选中。

例 6-1　将如图 6-18 所示的基准符号创建为带属性的外部块。

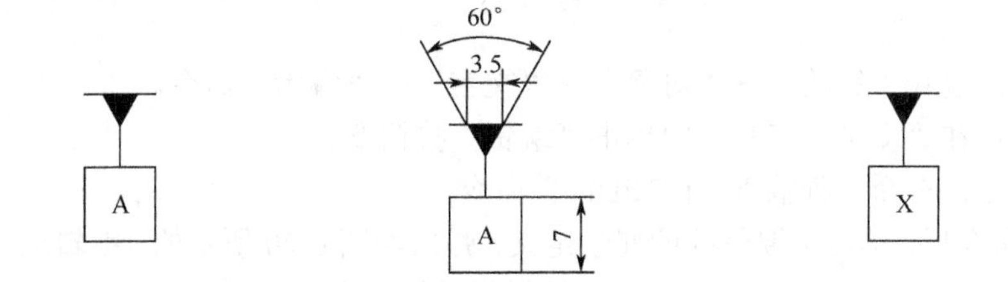

（a）基准符号样式　（b）基准符号的尺寸(字高为 3.5 时)　（c）属性的位置

图 6-18　基准符号

操作步骤如下。

（1）在 0 层绘制基准符号图形，尺寸如图 6-18（b）所示。

（2）将基准符号中的字母定义为属性。

① 在功能区单击“默认”选项卡下“块”面板中的“定义属性”按钮，弹出如图 6-19 所示的“属性定义”对话框，并按图中所示的参数进行设置。

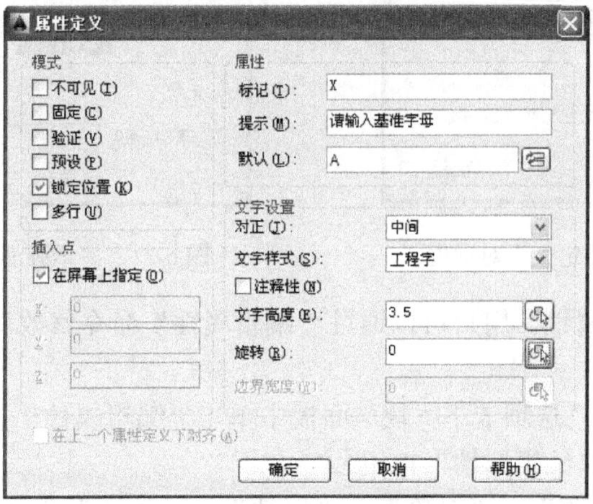

图 6-19　定义基准符号的属性

② 单击“确定”按钮，返回绘图区，拾取矩形的中心，确定属性的位置，如图 6-18（c）所示。

（3）创建为外部块。

① 在功能区单击“插入”选项卡下“块定义”面板中的“写块”按钮，弹出“写块”对话框。

② 在“源”选项组下选择“对象”。

③ 单击“选择对象”按钮，返回绘图区域，在屏幕上拾取图 6-18（c）所示的图形及属性，按 Enter 键返回对话框；源对象的处理方式为“保留”。

④ 单击“拾取点”按钮，返回绘图区域，在屏幕上捕捉基准符号中上方水平线的中点，作为块插入时的基点，选择后返回对话框。

⑤ 在“文件名和路径”下拉列表中指定块的保存路径、确定块名。

⑥ 单击“确定”按钮，关闭对话框，完成外部块的定义。

（4）保存图形文件。

3. 修改属性

（1）修改属性定义。在 AutoCAD 中可以采用“编辑”命令来修改属性定义，调用命令的方式如下。

① 菜单栏：选择“修改”→“对象”→“文字”→“编辑”命令。

② 工具栏：在“文字”工具栏中单击“编辑”按钮。

③ 键盘命令：在命令行输入“DDEDIT”命令。

执行上述命令后，单击需要修改的属性定义，弹出如图 6-20 所示的“编辑属性定义”对话框，在“标记”“提示”“默认”文本框中可分别编辑原属性定义的标记、提示和默认值。

直接双击属性对象可以快速打开“编辑属性定义”对话框。在本任务操作实例中便采用了此法。

调用“DDEDIT”命令时，若单击选择块参照中的属性（而不是属性定义），将弹出如图 6-21 所示的“增强属性编辑器”对话框。

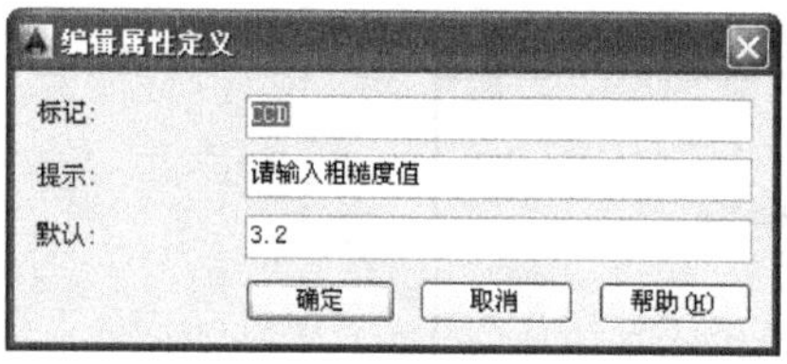

图 6-20　“编辑属性定义”对话框

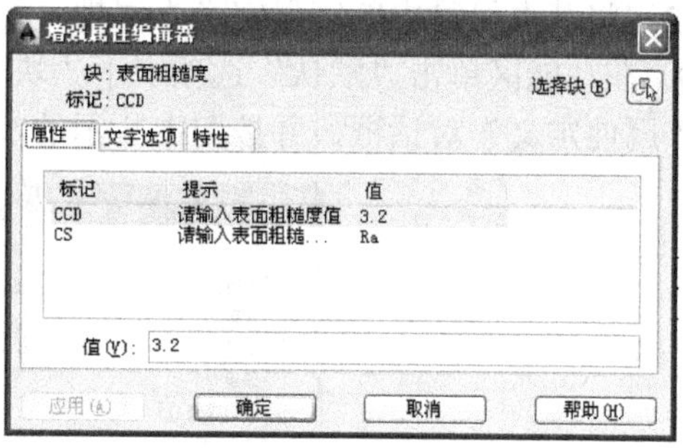

图 6-21　“增强属性编辑器”对话框

（2）修改块参照中的属性。用户可以通过“编辑属性”命令修改块参照的属性，调用命令的方式如下。

① 功能区：在“注释”选项卡下“块”面板中单击“编辑属性”按钮，或在“插入”选项卡下“块”面板中单击“编辑属性”按钮。

② 菜单栏：选择“修改”→“对象”→“属性”→“单个”命令。

③ 工具栏：在“修改 II”工具栏中单击“编辑属性”按钮。

④ 键盘命令：在命令行输入“EATTEDIT”命令。

执行上述命令后，单击需要修改的块对象，将弹出“增强属性编辑器”对话框。该对话框包含“属性”“文字选项”和“特性”3 个选项卡，如图 6-21～图 6-23 所示。

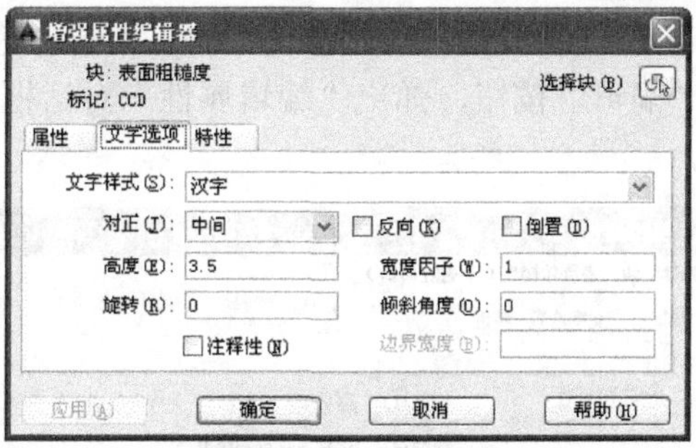

图 6-22　“增强属性编辑器”对话框“文字选项”选项卡

图 6-23　“增强属性编辑器”对话框“特性”选项卡

① “属性”选项卡：显示块中每个属性的标识、提示和默认值。在列表框中选择某一属性后，可在下方“值”文本框中修改其默认值。

② “文字选项”选项卡：显示属性文字的显示方式的特性。在其中可修改属性文字的文字样式、对齐方式、文字高度、旋转角度、宽度比例及倾斜角度等。

③ “特性”选项卡：用于修改属性文字所在的图层及属性文字的线宽、线型和颜色。

（3）块属性管理器。编辑图形文件中多个块的属性定义，可以使用块属性管理器。调用命令的方式如下。

① 功能区：在“插入”选项卡下“块定义”面板中单击“管理属性”按钮。

② 菜单栏：选择“修改”→“对象”→“属性”→“块属性管理器”命令。

③ 工具栏：在“修改Ⅱ”工具栏中单击“块属性管理器”按钮。

④ 键盘命令：在命令行输入“BATTMAN”命令。

执行上述命令后，弹出“块属性管理器”对话框，如图 6-24 所示，在该对话框中可以编辑图块属性，也可以更改图块的多个属性值提示顺序。

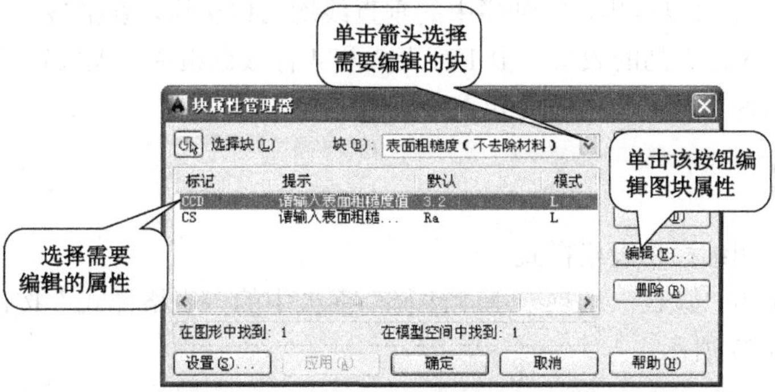

图 6-24　“块属性管理器”对话框

① 编辑图块属性。在“块属性管理器”对话框的“块”列表中选择一个块，然后在属性列表中选择要编辑的属性，单击“编辑”按钮，弹出“编辑属性”对话框，如图 6-25 所示，可在该对话框对所选的属性进行修改。

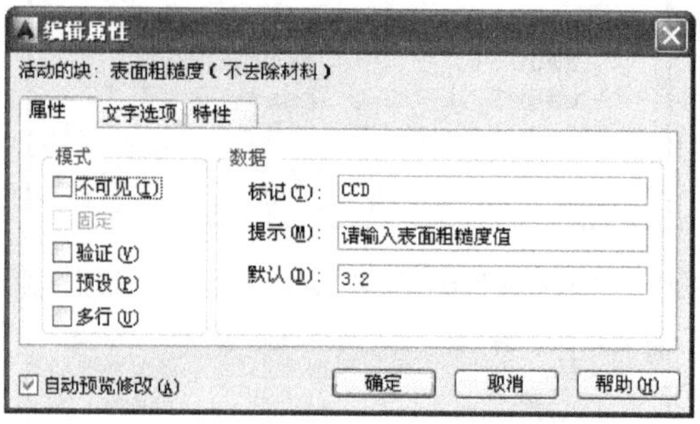

图 6-25 “编辑属性”对话框

② 更改图块属性值提示顺序。在“块属性管理器”对话框的“块”列表中选择一个块，然后在该属性列表中选择要更改的属性，单击 上移(U) 或 下移(D) 按钮，可以更改选中图块属性值的提示顺序。

任务 3 表格样式的创建与填写

【任务描述】

本例介绍如图 6-26 所示的明细表格样式的创建与填写，主要涉及“表格样式”“插入表格”“修改表格”等命令。

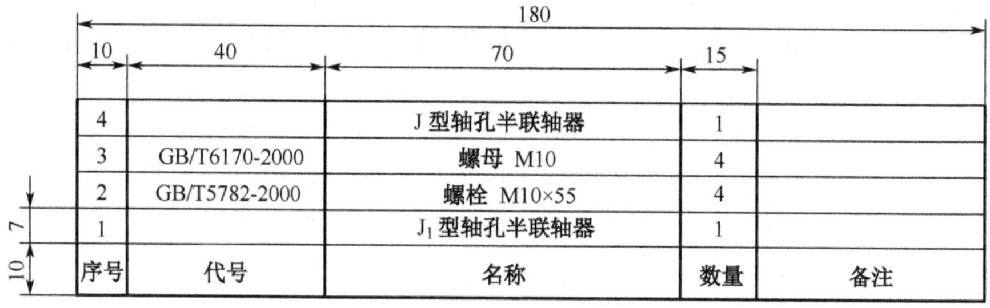

图 6-26 装配图明细栏

从图 6-26 所示图中可以看出，明细栏中的垂直线均为粗实线，表格最下方的水平线也是粗实线。该明细栏是一个 5 行 5 列的表格，由 1 行表头和 4 行数据组成；表头行高为“10”，文字高度为“5”；数据行行高为“7”，文字高度为“3.5”。

【任务实施】

第一步，创建“明细栏”表格样式。

（1）在功能区单击“默认”选项卡下“注释”面板中的“表格样式”按钮，弹出“表格样式”对话框，如图 6-27 所示。

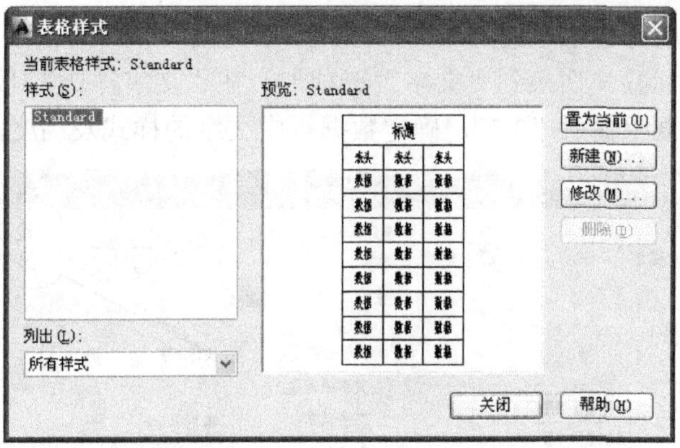

图 6-27　“表格样式”对话框

（2）单击“新建”按钮 新建(N)...，弹出“创建新的表格样式”对话框，在“新样式名”文本框中输入“明细栏”，如图 6-28 所示。

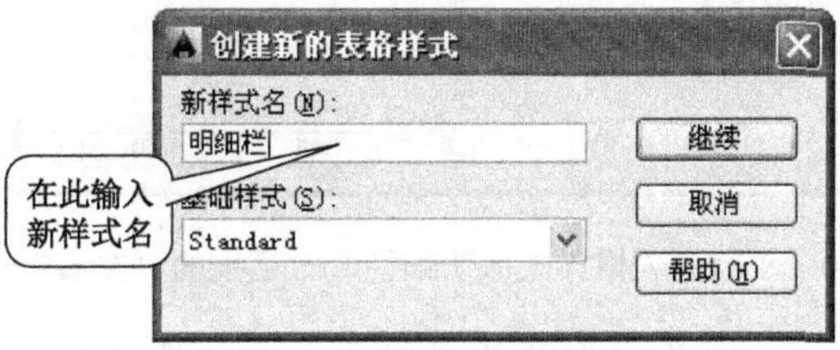

图 6-28　“创建新的表格样式”对话框

（3）单击“继续”按钮 继续 ，弹出“新建表格样式：明细栏”对话框，如图 6-29 所示，在“单元样式”下拉列表中选择“数据”，设置明细栏数据的特性。

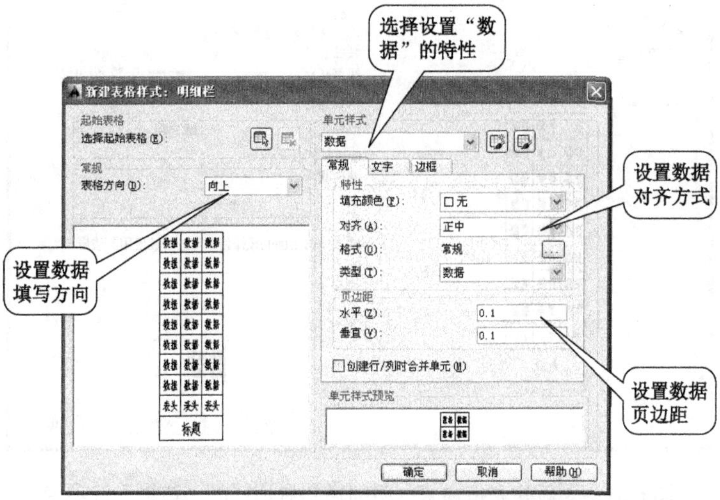

图 6-29　“新建表格样式：明细栏”对话框

（4）在“表格方向”下拉列表中，选择“向上”，即明细栏的数据由下向上填写，如图 6-29 所示。

（5）在“常规”选项卡“对齐”下拉列表中选择对齐方式为“正中”，指定明细栏中的数据书写在表格的正中间；在“页边距”选项组的“垂直”，“水平”文本框中均输入“0.1”，指定单元格中的文字与上下左右单元边距之间的距离，如图 6-29 所示。

（6）单击“文字”标签，切换到“文字”选项卡，在“文字样式”下拉列表中选择“长仿宋字”，“文字高度”文本框中输入“3.5”，确定数据行中文字的样式及高度，如图 6-30 所示。

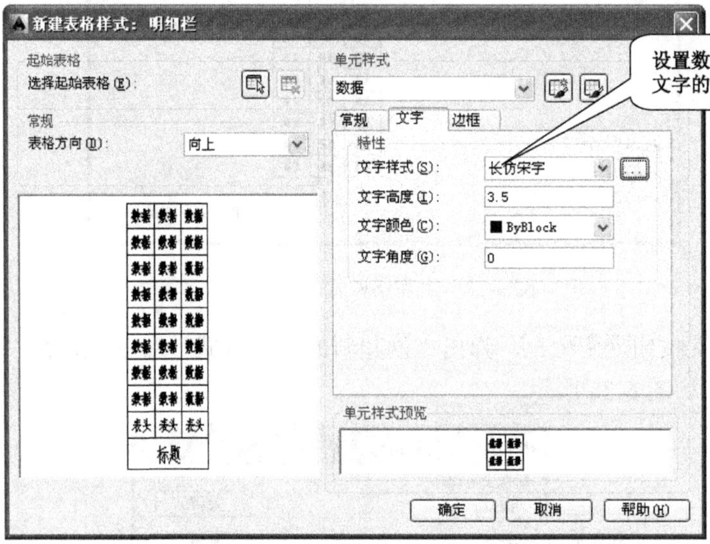

图 6-30 “新建表格样式：明细栏”对话框的“文字”选项卡

（7）单击“边框”标签，切换到“边框”选项卡，在“线宽”下拉列表中选择“0.30mm”，再单击“左边框”按钮和“右边框”按钮，设置数据行中的垂直线为粗实线，如图 6-31 所示。

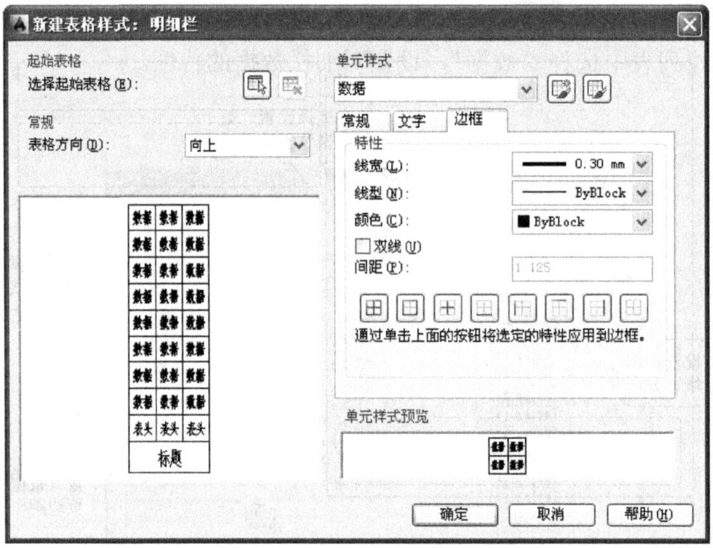

图 6-31 “新建表格样式：明细栏”对话框的“边框”选项卡

（8）在“单元样式”下拉列表中选择“表头”，设置明细栏表头的特性，如图 6-32 所示。

（9）在“常规”选项卡中，“对齐”下拉列表中选择对齐方式为“正中”；在“页边距”选项组的“垂直”，“水平”文本框中均输入“0.1”，如图 6-32 所示。

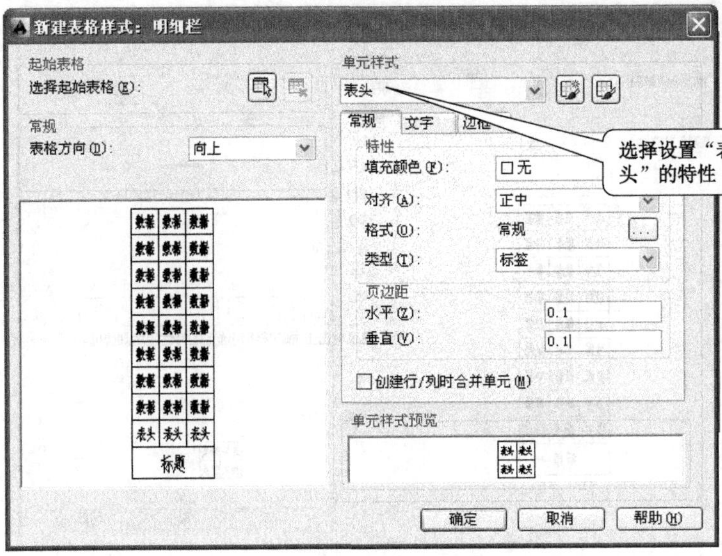

图 6-32　设置明细栏“表头”的“常规”选项卡

（10）单击“文字”标签，切换到“文字”选项卡，设置表头文字样式为“长仿宋字”、文字高度为“5”，如图 6-33 所示。

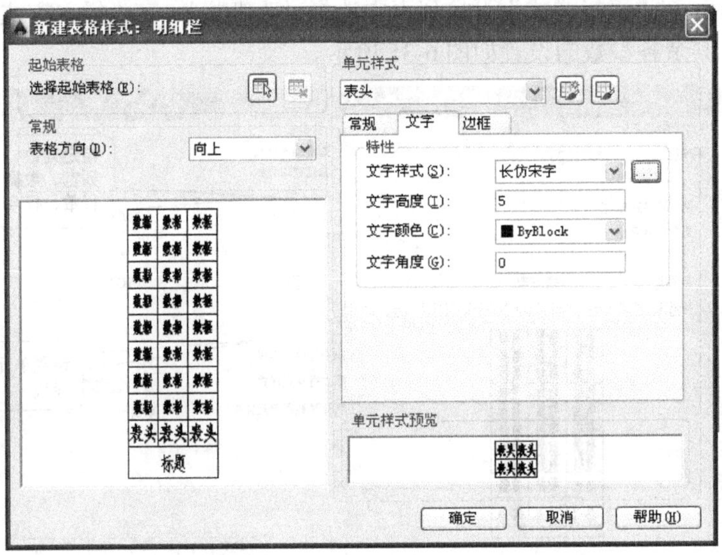

图 6-33　设置明细栏“表头”的“文字”选项卡

（11）单击“边框”标签，切换到“边框”选项卡，在“线宽”下拉列表中选择“0.30mm”，再单击“左边框”按钮、“上边框”按钮和“右边框”按钮，设置表头最下的水平线和表头中的垂直线为粗实线，如图 6-34 所示。

（12）单击“确定”按钮，返回到“表格样式”对话框，单击 置为当前(U) 按钮，将“明细栏”表格样式置为当前表格样式。

（13）单击 关闭 按钮，完成表格样式的创建。

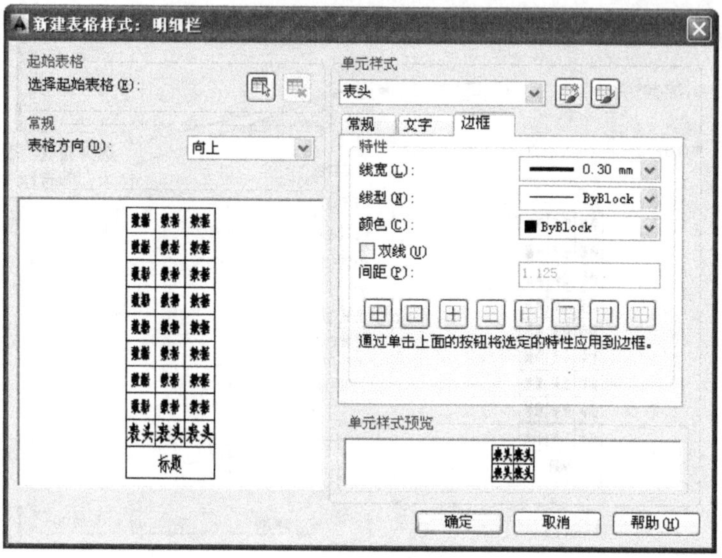

图 6-34　设置明细栏“表头”的“边框”选项卡

第二步，插入“明细栏”表格。

（1）单击“默认”选项卡下“注释”面板中的“表格”按钮[表格]，弹出“插入表格”对话框，如图 6-35 所示。在“表格样式”下拉列表中选择“明细栏”，在“插入方式”选项组选择“指定插入点”方式，其余各参数的设置如图 6-35 所示。

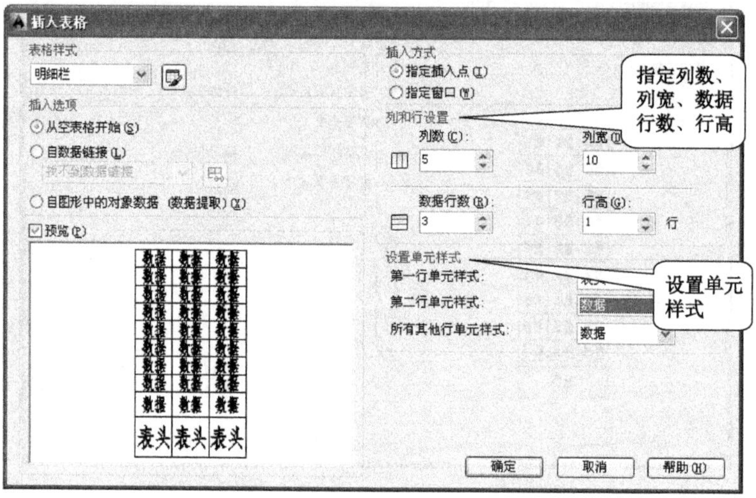

图 6-35　“插入表格”对话框

默认插入的表格由标题、表头和数据行组成，分别在“设置单元样式”选项组的“第一行单元样式”“第二行单元样式”和“所有其他行单元样式”中进行设置。

明细栏中没有标题，因此可将“第一行单元样式”设置为表头，“第二行单元样式”设置为数据行，再加上“数据行”中设置的 3 行，图 6-35 所示中所设明细栏共有 5 行，每一行的行距为 1 行；共有 5 列，每一列的宽度为 10。

（2）单击“确定”按钮，在屏幕适当位置单击，指定表格的插入点，屏幕显示“文字编辑器”功能区上下文选项卡及“在位文字编辑器”。

（3）在“表头”单元格内填入相应文字，如图 6-36 所示。

图 6-36　填写表头内容

第三步，修改表格的列宽、行高。

（1）用窗口方式（或按 Shift 键并在另一个单元格内单击）选择所有“表头”单元格并右击，选择“特性”选项，打开“特性”选项板，在“单元高度”文本框中输入“10”（即修改表头行高为“10”），按 Enter 键，结果如图 6-37 所示。

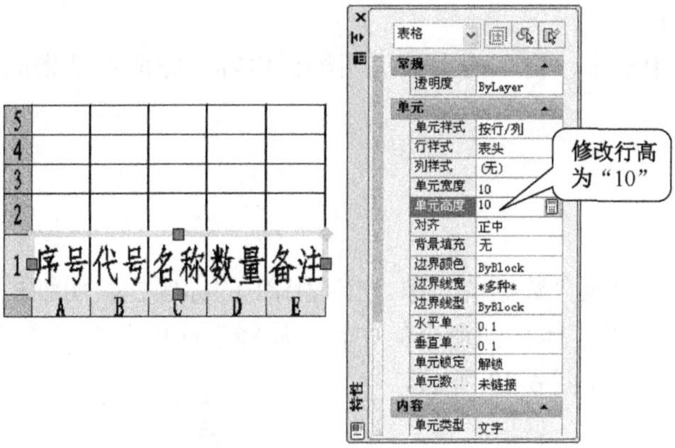

图 6-37　修改“表头”单元格行高

（2）选择所有“数据”单元格并右击，选择“特性”选项，打开“特性”选项板，在“单元高度”文本框中输入“7”（即修改表头行高为“7”），按 Enter 键结果如图 6-38 所示。

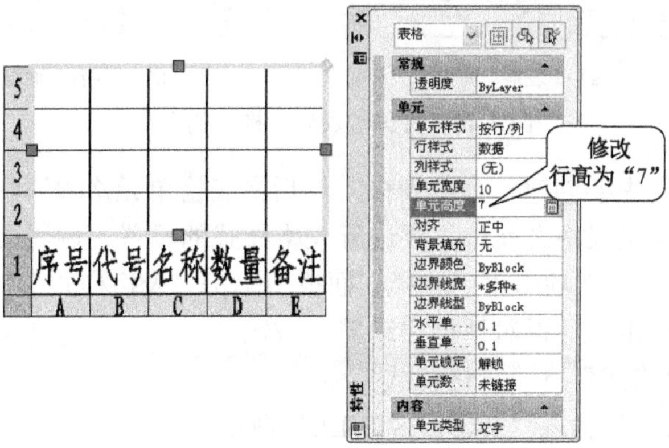

图 6-38　修改“数据”单元格行高

（3）依次在每一列单元格内单击后并右击，选择“特性”选项，打开“特性”选项板，在“单元宽度”文本框中输入每一列的宽度值为 40、70、15、45（如图 6-39 所示为修改第二列的列宽为

“40”）。

（4）按 Esc 键，退出选择，完成行高、列宽的修改。

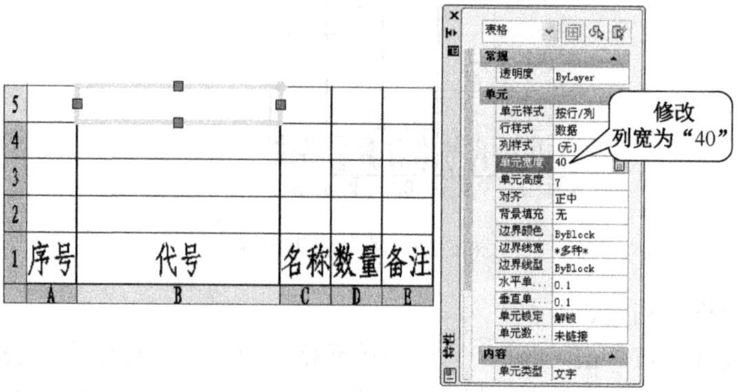

图 6-39　修改第二列的列宽

第四步，填写明细栏。

在“数据”单元格中双击，自下而上填写明细栏内容，完成后结果如图 6-26 所示。

【相关知识】

1. 创建表格样式

表格是一个在行和列中包含数据的对象。工程图中的标题栏、明细栏均属于的表格的应用。AutoCAD 2014 将有关“表格”操作的命令集中在“注释”选项卡下的“表格”面板和“默认”选项卡下的“注释”面板上，如图 6-40 所示。

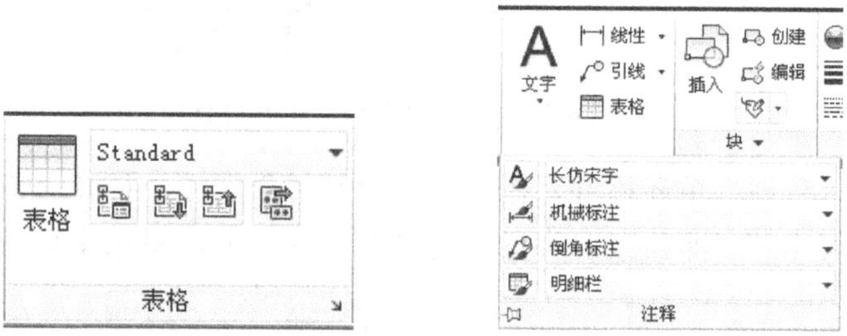

（a）“表格”面板　　（b）“注释”面板

图 6-40　有关“表格”操作的命令

创建表格对象时，首先要创建一个空表格，然后在表格单元格内添加内容。表格的外观由表格样式控制，用户在创建空表格之前，先要进行表格样式的设置。调用命令的方式如下。

① 功能区：在“默认”选项卡下“注释”面板中单击“表格样式”按钮，或在“注释”选项卡下“表格”面板中单击“面板对话框启动器”按钮。

② 菜单栏：选择“格式”→“表格样式”命令。

③ 键盘命令：在命令行输入“TABLESTYLE”命令。

执行上述命令后，弹出如图 6-27 所示的“表格样式”对话框，在该对话框中可以新建表格样式或者修改、删除已有的表格样式，默认表格样式为“Standard”。

在“表格样式”对话框单击 新建(N)... 按钮，弹出“创建新的表格样式”对话框，如图 6-28 所示。输入新的表格样式名后，单击 继续 按钮，将弹出“新建表格样式”对话框，如图 6-29 所示，从中可以设置表格的特性，对话框中各选项作用简介如下。

①“起始表格”选项：单击“起始表格”图标可以在图形中指定一个表格用作样例来设置新表格样式的格式。选择表格后，可以指定要从该表格复制到表格样式的结构和内容。单击“删除表格”图标，可以将表格从当前指定的表格样式中删除。

②“表格方向”选项：用于设置表格的方向。“向上”选项创建由下而上读取的表格，标题行和列标题行都在表格的底部。“向下”选项创建由上而下读取的表格，标题行和列标题行都在表格的顶部。

③“单元样式”选项：用于确定新的单元样式或修改现有单元样式。系统默认有“标题”“表头”和“数据”三种样式。

④“常规”选项卡（如图 6-29 所示）：“特性”选项组用于指定单元格的填充颜色及单元格内容的对齐方式等。“页边距”选项组中的“水平”用于指定单元格中文字与左右单元边界之间的距离；“垂直”用于指定单元格中文字与上下单元边界之间的距离。

⑤“文字”选项卡（如图 6-30 所示）：用于设置当前单元样式的“文字样式”“文字高度”“文字颜色”和“文字角度”。

⑥“边框”选项卡（如图 6-31 所示）：用于设置表格边框的线宽、线型、颜色等。设置后需单击其下方的按钮，将选定的特性应用到所选的边框。

创建表格样式的方法及步骤已在本任务操作实例中讲述，在此不再赘述。

2．插入表格

使用“表格”命令可以将空白的表格插入到图形的指定位置，调用命令的方式如下。

① 功能区：在“默认”选项卡下“注释”面板中单击“表格”按钮，或在“注释”选项卡下“表格”面板中单击“表格”按钮。

② 菜单栏：选择“绘图”→“表格”命令。

③ 工具栏：在“绘图”工具栏中单击“表格”按钮。

④ 键盘命令：在命令行输入“TABLE”命令。

执行上述命令后，弹出如图 6-35 所示的“插入表格”对话框，各选项作用简介如下。

①“表格样式”选项组：用于指定要插入表格的样式。

②“插入选项”选项组：用于指定插入表格的方式。“从空表格开始”表示插入一个空白表格，需手动填充表格数据（本任务操作实例中插入的就是此类表格）；“自数据链接”表示插入一个含有电子表格中的数据的表格。

③“插入方式”选项组：用于指定插入表格的位置。“指定插入点”用于指定表格左上角或左下角的位置；“指定窗口”通过在绘图区指定两点来确定表格的大小和位置。

④“列和行设置”选项组：用于指定插入表格行列的数目及大小。

⑤“设置单元样式”选项组：用于指定新表格中行的单元格式。

第一行单元样式用于指定表格中第一行的单元样式。默认情况下使用“标题”单元样式，即将表格的第一行作为标题行。

第二行单元样式用于指定表格中第二行的单元样式。默认情况下使用“表头”单元样式，即将表格的第二行作为表头。

所有其他行单元样式用于指定表格中所有其他行的单元样式。默认情况下，使用“数据”单元样式，即从表格的第三行开始都是数据行。

插入空白表格的方法及步骤已在操作实例中讲述，在此不再赘述。

3. 修改表格

1）修改表格的列宽与行高

（1）使用表格的夹点或表格单元的夹点进行修改。在表格单元格中单击，将其激活，表格单元四周显示夹点，通过拖动夹点可以更改表格的列宽和行高，如图 6-41 所示。

选中表格，表格上显示各夹点，如图 6-42 所示，拖动夹点也可以更改表格的列宽和行高。

① 左上夹点：移动表格。

② 右上夹点：均匀修改表格宽度。

③ 左下夹点：均匀修改表格高度。

④ 右下夹点：均匀修改表高和表宽。

⑤ 列夹点：更改列宽而不拉伸表格。

⑥ Ctrl+列夹点：加宽或缩小相邻列，与此同时加宽或缩小表格以适应此修改。

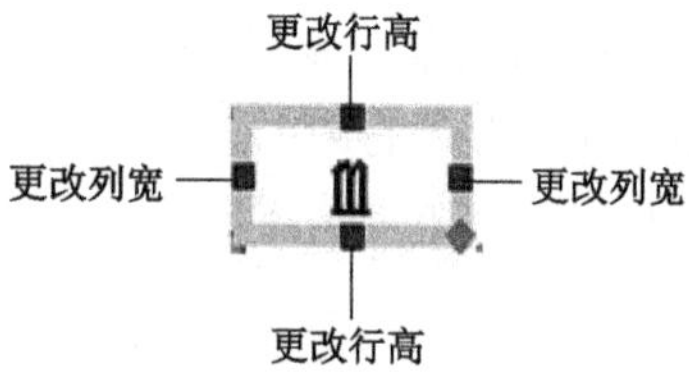

图 6-41　表格单元的夹点

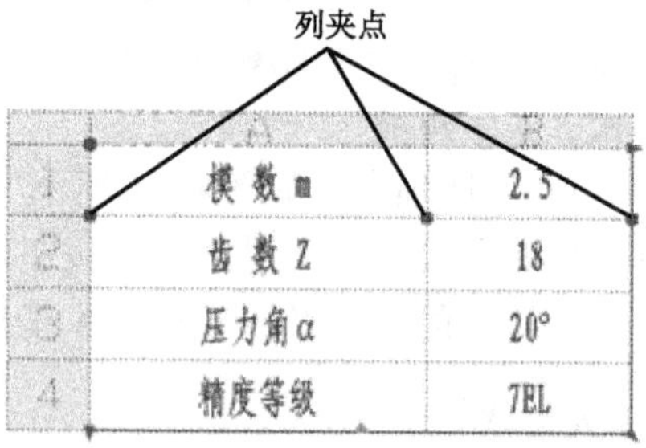

图 6-42　表格的夹点

（2）使用“特性”选项板进行修改。该方式通过更改行高列宽值进行修改，其操作方法在操作实例中已述，在此不再赘述。

2）修改列数、行数、合并单元格

在表格单元内单击，功能区显示“表格单元”功能区上下文选项卡，如图 6-43 所示。用户可通过单击“行”面板、“列”面板上相应按钮插入或删除行或列，单击“合并”面板上相应按钮合并或取消合并表格单元。

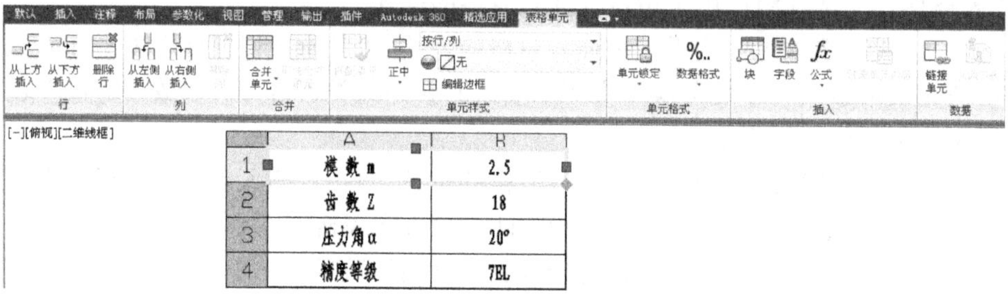

图 6-43　“表格单元”功能区上下文选项卡

在“表格单元”功能区上下文选项卡的“单元样式”面板可指定表格单元的边框特性、文字对齐方式等；在“单元格式”面板可指定数据格式类型及是否锁定单元内容或格式；在“插入”面板可指定插入块、字符、公式等；在“数据”面板可控制将电子表格中的数据链接至图形中的表格。

“表格单元”选项卡 7 个面板上各按钮的作用大多与 Word 中的相同，不再赘述。

例 6-2　新建名为“标题栏”的表格样式，以此样式使用“表格”命令创建一表格，修改编辑表格并进行填写使其如图 6-44 所示。要求采用“长仿宋字”、字高为“5”。

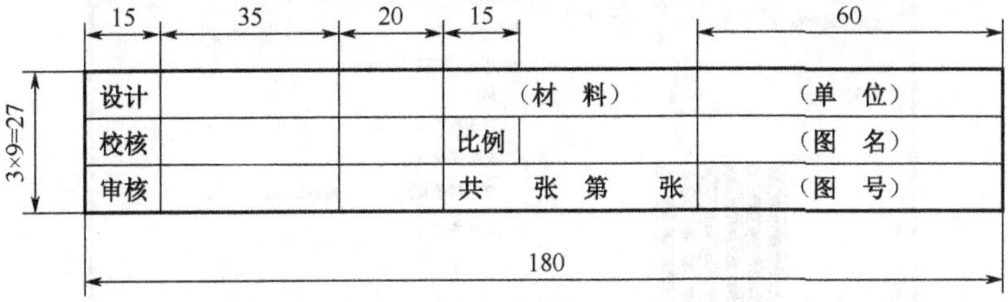

图 6-44　简化标题栏

分析：该标题栏是一个 3 行 6 列的表格，无表头，3 行均为数据行，行高均为“9”，字高均为“5”。

（1）创建“标题栏”表格样式。

① 在功能区单击“默认”选项卡下“注释”面板中的“表格样式”按钮，弹出“表格样式”对话框；单击 新建(N)... 按钮，在“新样式名”文本框中输入“标题栏”。

② 单击 继续 按钮，弹出“新建表格样式：标题栏”对话框，按图 6-45 所示的参数设置各选项。

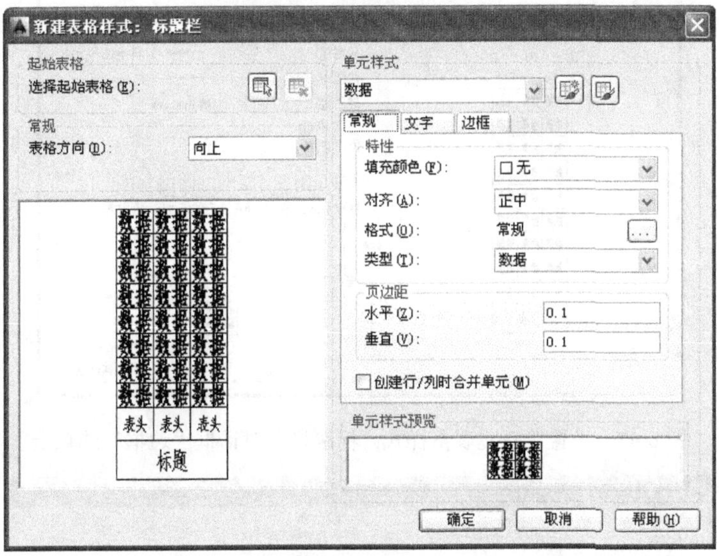

图 6-45　设置“新建表格样式：标题栏”对话框“常规”选项卡

③ 单击“文字”标签，切换到“文字”选项卡，按图 6-46 所示的参数设置各选项。

④ 单击“边框”标签，切换到“边框”选项卡，在“线宽”下拉列表中选择“0.30mm”，再单击“外边框”按钮，设置标题栏外边框为粗实线，如图 6-47 所示。

⑤ 单击“确定”按钮，返回到“表格样式”对话框，单击 置为当前(U) 按钮，将“标题栏”表格样式置为当前表格样式。

⑥ 单击“关闭”按钮，完成表格样式的创建。

（2）插入“标题栏”表格。

① 单击“默认”选项卡下“注释”面板中的“表格”按钮 表格，弹出“插入表格”对话框，各参数的设置如图 6-48 所示。

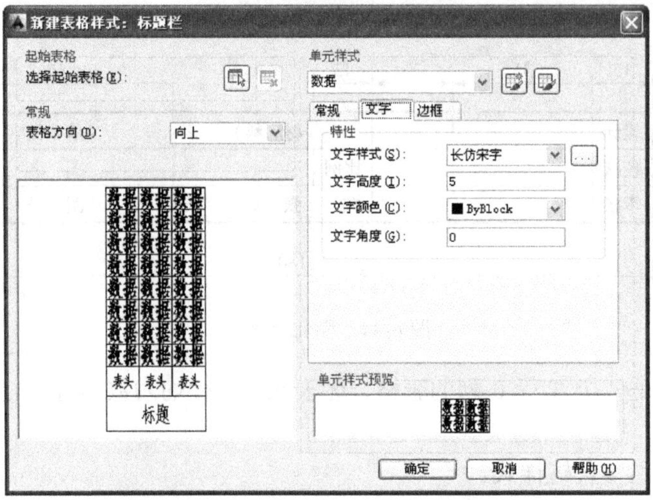

图 6-46 设置“新建表格样式：标题栏”对话框“文字”选项卡

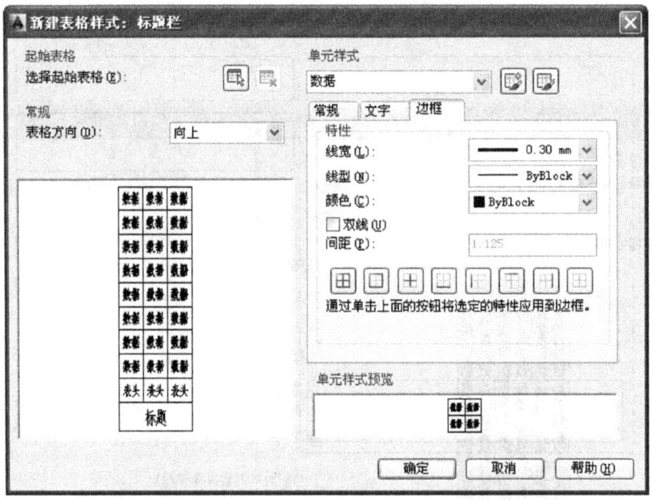

图 6-47 设置“新建表格样式：标题栏”对话框“边框”选项卡

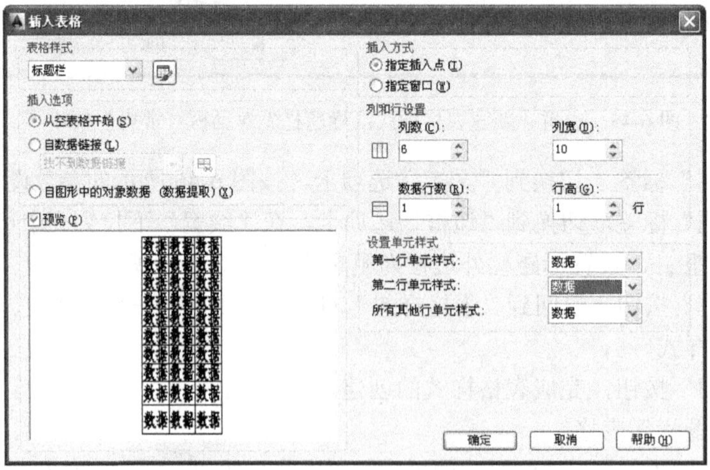

图 6-48 插入“标题栏”表格各参数的设置

② 单击“确定”按钮，在屏幕适当位置单击，指定表格的插入点，显示“文字编辑器”功能区上下文选项卡及“在位文字编辑器”，单击“关闭”按钮，关闭“文字编辑器”，暂时不填写文字。至此插入了一个 3 行 6 列的空表格，如图 6-49 所示。

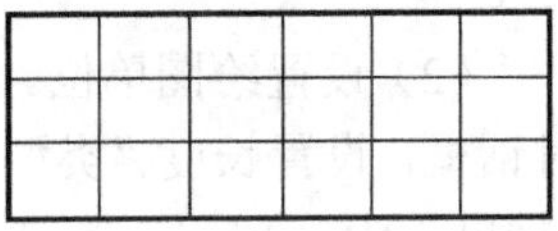

图 6-49　插入的标题栏空表格

（3）修改表格行高、列宽、合并表格单元。

① 选中所有表格单元并右击，选择“特性”选项，在“特性”选项板的“单元高度”文本框中输入“7”；依次在每一列单元格内单击，在“特性”选项板的“单元宽度”文本框中输入每一列的宽度值，完成行高、列宽的修改。

② 选中需合并的表格单元，功能区显示“表格单元”选项卡，单击“合并”面板中的“合并全部”按钮，完成表格单元的合并，如图 6-50 所示。

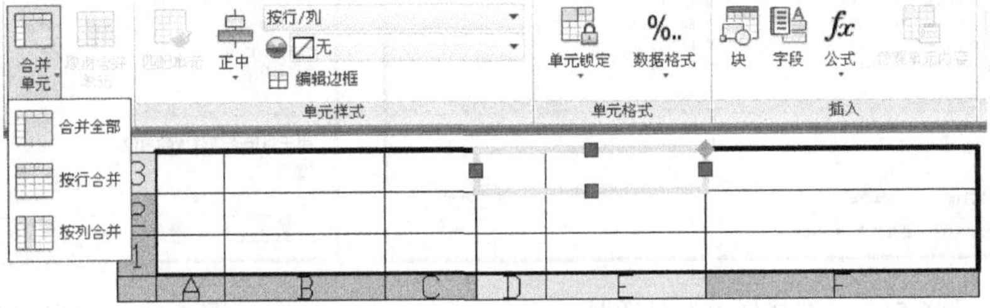

图 6-50　合并表格单元

（4）填写标题栏。在表格单元格中双击，填写标题栏各项内容，完成后结果如图 6-44 所示。

任务 4　机械样板文件的建立与调用

在实际工作中，为避免重复操作，提高绘图效率，可以在设置图层、文字样式、尺寸标注样式、图框和标题栏等内容后保存为样板文件，使用时直接调用即可。

AutoCAD 2014 提供了许多样板文件，但这些样板文件与我国的国标不完全符合。所以不同的专业在绘图前都应该建立符合各自专业国家标准的样板文件，以保证图纸的规范性。下面以建立符合我国机械制图国家标准的样板文件为例，介绍创建机械样板文件的方法和步骤。

【任务描述】

本任务介绍符合我国国家标准的 A3 横装机械样板文件的建立与调用，主要涉及“设计中心”等命令。

本任务中所涉及的部分操作，在前面各单元中已经做过介绍，为保证内容的系统性，此处将按操作顺序逐项介绍，若用户已经做过相关设置，则可跳过相应的内容。

【任务实施】

1．样板文件的建立

第一步，设置绘图环境。

（1）创建新图形文件。单击“快速访问”工具栏中的“新建”按钮，弹出如图 6-51 所示的“选择样板”对话框，选择“acadiso.dwt”样板文件，单击“打开”按钮，以此为基础建立样板文件。

（2）设置绘图单位。选择“格式”菜单中的“单位”命令，弹出如图 6-52 所示的“图形单位”对话框，设置长度“类型”为“小数”，“精度”为“0.0000”。设置角度“类型”为“十进制度数”，“精度”为“0”。

图 6-51 “选择样板”对话框

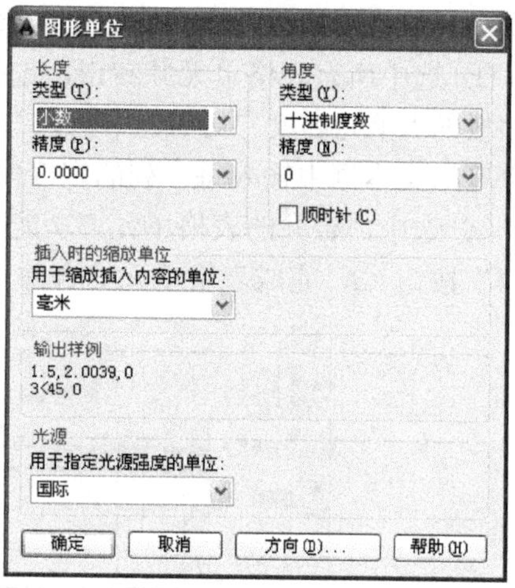

图 6-52 设置图形单位

通常绘图单位的设置可以省略，直接使用默认的设置。

（3）设置 A3 图形界限。选择“格式”菜单中的“图形界限”命令（或在命令行输入“LIMITS”，按 Enter 键），根据命令行提示，指定左下角点为（0,0），右上角点为是（420,297）。

（4）使绘图界限充满显示区。在命令行输入“ZOOM”，按 Enter 键，输入“A”，按 Enter 键。

第二步，设置图层。

创建粗实线、细实线、点画线、尺寸线、文字等 7 个常用图层，其要求、各参数的设置及创建方法已在单元 1 任务 3 中讲述，在此不再赘述。

第三步，设置文字样式。

创建“工程字”“长仿宋字”两种文字样式。“工程字”样式选用“gbenor.shx”字体及“gbcbig.shx”大字体；“长仿宋字”样式选用“仿宋_GB2312”字体，设置宽度比例为 0.7。其创建方法见单元 4 任务 1。

第四步，设置尺寸标注样式。

创建“机械标注”尺寸标注样式，该标注样式包含“角度”“半径”和“直径”三个子样式，其要求、各参数的设置及创建方法见单元 4 任务 3。

第五步，绘制图框。

本实例绘制 A3 图框，横装，留装订边，其尺寸如图 6-53 所示。

图纸的边界线应采用细实线，而图框线应采用粗实线。

第六步，绘制标题栏。

新建“标题栏”表格样式，采用“插入表格”方式插入如图 6-44 所示的简化标题栏，其操作方法见本单元例题 6-2。

如图 6-44 所示的标题栏为简化标题栏，如需绘制标准标题栏，可参见本单元任务 3 中图 6-39，将标准标题栏定义为带属性的外部块。

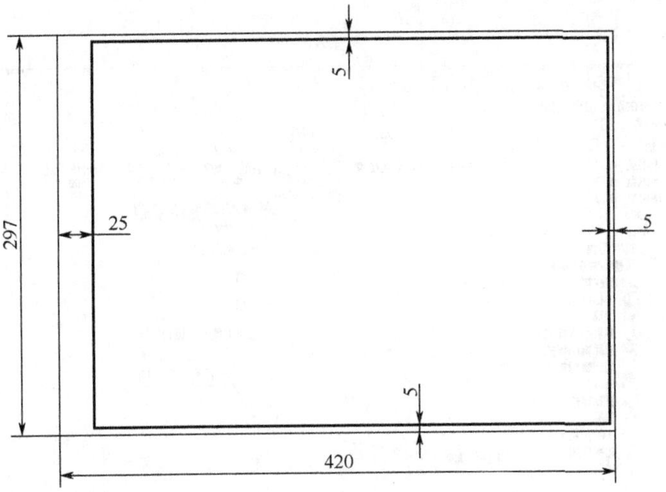

图 6-53　A3 横装，留装，订边图框尺寸

第七步，定义常用符号图块。

用户可以通过创建属性块的方法，自定义粗糙度、基准符号等图块，也可以通过设计中心，将已有的图形符号添加进来。前一种方法本单元任务 2 中已述。本实例介绍通过设计中心添加的方法。

（1）单击“视图”选项卡下“选项板”面板中的“设计中心”按钮，弹出“设计中心”窗口。

（2）在“设计中心”树状视图窗口中，找到含有图形符号的文件（如本实例中选择了名为“泵盖零件图”的文件），如图 6-54 所示。

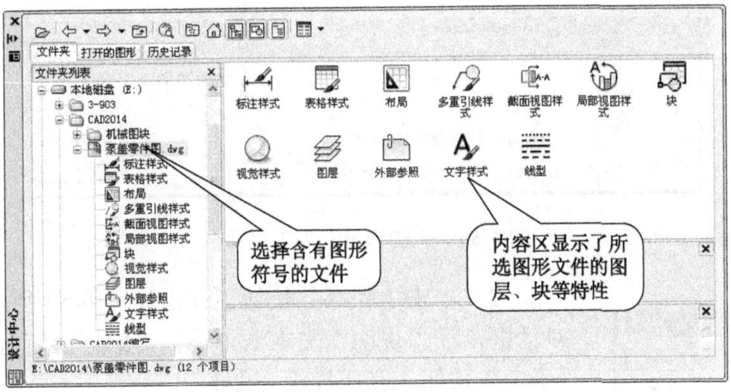

图 6-54　“设计中心”窗口

（3）双击内容区中的“块”，则显示该文件中所有的图块，如图 6-55 所示。

（4）直接拖动所需块到绘图区或右击后在弹出的菜单中选择“插入块”，以插入块的方式将所需图块添加到当前图形中。

通过“设计中心”窗口还可以调用图形文件的图层、标注样式、文字样式、线型等（即图 6-54 内容区显示的部分），调用方法与调用块的方法相同。

第八步，保存为样板文件。

（1）单击“快速访问”工具栏中的“另存为”按钮，弹出“图形另存为”对话框，如图 6-56 所示。在“文件类型”下拉列表框中选择“AutoCAD 图形样板（*.dwt）”，输入文件名为“机械样板文件（A3 横装）”。

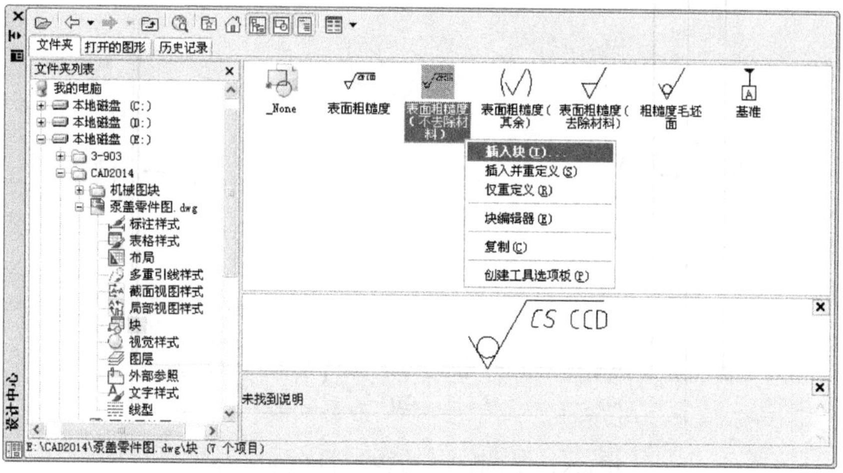

图 6-55　通过“设计中心”调用符号块

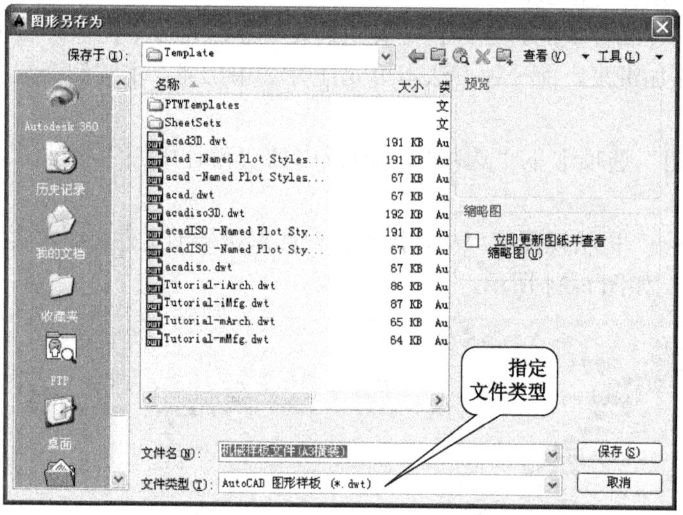

图 6-56　“图形另存为”对话框

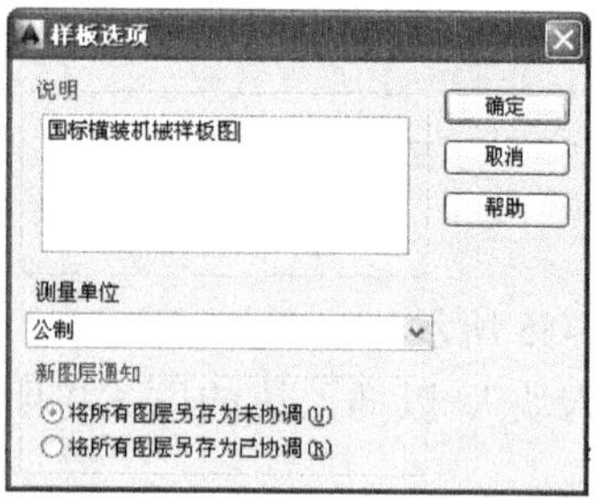

图 6-57　“样板选项”对话框

（2）单击“保存”按钮，弹出如图 6-57 所示的“样板选项”对话框，在“说明”文本框中输入“国标横装机械样板图”，单击“确定”按钮，完成样板文件的建立。

2．样板文件的调用

样板文件建好后，每次绘图都可以调用样板文件来绘制新图。

第一步，单击“快速访问”工具栏中的“新建”按钮，弹出“选择样板”对话框，如图 6-58 所示。

第二步，在“名称”下拉列表中选择“机械样板文件（A3 横装）.dwt”，双击即可打开。

用户也可以将各类图框和标题栏分别定义为外部块后再建一个不带图框和标题栏的样板文件，使用时先调用该样板文件，再根据需要插入图框和标题栏。

图 6-58　“选择样板”对话框

【相关知识】

设计中心

通过设计中心，用户可以浏览、查找、预览、管理、利用和共享 AutoCAD 图形，还可以使用其他图形文件中的图层定义、块、文字样式、尺寸标注样式、布局等信息，提高图形管理和图形设计的效率。调用命令的方式如下。

① 功能区：在“视图”选项卡下“选项板”面板中单击“设计中心”按钮。

② 菜单栏：选择“工具”→“选项板”→“设计中心”命令。

③ 工具栏：在“标准”工具栏中单击“设计中心”按钮。

④ 键盘命令：在命令行输入“ADCENTER”或“ADC”命令。

执行上述命令后，弹出“设计中心”窗口，如图 6-54 所示，其上有 3 个选项卡。

① “文件夹”选项卡：显示设计中心的资源，如图 6-54 所示。单击树状视图中的项目，在内容区将显示其内容。单击“加号（+）”或“减号（−）”按钮可以显示或隐藏层次结构中的其他层次。

② “打开的图形”选项卡：显示当前已打开的所有图形文件的列表，如图 6-59 所示。单击某个图形文件，可以将图形文件的内容加载到内容区中。

图 6-59　“打开的图形”选项卡

③ “历史记录”选项卡：列出最近 2 个通过设计中心访问过的图形文件列表，如图 6-60 所示。双击列表中的某个图形文件，可以在“文件夹”选项卡中的树状视图中定位此图形文件并将其内容加载到内容区中。

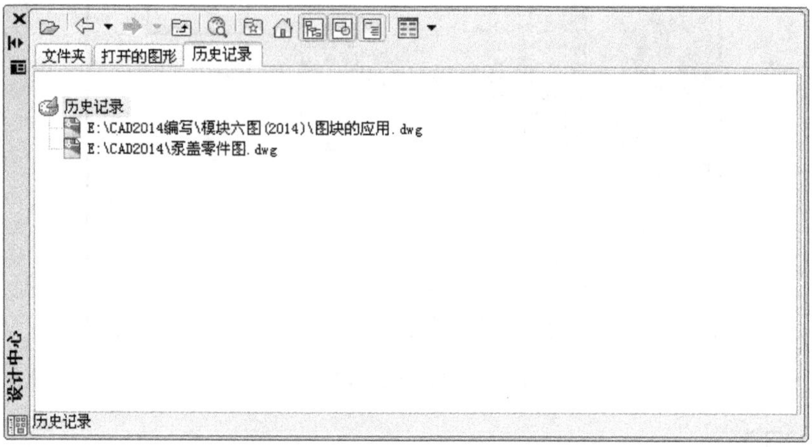

图 6-60 “历史记录”选项卡

例 6-3 利用“设计中心”窗口的查找功能查找 AutoCAD 提供的有关“十字槽半圆头螺钉－10×20 毫米（侧视）”图块，并将其插入至当前图形文件中。

操作步骤如下。

（1）单击“视图”选项卡下“选项板”面板中的“设计中心”按钮，弹出如图 6-54 所示的“设计中心”窗口。

（2）单击上方“搜索”按钮，弹出“搜索”对话框，如图 6-61 所示。

（3）在对话框的“搜索”下拉列表中选择“图形和块”选项。

（4）在“于”下拉列表框中选择查找的路径。

（5）在“搜索名称”文本框中输入“*螺钉*”（*表示通配符，即可代表一个或若干个字符）。

（6）单击“立即搜索(N)”按钮开始搜索，搜索结果显示在对话框下部的列表框中，如图 6-61 所示。

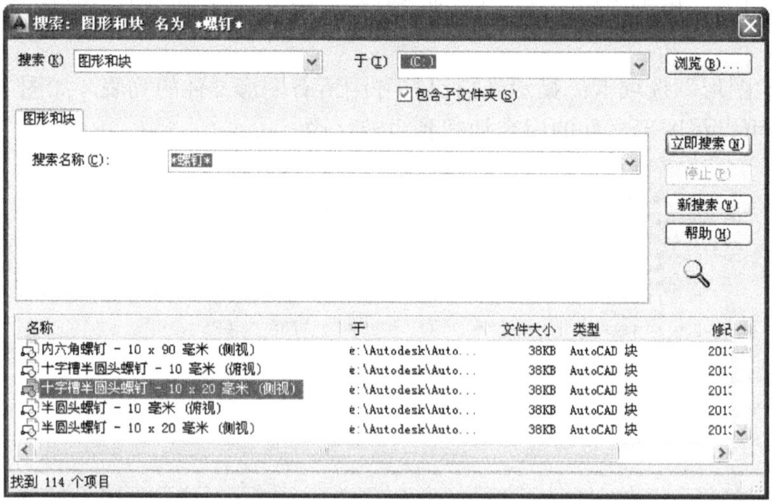

图 6-61 “搜索”对话框

（7）将图块插入至当前图形中。选择“十字槽半圆头螺钉－10×20 毫米（侧视）”文件直接拖动至绘图区或右击后在弹出的快捷菜单中选择“插入块”命令，插入至当前图形中，如图 6-62 所示。

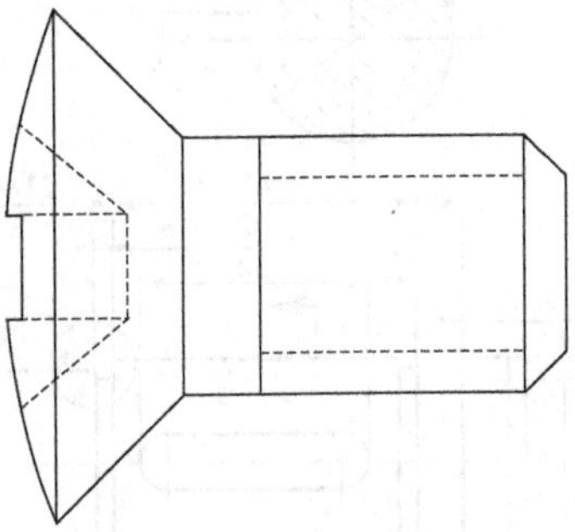

图 6-62　插入的螺钉

拓展任务

1．绘制如图 6-63 所示的零件图。

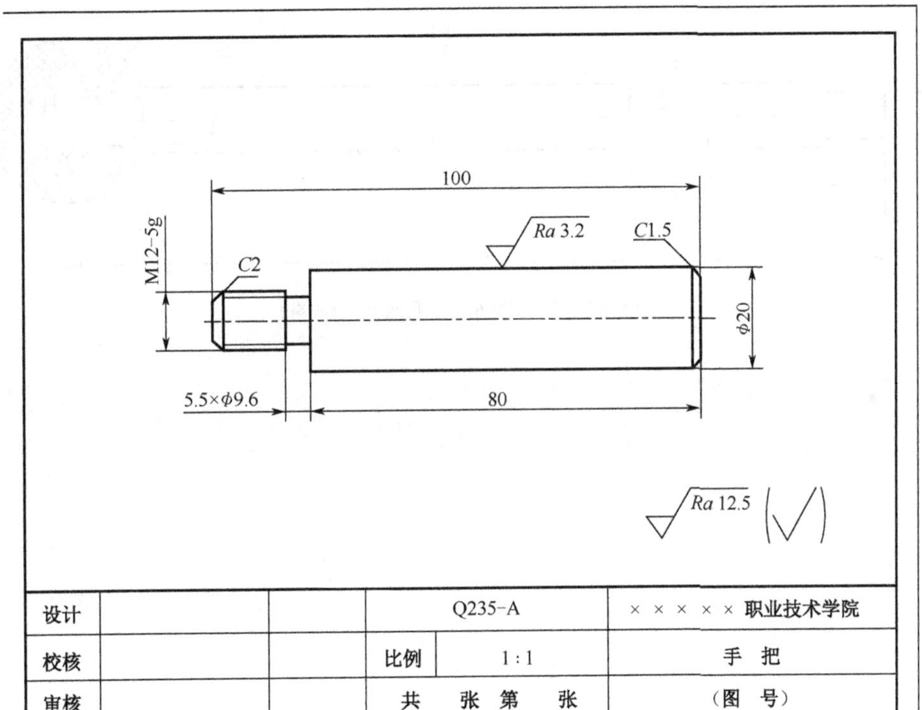

图 6-63　任务图 6-1

2．绘制如图 6-64 所示的零件图。

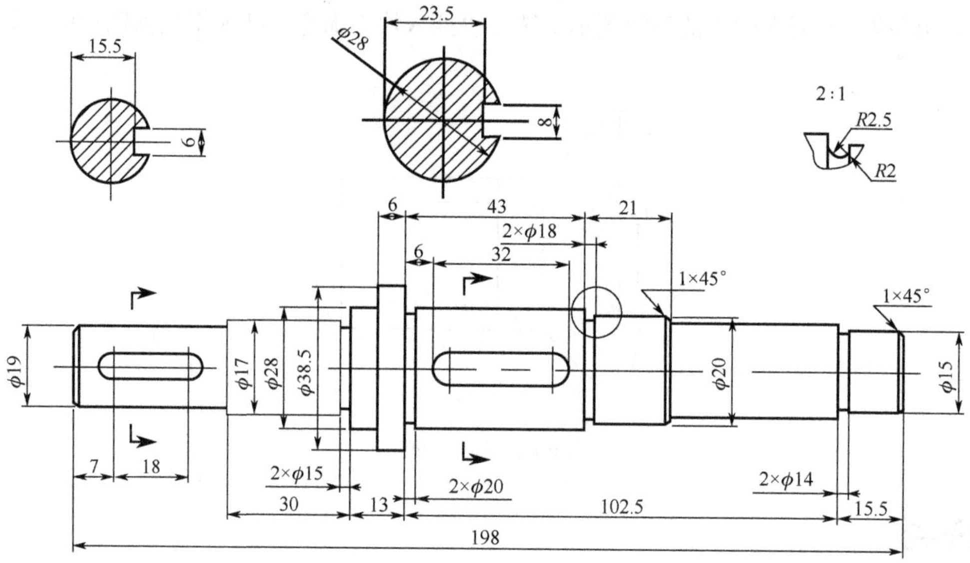

图 6-64　任务图 6-2（轴类零件图）

3．绘制如图 6-65 所示的手柄部装配图。

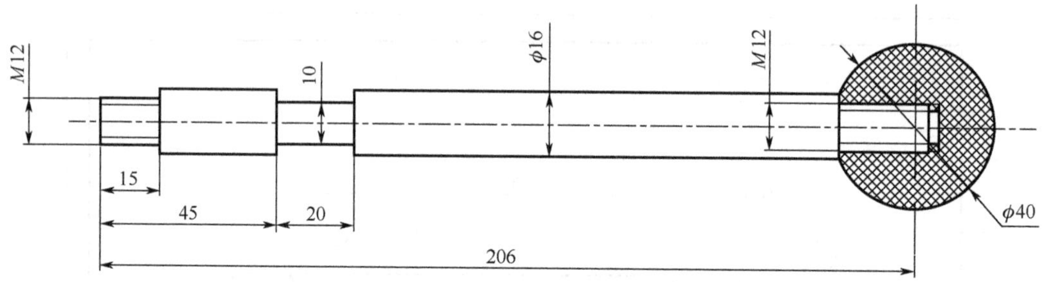

图 6-65　任务图 6-3（手柄部装配图）

单元 7　三维绘图

【学习目标】

◎ 1. 掌握三维坐标系。
◎ 2. 掌握三维实体的绘制。
◎ 3. 掌握三维图形的编辑。
◎ 4. 掌握三维实体的编辑。
◎ 5. 掌握材质的设置。
◎ 6. 掌握灯光的设置。
◎ 7. 掌握图形的渲染。

【实例任务】

◎ 任务 1　三维用户坐标系在绘图中的应用
◎ 任务 2　绘制哑铃
◎ 任务 3　绘制铅笔
◎ 任务 4　桌子的渲染

任务 1　三维用户坐标系在绘图中的应用

AutoCAD 的坐标系有世界坐标系（WCS）和用户坐标系（UCS）两种。AutoCAD 默认的坐标系是世界坐标系，主要在绘制二维图形时使用。在三维空间创建对象时，可以使用笛卡儿坐标系、柱坐标系和球坐标系定位点，同时也可以创建三维用户坐标系，用户坐标系是可以重新定位和旋转的坐标系，便于使用坐标输入、栅格显示、栅格捕捉、正交模式和其他图形工具。本任务将介绍有关三维坐标系的知识。

【任务描述】

本任务要求在绘制三维图形时，用户利用 UCS 确定要绘制对象的位置和方向，以便于绘制复杂的三维图形。下面通过一个实例来说明如何利用 UCS 进行图形的绘制。

【任务实施】

第一步，进入 AutoCAD 2014 三维界面，并设置绘图环境。

双击桌面上 AutoCAD 2014 的快捷方式图标，进入 AutoCAD 2014 工作界面，切换到三维建模界面，选择“视图”选项卡，视图切换到西北等轴测，如图 7-1 所示。

第二步，启用“正交”命令，打开“对象捕捉”功能。

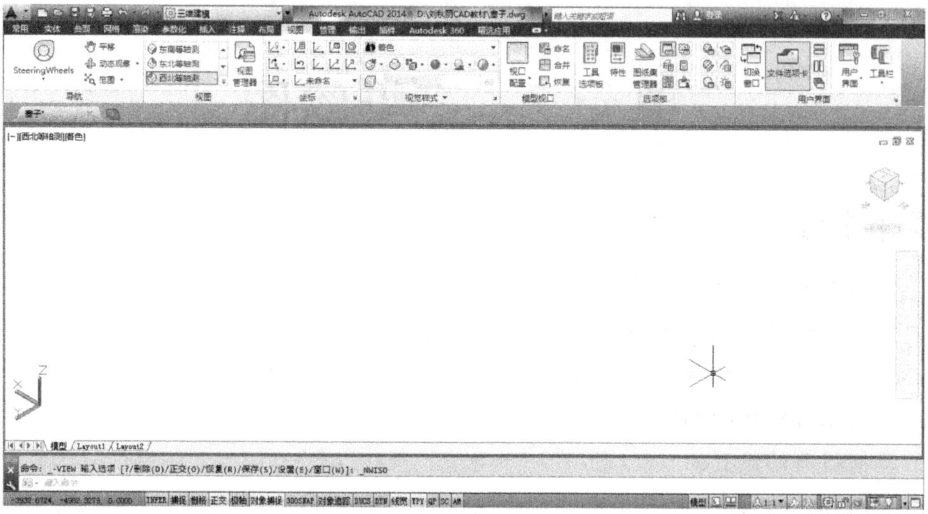

图 7-1 “西北等轴测”界面

第三步，单击实体选项卡上的 长方体 按钮，绘制一个长度为 200 的正方体，并在上表面绘制一条中线如图 7-2，具体绘制步骤如下。

```
命令: _box
指定第一个角点或 [中心(C)]:
指定其他角点或 [立方体(C)/长度(L)]: c
指定长度 <1.0000>: 200
命令: _line
指定第一个点:
指定下一点或 [放弃(U)]:
指定下一点或 [放弃(U)]:
```

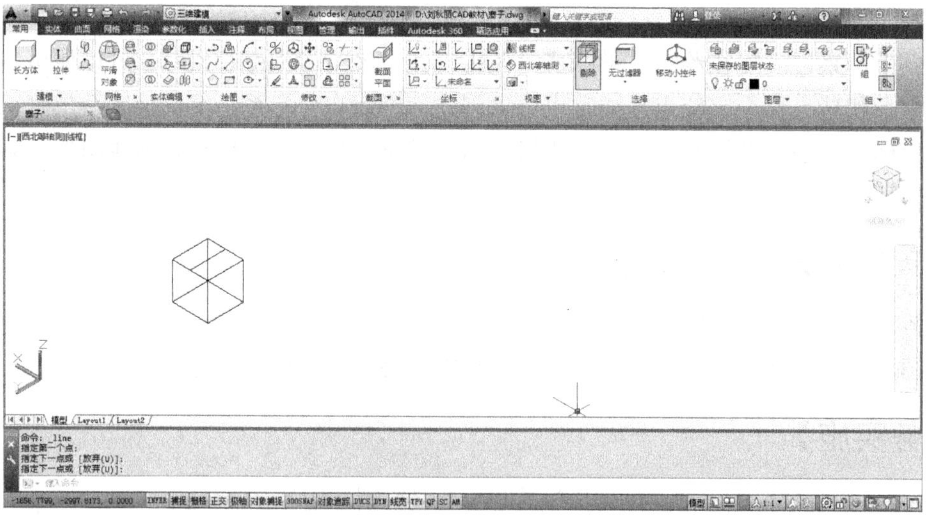

图 7-2 绘制正方体

第四步，在“常用”选项卡下“坐标”面板中单击 按钮，把坐标移到上表面的中线上如图 7-3。具体绘制步骤如下。

```
命令: _ucs
当前 UCS 名称: *没有名称*
```

指定 UCS 的原点或 [面(F)/命名(NA)/对象(OB)/上一个(P)/视图(V)/世界(W)/X/Y/Z/Z 轴(ZA)] <世界>: _o

指定新原点 <0,0,0>:

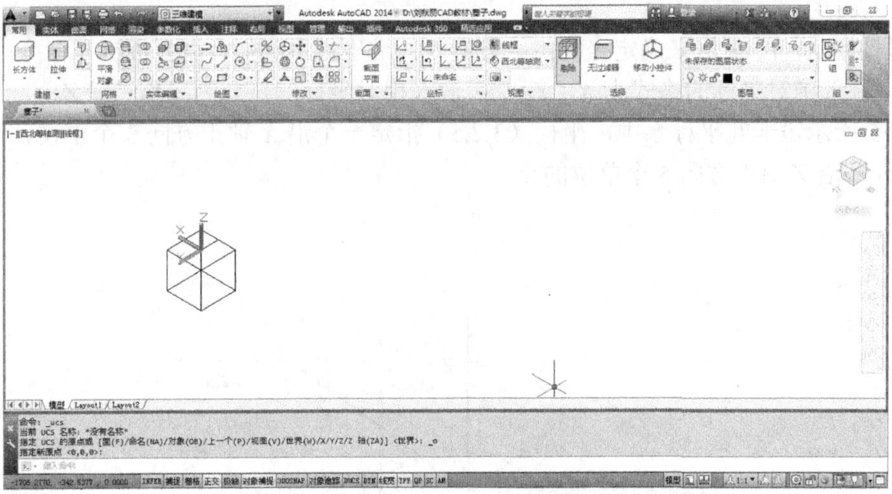

图 7-3　指定“新原点”

第五步，在“坐标”面板中单击 按钮，绕着 Z 轴旋转 270°，绘制一个底面半径为 50，长度为-200 的圆柱体。圆柱体的圆心就是绘制的那条直线的中心如图 7-4 所示。具体绘制步骤如下。

命令: _ucs

当前 UCS 名称: *没有名称*

指定 UCS 的原点或 [面(F)/命名(NA)/对象(OB)/上一个(P)/视图(V)/世界(W)/X/Y/Z/Z 轴(ZA)] <世界>: _z

指定绕 Z 轴的旋转角度 <90>: 270

命令: _cylinder

指定底面的中心点或 [三点(3P)/两点(2P)/切点、切点、半径(T)/椭圆(E)]:

指定底面半径或 [直径(D)] <50.0000>: 50

指定高度或 [两点(2P)/轴端点(A)] <200.0000>: -200

第六步，圆柱体绘制完毕。

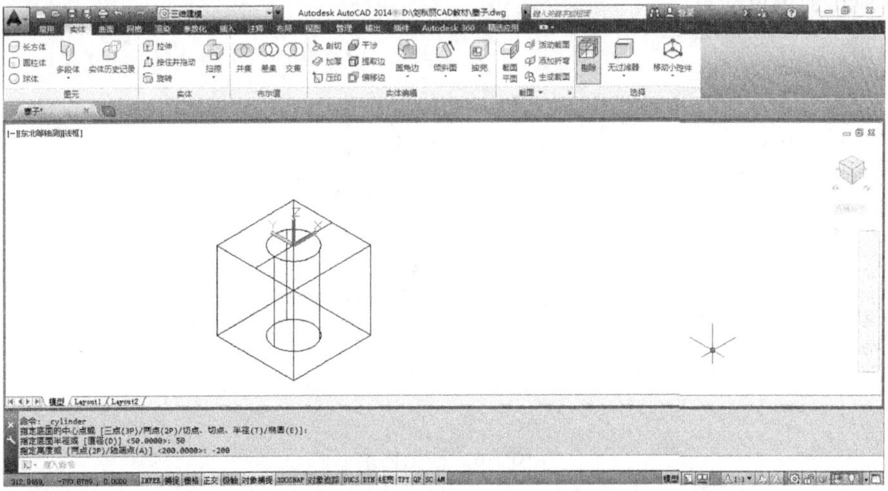

图 7-4　绘制圆柱体

【相关知识】

1. 笛卡儿坐标系

是通过使用 *X*，*Y*，*Z* 值来确定坐标点。与输入二维坐标系类似，需要依次在命令行中指定 *X*，*Y*，*Z* 的值。输入绝对坐标的格式为 *X*，*Y*，*Z*；输入相对坐标的格式为@*X*，*Y*，*Z*。

在图 7-5 所示笛卡儿坐标系中，坐标（3,2,5）指定一个沿 *X* 轴正方向 3 个单位，沿 *Y* 轴正方向 2 个单位，沿 *Z* 轴正方向 5 个单位的点。

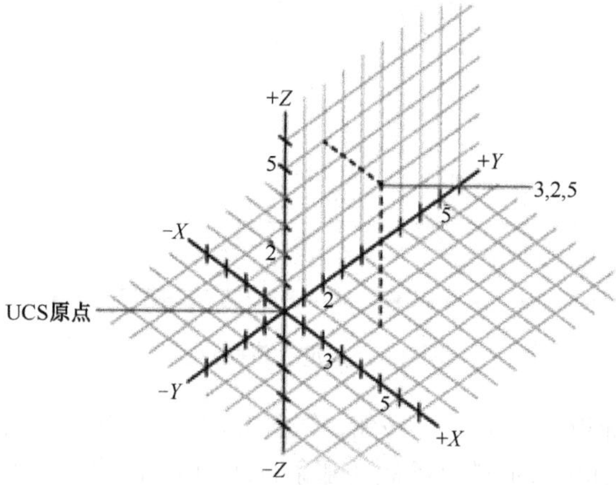

图 7-5 笛卡儿坐标系

2. 柱坐标系

柱坐标系是通过点到坐标原点连线在 *XY* 平面上的投影距离 *r*，该投影与 *X* 轴夹角，以及该点垂直于 *XY* 平面的 *Z* 值来确定的。

柱坐标系的绝对格式为：*r*<角度值，*z*。

柱坐标系的相对格式为：@*r*<角度值，*z*。

在图 7-6 所示柱坐标系中，坐标 5<30，6 表示距 UCS 原点 5 个单位、在 *XY* 平面中与 *X* 轴成 30°、沿 *Z* 轴 6 个单位的点。

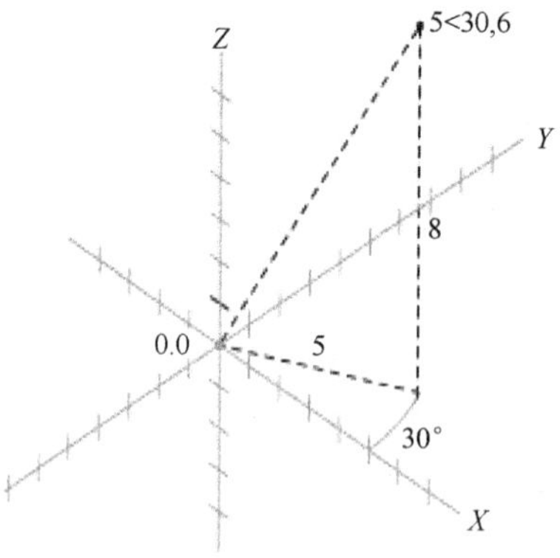

图 7-6 柱坐标系

3．球坐标系

球平面上的坐标系是由点到坐标系原点之间的距离 r，两者连线在 XY 平面上的投影与 X 轴所成的角度和两者连线与 XY 平面所成的角度来确定坐标点。

球坐标系的绝对坐标格式为：r<角度值<角度值。

球坐标系的相对坐标格式为：@r<角度值<角度值。

在图 7-7 所示的球坐标系中，坐标 8<60<30 表示在 XY 平面中距当前 UCS 的原点 8 个单位、在 XY 平面中与 X 轴成 60° 及在 Z 轴正方向上与 XY 平面成 30° 的点。坐标 5<45<15 表示距原点 5 个单位、在 XY 平面中与 X 轴成 45°、在 Z 轴正方向上与 XY 平面成 15° 的点。

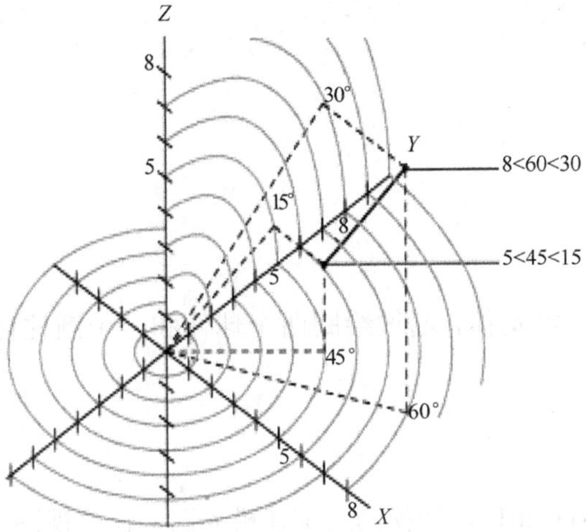

图 7-7　球坐标系

4．UCS 坐标系

UCS 坐标系中的按钮简介如下。

① 按钮：设置当前用户坐标系（UCS）的原点和方向。将显示以下提示："指定 UCS 原点，可以使用一点、两点或三点定义一个新的 UCS："。

② 按钮：设置世界坐标系（WCS）为当前的 UCS 坐标。

③ 按钮：返回上一个 UCS 坐标。

④ 按钮：以选择面的方式定义 UCS 图标。

⑤ 按钮：设置 UCS 平行视图平面。

⑥ 按钮：重新定义 UCS 坐标的原点，但不改变 X，Y，Z 轴的方向。

⑦ 按钮：定义 UCS 坐标的原点及 Z 轴的正方向。

⑧ 按钮：定义 UCS 坐标的原点及 X，Y 轴的正方向。

⑨ 按钮：绕 X 轴旋转当前的 UCS 坐标。

⑩ 按钮：绕 Y 轴旋转当前的 UCS 坐标。

⑪ 按钮：绕 Z 轴旋转当前的 UCS 坐标。

5．设置特殊视点

AutoCAD 中提供了 10 个特殊的视图选项。

① 俯视 按钮：由物体上方向下做正投影得到的视图。

② 仰视 按钮：由物体下方向上做正投影得到的视图。

③ 左视 按钮：物体左边向右做正投影得到的视图。

④ 右视 按钮：物体右边向左做正投影得到的视图。

⑤ 前视 按钮：从物体的前面向后面做正投影得到的视图。

⑥ 后视 按钮：从物体的后面向前面做正投影得到的视图。

⑦ 西南等轴测 按钮：。

⑧ 东南等轴测 按钮：。

⑨ 东北等轴测 按钮：。

⑩ 西北等轴测 按钮：。

任务 2 绘制哑铃

【任务描述】

哑铃是一个很简单的三维实体，通过绘制两个球体和一个圆柱体，进行简单的组合就可以完成。

【任务实施】

第一步，启动 AutoCAD 2014，切换到三维建模界面，在“视图”选项卡下“视图”面板中单击 东北等轴测 按钮，如图 7-8 所示。

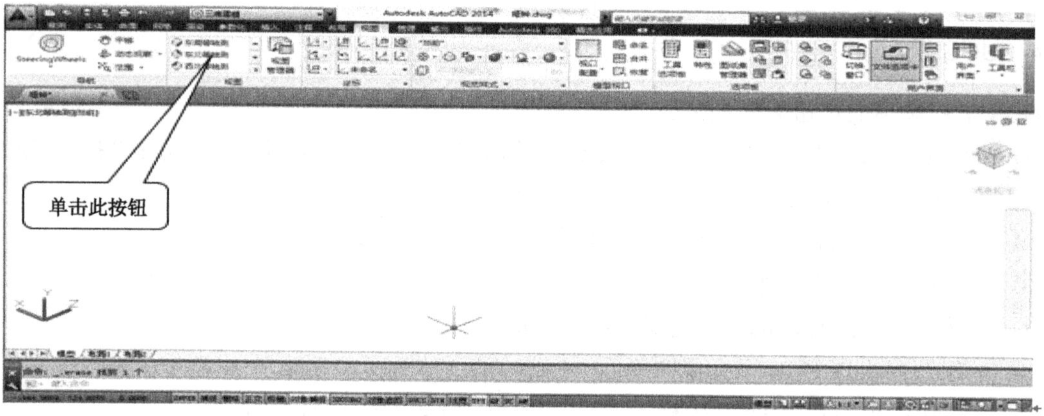

图 7-8 “东北等轴测”按钮

第二步，单击“实体”标签，切换到实体选项卡，单击 圆柱体 按钮，或在命令行输入“cylinder”命令，绘制一个半径为 20，高度为 200 的圆柱体，如图 7-9 所示。操作步骤如下。

```
命令： _cylinder
指定底面的中心点或 [三点(3P)/两点(2P)/切点、切点、半径(T)/椭圆(E)]:
指定底面半径或 [直径(D)] <100.0000>: 20
指定高度或 [两点(2P)/轴端点(A)] <800.0000>: 200
```

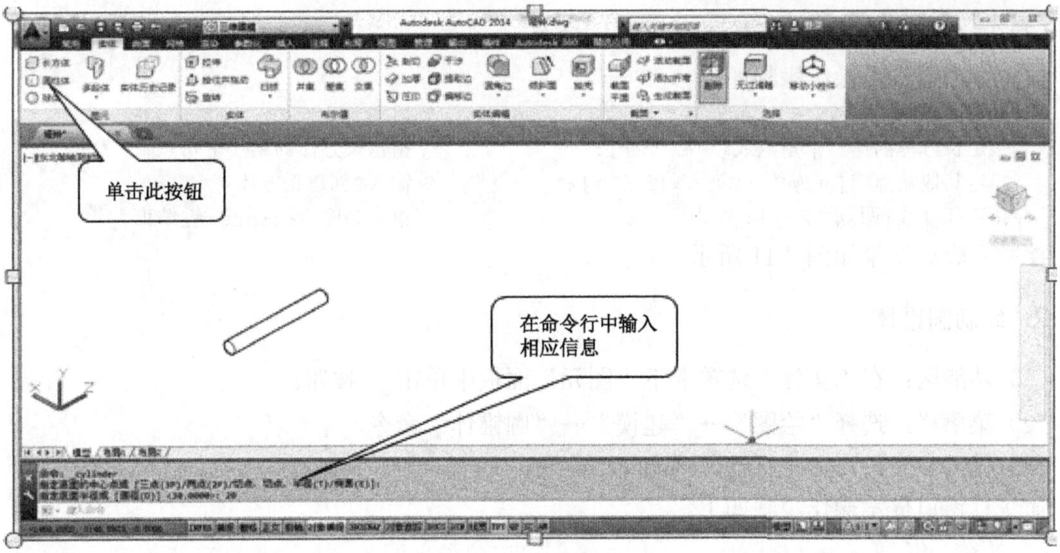

图 7-9　绘制圆柱体

第三步，单击球体按钮，或在命令行中输入“sphere”命令，绘制两个半径为 30 的球体，球体的中心和圆柱体的底面的中心重合，绘制完成后结果如图 7-10 所示。操作步骤如下。

```
命令：_sphere
指定中心点或 [三点(3P)/两点(2P)/切点、切点、半径(T)]:
指定半径或 [直径(D)] <20.0000>: 30
```

图 7-10　绘制球体

【相关知识】

在 AutoCAD 2014 中，提供了多种基本的实体模型，可直接建立实体模型，如长方体、圆柱体、球体、多段体、圆环、圆锥体、棱锥体等多种模型。

1．绘制长方体

（1）功能区：在“实体”选项卡下“图元”面板中单击按钮。

（2）菜单栏：选择“绘图”→“建模”→“长方体”命令。

（3）键盘命令：在命令行输入“BOX”命令。

命令行窗口提示操作步骤如下。

```
命令：_BOX                                   //启动命令
指定长方体的第一个角点或[中心（C）]：             //指定长方体的第一个角点
指定其他角点或[立方体（C）/长度（L）]：           //输入C创建正方体
指定高度或[两点（2P）]：                        //指定高度，按Enter键结束
```

绘制完成后结果如图 7-11 所示。

2. 绘制圆锥体

（1）功能区：在“实体”选项卡下“图元”面板中单击按钮。

（2）菜单栏：选择“绘图”→“建模”→“圆锥体”命令。

（3）键盘命令：在命令行输入“cone”命令。

命令行窗口提示操作步骤如下。

```
命令：_cone
指定底面的中心点或[三点（3P）两点（2P）切点、切点、半径（T）椭圆（E）]：
指定底面半径或[直径（D）]：
指定高度或[两点（2P）/轴端点（A）顶面半径（T）]：
```

绘制完成后结果如图 7-12 所示。

3. 绘制楔体

（1）功能区：在“实体”选项卡下“图元”面板中单击按钮。

（2）菜单栏：选择“绘图”→“建模”→“楔体”命令。

（3）键盘命令：在命令行输入“wedge”命令。

命令行窗口提示操作步骤如下。

```
命令：_wedge
指定第一个角点或[中心（C）]：
指定其他角点或[立方体（C）/长度（L）]：
指定高度或[两点（2P）]：
```

绘制完成后结果如图 7-13 所示。

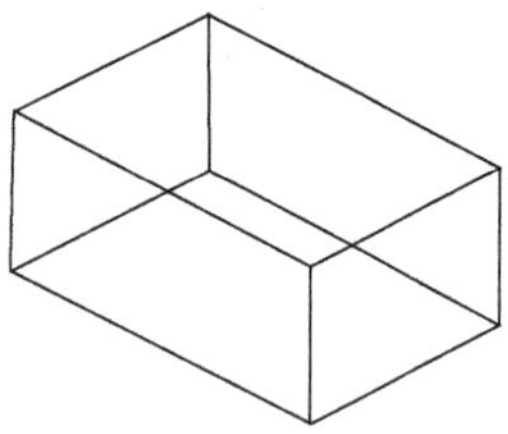

图 7-11　长方体

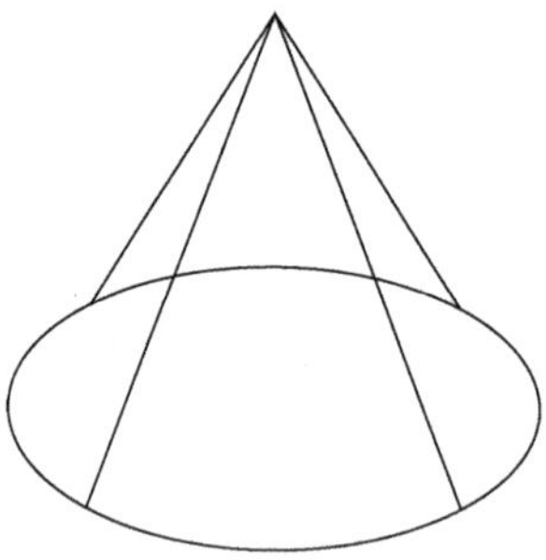

图 7-12　圆锥体

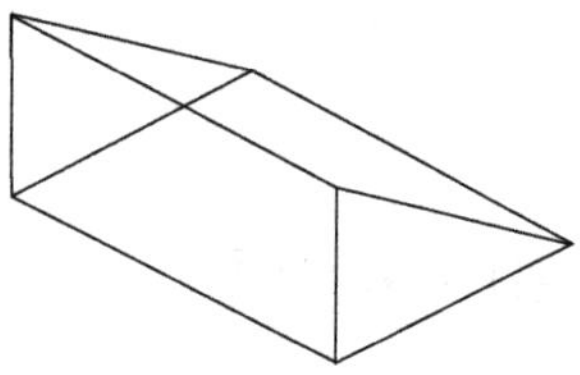

图 7-13　楔体

4. 绘制多段体

（1）功能区：在“实体”选项卡下“图元”面板中单击按钮。

（2）菜单栏：选择“绘图”→“建模”→“多段体”命令。

（3）键盘命令：在命令行输入“Polysolid”命令。

命令行窗口提示操作步骤如下。

```
命令：_Polysolid 高度=80，宽度=5，对正=居中
指定起点或[对象（O）高度（H）宽度（W）对正（J）]
指定下一个点或[圆弧（A）放弃（U）]:
指定下一个点或[圆弧（A）闭合（C）放弃（U）]:
指定下一个点或[圆弧（A）闭合（C）放弃（U）]:
指定下一个点或[圆弧（A）闭合（C）放弃（U）]: C
```

绘制完成后结果如图 7-14 所示。

5. 绘制圆环体

（1）功能区：在“实体”选项卡下的“图元”面板中单击◎按钮。

（2）菜单栏：选择“绘图”→“建模”→“圆环体”命令。

（3）键盘命令：在命令行输入“torus”命令。

命令行窗口提示操作步骤如下。

```
命令：_torus
指定中心点或 [三点(3P)/两点(2P)/切点、切点、半径(T)]:
指定半径或 [直径(D)]:
指定圆管半径或 [两点(2P)/直径(D)]:
```

绘制完成后结果如图 7-15 所示。

6. 面域

面域是使用形成闭合环的对象创建的二维封闭区域，如图 7-16 所示。环可以是直线、多段线、圆、圆弧、椭圆、椭圆弧和样条曲线的组合。组成环的对象必须闭合或通过与其他对象共享端点而形成闭合的区域。

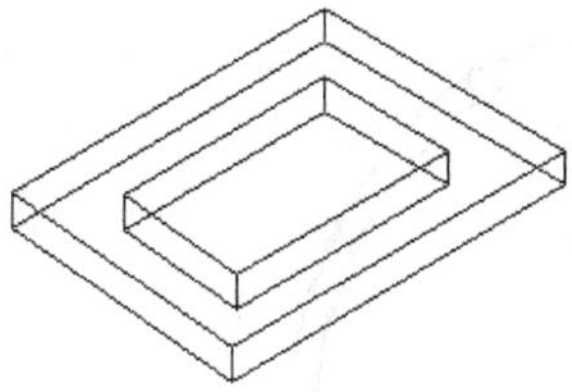

图 7-14 多段体

图 7-15 圆环体

图 7-16 面域

7. 绘制拉伸实体

创建拉伸实体就是将闭合的二维图形创建为实体，将非闭合的二维图形创建为曲面。如果用直线或圆弧绘制拉伸用的二维对象，则需将它们转换成面域或将它们转换成多段线，然后再使用“拉伸”命令进行拉伸，拉伸前后如图 7-17 和图 7-18 所示。

（1）功能区：在“实体”选项卡下“实体”面板中单击按钮。

（2）菜单栏：选择“绘图”→“建模”→“拉伸”命令。

（3）键盘命令：在命令行输入“EXTRUDE”命令。

命令行窗口提示操作步骤如下。

```
命令：_EXTRUDE
选择要拉伸的对象或[模式（MO）]:MO
```

```
选择轮廓创建模式[实体（SO）曲面（SU)]<实体>: SU
选择要拉伸的对象或[模式（MO)]:
指定拉伸的对象或[方向（D）/路径（P）/倾斜角（T）/表达式（E)]:
```

图 7-17　拉伸前

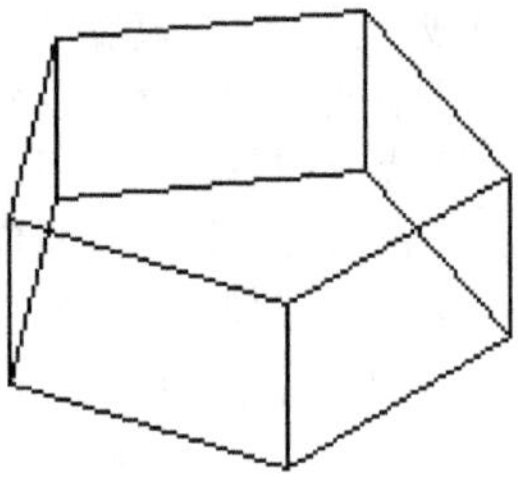

图 7-18　拉伸后

8. 绘制旋转实体

创建旋转实体是将一个二维封闭对象绕当前 UCS 坐标系的 *X* 轴或 *Y* 轴并按一定的角度旋转成实体。也可以绕直线、多段线或两个指定的点旋转对象。旋转前后如图 7-19 和图 7-20 所示。

（1）功能区：在“实体”选项卡下“实体”面板中单击按钮。
（2）菜单栏：选择“绘图”→“建模”→“旋转”命令。
（3）键盘命令：在命令行输入“REVOLVE”命令。
命令行窗口提示操作步骤如下。

```
命令: _ REVOLVE
选择要旋转的对象或[模式（MO)]:                          //单击对象
指定轴起点或根据以下选项之一定义[对象（O）XYZ]<对象>:    //捕捉轴线端点
指定轴端点:                                              //捕捉轴线的另一端点
指定旋转角度或[起点角度（ST）反转（R）表达式（EX)]<360>:
```

图 7-19　旋转前

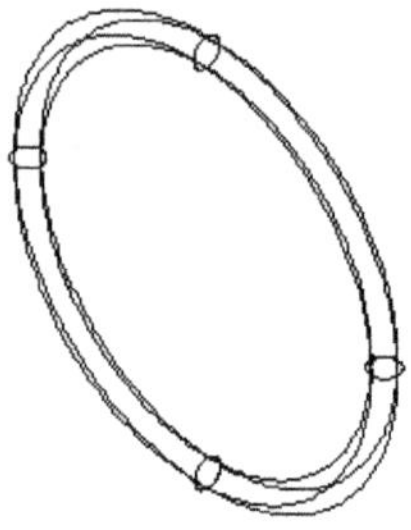

图 7-20　旋转后

9. 绘制放样实体

通过一组两个或多个曲线之间放样来创建三维实体或曲面。放样前后如图 7-21 和图 7-22 所示。
（1）功能区：在“实体”选项卡下“实体”面板中单击按钮。
（2）菜单栏：选择“绘图”→“建模”→“放样”命令。
（3）键盘命令：在命令行输入“LOFT”命令。
命令行窗口提示操作步骤如下。

```
命令: - LOFT
```

```
按放样次序选择截面积或[点（PO）合并多条边（J）模式（MO）]：
输入选项[导向（G）路径（P）仅截面积（C）设置（S）]<仅横截面>：
```

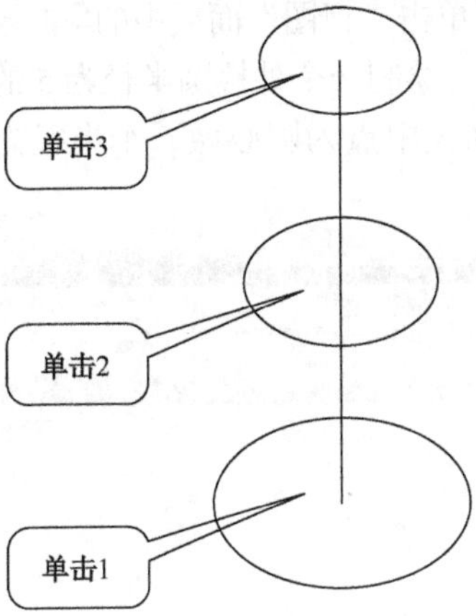

图 7-21　放样前

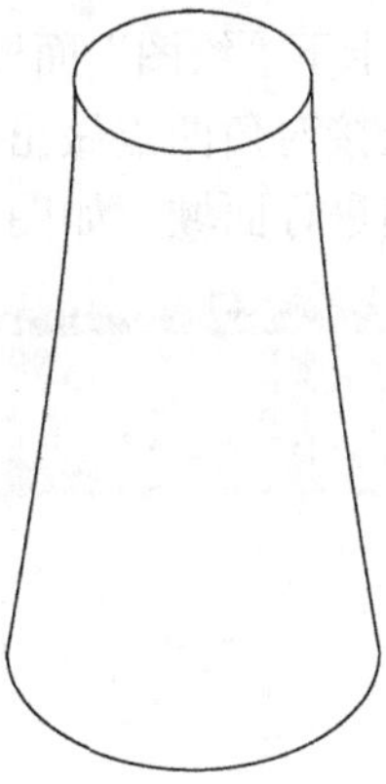

图 7-22　放样后

10. 绘制扫琼实体

扫琼通过沿指定路径延伸轮廓形状（被扫琼的对象）来创建实体或曲面。沿路径扫琼轮廓时，轮廓将被移动并与路径垂直对齐。开放轮廓可以创建曲面，而闭合曲线可以创建实体或曲面，如图 7-23 和图 7-24 所示。

（1）工具栏：在“建模”工具栏上单击  按钮。

（2）菜单栏：选择“绘图”→“建模”→“扫琼”命令。

（3）键盘命令：在命令行输入“SWEEP”命令。

命令行窗口提示操作步骤如下。

```
命令：-SWEEP
选择要扫琼的对象或[模式（MO）]：
选择扫琼路径或[对齐（A）基点（B）比例（S）扭曲（T）]：
```

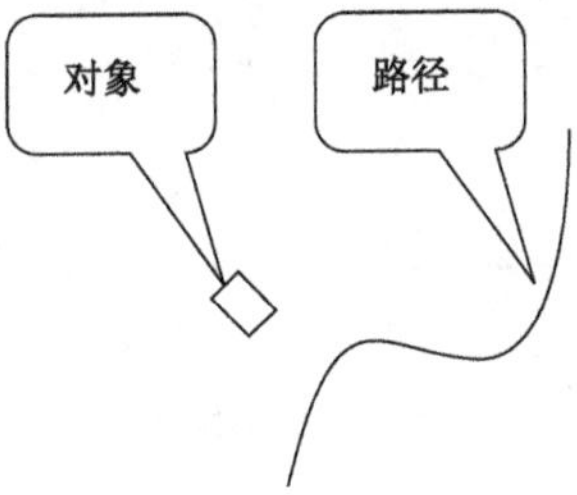

图 7-23　扫琼前

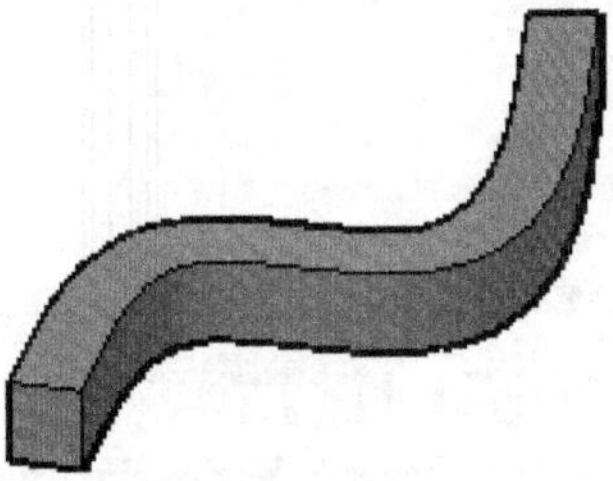

图 7-24　扫琼后

任务 3　绘制铅笔

【任务描述】

铅笔是一个复杂一些的三维实体，通过绘制铅笔，可以很好地练习三维实体的编辑命令。

【任务实施】

第一步，启动 AutoCAD 2014，切换到三维建模界面，单击“视图”面板中的西南等轴测按钮。单击“常用”选项卡下“绘图”面板中的“多边形”按钮，绘制一个外接圆半径为 5 的正六边形。

第二步，连接对角两点做出红色辅助线。以红色辅助线中点为圆心做一个半径为 2 的圆。并且将六边形和圆进行面域，如图 7-25 所示。

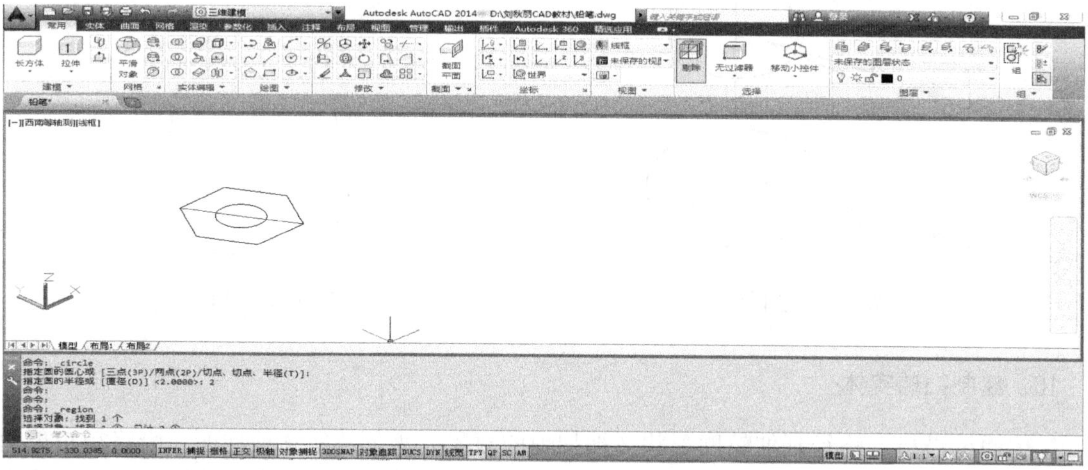

图 7-25 绘制图形

第三步，单击“实体”面板中的按钮，将两个面拉伸高度为 200，如图 7-26 所示。

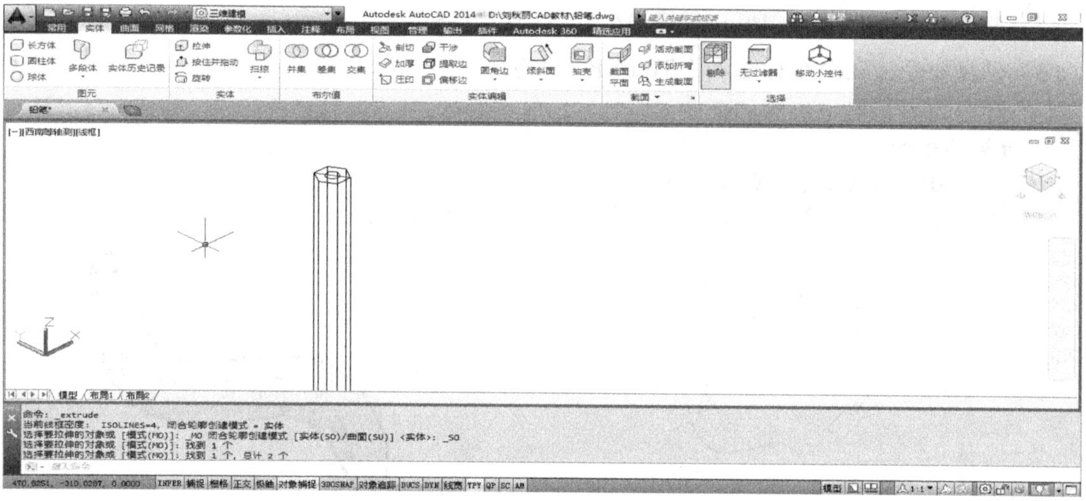

图 7-26 拉伸

第四步，定义 UCS 原点到圆心后做出如图 7-27 所示的两个三角形。连接两个三角形顶点做红色辅助线。连接红色辅助线中点和圆心得到绿色辅助线，绿色辅助线为圆心线。

第五步，删除多余线条后，将品红三角形进行面域，如图 7-28 所示。

第六步，单击“实体”面板中的按钮，将品红三角形绕绿色辅助线旋转 360°，如图 7-29 所示。

第七步，单击“布尔值”面板上的按钮，用白色的图形减去品红色图形，如图 7-30 所示。

第八步，单击“修改”面板上的□·按钮，将圆柱体两边进行圆角，铅笔绘制完成，如图 7-31 所示。

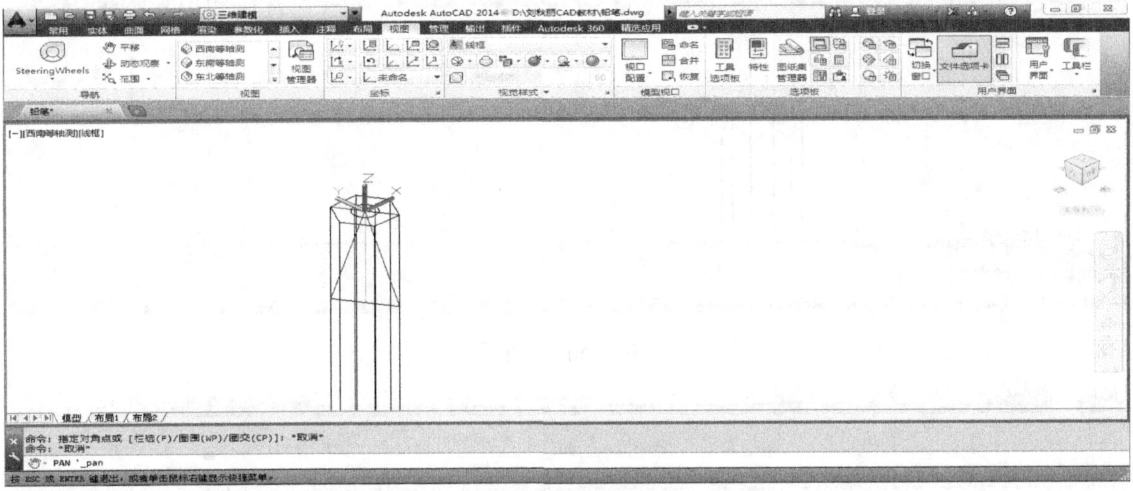

图 7-27　绘制三角形

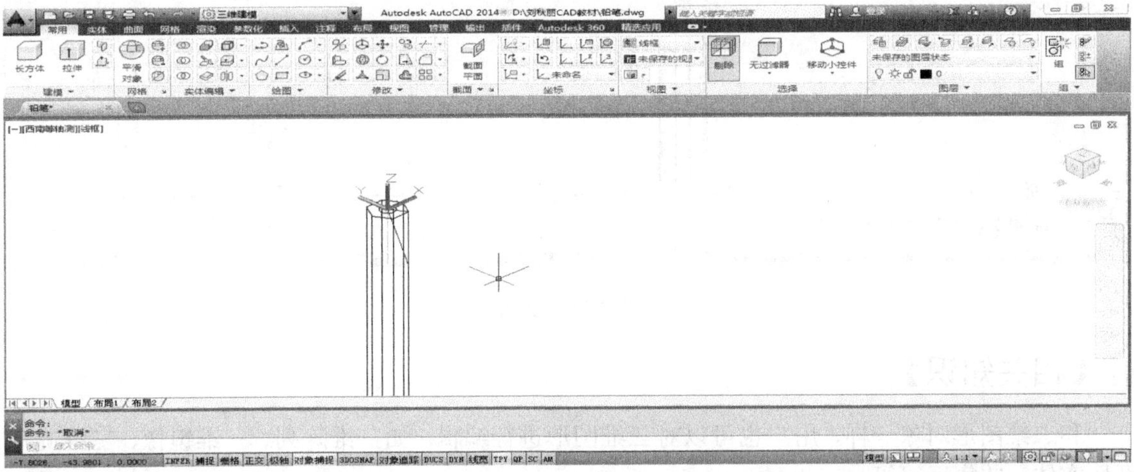

图 7-28　面域

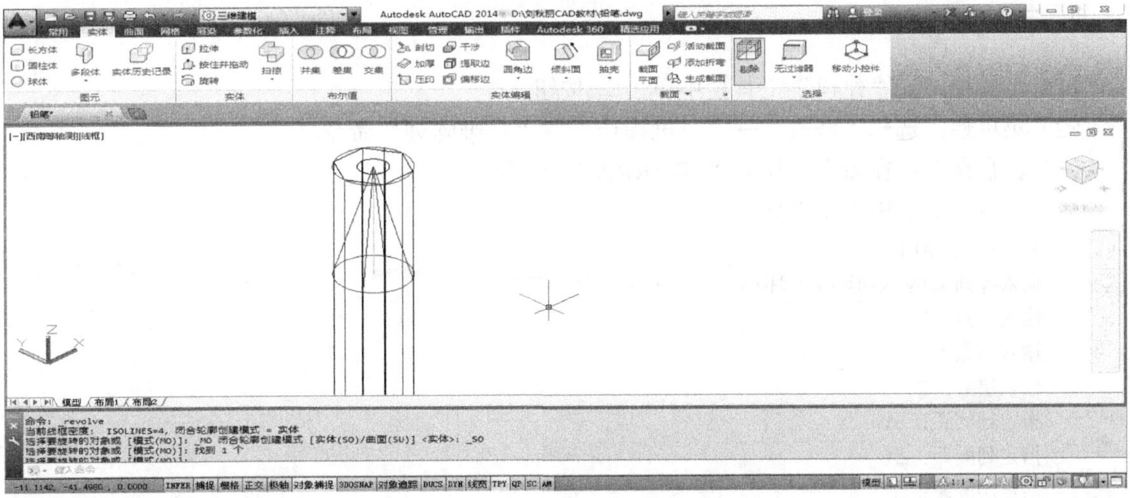

图 7-29　旋转图形

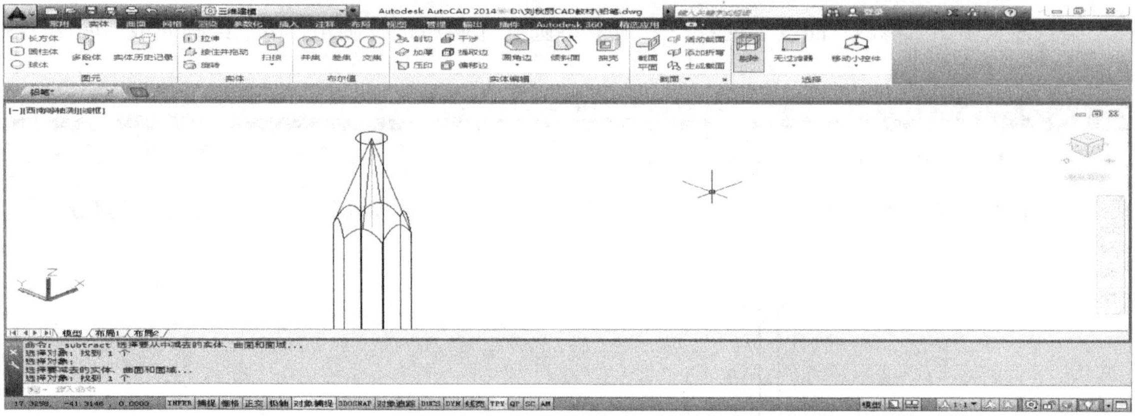

图 7-30　差集

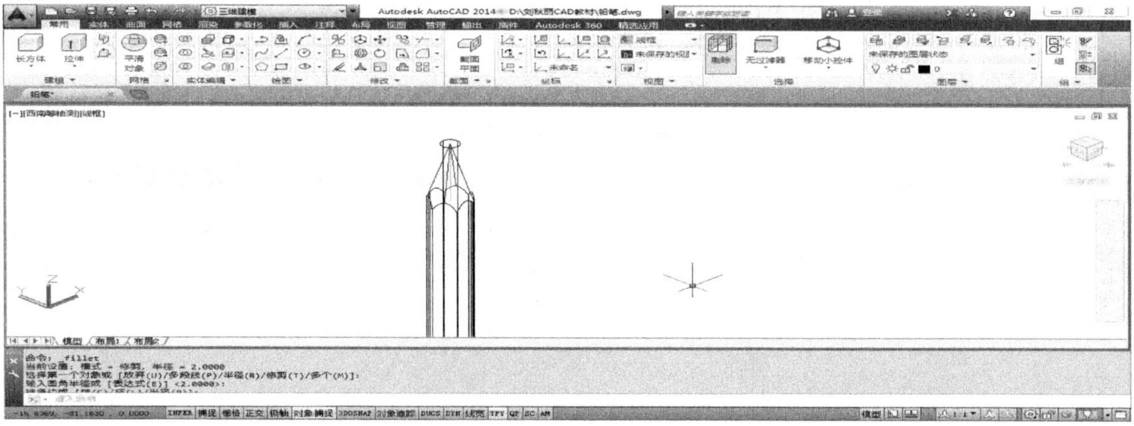

图 7-31　圆角

【相关知识】

和二维图形对象一样，用户也可以对三维图形进行编辑，如三维阵列、三维镜像、三维旋转、剖切实体、并集运算等。

1. 矩形阵列

（1）工具栏：在“建模”工具栏中单击按钮。

（2）菜单栏：选择“修改”→“三维操作”→“三维阵列”命令。

（3）键盘命令：在命令行输入“3DARRAY”命令。

命令行窗口提示操作步骤如下。

```
命令：_3DARRAY
输入阵列类型[矩形（R）环形（P）]:R
输入行数：3
输入列数：3
输入层数：2
指定行间距：50
指定列间距：50
指定层间距：5
```

矩形阵列前后如图 7-32 和图 7-33 所示。

图 7-32　阵列前

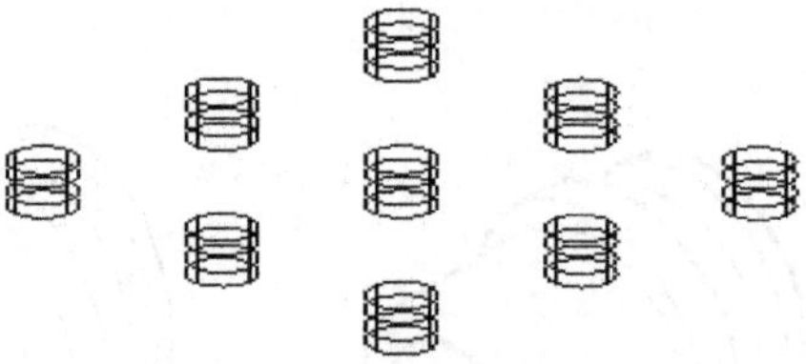

图 7-33　阵列后

2. 环形阵列

（1）工具栏：在“建模”工具栏中单击按钮。
（2）菜单栏：选择“修改”→“三维操作”→“三维阵列”命令。
（3）键盘命令：在命令行输入“3DARRAY”命令。
命令行窗口提示操作步骤如下。

```
命令：- 3DARRAY
输入阵列类型[矩形（R）环形（P）]:P
输入阵列中的项目数目：6
指定要填充的角度（+=逆时针，-=顺时针：360
旋转阵列对象？[是（Y）/否（N）]:Y
指定阵列的中心点：
指定旋转轴上的第二点：
```

环形阵列前后如图 7-34 和图 7-35 所示。

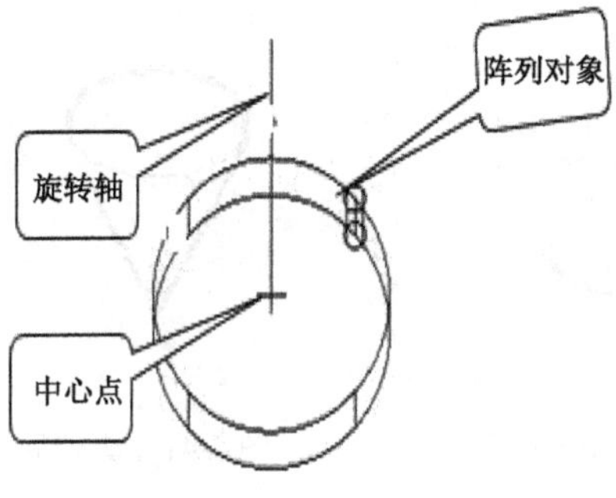

图 7-34　阵列前

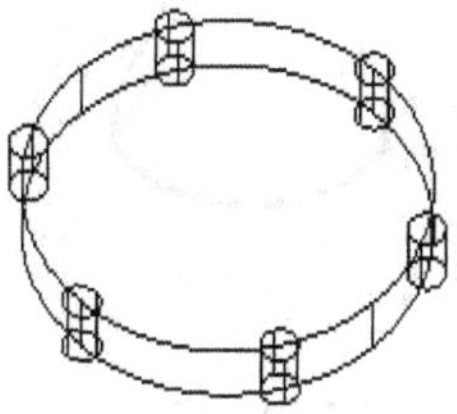

图 7-35　阵列后

3. 三维镜像

（1）菜单栏：选择“修改”→“三维操作”→“三维镜像”命令。
（2）键盘命令：在命令行输入“MIRROR3D”命令。
命令行窗口提示操作步骤如下。

```
命令：- MIRROR3D
选择对象：                                                              //单击图1
指定镜像平面（三点）的第一个点或[对象（O）/最近的（L）/Z轴（Z）视图（V）/XY平面(XY）/YZ
平面(YZ）/ZX平面(ZX）/三点（3)]:                                          //单击点1
在镜像平面上指定第二点；在镜像平面上指定第三点：                              //单击点2、3
```

```
是否删除源对象？[是（Y）/否（N）]:<否>                    //按Enter键结束
```

三维镜像前后如图 7-36～图 7-38 所示。

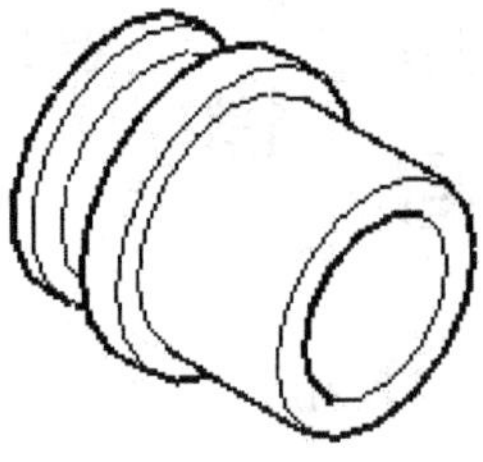

图 7-36　镜像前

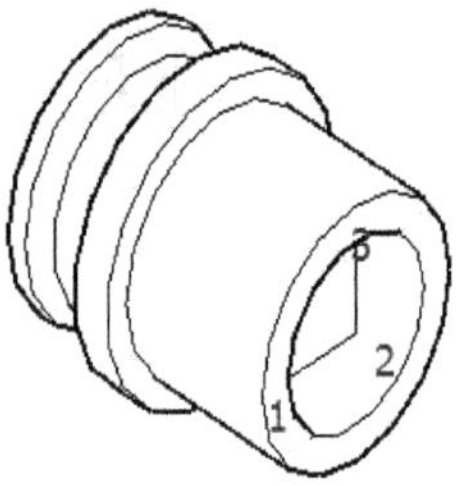

图 7-37　指定镜像平面

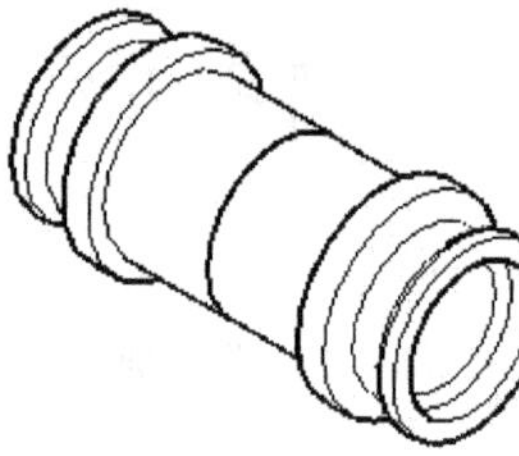

图 7-38　镜像后

4．三维旋转

（1）工具栏：在“建模”工具栏中单击按钮。

（2）菜单栏：选择“修改”→“三维操作”→“三维旋转”命令。

（3）键盘命令：在命令行输入“3DROTATE”。

命令行窗口提示操作步骤如下。

```
命令：_3DROTATE
选择对象：                              //在图7-39所示图形上单击
指定基点：                              //单击图7-40所示图形的基点
拾取旋转轴：                            //单击图7-40所示图形的旋转轴
指定角的起点或键入角度：180              //输入角度，按Enter键结束
```

图 7-39　旋转前

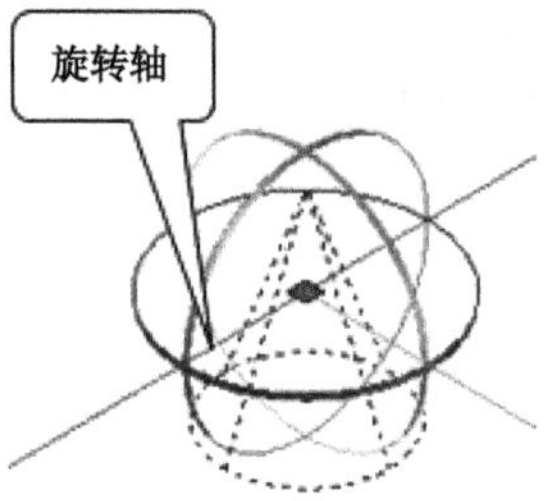

图 7-40　指定旋转轴

图 7-41　旋转后

5．三维移动

移动实体是指在三维视图中将三维对象按指定方向和距离进行移动的过程。使用该命令，可以将若干简单的实体组合成复杂的实体。

（1）工具栏：在“建模”工具栏中单击按钮。

（2）菜单栏：选择“修改”→“三维操作”→“三维移动”命令。

（3）键盘命令：在命令行输入“3DMOVE”命令。

命令行窗口提示操作步骤如下。

```
命令：_3DMOVE
选择对象：
指定基点或[位移（D）]
```

```
指定第二个点或<使用第一个点作为位移>
```

实体对象移动前后如图 7-42 和图 7-43 所示

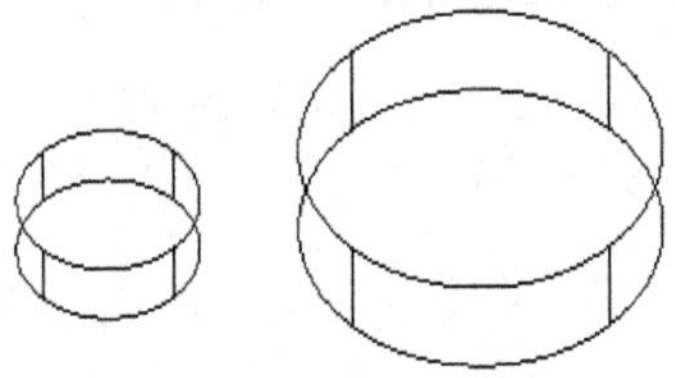

图 7-42　移动前

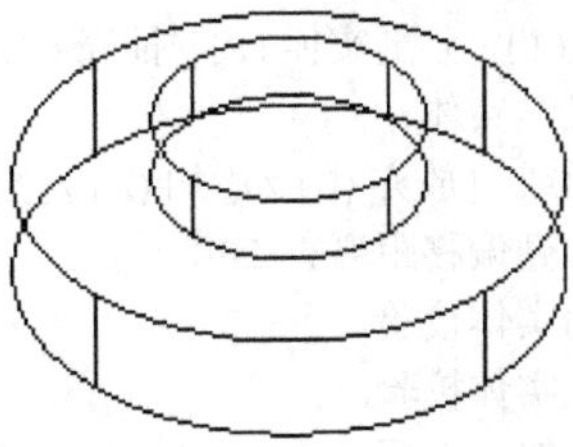

图 7-43　移动后

6. 剖切实体

将实体对象以平面剖切，并保留剖切实体的所有部分，或者保留指定的部分。

（1）功能区：单击“实体编辑”面板中的 按钮。

（2）菜单栏：选择“修改”→“三维操作”→“剖切”命令。

（3）键盘命令：在命令行输入“SLICE”命令。

命令行窗口提示操作步骤如下。

```
命令：- SLICE
选择要剖切的对象：                          //在图7-44所示图上单击
指定切面的起点或[平面对象(O)曲面(S)Z轴(Z)视图(V)XY(XY)YZ(YZ)ZX(ZX)三点(3)]<三点>:
                                            //单击第一点
指定平面上的第二个点：                      //单击第二点
在所需的侧面上指定点或[保留两个侧面 (B)]<保留两个侧面>:
```

实体对象剖切前后如图 7-44 和图 7-45 所示。

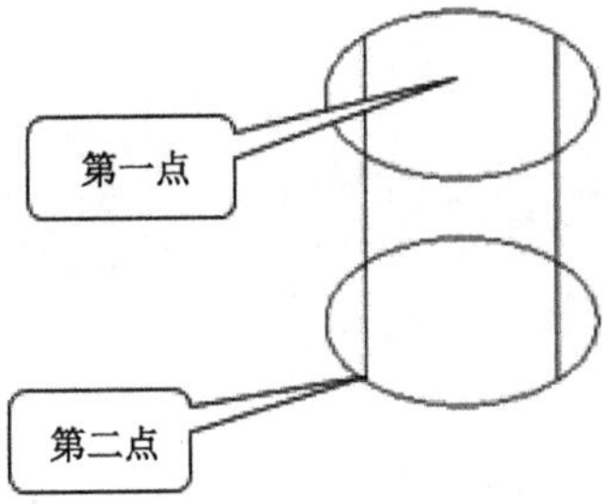

图 7-44　剖切前

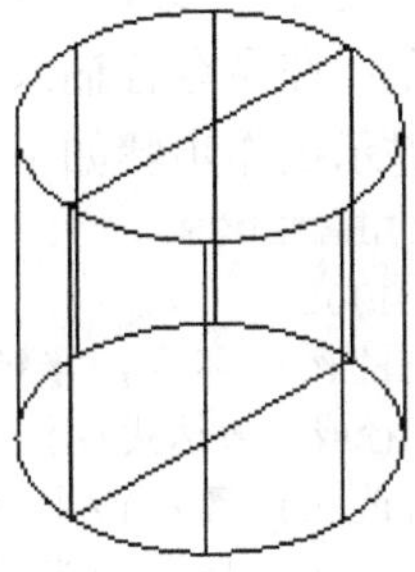

图 7-45　剖切后

7. 实体抽壳

通过执行抽壳操作可将实体以指定的厚度，形成一个空的薄层，同时还允许将某些指定面排除在壳外。指定正值从圆周外开始抽壳，指定负值从圆周内开始抽壳。

（1）功能区：在“实体编辑”面板中单击 按钮。

（2）菜单栏：选择“修改”→“实体编辑”→“抽壳”命令。

（3）键盘命令：在命令行输入“SOLIDEDIT”命令。

命令行窗口提示操作步骤如下。

```
命令：_SOLIDEDIT
```

```
实体编辑自动检查:  SOLIDCHECK=1
输入实体编辑选项 [面(F)/边(E)/体(B)/放弃(U)/退出(X)] <退出>: _body
输入体编辑选项
[压印(I)/分割实体(P)/抽壳(S)/清除(L)/检查(C)/放弃(U)/退出(X)] <退出>:
选择三维实体:
删除面或 [放弃(U)/添加(A)/全部(ALL)]:
输入抽壳偏移距离: 100
已开始实体校验。
已完成实体校验。
输入体编辑选项
[压印(I)/分割实体(P)/抽壳(S)/清除(L)/检查(C)/放弃(U)/退出(X)] <退出>:
```

实体对象抽壳前后如图 7-46 和图 7-47 所示。

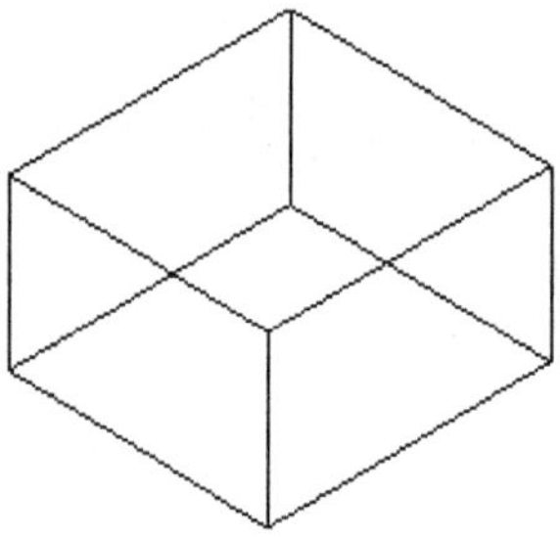

图 7-46　抽壳前

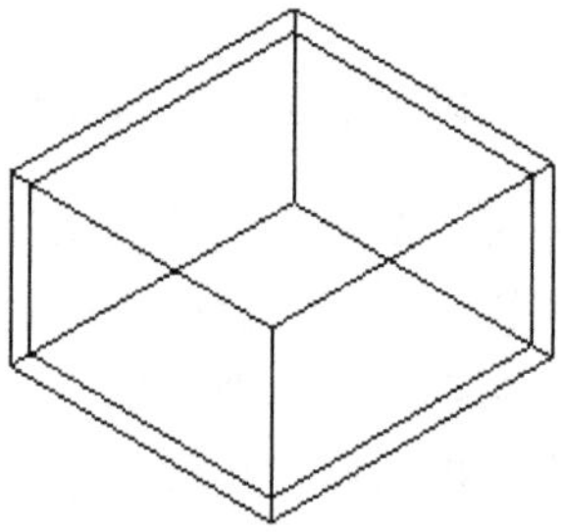

图 7-47　抽壳后

8. 圆角边

（1）功能区：在“实体编辑”面板中单击  按钮。

（2）菜单栏：选择“修改”→“实体编辑”→“圆角边”命令。

（3）键盘命令：在命令行输入“FILLETEDGE”命令。

命令行窗口提示操作步骤如下。

```
命令: _FILLETEDGE
半径 = 1.0000
选择边或 [链(C)/环(L)/半径(R)]: r
输入圆角半径或 [表达式(E)] <1.0000>: 5
选择边或 [链(C)/环(L)/半径(R)]:
选择边或 [链(C)/环(L)/半径(R)]:
已选定 1 个边用于圆角。
```

实体对象进行圆角边前后如图 7-48 和图 7-49 所示。

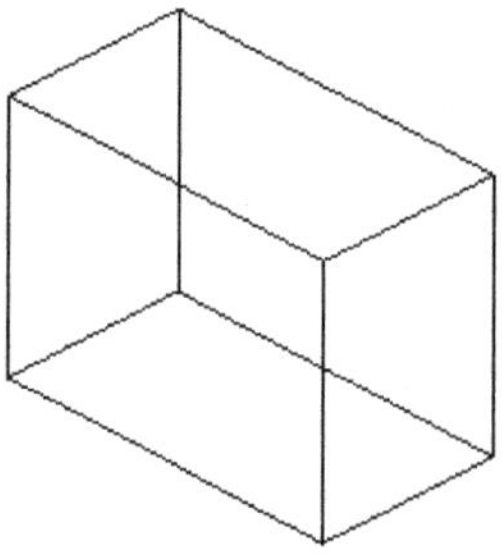

图 7-48　圆角前

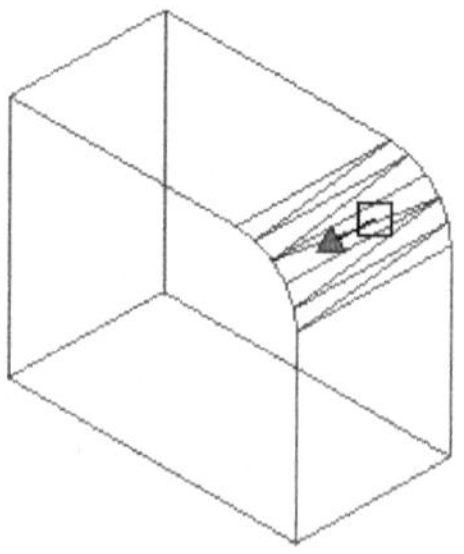

图 7-49　圆角后

9. 倒角边

（1）功能区：在“实体编辑”面板中单击 按钮。
（2）菜单栏：选择“修改”→“实体编辑”→“倒角边”命令。
（3）键盘命令：在命令行输入“CHAMFEREDGE”命令。
命令行窗口提示操作步骤如下。

```
命令：_CHAMFEREDGE 距离 1 = 1.0000，距离 2 = 1.0000.
选择一条边或 [环(L)/距离(D)]:
选择同一个面上的其他边或 [环(L)/距离(D)]: d
指定距离 1 或 [表达式(E)] <3.0000>: 3
指定距离 2 或 [表达式(E)] <2.0000>: 3
```

实体对象进行倒角边前后如图 7-50 和图 7-51 所示。

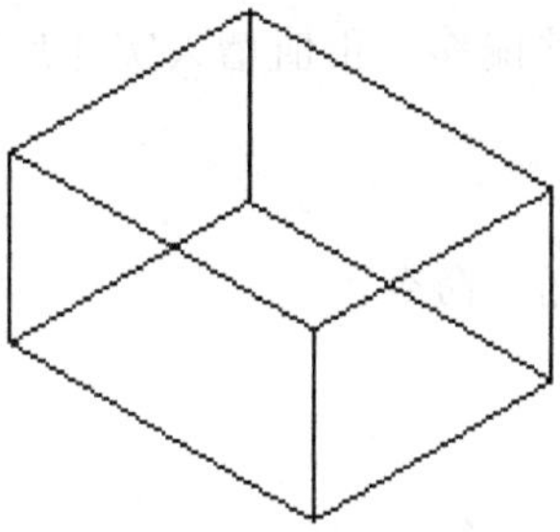

图 7-50　倒角边前

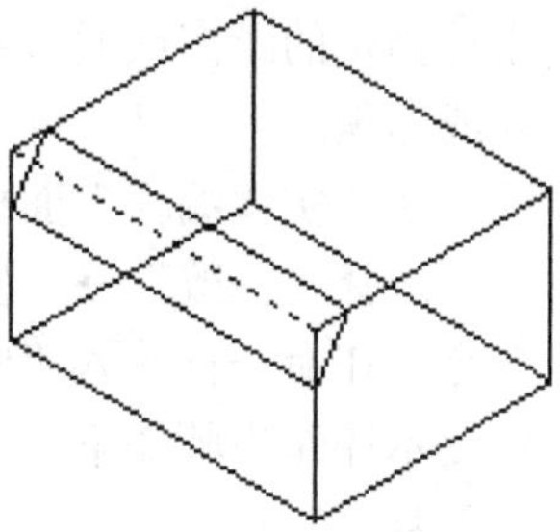

图 7-51　倒角边后

10. 倾斜面

（1）功能区：在“实体编辑”面板中单击 按钮。
（2）菜单栏：选择“修改”→“实体编辑”→“倾斜面”命令。
（3）键盘命令：在命令行输入“SOLIDEDIT”命令。
命令行窗口提示操作步骤如下。

```
命令：_SOLIDEDIT
实体编辑自动检查： SOLIDCHECK=1
输入实体编辑选项 [面(F)/边(E)/体(B)/放弃(U)/退出(X)] <退出>: _face
输入面编辑选项 [拉伸(E)/移动(M)/旋转(R)/偏移(O)/倾斜(T)/删除(D)/复制(C)/颜色(L)/材质(A)/放弃(U)/退出(X)] <退出>: _taper
选择面或 [放弃(U)/删除(R)]: 找到 2 个面。
选择面或 [放弃(U)/删除(R)/全部(ALL)]:
指定基点:
指定沿倾斜轴的另一个点:
指定倾斜角度: 45
已开始实体校验。
已完成实体校验。
输入面编辑选项
[拉伸(E)/移动(M)/旋转(R)/偏移(O)/倾斜(T)/删除(D)/复制(C)/颜色(L)/材质(A)/放弃(U)/退出(X)] <退出>:
```

实体对象倾斜前后如图 7-52 和图 7-53 所示。

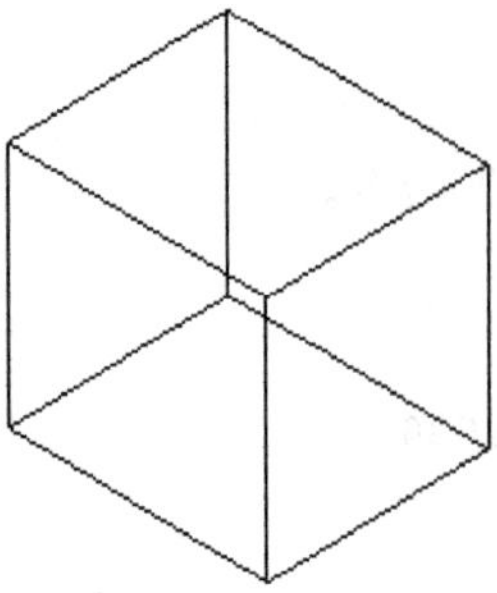

图 7-52　倾斜前

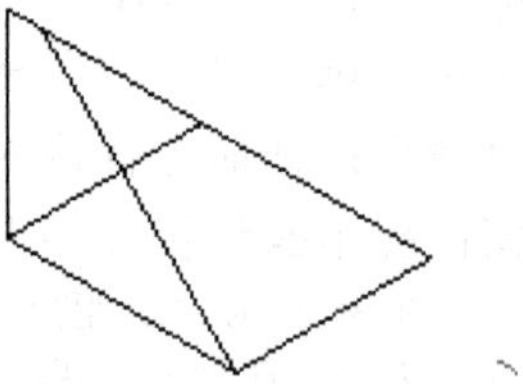

图 7-53　倾斜后

11. 偏移面

偏移面是指按指定的距离或通过指定的点，将面均匀地偏移。正值增大实体尺寸或体积，负值减少实体尺寸或体积。

（1）功能区：在“实体编辑”面板中单击按钮。

（2）菜单栏：选择“修改”→“实体编辑”→“偏移面”命令。

（3）键盘命令：在命令行输入“SOLIDEDIT”命令。

命令行窗口提示操作步骤如下。

```
命令：_SOLIDEDIT
选择面或[放弃（U）删除（R）]：
指定偏移距离：30
SOLIDEDIT[拉伸（E）/移动（M）/旋转（R）/偏移（O）/倾斜（T）/删除（D）/复制（C）/颜色（L）/材质（A）/放弃（U）/退出（X）]：
输入实体编辑选项[面(F)/边(E)/体(B)/放弃(U)/退出(X)]<退出>：
```

实体对象的某个面偏移前后如图 7-54～图 7-56 所示。

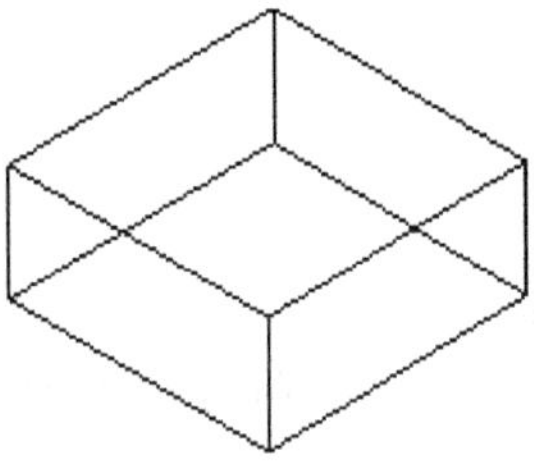

图 7-54　偏移前

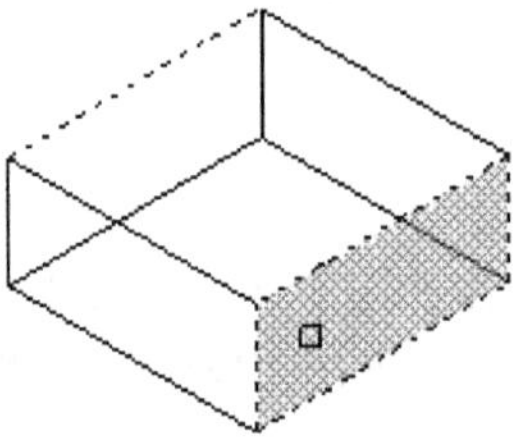

图 7-55　选择面

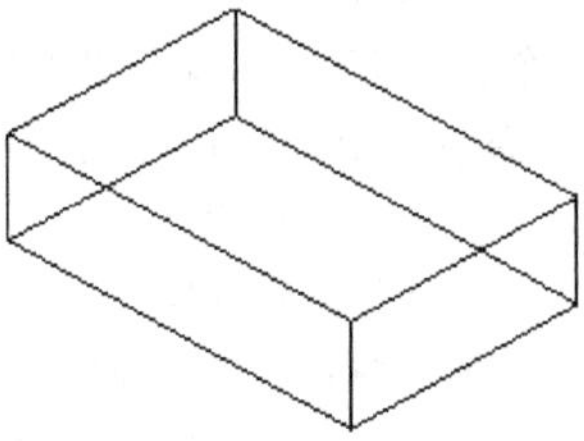

图 7-56　偏移后

12. 并集运算

（1）功能区：在“实体编辑”面板中单击按钮。

（2）菜单栏：选择“修改”→“实体编辑”→“并集”命令。

（3）键盘命令：在命令行输入“UNION”命令。

命令行窗口提示操作步骤如下。

```
命令：_UNION
选择对象：
```

实体对象并集前后如图 7-57 和图 7-58 所示。

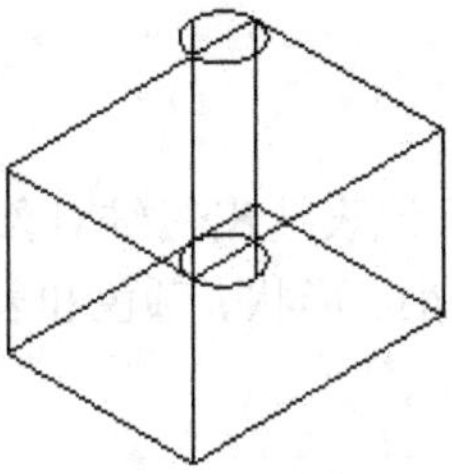

图 7-57 并集前

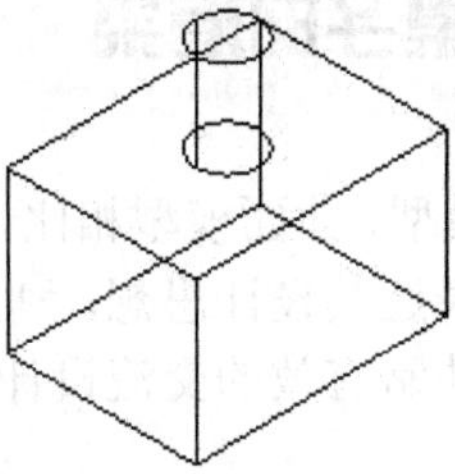

图 7-58 并集后

13. 差集运算

(1) 功能区：在“实体编辑”面板中单击按钮。

(2) 菜单栏：选择“修改”→“实体编辑”→“差集”命令。

(3) 键盘命令：在命令行输入“SUBTRACT”命令。

命令行窗口提示操作步骤如下。

```
命令: _SUBTRACT
选择对象:
选择要减去的实体、曲面和面域
选择对象:
```

实体对象差集运算前后如图 7-59 和图 7-60 所示。

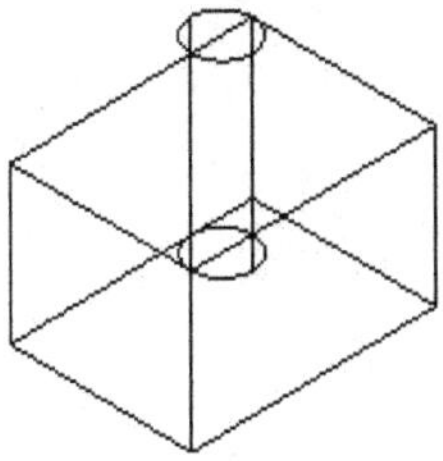

图 7-59 差集前

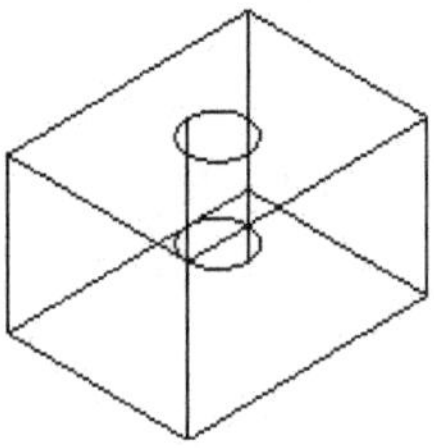

图 7-60 差集后

14. 交集运算

(1) 功能区：在“实体编辑”面板中单击按钮。

(2) 菜单栏：选择“修改”→“实体编辑”→“交集”命令。

(3) 键盘命令：在命令行输入“INTERSECT”命令。

命令行窗口提示操作步骤如下。

```
命令: - INTERSECT
选择对象:
```

实体对象交集运算前后如图 7-61 和图 7-62 所示。

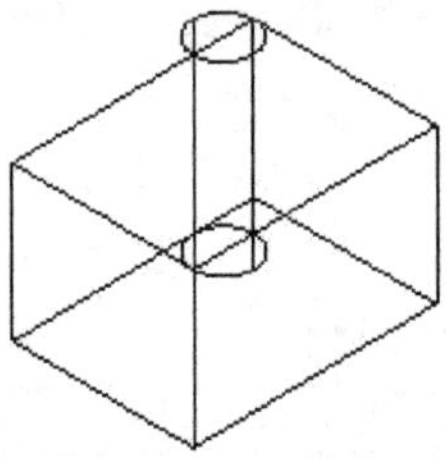

图 7-61 交集前

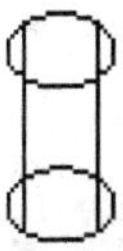

图 7-62 交集后

任务 4 桌子的渲染

与线框模型、曲面模型相比，渲染出来的实体对象能够更好地表达出三维对象的形状和大小，并且更容易表达其设计思想。利用渲染可以完全控制图形的大小、形状、颜色和表面材质。因此，渲染是一个非常有效的交流设计思想与显示对象形状的工具。

【任务描述】

桌子有三部分组成，上表面是玻璃材质的台面，柜体是木材，把手是塑料材质。对桌子赋予合适的材质和灯光，以增加桌子模型的可视性和真实感。

【任务实施】

第一步，启动 AutoCAD 2014，进入 AutoCAD 2014 默认工作界面，切换到三维建模界面，打开事先绘制好的桌子图形，如图 7-63 所示。

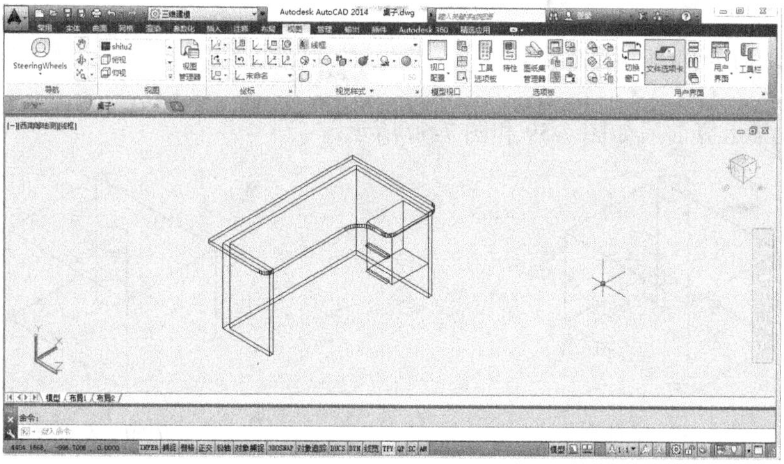

图 7-63 打开桌子

第二步，切换到“渲染”选项卡，单击

按钮，在弹出的“材质浏览器”对话框中 ，在 Autodesk 库中选择玻璃库，赋予台面磨砂玻璃材质，如图 7-64 所示。

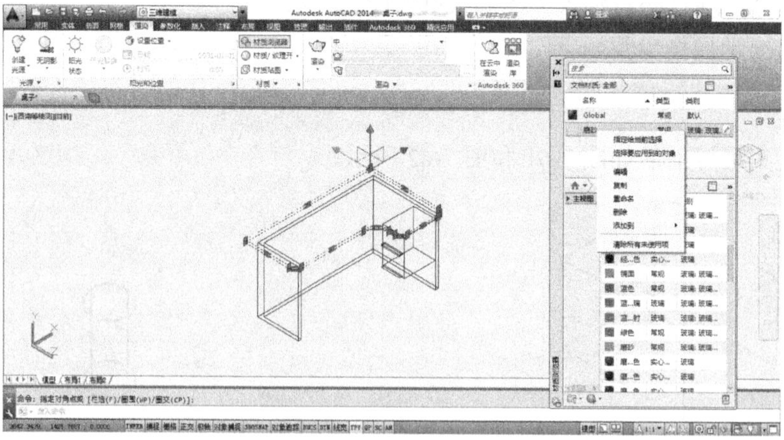

图 7-64 赋予磨砂玻璃材质

第三步，在 Autodesk 库中选择木材库，分别添加“白色橡木-无光泽”和“蛇木”到“文档材质库”中；然后再选择“塑料”库，添加“LED-红灯亮”材质到“文档材质”库中，如图 7-65 所示。

图 7-65　添加各类材质

第四步，分别赋予桌子不同部位不同的材质，如图 7-66～图 7-68 所示。

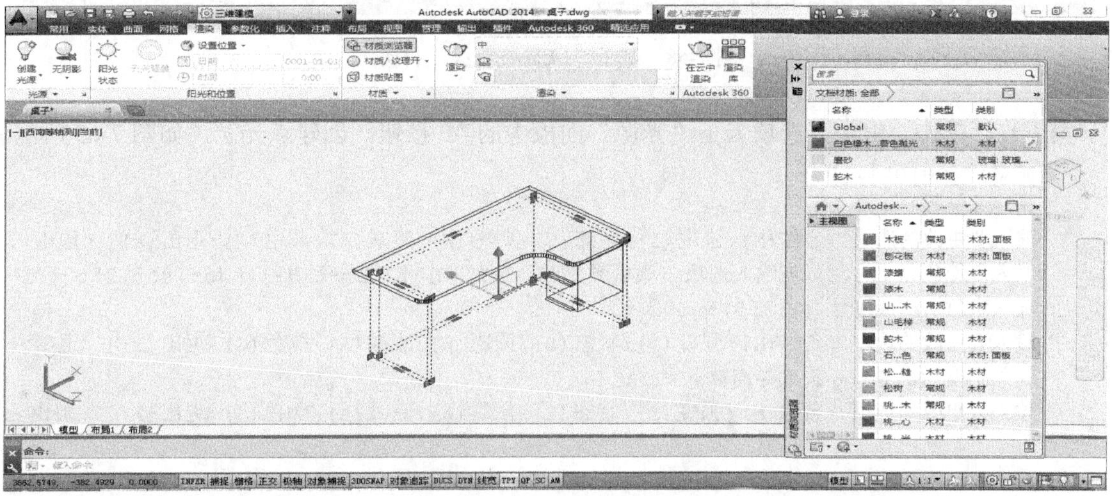

图 7-66　赋予“白色橡木”材质

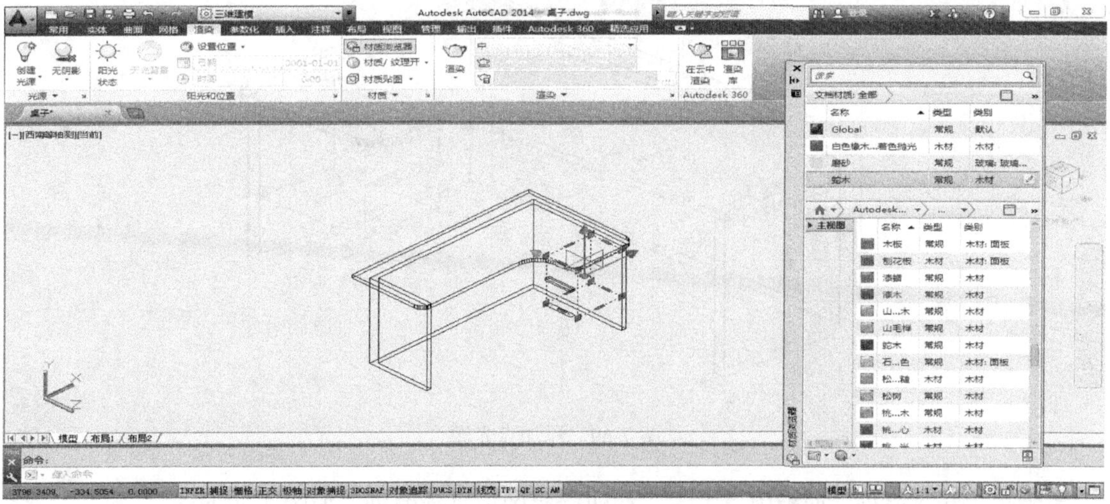

图 7-67　赋予“蛇木”材质

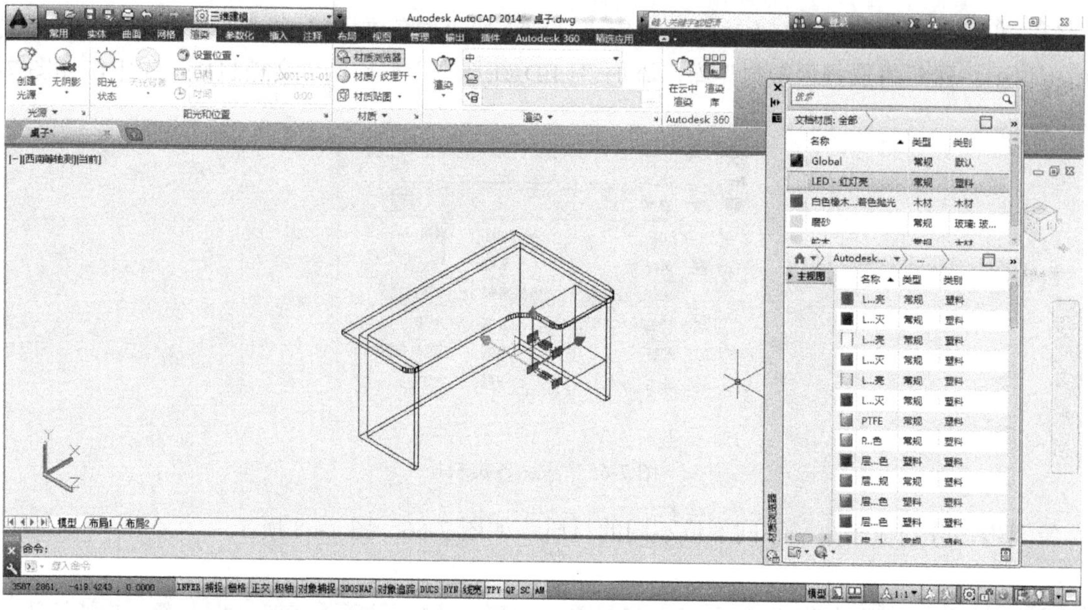

图 7-68　赋予“LED-红灯亮”材质

第五步，单击“渲染”选项卡下“光源”面板中的 按钮，创建点光源，如图 7-69 所示。

```
命令： _pointlight
指定源位置 <0,0,0>:
输入要更改的选项 [名称(N)/强度(I)/状态(S)/阴影(W)/衰减(A)/颜色(C)/退出(X)] <退出>: c
输入真彩色 (R,G,B) 或输入选项 [索引颜色(I)/HSL(H)/配色系统(B)] <255,255,255>: i
输入颜色名称或编号 (1-255): 50
输入要更改的选项 [名称(N)/强度(I)/状态(S)/阴影(W)/衰减(A)/颜色(C)/退出(X)] <退出>: i
输入强度 (0.00 - 最大浮点数) <1>: 3
输入要更改的选项 [名称(N)/强度(I)/状态(S)/阴影(W)/衰减(A)/颜色(C)/退出(X)] <退出>:
```

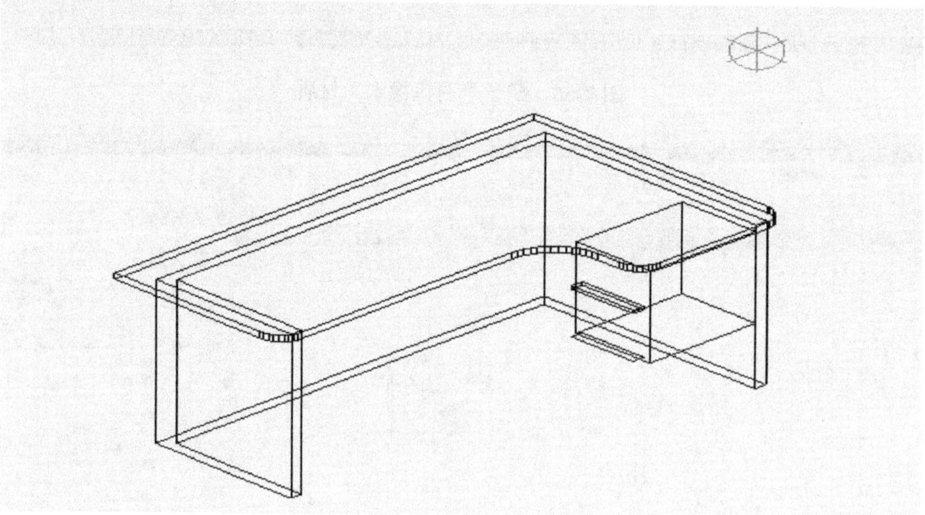

图 7-69　添加点光源

第六步，在“渲染”面板中单击 按钮，对图形进行渲染，如图 7-70 所示。

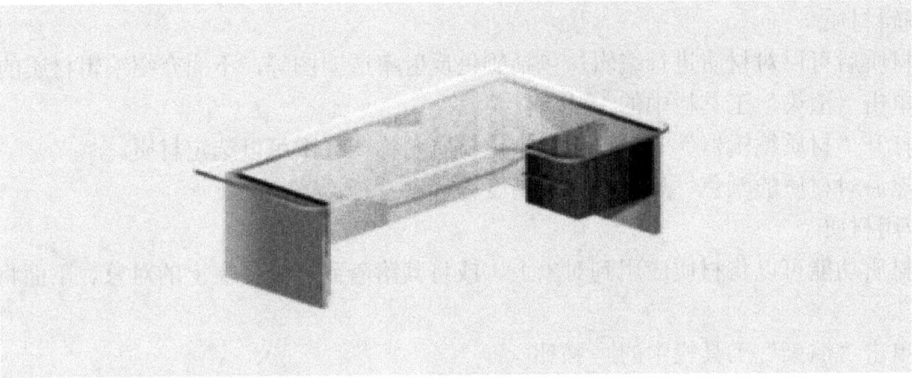

图 7-70　渲染效果图

【相关知识】

1. 材质

现实世界中，每个对象都会有不同的材质，三维实体附加适当的材质，会有很不错的渲染效果。设置材质包括创建材质、编辑材质、应用材质。

1）创建材质

在对材质进行其他操作前，应先创建材质。默认情况下创建的材质样例几何体为球体。下面将介绍具体创建的方法，如图 7-71 和图 7-72 所示。

（1）单击“渲染”工具栏中的按钮。

（2）打开“材质浏览器”对话框。

（3）单击按钮，选择“新建常规选项”，输入新材质的名称，还可以修改颜色等其他选项。

（4）单击“关闭”按钮。

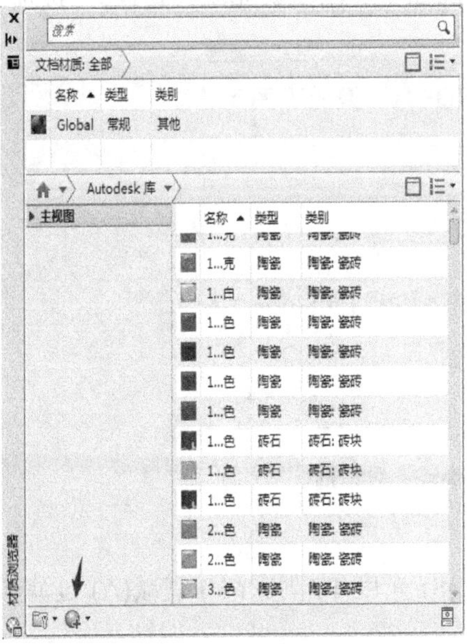

图 7-71 材质浏览器

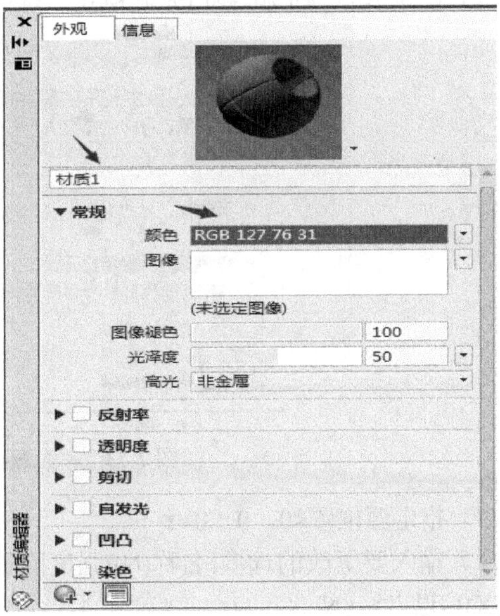

图 7-72　新建材质

2）编辑材质

创建材质后可以对材质进行编辑，包括颜色反射率透明图等，下面介绍编辑材质的方法。

（1）单击“渲染”工具栏中的按钮。

（2）打开“材质编辑器”对话框，在指定材质名称一栏中可以选定材质。

（3）然后对材质的颜色、反射率和透明度等选项进行调节。

3）应用材质

应用材质功能可以将材质应用到对象上，或将其附着到一个图层上的对象。下面将介绍应用材质的方法。

（1）单击“渲染”工具栏中的按钮。

（2）打开“材质浏览器”对话框，在“文档材质”一栏中选择“材质 1”，单击鼠标左键，在弹出的菜单中选择“选择要应用到的对象”选项。

（3）在绘图区域选择对象。

（4）把鼠标移动到“材质 1”上，单击鼠标左键，在弹出的菜单中选择“指定给当前选择”选项。

（5）关闭“材质浏览器”对话框。

2. 光源

AutoCAD 所提供的光源种类有点光源、平行光、聚光灯、光域网灯光和阳光状态，当设置好相同的光源角度后，采用不同光源种类，所显现的效果也会不同。

1）点光源

点光源是从光源所在的位置向所有方向发射光线，可以使用它获得基本的照明效果。下面介绍具体的方法，如图 7-73 所示。

（1）单击“渲染”工具栏上的按钮。

（2）在弹出的“光源-视口光源模式”对话框中，选择“关闭默认光源（建议）”选项。

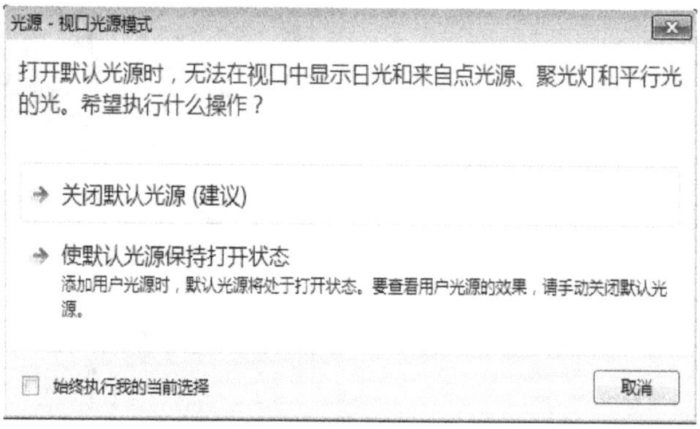

图 7-73 “光源-视口光源模式”对话框

（3）指定源位置<0，0，0>：

（4）输入要更改的选项[名称(N)/强度因子(I)/状态(S)/光度(P)/阴影(W)/衰减(A)/过滤颜色(C)/退出(X)]<退出>：N

（5）输入光源名称<点光源 1>：点光源 2

（6）输入要更改的选项[名称(N)/强度因子(I)/状态(S)/光度(P)/阴影(W)/衰减(A)/过滤颜色(C)/退出(X)]<退出>：

实体对象添加点光源前后效果如图 7-74 和图 7-75 所示。

图 7-74　添加“点光源”前

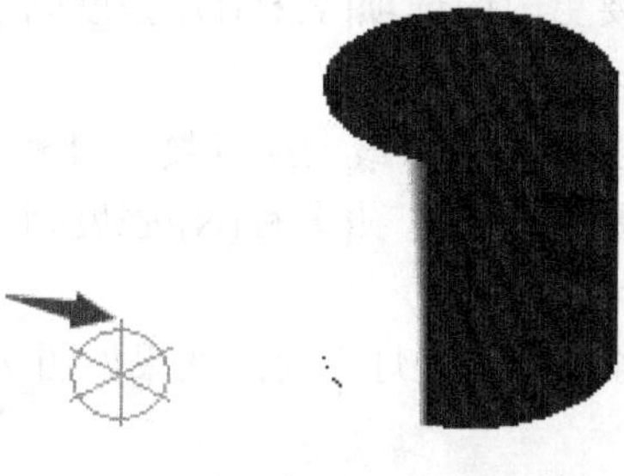

图 7-75　添加“点光源”后

2）平行光

平行光是指仅向一个方向发射统一的平行光光线，在绘图区域中不显示平行光，渲染时可以查看效果。

（1）单击“渲染”工具栏上的“新建平行光”按钮。

（2）在“光源-光度控制平行光”对话框中，选择“允许平行光”选项，如图 7-76 所示。

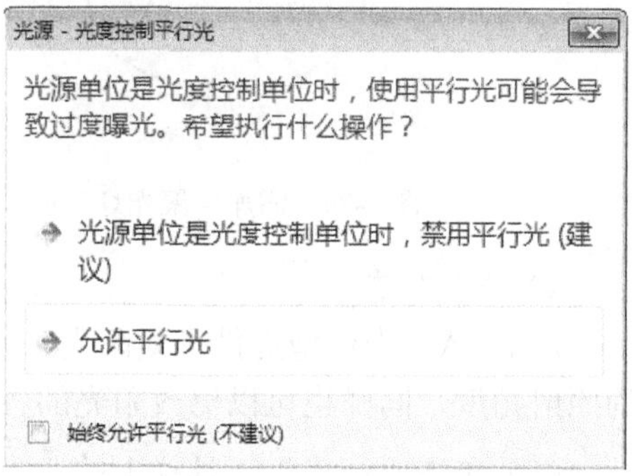

图 7-76　“光源-光度控制平行光”对话框

（3）指定光源来向<0，0，0>或[矢量（V)]:

（4）指定光源去向<1，1，1>:

（5）输入要更改的选项[名称(N)/强度因子(I)/状态(S)/光度(P)/阴影(W)/过滤颜色(C)/退出(X)]<退出>：N

（6）输入光源名称<平行光 2>:

（7）输入要更改的选项[名称(N)/强度因子(I)/状态(S)/光度(P)/阴影(W)/过滤颜色(C)/退出(X)]<退出>:

实体对象添加平行光前后效果如图 7-77 和图 7-78 所示。

图 7-77　添加“平行光”前

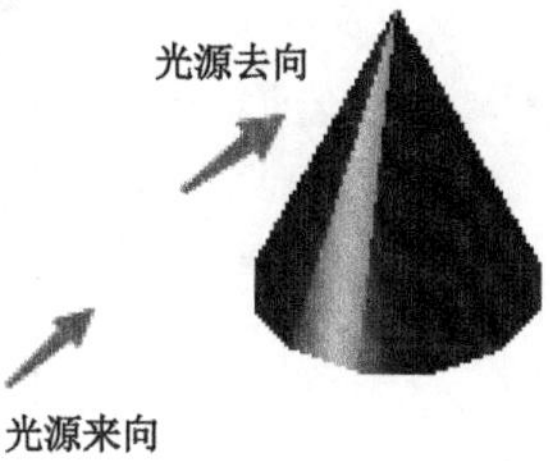

图 7-78　添加“平行光”后

3）聚光灯

聚光灯是指一种呈锥形发射的光源，可以控制光源的方向和圆锥体的尺寸。

（1）单击“渲染”工具栏上的“新建聚光灯”按钮。

（2）指定源位置<0，0，0>:

（3）指定目标位置<0，0，-10>:

（4）输入要更改的选项[名称(N)/强度因子(I)/状态(S)/光度(P)/阴影(W)/衰减(A)/过滤颜色(C)/退出(X)]<退出>：C

（5）输入真彩色（R,G,B）或输入选项 [索引颜色(I)/HSL(H)/配色系统(B)] <255,255,255>: I

（6）输入颜色名称或编号（1-255）: 50

（7）输入要更改的选项[名称(N)/强度因子(I)/状态(S)/光度(P)/阴影(W)/衰减(A)/过滤颜色(C)/退出(X)]<退出>：I

（8）输入强度（0.00 -最大浮点数）<1>: 5

（9）输入要更改的选项[名称(N)/强度因子(I)/状态(S)/光度(P)/阴影(W)/衰减(A)/过滤颜色(C)/退出(X)]<退出>:

实体对象添加“聚光灯”前后效果如图 7-79 和图 7-80 所示。

图 7-79　添加“聚光灯”前

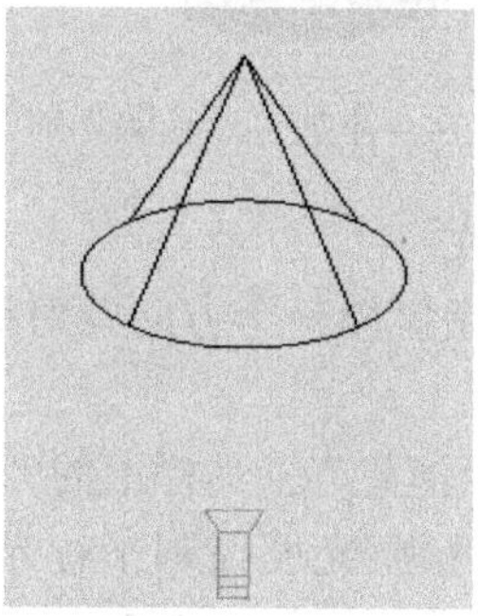

图 7-80　添加“聚光灯”后

4）阳光状态

AutoCAD 为模型提供了太阳光，可以通过设定模型的地理位置、日期和时间，以确定太阳光的照射角度。同样也可以修改阳光的各种特性，如阴影的打开和关闭、光晕的强度等。

（1）单击“渲染”工具栏上的  按钮 。

（2）在弹出的“阳光特性”对话框中，在“常规”选项中对状态、强度因子、阴影等选项进行设置，如图 7-81 所示，设置完毕，关闭“阳光特性”对话框即可。

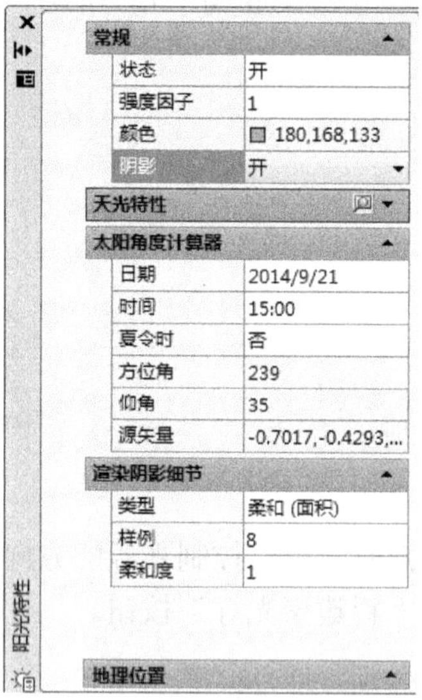

图 7-81　“阳光特性”对话框

3. 设置漫射贴图

在对实体模型进行材质设置时，使用贴图可以使材质看起来更加逼真、生动。利用贴图可以模拟纹理、反射及折射等效果。

（1）单击“渲染”工具栏上的“材质编辑器”按钮。

（2）在弹出的“材质浏览器”对话框中，单击“创建新材质”按钮，在出现的菜单中，选择“新建常规材质”选项，如图 7-82 所示。

（3）在打开的“材质编辑器”对话框中，在图像右侧的空白处单击鼠标左键，在“材质编辑器”打开文件中选择一种材质，设置漫射贴图，如图 7-83 所示。

（4）选择绘图区中的所有图形，为其赋予合适的材质。

实体对象“贴图”前后效果如图 7-84 和图 7-85 所示。

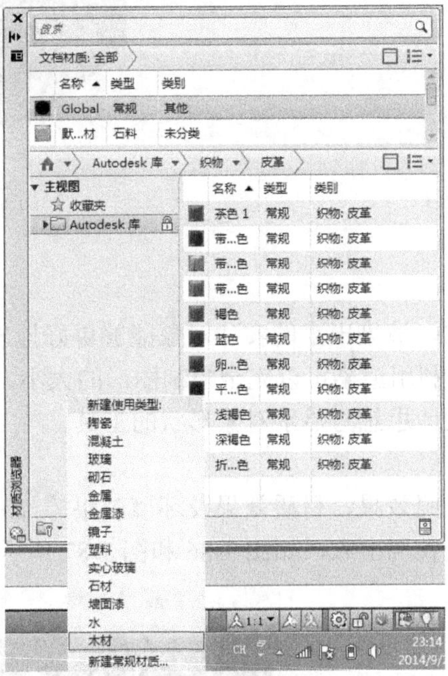

图 7-82　“材质浏览器”对话框

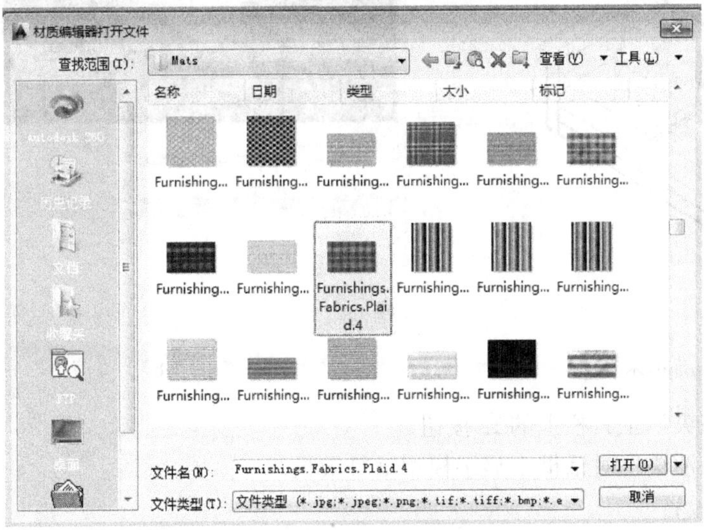

图 7-83　“选择材质”对话框

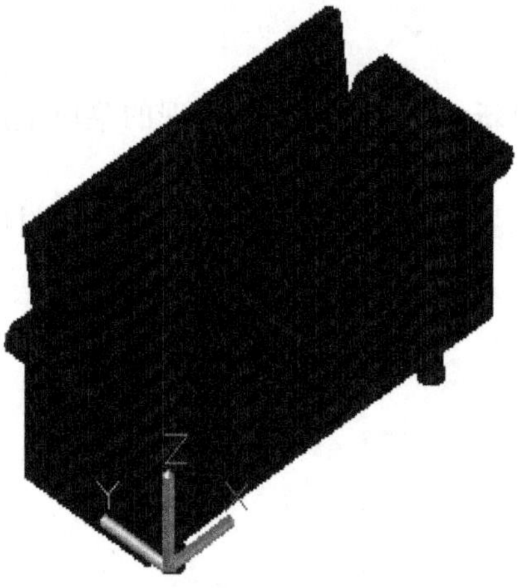

图 7-84 “贴图”前

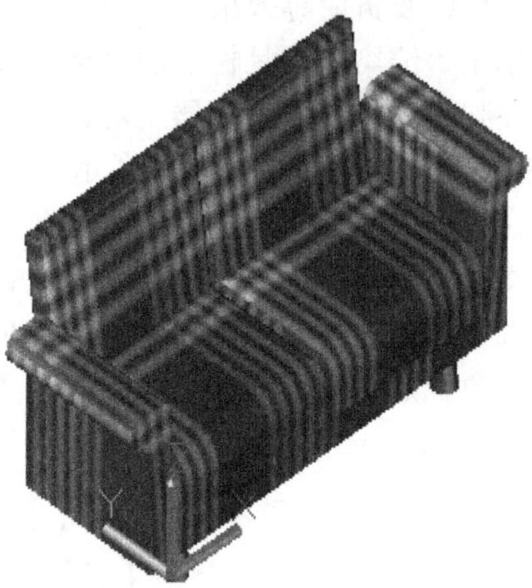

图 7-85 “贴图”后

4．渲染并保存模型

与线框模型曲面模型相比，渲染出来的实体对象能够更好地表达出三维对象的形状和大小，并且更容易表达其设计思想。利用渲染可以完全控制图形的大小、形状、颜色和表面材质。因此，渲染是一个非常有效的交流设计思想与显示对象形状的工具。

1）基本渲染

通过渲染可以将物体的光照效果、材质效果及环境效果等都完美地表现出来，从而将一个虚拟的三维实体利用软件的手段表现出来，如图 7-86 和图 7-87 所示。

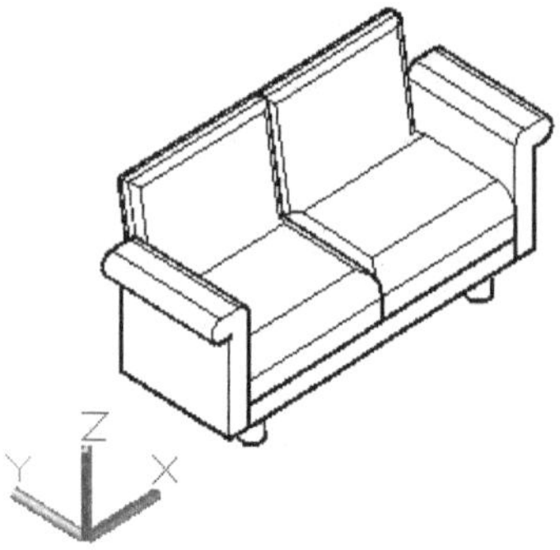

图 7-86 “渲染”前

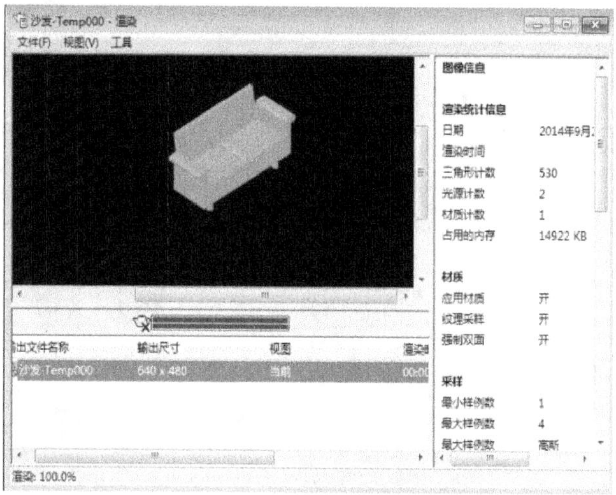

图 7-87 “渲染”后

（1）单击“渲染”工具栏上的按钮 。

（2）在弹出“渲染”对话框中显示模型渲染效果。

2）高级渲染设置

在 AutoCAD 中，高级渲染设置主要是通过“高级渲染设置”选项板中的多种特性因素创建出具有照片级真实感的图像。特性参数的不同设置可以通过渲染操作对比显示虚拟效果，这样以使用最直接的方式得到一幅理想真实感的图形，其中决定图像的因素包括三维模型的面、材质、场景中的环境，光线跟踪的放射和折射、间接发光、最终采集、图像的输出分辨率等。

（1）单击“渲染”工具栏中的“高级渲染设置”按钮，弹出“高级渲染设置”选项板，如图 7-88 所示。在该选项板中包括了渲染模型的所有特性因素，直接影响实体模型的渲染效果。

（2）在“高级渲染设置”选项板中，选择“渲染预设”下拉列表框中的“管理渲染预设”选项，弹出“渲染预设管理器”对话框，如图 7-89 所示。“渲染预设”是渲染模型时使用的预定义渲染设置的命名集合，通常用于相对快速的预览渲染。

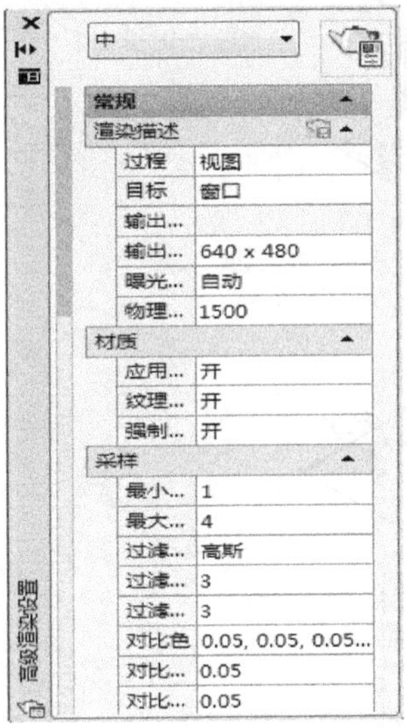

图 7-88 “高级渲染设置”选项板

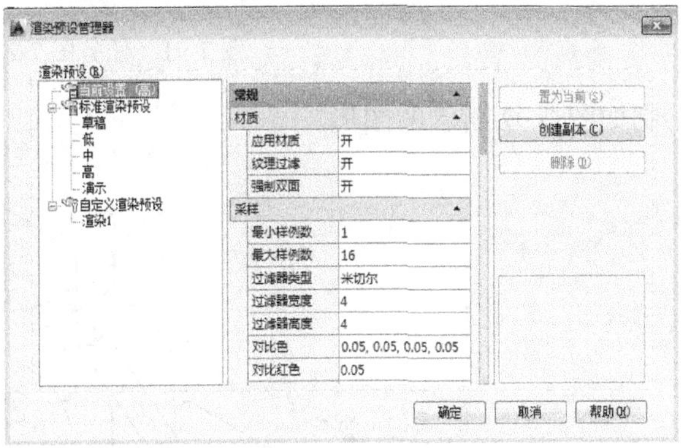

图 7-89 “渲染预设管理器”对话框

拓展任务

1．绘制一个灯罩，尺寸自定，如图 7-90 所示。

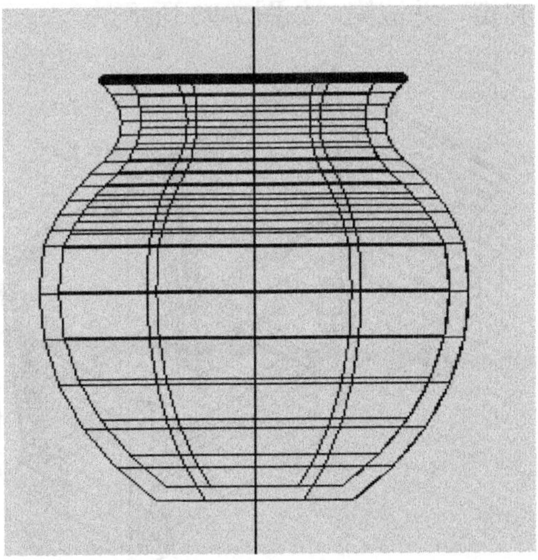

图 7-90 任务图 7-1

2．绘制如图 7-91 所示的图形。

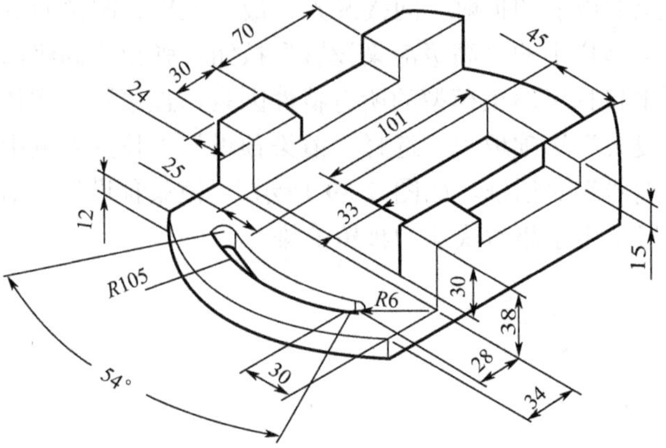

图 7-91　任务图 7-2

3．绘制如图 7-92 所示的图形。

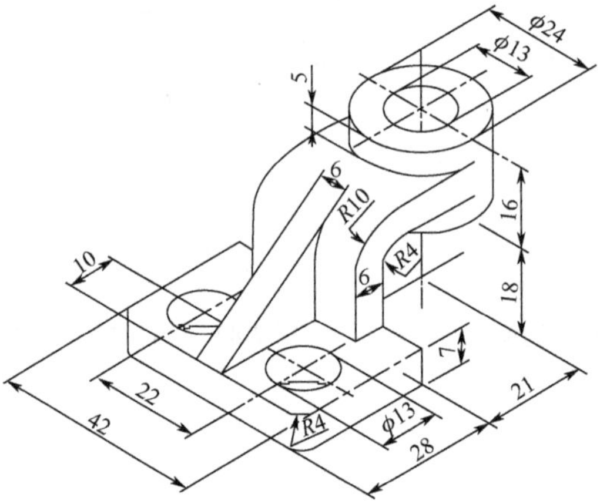

图 7-92　任务图 7-3

4．绘制一个沙发，尺寸自定，并渲染，如图 7-93 所示。

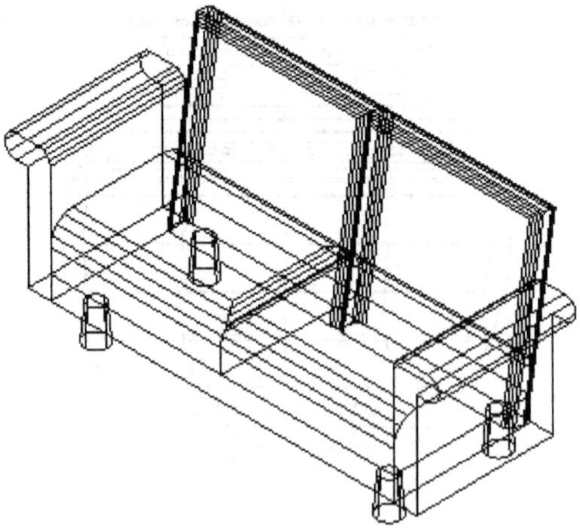

图 7-93　任务图 7-4

单元 8　图纸布局与打印输出

【学习目标】

◎ 1. 了解模型空间与图纸空间的作用。
◎ 2. 掌握在模型空间中打印图纸的设置。
◎ 3. 掌握在图纸空间通过布局进行打印设置。

【实例任务】

◎ 任务 1　在模型空间中打印出图
◎ 任务 2　在图纸空间用布局打印出图
◎ 任务 3　输出 PDF 文档

任务 1　在模型空间中打印出图

【任务描述】

本任务介绍输出如图 8-1 所示的键轮三视图的方法，主要涉及“模型空间”及在模型空间打印出图的操作。

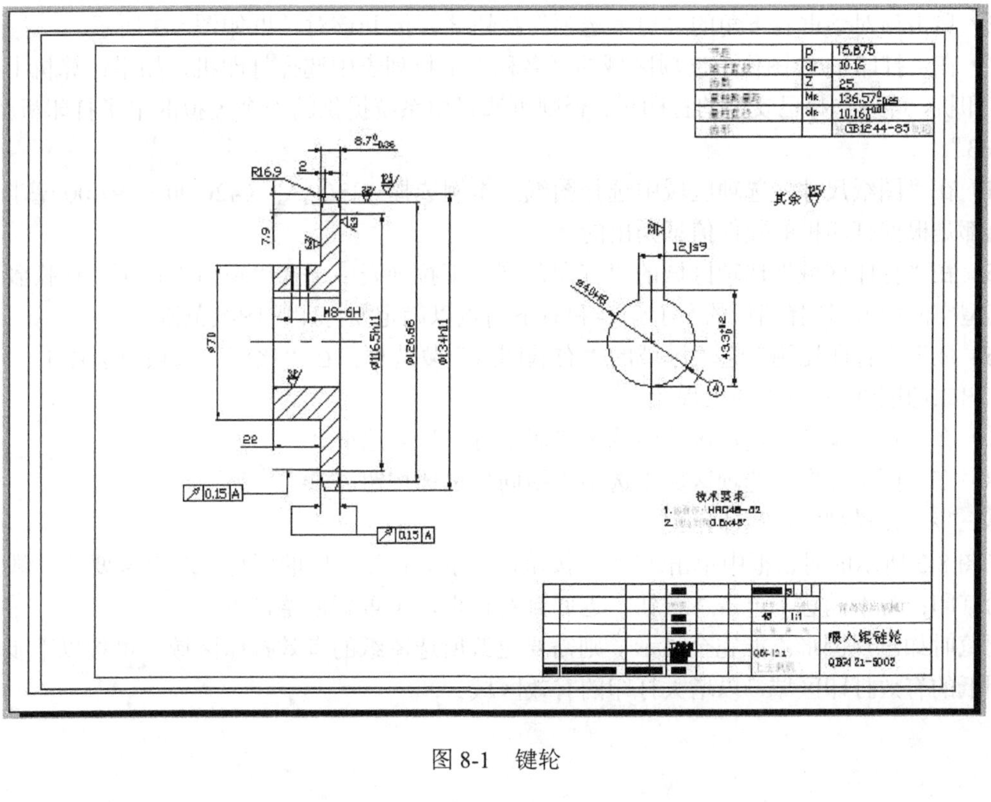

图 8-1　键轮

【任务实施】

第一步，在模型空间绘制轴承座的三视图，如图 8-1 所示。

第二步，在模型空间中进行打印设置。

（1）在功能区单击“输出”选项卡下“打印”面板中的“打印”按钮，启动打印命令，弹出“打印-模型”对话框，如图 8-2 所示。

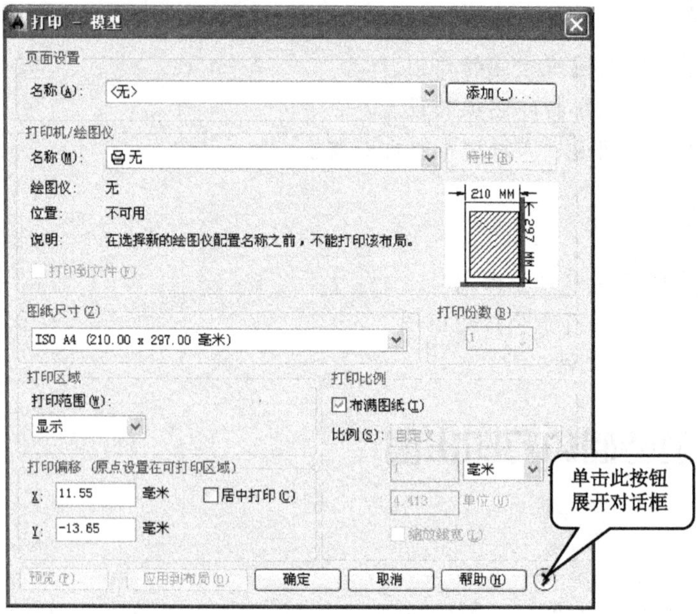

图 8-2 “打印-模型”对话框

（2）单击该对话框右下角的“更多选项”按钮，展开该对话框如图 8-3 所示。

（3）在“打印机/绘图仪”选项区域的“名称”下拉列表中选择打印机，如果计算机上已经安装了打印机，可以选择已安装的打印机；否则可选择由系统提供的一个虚拟的电子打印机“DWF6 ePlot.pc3”。

（4）在“图纸尺寸”选项区域中选择图纸，本例选择“ISO A3（420.00×297.00 毫米）”，这些图纸都是根据打印机的硬件信息列出的。

（5）在“打印区域”选项区域的“打印范围”下拉列表中选择“窗口”选项，切换到绘图窗口（模型空间中），选择图形的左上角点和右下角点以确定要打印的图纸范围。

（6）取消“打印比例”选项区域的“布满图纸”复选框，在“比例”选项中选择 1∶1，以保证打印出来的图纸是 1∶1 的工程图。

（7）在“打印偏移”选项区域中选中“居中打印”复选框。

（8）在“图形方向”选项区域中选中“横向”单选按钮。

第三步，在模型空间打印出图。

在图 8-3 所示的对话框中单击 预览(P)... 按钮，显示即将要打印的图样，若符合要求，单击按钮开始打印；若不满意，单击按钮，返回到对话框，再重新调整设置。

预览时如出现图形不能完全显示，则需要更改所选图纸的有效打印区域。可按以下步骤更改所选图纸的有效打印区域，以增大打印的有效区域。

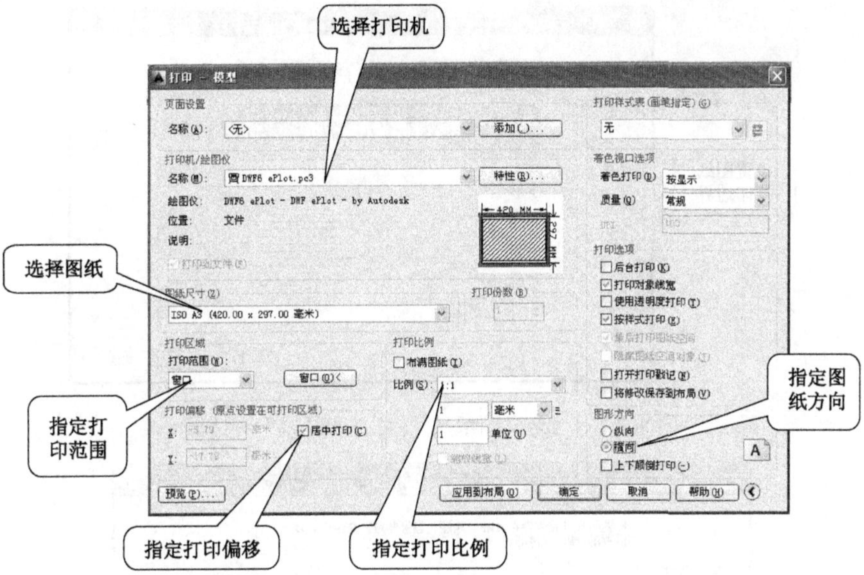

图 8-3　设置打印机、图纸尺寸、打印比例、图形方向等

（1）在如图 8-3 所示“打印-模型”对话框中单击“打印机/绘图仪”选项区域右侧的特性(R)...按钮，打开“绘图仪配置编辑器”对话框，如图 8-4 所示。

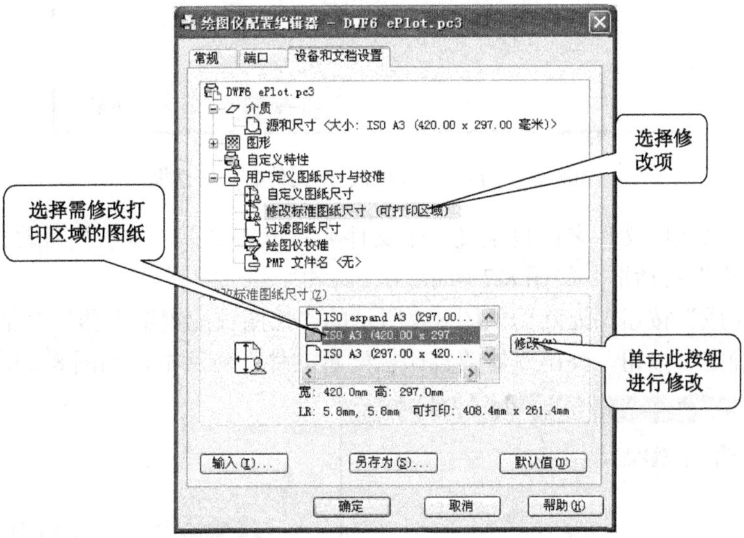

图 8-4　“绘图仪配置编辑器”对话框

（2）在“设备和文档设置”选项卡中选择“用户定义图纸尺寸与校准”下的“修改标准图纸尺寸（可打印区域）”选项；在“修改标准图纸尺寸”下拉列表中找到要修改的图纸，本例为“ISO A3（420.00×297.00 毫米）”，单击修改(M)...按钮，打开“自定义图纸尺寸-可打印区域”对话框，如图 8-5 所示。

（3）将图纸打印边界均设为 0，单击“下一步”按钮下一步(N) >，弹出“自定义图纸尺寸-文件名”对话框，如图 8-6 所示。

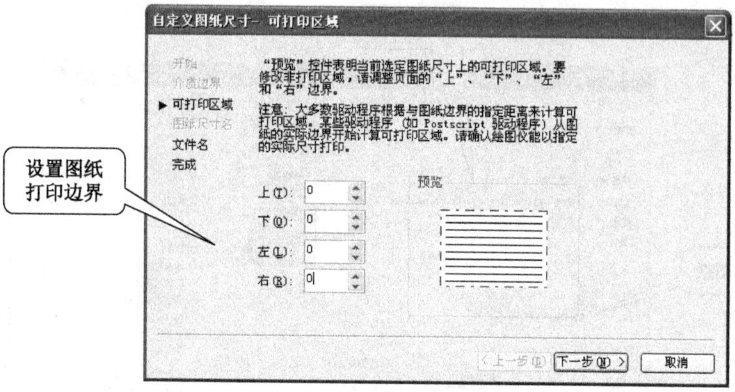

图 8-5 “自定义图纸尺寸-可打印区域”对话框

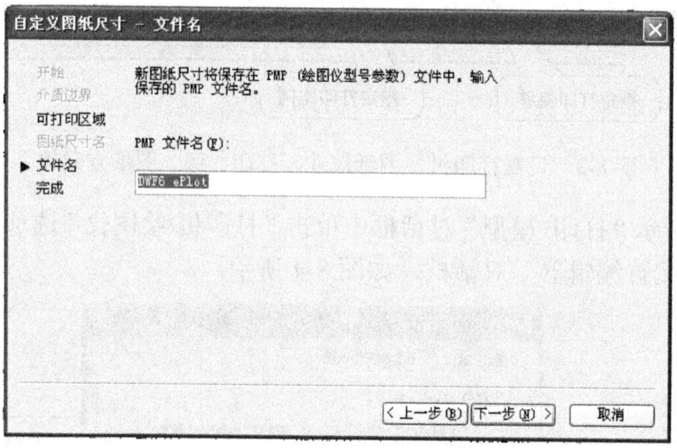

图 8-6 “自定义图纸尺寸-文件名”对话框

（4）采用系统默认的文件名或自定义一个文件名，单击“下一步”按钮[下一步(N) >]，弹出“自定义图纸尺寸-完成”对话框，如图 8-7 所示。

（5）单击“完成”按钮，返回到如图 8-4 所示的“绘图仪配置编辑器”对话框。

（6）单击“确定”按钮，弹出“修改打印机配置文件”对话框，如图 8-8 所示。

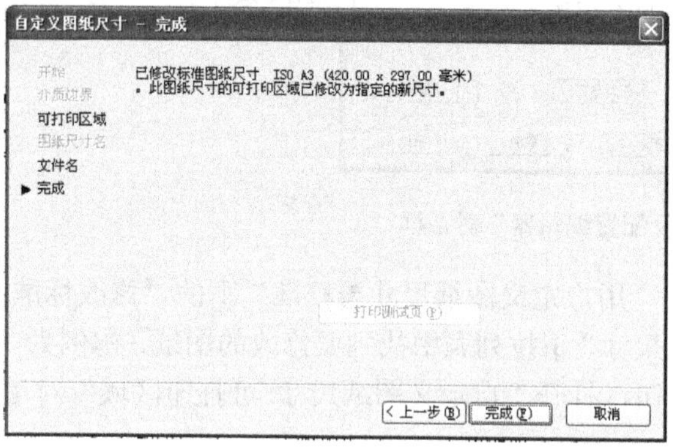

图 8-7 “自定义图纸尺寸-完成”对话框

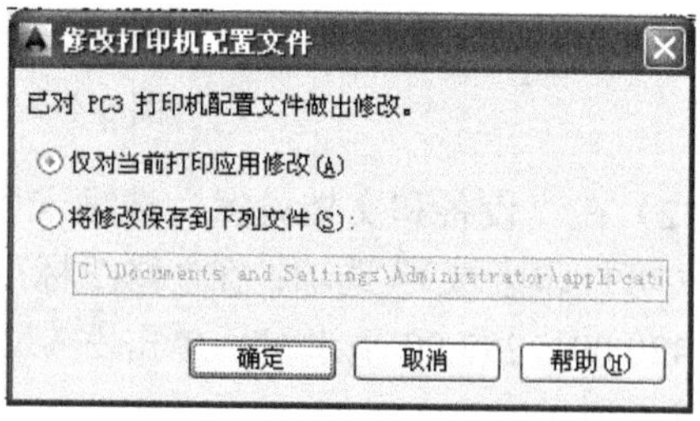

图 8-8 “修改打印机配置文件”对话框

（7）选择对打印机配置文件的处理方式，单击“确定”按钮，返回到如图 8-2 所示的“打印-模型”对话框，至此完成图纸有效打印区域的设置。

在图 8-2 所示的“打印-模型”对话框中单击“页面设置”选项区域的添加()...按钮，将弹出“添加页面设置”对话框，输入一个名字，就可以将这些设置保存到一个页面设置文件中，以后打印时只要在“页面设置”的“名称”下拉列表中选择该文件，就不必再逐一设置了。

【相关知识】

1. 模型空间与图纸空间

在 AutoCAD 中有两个工作环境，分别是模型空间和图纸空间。用户通常是在模型空间进行 1∶1 的设计绘图，完成尺寸标注和文字注释；但在技术交流、产品加工中都需要图纸作为媒介，这就需要在图纸空间中进行排版，给图纸加上图框、标题栏或进行必要的文字、尺寸标注等，然后打印出图。

（1）模型空间。模型空间是建立模型时所处的 AutoCAD 环境，它可以进行二维图形的绘制、三维实体的造型，全方位地显示图形对象，因此用户使用 AutoCAD 时，首先是在模型空间中工作。

（2）图纸空间。图纸空间是设置和管理视图的 AutoCAD 环境，是一个二维环境。在图纸空间中可以按模型对象不同方位显示多个视图，按合适的比例在图纸空间中表示出来，还可以定义图纸的大小、生成图框和标题栏。

（3）布局。一个布局实际上就是一个出图方案、一张图纸，利用布局可以在图纸空间中方便快捷地创建多张不同方案的图纸。因此，在一个图形文件中模型空间只有一个，而布局可以设置多个。

（4）模型空间与图纸空间的转换。在实际工作中，常需要在图纸空间与模型空间之间进行相互切换，切换方法很简单，选择绘图区域下方的“模型”选项卡或“布局1”选项卡即可，如图 8-9 所示。

图 8-9　模型空间与图纸空间的切换

2. 打印

利用“打印”命令可以将图形输出到纸张或其他介质上，调用命令的方式如下。

① 功能区：在“输出”选项卡下“打印”面板中单击“打印”按钮。

② 菜单栏：选择“文件”→“打印”命令。

③ 工具栏：在“标准”工具栏中单击“打印”按钮。

④ 键盘命令：在命令行输入“PLOT”命令。

执行上述命令后，弹出如图 8-2 所示的“打印-模型”对话框，将其展开后如图 8-3 所示，在该对话框中可以设置打印机、图纸大小、打印比例、图形方向等，按本任务操作实例中所述进行操作，即可进行打印。

在模型空间中打印图纸比较简单，但存在不支持多视口、多比例视图打印的问题。如果需进行非 1∶1 的比例出图及缩放标注、文字等，在模型空间中操作起来较烦琐，如大型的装配图或建筑图在模型空间中以 1∶1 绘图，但要以 1∶20 的比例出图，在标注尺寸和文字时就必须放大 20 倍。

在图纸空间中解决上述的问题是很容易的。

任务 2 在图纸空间用布局打印出图

【任务描述】

本任务介绍输出如图 8-10 所示的泵盖工程图的方法，主要涉及在图纸空间打印出图的操作。

【任务实施】

在图纸空间出图，实际上就是先布局再打印出图。在图纸空间出图有两种方法：一种是直接在布局中打印图形；另一种是利用布局向导来创建布局并打印出图。分别介绍如下。

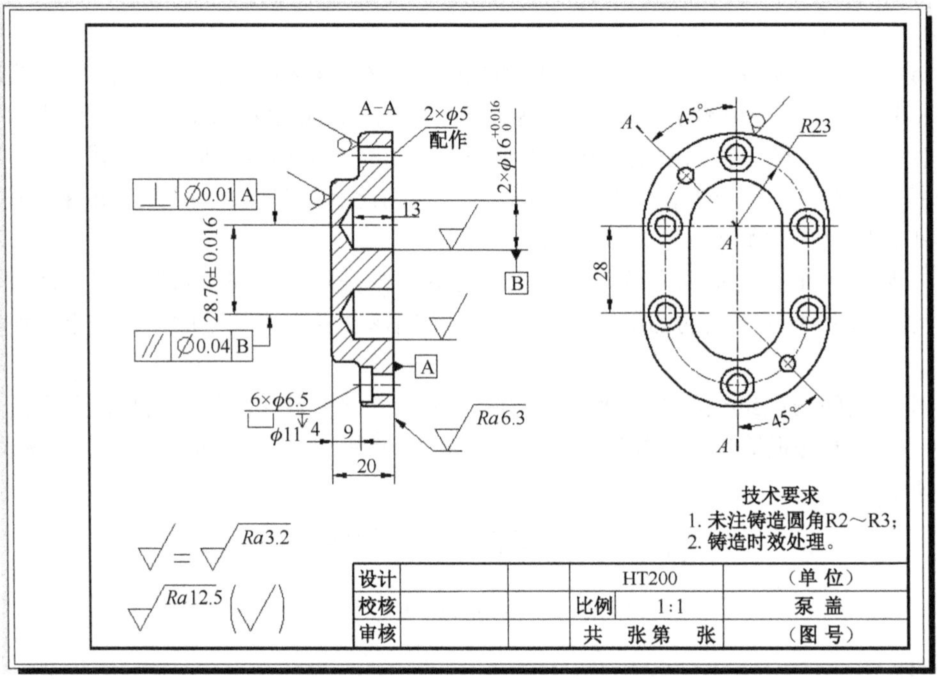

图 8-10　泵盖

1. 直接在布局中打印图形

第一步，新建“视口”图层并置为当前层。

第二步，创建一个布局。

（1）选择绘图区域下方的“布局1”或“布局2”选项卡，弹出如图 8-11 所示的视口，虚线框内为图形打印的有效区域，打印时虚线框不会被打印。

（2）在功能区的“输出”选项卡下“打印”面板中单击“页面设置管理器”按钮（或在布局1选项卡上右击，选择“页面设置管理器”选项），弹出“页面设置管理器”对话框，如图 8-12 所示。

（3）在“页面设置管理器”中单击修改(M)...按钮，弹出“页面设置-布局 1”对话框，如图 8-13 所示（该对话框各选项与图 8-2 所示的“打印-模型”对话框相似），在该对话框中选择打印机及图纸，本实例选择“ISO A4（297×210 毫米）”图纸。

（4）将虚线框边距设为 0，增大打印有效区域，其方法与任务 1 中方法相同。

第三步，新建一个视口。

（1）调用删除命令，单击视口边框，删除已有的视口。

（2）在功能区的“布局”选项卡下“布局视口”面板中单击“矩形视口”按钮（或选择“视图”菜单内“视口”子菜单中的“一个视口”选项），按 Enter 键选择默认的“布满”方式（即将视口布满整个图纸），新建一个视口。新建视口后效果如图 8-11 所示。

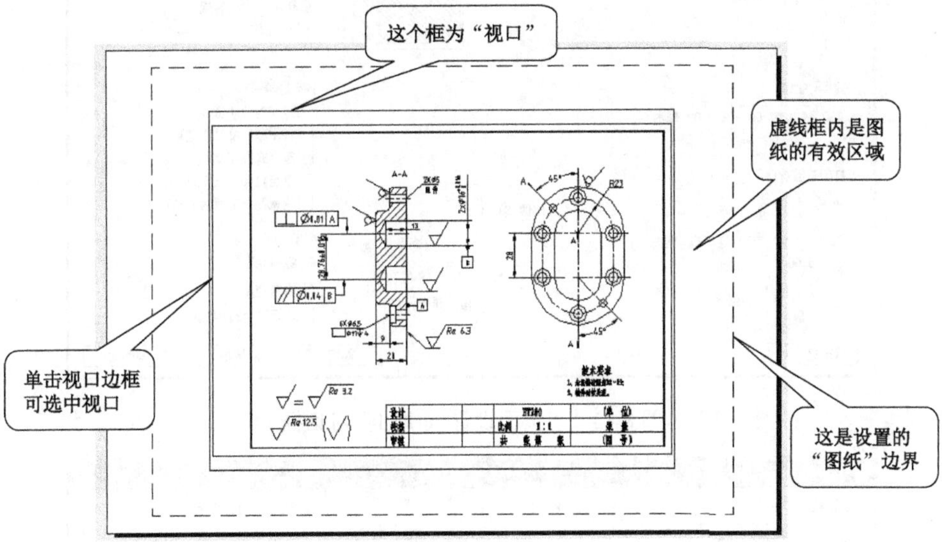

图 8-11　视口

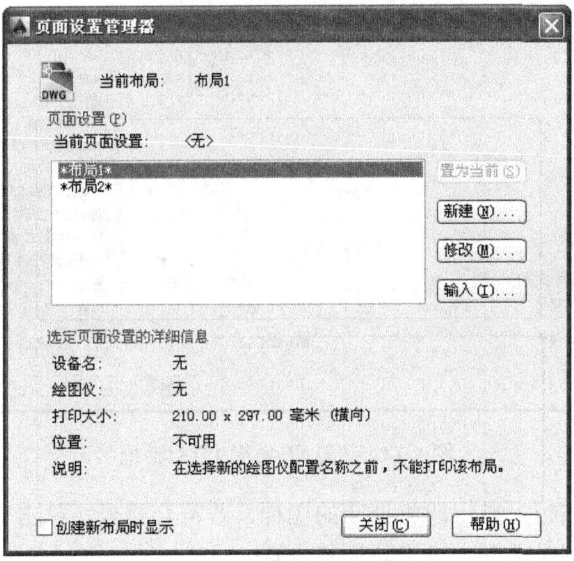

图 8-12　“页面设置管理器”对话框

第四步，打印出图。

（1）关闭“视口”图层，并将其设为不打印状态（设置后打印时便不会出现视口边框）。

（2）在功能区的“输出”选项卡下“打印”面板中单击“打印”按钮，弹出“打印-布局 1”对话框，如图 8-14 所示，根据需要设置各参数。

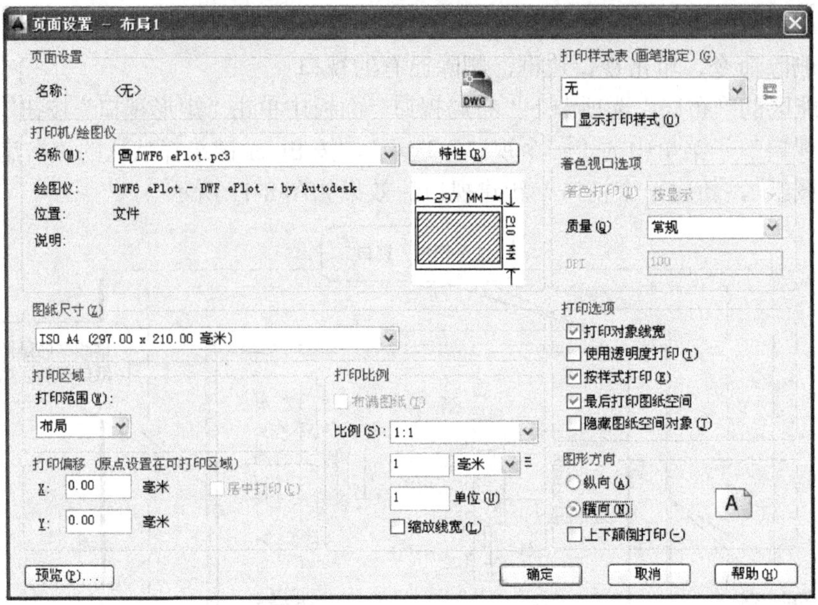

图 8-13 “页面设置-布局 1”对话框

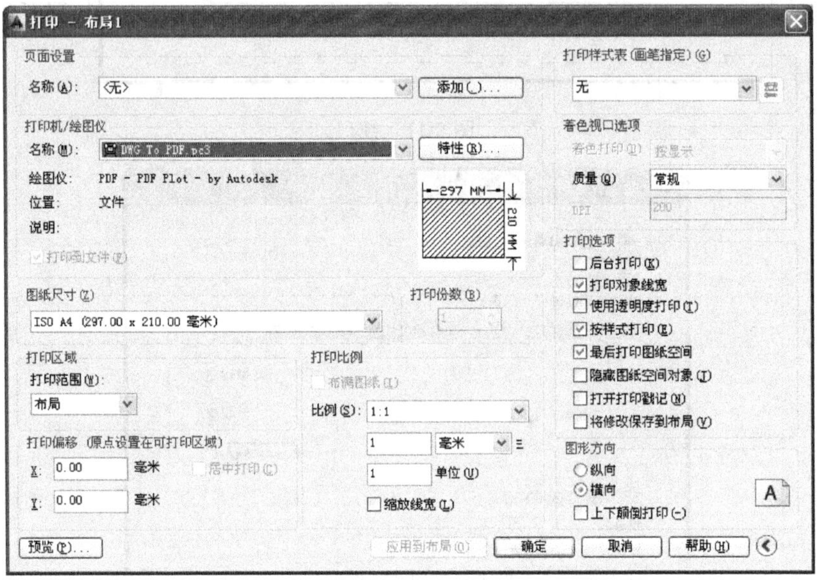

图 8-14 “打印-布局 1”对话框

（3）单击[预览(P)...]按钮，显示即将打印的图样，若符合要求，单击按钮开始打印；若不满意，单击按钮，返回到对话框，再重新调整设置。

根据图纸需要，还可以利用“布局”选项卡中的“布局视口”面板，向图形中增加所需视图，如放大图、局部视图等。

2. 利用布局向导来创建布局并打印出图

（1）新建“视口”图层并置为当前层。

（2）选择“插入”菜单内“布局”子菜单中的“创建布局向导”选项，弹出如图 8-15 所示的对话框。

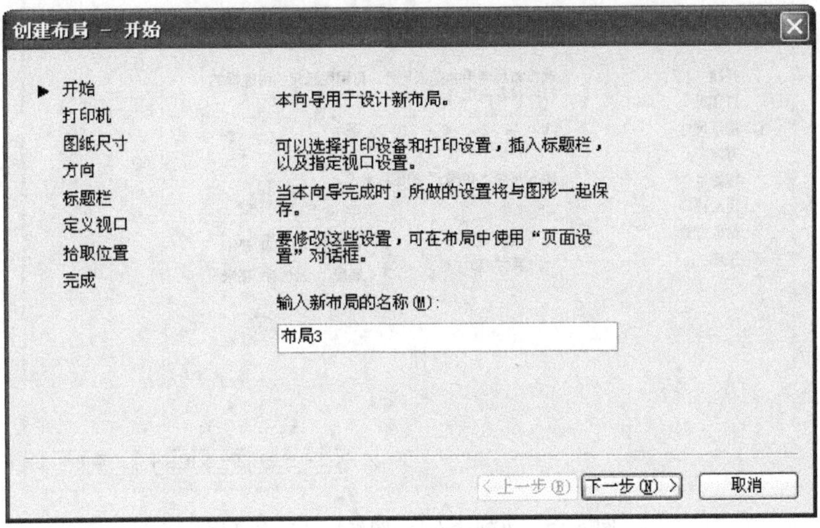

图 8-15　“创建布局-开始”对话框

（3）在“创建布局-开始”对话框中输入新布局名称，单击下一步(N) >按钮，弹出“创建布局-打印机”对话框，如图 8-16 所示，进行打印机的设置。在创建布局前，必须确认已安装了打印机，否则选择电子打印机“DWF6 ePlot.pc3”。

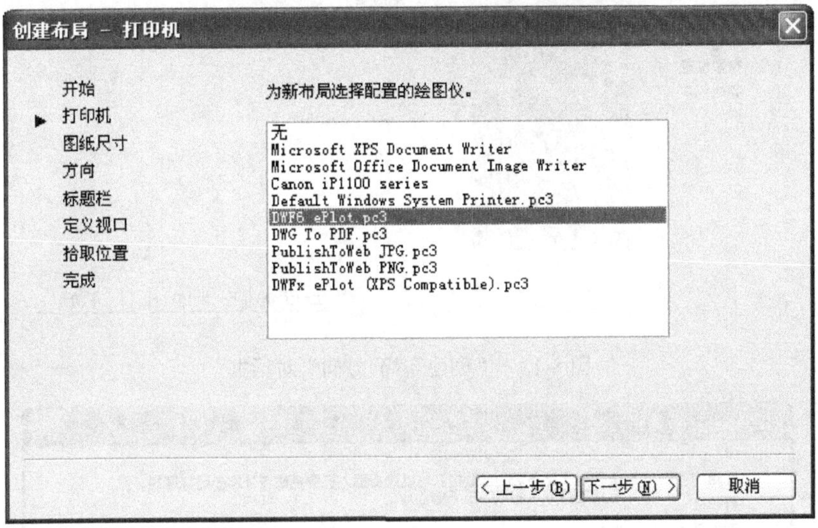

图 8-16　“创建布局-打印机”对话框

（4）单击下一步(N) >按钮，弹出“创建布局-图纸尺寸”对话框，如图 8-17 所示，设置图纸尺寸大小和图形单位。

（5）单击下一步(N) >按钮，弹出“创建布局-方向”对话框，如图 8-18 所示，选择图形在图纸上的方向。

（6）单击“下一步(N) >”按钮，弹出“创建布局-标题栏”对话框，如图 8-19 所示，指定所选择的标题栏文件是作为块插入的。

用户也可以自己创建块，用 wblock 命令写入到：“X:\Documents and Settings\windows 登录用户名\Local Settings\Application Data\Autodesk\AutoCAD 2014\R19.1\chs\Template”中（其中“X”代表 AutoCAD 的安装驱动器名）。

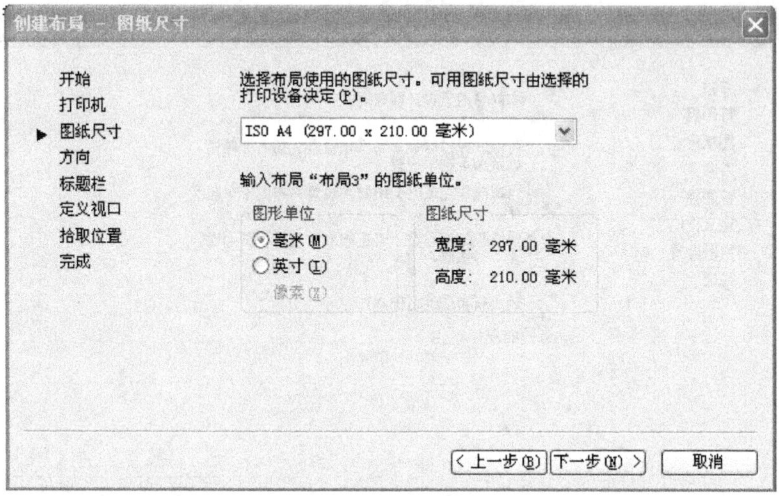

图8-17 "创建布局-图纸尺寸"对话框

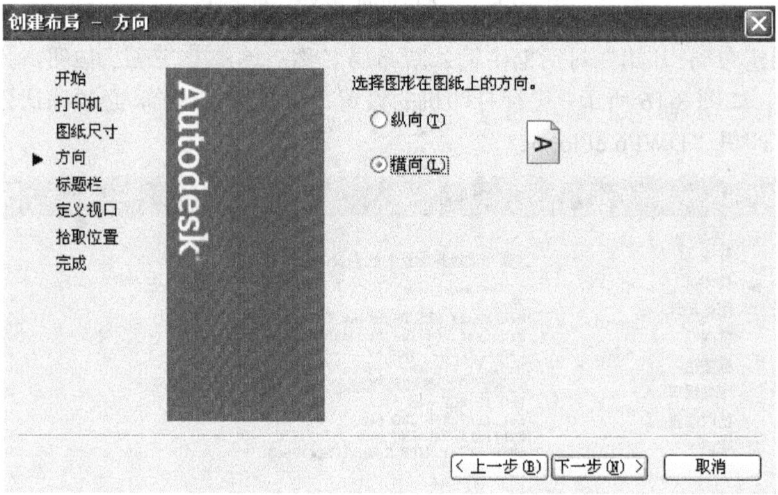

图8-18 "创建布局-方向"对话框

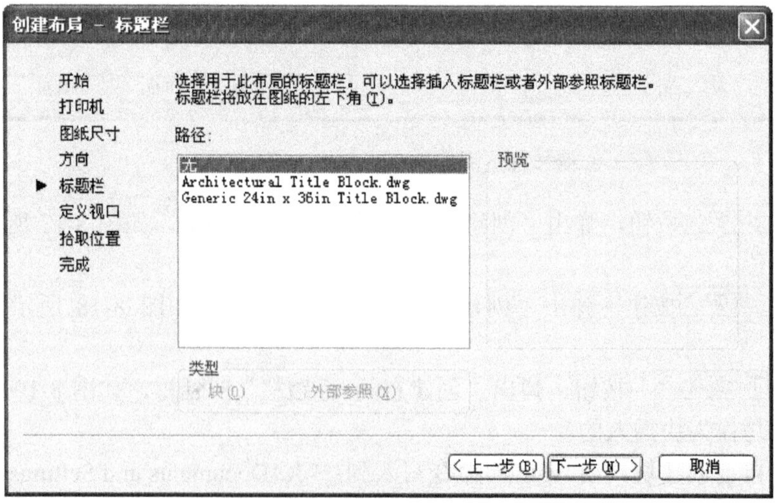

图8-19 "创建布局-标题栏"对话框

（7）单击下一步(N) >按钮，弹出“创建布局-定义视口”对话框，如图 8-20 所示，确定布局中视口的个数和方式及视口中的视图与模型中图的比例关系。

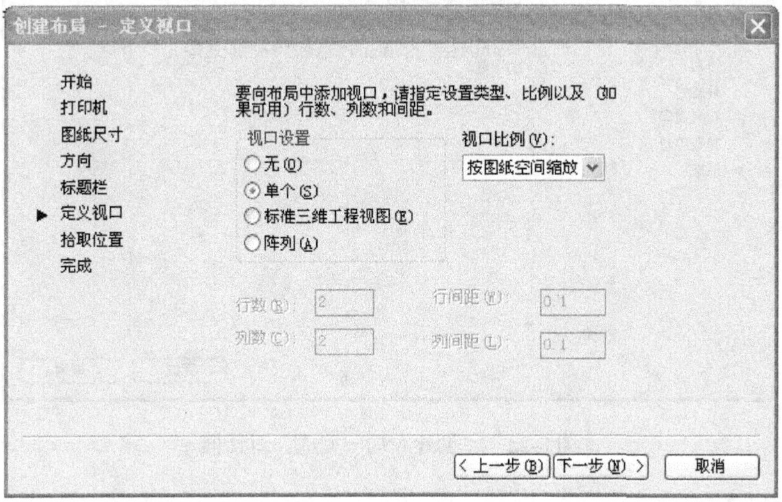

图 8-20　“创建布局-定义视口”对话框

（8）单击下一步(N) >按钮，弹出“创建布局-拾取位置”对话框，如图 8-21 所示，单击选择位置(L) <按钮，切换到绘图窗口，通过指定两对角点确定合适的视口大小和位置。

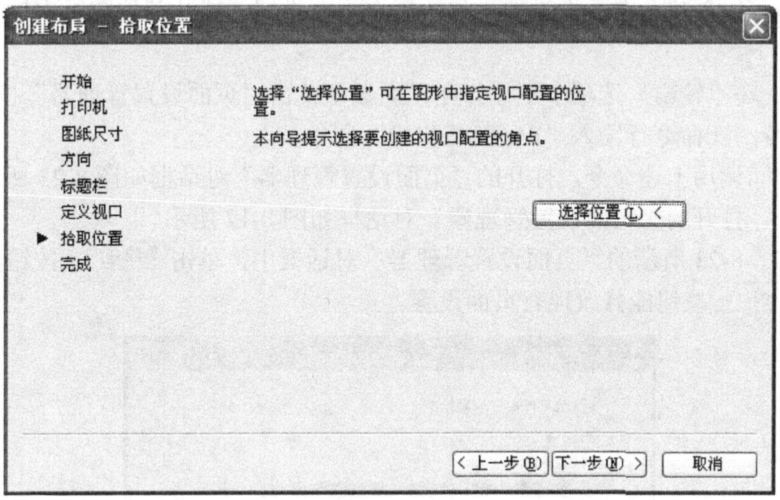

图 8-21　“创建布局-拾取位置”对话框

（9）在指定视口大小和位置后，弹出“创建布局-完成”对话框，如图 8-22 所示，单击完成按钮，完成布局的创建。

（10）调整视口的显示比例及显示方位。

（11）在功能区的“输出”选项卡下“打印”面板中单击“打印”按钮，弹出如图 8-14 所示的“打印-布局 X”对话框（X 为数字），根据需要设置各参数，单击确定按钮，打印图形。

在同一个布局中可以有多个视口，以显示图形的不同方位及比例大小，利用“布局”选项卡下的“布局视口”面板，可以向布局中添加单个视口、多边形视口或将对象转换为视口。

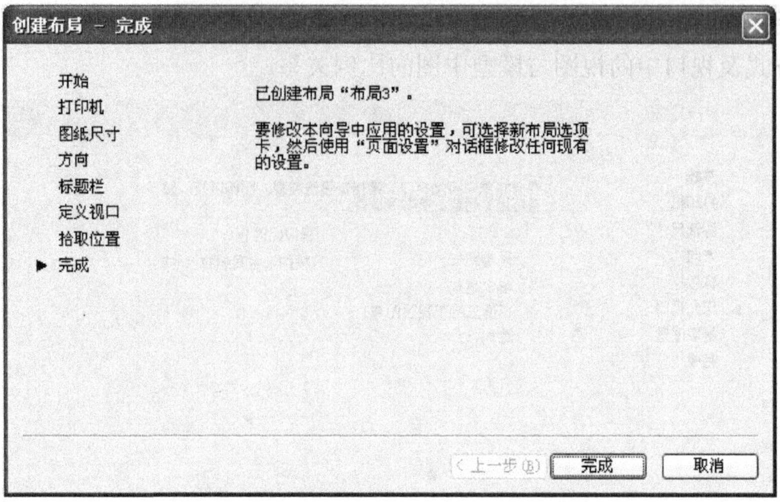

图 8-22 “创建布局—完成”对话框

【相关知识】

页面设置管理器

页面设置是打印设备和其他用于确定最终输出的外观和格式的设置的集合。利用“页面设置管理器”对话框可以创建命名页面设置、修改现有页面设置，或从其他图纸中输入页面设置。调用命令的方式如下。

① 功能区：在“输出”选项卡下“打印”面板中单击“页面设置管理器”按钮。

② 键盘命令：在命令行输入“PAGESETUP”命令。

若在模型空间调用上述命令，打开的“页面设置管理器”对话框如图 8-23 所示；若在图纸空间调用上述命令，打开的“页面设置管理器”对话框如图 8-12 所示。

在如图 8-12、8-23 所示的“页面设置管理器”对话框中，单击 新建(N)... 按钮能创建新的页面设置，单击 修改(M)... 按钮能修改现有页面设置。

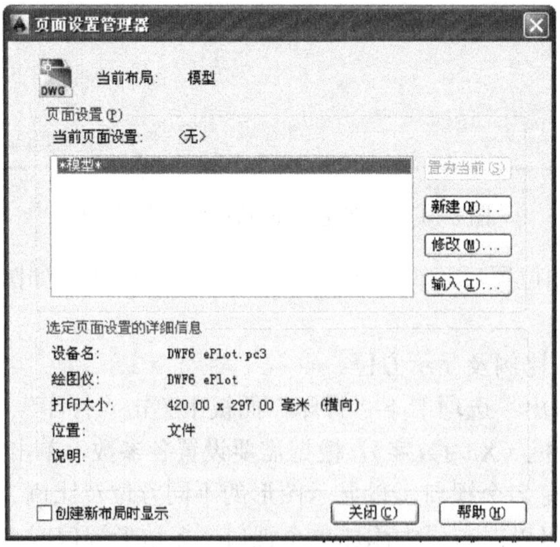

图 8-23 模型空间的“页面设置管理器”对话框

在“页面设置管理器”对话框中修改页面设置的操作在本任务操作实例中已述，新建页面设置与修改页面设置操作相似。

任务 3　输出 PDF 文档

【任务描述】

本任务介绍将如图 8-1 所示的键轮输出 PDF 文档的方法，主要涉及“输出 PDF 文档”的操作。

【任务实施】

输出 PDF 文档可在模型空间进行，也可在图纸空间进行，分别介绍如下。

1. 在模型空间输出 PDF 文档

第一步，在模型空间中进行打印设置。

在模型空间输出 PDF 文档前需先进行打印设置，在模型空间中进行打印设置，其具体步骤在本单元任务 1 中已述。

第二步，输出 PDF 文档。

（1）在功能区的“输出”选项卡下“输出为 DWF/PDF”面板中单击“输出 PDF”按钮，弹出“另存为 PDF”对话框，如图 8-24 所示。

（2）在“输出控制”选项组下选中“完成后在查看器中打开”复选框，如图 8-24 所示。

（3）在“输出”选项列表中选择输出方式为“窗口”，单击“选择窗口”按钮，切换到绘图窗口（模型空间中），选择图形的左上角点和右下角点以确定要输出的图纸范围。

（4）在“页面设置”选项列表中选择“当前”，如图 8-24 所示。

（5）指定保存路径、文件名，单击 保存(S) 按钮，输出轴承座的 PDF 文档，并自动在查看器中打开。

要查看输出的 PDF 文档，需先在计算机上安装 PDF 阅读器。

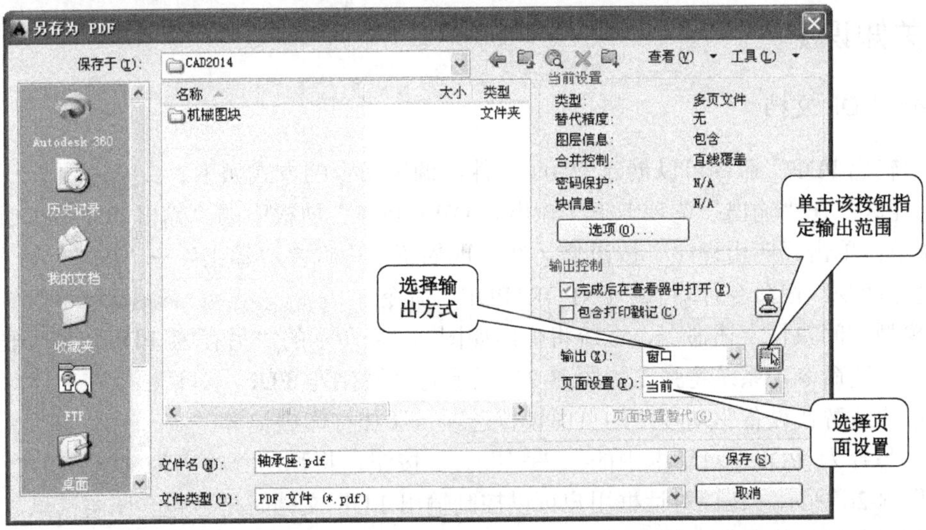

图 8-24　在模型空间输出 PDF 文档时的“另存为 PDF”对话框

2. 在图纸空间输出 PDF 文档

第一步，创建一个布局，新建一个视口。

在图纸空间输出 PDF 文档前需先进行布局并创建视口，其具体步骤在本单元任务 2 第一种方法的第二步、第三步中已述。

第二步，输出 PDF 文档。

（1）在功能区的“输出”选项卡下“输出为 DWF/PDF”面板中单击“输出 PDF”按钮，弹出“另存为 PDF”对话框，如图 8-25 所示。

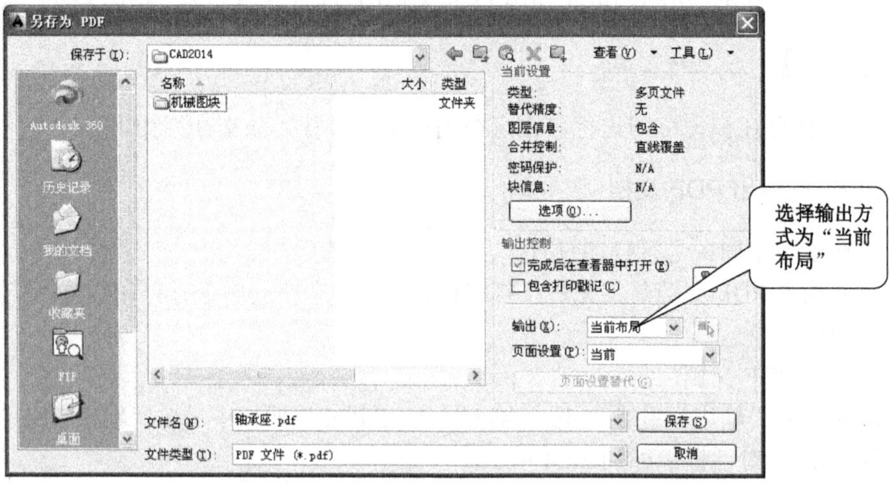

图 8-25　在图纸空间输出 PDF 文档时的“另存为 PDF”对话框

（2）在“输出控制”选项组下选中“完成后在查看器中打开”复选框。

（3）在“输出”选项列表中选择输出方式为“当前布局”，如图 8-25 所示。

（4）在“页面设置”选项列表中选择“当前”，如图 8-25 所示。

（5）指定保存路径、文件名，单击 保存(S) 按钮，输出轴承座的 PDF 文档，并自动在查看器中打开。

【相关知识】

1. 输出 PDF 文档

利用“输出 PDF”命令可以创建 PDF 文件，调用命令的方式如下。

① 功能区：在“输出”选项卡下“输出为 DWF/PDF”面板中的“输出 PDF”按钮。

② 菜单：单击“应用程序”按钮，在出现的菜单中选择“输出”→“PDF”命令。

③ 键盘命令：在命令行输入“EXPORTPDF”命令。

若在模型空间执行上述命令，系统将弹出如图 8-24 所示的“另存为 PDF”对话框；若在图纸空间执行上述命令，系统将弹出如图 8-25 所示的“另存为 PDF”对话框。在上述对话框中，用户均可以快速替代设备驱动程序的页面设置选项、添加打印戳记等。

单击“另存为 PDF”对话框中的 选项(O)... 按钮，将弹出“输出为 DWF/PDF 选项”对话框，如图 8-26 所示。在该对话框用户可以控制输出 PDF 文档时是否包含图层信息、更改文件位置、添加密码保护及其他文件选项。

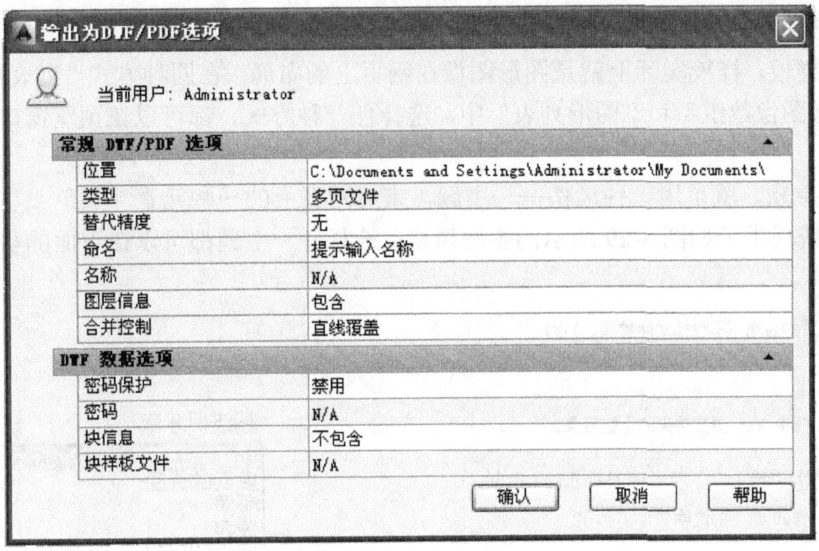

图 8-26 “输出为 DWF/PDF 选项”对话框

2. 网上发布

AutoCAD 2014 中提供了“网上发布”功能，利用此功能可以方便快速地创建格式化的 Web 页，该 Web 页包含 DWF、PNG 或 JPG 格式的图像。一旦创建了 Web 页，就可以将其发布到 Internet。

选择“文件”→“网上发布”命令，或在命令行输入“publishtoweb”命令，都将调出网上发布向导，打开“网上发布-开始”对话框，如图 8-27 所示。

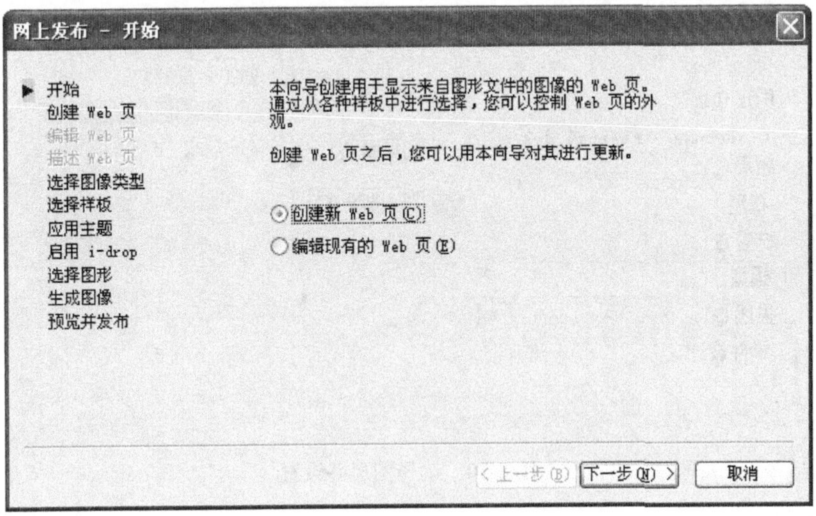

图 8-27 “网上发布-开始”对话框

创建网上发布 Web 页的步骤如下。

（1）开始。让用户选择是编辑已有的网页，还是创建一个新的网页。

（2）创建 Web 页。在该页中必须指定网页上的名称，该名称还用作本网页及其配置文件存放的目录名称；也可以在此步骤中更改缺省的 Web 页文件的上级目录、为网页添加说明，如图 8-28 所示。

（3）选择图像类型。将 AutoCAD 图形生成相应的网页，包含的图像有 DWFx、DWF、JPEG

和 PNG 四种格式。

（4）选择样板。样板实际上就是图形图像在网页上的布局，在四种方式“列表加摘要”“数组加摘要”“缩微图像数组”和“图形列表”中，选择任一种方式，都可以在预览窗口中看到所选方式的效果。

（5）应用主题。就是用一种风格——主题，来对网页上的一些元素（颜色、字体等）的外观进行控制，系统提供了如图 8-29 所示的主题风格。选择任一主题都可以在下面的窗口中看到所选主题的样式。

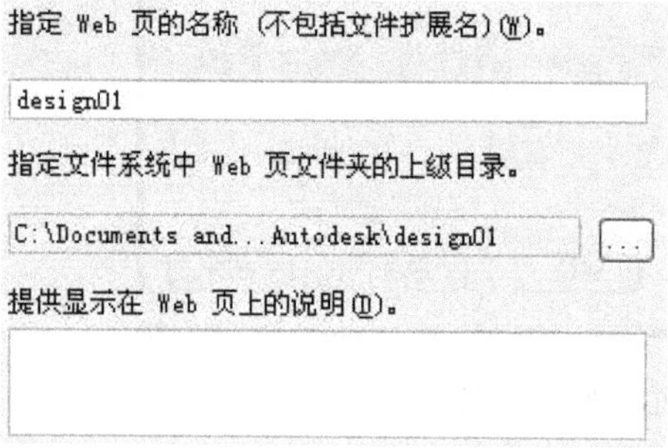

图 8-28　创建 Web 页

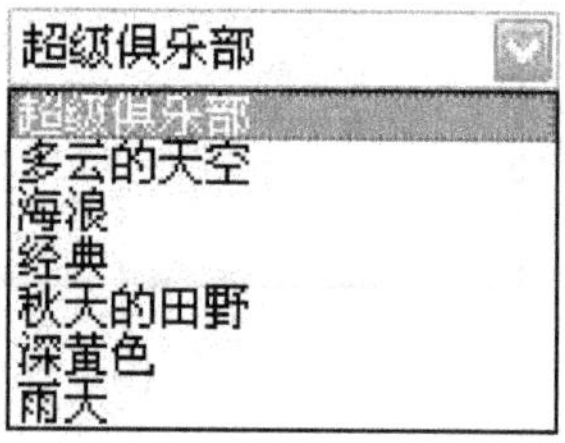

图 8-29　网页的风格主题

（6）启用 i-drop。系统将询问是否创建 i-drop 有效的 Web 页。i-drop 有效的 Web 页会在该页上随生成的图像一起发送 DWG 文件的备份。利用此功能访问 Web 页的用户可以将图形文件拖放到 AutoCAD 绘图环境中。

（7）选择图形。选择图形添加到网页中，可以选择图形的某一个布局，而且可以通过“标签”和“描述”来对该图形生成的网页图像进行说明，如图 8-30 所示。

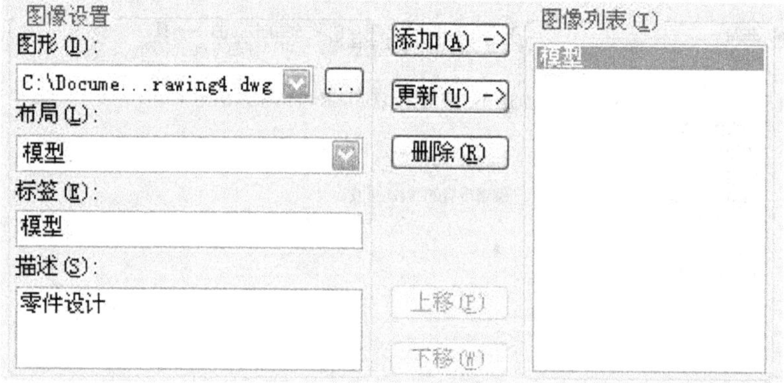

图 8-30　选择图形并设置

（8）生成图像。确定重新生成已修改图形的图像还是重新生成所有图像。

（9）预览并发布。预览生成的网页，也可以发布生成的网页。

拓展任务

1．绘制如图 8-31 所示的图形，并将其输出为 PDF 文件。

2．绘制如图 8-32 所示的图形，并将其发布到 Web 页上。

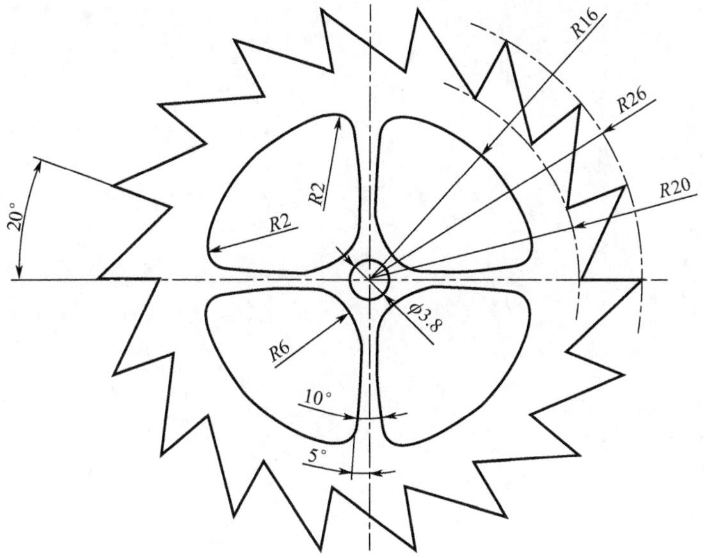

图 8-31　任务图 8-1

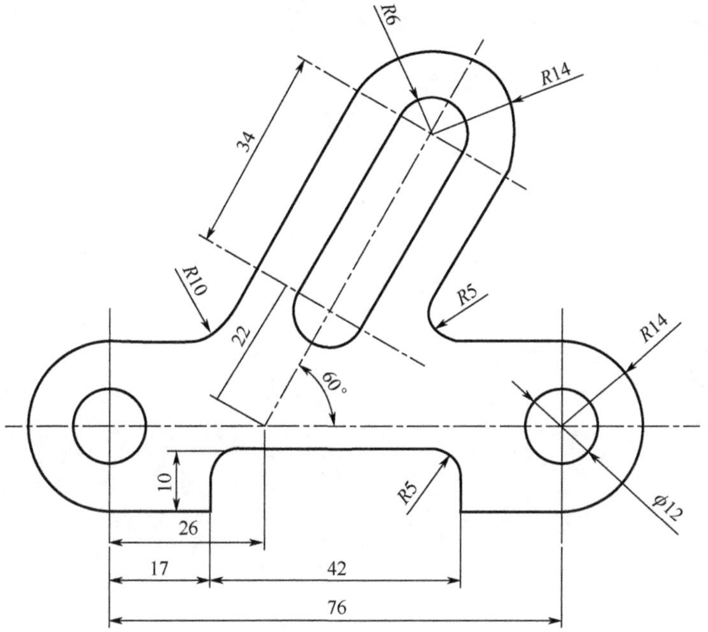

图 8-32　任务图 8-2